HARPAS ETERNAS – 4

Josefa Rosalía Luque Alvarez
(Hilarião de Monte Nebo)

HARPAS ETERNAS – 4

Tradução
HÉLIO MOURA

Cotejada com os originais por
MONICA FERRI
e
HUGO JORGE ONTIVERO

Editora
Pensamento
SÃO PAULO

Título original: *Arpas Eternas*.

Copyright © FRATERNIDAD CRISTIANA UNIVERSAL
Casilla de Correo nº 47
C.P. 1648 – Tigre (Prov. Buenos Aires)
Republica Argentina.
http://www.elcristoes.net\fcu

Copyright da edição brasileira © 1993 Editora Pensamento-Cultrix Ltda.

1ª edição 1993.

14ª reimpressão 2025.

Todos os direitos reservados. Nenhuma parte deste livro pode ser reproduzida ou usada de qualquer forma ou por qualquer meio, eletrônico ou mecânico, inclusive fotocópias, gravações ou sistema de armazenamento em banco de dados, sem permissão por escrito, exceto nos casos de trechos curtos citados em resenhas críticas ou artigos de revistas.

A Editora Pensamento não se responsabiliza por eventuais mudanças ocorridas nos endereços convencionais ou eletrônicos citados neste livro.

Direitos de tradução para a língua portuguesa adquiridos com exclusividade pela
EDITORA PENSAMENTO-CULTRIX LTDA, que se reserva a
propriedade literária desta tradução.
Rua Dr. Mário Vicente, 368 – 04270-000 – São Paulo, SP – Fone: (11) 2066-9000
http://www.editorapensamento.com.br
E-mail: atendimento@editorapensamento.com.br
Foi feito o depósito legal.

Sumário

Na Casa Paterna 7
Já é Chegada a Hora 15
O Ano Trinta 25
O Solitário do Jordão 34
O Ano Trinta e Um 43
O Monte Abedul 54
A Castelã de Mágdalo 59
A Galiléia Quer um Rei 74
Por Que Chora Essa Mulher?... 81
Ano Trinta e Dois 85
Jhasua e o Futuro Diácono Felipe 91
No Presídio do Batista 99
A Parábola do Filho Pródigo 108
O Sinédrio Busca um Messias 112
Jhasua é Aclamado no Templo 124
O Mestre em Bethânia 132
Ano Trinta e Três – Morte do Batista 143
Jhasua em Jericó 153
Em Phasaelis 163
A Apoteose do Ungido 177
Última Estada em Nazareth 186
Os Segredos do Pai 194
Em Jerusalém 212
Perante o Sinédrio 223
Vércia, a Druidesa 229
Os Amigos do Profeta 233
O Dia das Palmas 250
Os Últimos Dias 259
A Despedida 263
Gethsêmani 269
Jhasua Perante seus Juízes 284
Quintus Árrius (Filho) 289
No Palácio dos Asmoneus 291
O Gólgota 303
Da Sombra para a Luz 310

AGRADECIMENTOS

A Hélio Moura, pela grande sensibilidade e pelo extremo cuidado com que se dedicou à tradução desta obra.

A Hugo Jorge Ontivero e a Monica Ferri, pela solicitude e zelo com que, de sua parte, colaboraram para o aparecimento desta edição.

Na Casa Paterna

Os anjos de Deus e o tio Jaime foram testemunhas do divino poema de amor, de ternura e de infinita suavidade que teve lugar na velha casa de Joseph, à chegada do Mestre junto a sua mãe.

A Humanidade terrestre, equivocada sempre em suas idéias e conceitos, abriga e mantém a idéia de que quanto maior é um ser, mais desprendido se encontra daqueles aos quais a Lei Eterna o uniu pelos vínculos do sangue. Este é um dos graves erros que a vida íntima do Cristo vem destruir com a verdade razoável e lógica com a qual costumamos comprovar todas as nossas afirmações.

Se o Amor é a Lei suprema e universal que governa os mundos e os seres, logicamente devemos supor serem as maiores e mais puras Inteligências as que sentem, com mais intensidade, os divinos eflúvios do Amor. Imensamente mais que o resto dos demais seres, elas percebem as vibrações do Divino Amor que se apoderam de cada alma na medida em que elas podem assimilar e resistir. O Amor Eterno é como um transbordante manancial de puríssimas águas que, constantemente, se derrama sobre todos os mundos e sobre todos os seres.

Para compreender bem isto, devemos imaginar que todas as almas encarnadas e desencarnadas são como taças, ânforas ou recipientes de cristal e âmbar, suspensas entre o Céu e a Terra, à espera da divina corrente de Amor que vem da incomensurável grandeza de Deus. A diferente evolução dos seres é o que determina, por lei, a capacidade de cada alma, para receber, assimilar e unir-se a essa grande força criadora denominada *Amor*.

Deste modo, devemos compreender que as almas pequenas e primitivas são como diminutos receptáculos para receber o Amor. As mais adiantadas são ânforas de maior capacidade; as mais elevadas são recipientes abertos aos Céus do Amor e da Luz; e existem outras tão sensíveis e grandes em sua imensa capacidade de Amor, que passam suas vidas terrestres ou sua vida no espaço num contínuo transbordamento de Amor. Pela lei de seu próprio excelso e puro estado espiritual, Jhasua de Nazareth, encarnação do Cristo ou Messias desta Humanidade, culminou e encheu a medida do Amor mais intenso a que pode chegar uma Inteligência encarnada nesta Terra.

De acordo com esta lógica irresistível, com toda a segurança podemos afirmar que o Amor é a pauta que determina a maior ou menor evolução de um ser. Não deve ser julgado, logicamente, que estejamos falando aqui dessas apaixonadas manifestações que não podem nem devem ser qualificadas de *Amor*, mas de desejo sensual; ou seja, uma das modalidades do instinto puramente animal, tanto mais desenvolvido quanto mais inferiores são os seres.

O Amor do qual falamos aqui é um sentimento profundo, irresistível que dá às grandes almas a capacidade de fazer sacrifícios heróicos por outras almas numerosas ou reduzidas colocadas pela Eterna Lei no seu caminho.

O Amor verdadeiro é um só, tomando diversos e variados aspectos. Amor é o da mãe que se sente capaz de morrer a cada instante de sua vida pelo bem do filho de suas entranhas. Amor é o da filha, do irmão e dos esposos que se julgam capazes de todos os sacrifícios pelos seres amados.

Desta maneira, não podemos admitir, por um momento sequer, que Jhasua de Nazareth, encarnação do Cristo Divino, nessa oportunidade, pudesse ser o homem frio, indiferente e sem sentimentos para com seus familiares, e principalmente para com sua mãe, como deixam transparecer algumas passagens dos cronistas de sua vida!

A lógica nos autoriza e manda supor que, no Cristo, o Amor chegou a tal intensidade e heroísmo como nenhuma outra alma na Terra pôde alcançar na atual evolução desta Humanidade.

Tudo quanto nossa mente pode imaginar ou conceber na capacidade de Amor do Cristo, será mesquinho e pobre, comparado com a realidade.

Por esta razão, a Humanidade tarda tanto em compreendê-lo e conhecê-lo!

Ela, tão mesquinha, tão pobre, tão egoísta, querendo tudo para si, e apenas pensando em si mesma, pode acaso imaginar o abismo de Amor de uma alma que se esquece completamente de si mesma para pensar nos demais?...

Estas são alturas que aos pequenos produzem vertigens!

São cumes ainda tão distantes de nós que a mente se ofusca e apenas conseguimos dizer:

– Oh, loucuras sublimes do Amor Divino!

– Meu filho!... – exclamou a terna mãe abraçando-o afetuosamente. – Parecia que eu ia morrer sem tornar a ver-te!...

– Ainda não, mãe!... Ainda tens muita vida para viver – respondeu ele conduzindo-a ao estrado do cenáculo.

– Bem vês, minha irmã, como fui fiel à tua recomendação – acrescentou o tio Jaime. – Jhasua retorna ao teu lado sem que ninguém haja tocado num só cabelo da sua cabeça!

A mãe amorosa, sem quase poder falar devido à forte emoção que a dominava, percorreu com seu olhar cheio de amor a pessoa de seu filho, desde a cabeça até os pés, como querendo convencer ao seu próprio coração de que ele não havia sofrido dor alguma, enquanto se achava distante dela.

Tão logo passou o primeiro êxtase de amor da mãe e do filho, começaram as confidências de cada alma esvaziando-se no coração amado.

Quantas aflições e ansiedades sofrera Myriam pela sorte do filho ausente!

Seus familiares enchiam-na de temores, fazendo-a ver que era demasiado perigoso o caminho empreendido pelo filho. Não podia ele concordar em ensinar a Lei e as Sagradas Escrituras apenas em sua terra natal, sem causar torturas à mãe com suas prolongadas ausências?

Que Profeta era esse, que procurava cidades pagãs e idólatras, onde se vivia entre todas as abominações e iniqüidades imagináveis?

Tiberias, Cesaréia de Filipos, Damasco e Tiro!... A escória, a borra, o lodo mais negro que rodeava o país de Israel! Que Profeta era esse? Como poderia manter a vida reta e os costumes puros, segundo a Lei, se se lançava sem medo nesse mar de vícios... nesse lodaçal de iniqüidades?

— Teu filho, Myriam — diziam —, acabará por ser um renegado, comerá carnes de animais imundos, esquecerá o sábado, esquecerá os mandamentos da Lei entre as pessoas de vida baixa e de mulheres pagãs, desavergonhadas e sedutoras!...

— Desventurada mãe és tu, pobre Myriam, com esse filho enlouquecido pelo profetismo!...

Este longo e repetido murmúrio dos familiares caía, como um filete de chumbo derretido, no terno coração da mãe.

Mas, um dia, chegaram cartas de Jerusalém, que mudaram o prisma por onde faziam-na olhar a vida missionária do filho.

A viúva e os filhos do príncipe Ithamar, o incomparável ancião Simônides, sua parenta Lia, José de Arimathéia e Nicodemos, todos estes que tanto amavam e compreendiam Jhasua, consolaram-na com missivas como esta: "Bem-aventurada mãe que verás a Humanidade estender seus braços pedindo ao teu filho a salvação e a vida!

"Sua grandeza extraordinária vai deixando um rastro de Luz, de paz e de felicidade por onde vai passando. Tiberias, adormecida em seus prazeres, despertou para perguntar: *Quem é Ele?*

"Cesaréia de Filipos, enlouquecida por uma neta de Herodes, teve devolvida a paz a numerosos lares dizimados pela sua corrupção, e também pergunta: *Quem é Ele?*

"Damasco, a poderosa rainha do deserto, perante a grandeza dos poderes do Profeta Nazareno, ergueu-se em seu leito de areias douradas e de lagos de turquesa, para perguntar ansiosamente: *Quem é Ele?*

"Tiro, a lendária ondina do mar, a realidade grandiosa dos sonhos do rei Hirão, levantou-se em sua carruagem de espuma, por entre o drapejar dos pavilhões de suas frotas, dos bosques de mastros e de velas e de seus montes coroados de neves para perguntar: *Quem é Ele?*... Quem é esse homem extraordinário que arranca as presas das enfermidades, dos presídios, dos calabouços e até da própria morte?

"Ó Mãe Bem-aventurada e feliz!", diziam as cartas chegadas de Jerusalém para Myriam.

Mas também acrescentavam:

"A grandeza de teu filho começou a despertar receios na alta classe sacerdotal, e o pontífice enviou mensageiros à família do príncipe Ithamar, perguntando, também, QUEM É o jovem nazareno que curou todos os leprosos do Monte do Mal Conselho.

"A prudente e discreta Noemi respondeu: 'É um jovem médico, discípulo dos Terapeutas, que fez grandes estudos nas Escolas do judeu Fílon de Alexandria.'

"A José de Arimathéia e Nicodemos, doutores da Lei, o alto clero judeu perguntou *por que* esse jovem rabi não comparecia ao Grande Colégio e diante do pontífice e dos príncipes dos sacerdotes para graduar-se em ciências sagradas e formar com eles as preclaras fileiras dos condutores de Israel.

"Responderam-lhes que o Jovem Nazareno quer seguir o caminho na planície como os Terapeutas-Peregrinos, consolando as multidões aflitas pela miséria, e ensinando a Lei de Deus nas aldeias e povoações onde menos chega a palavra divina."

Todo este pequeno mundo de emoções foi esvaziado por Myriam na alma do filho para desafogar a sua, que se vira agitada por correntes adversas e opostas.

Depois que ela referiu tudo quanto perturbava o seu coração, dando para ler as cartas que, na sua ausência, tinha recebido, o grande filho que era a sua felicidade, a sua glória e o seu martírio disse docemente:

— Por cima de tudo isto, minha mãe, flutua a Luz Divina e a Soberana Verdade de Deus demarcando-nos o caminho que cada um deve seguir.

"Bem-aventurados somos nós, se, inflexíveis aos comentários adversos ou favoráveis, não nos desviarmos uma linha sequer do caminho assinalado pela Infinita Sabedoria.

"Vive em paz e quietude, minha mãe, descansando no amoroso regaço de nosso Pai comum, e rogando-lhe a cada dia que se cumpra em nós a sua Soberana Vontade.

"Agora quero dividir o pão contigo e beber juntos na mesma taça o suco da videira.

"Que significa isto na nossa raça, minha mãe?"

– Que tu e eu nos amamos como se fôssemos uma só alma e um só coração – respondeu a mãe com a alma regozijante de felicidade.

Alguns momentos depois, rodeavam a mesa do velho lar de Joseph, Myriam, Jhasua e o tio Jaime, pois era a primeira refeição que faziam juntos depois do regresso, e essa devia realizar-se na feliz intimidade dos maiores amores.

Jhasua passou vinte dias na quietude do lar paterno, vivendo de recordações e de esperanças.

Nesse formoso e plácido isolamento, continuava preparando-se para a grande batalha final contra o egoísmo e a ignorância, contra os fanatismos de toda espécie e contra as grandes dores de um povo asfixiado pelos impostos e pelas injustiças dos poderes reinantes.

Achavam-se em pleno inverno, e Jhasua procurou imediatamente os representantes da Santa Aliança nas cidades galiléias para averiguar pessoalmente se cumpriam com os pobres anciãos e com os órfãos as obras de misericórdia de que se haviam encarregado.

Recebeu afavelmente a visita dos familiares, cuja malediscência tanto havia atormentado Myriam durante a sua ausência.

– Agora serás para sempre o *nosso Profeta*, não é verdade, Jhasua? – perguntou uma avó egoísta, quando sentiu acalmadas todas as suas dores e achaques na presença do Mestre, pois queria que ele não se ocupasse a não ser da sua saúde. Era sogra de seu irmão Matias, que havia dado à adoentada anciã uma porção de netos.

Juntamente com ela, fizeram coro nas queixas, lamentações e petições outros membros da numerosa parentela de Myriam e de Joseph, e quase todos no sentido de que Jhasua não devia ausentar-se da Galiléia, a qual, sendo desprezada pelos judeus de Jerusalém, considerados como a nata da aristocracia israelita, devia ser engrandecida e glorificada por ele, com os poderes e dádivas recebidos de Jehová.

– Que ganharemos – perguntaram – com os grandes prodígios realizados longe do teu povo?

– Aqui chegaram vozes – disse outro – de que em Damasco corria o ouro por entre as mãos de míseros escravos em conseqüência da palavra de um jovem Profeta Nazareno que sabemos seres tu, enquanto nós, teus parentes, precisamos lutar duramente para que as nossas terras ou as nossas oficinas nos dêem o necessário para fazer frente à vida e aos impostos com os quais o governo nos sobrecarrega! Consideras isto justo, Jhasua?

– Curando multidões de leprosos por outras partes, nos deixas esquecidos com os nossos males e dores – acrescentou outro. Ao que parece, não ia terminar jamais esse salmo feito de queixas e de lamentações.

Jhasua escutava sorrindo e deixou-os falar. Quando ouviu a última queixa, perguntou: – E vós, acorrestes em socorrer aqueles que não têm fogo em seus lares neste horrível inverno?

– A Santa Aliança encarrega-se disso – disseram várias vozes ao mesmo tempo.

– Se não vos preocupais com os infelizes e desamparados, que direito tendes para pretender que o Pai Celestial se preocupe convosco?

"A Santa Aliança foi criada para remediar em parte as dores humanas que as classes abastadas não se preocupam em aliviar; no entanto, todos podeis secundar essa instituição, cooperando para que o benefício aos desamparados e enfermos seja dobrado.

"Vejamos, entre esta minha numerosa parentela, quantos mortos houve desde o meu afastamento daqui?", perguntou Jhasua olhando a todos, um por um.

– Oh!... tanto assim, também não. Graças a Deus estamos todos vivos para ver-te novamente. Mas filho, que queres? O que é nosso é nosso e o queremos conosco, e não com os estranhos – disse outra anciã, sogra de Elhisabet, esposa do filho mais velho de Joseph.

– Porém, pelo visto, estais empenhados em convencer-me de que os vínculos do sangue ampliam o campo do egoísmo de tal maneira que o ser fica prisioneiro, como um infeliz acorrentado à sua parentela, sem liberdade para cumprir com os desígnios divinos que o trouxeram à vida?

"Sou respeitoso e amoroso para com a família, porque a Eterna Lei a colocou no caminho do homem como o primeiro degrau na escada infinita do Amor, por onde Ela nos quer fazer subir até o nosso glorioso fim, que é Deus.

"Contudo, deveis compreender que a alma, sendo de origem divina e de vida eterna, não pode nem deve estacionar nesse primeiro degrau do amor que é a família. Isto significa que o amor da família ultrapassa o limite justo, quando pretende circunscrever, somente a ela, as atividades de uma alma com capacidade para amar a toda a Humanidade.

"Amo-vos a todos, e sou capaz de sacrificar a minha vida para salvar a de qualquer um de vós que se visse em perigo.

"Mas não transformeis o vosso amor por mim em puro egoísmo, pretendendo afastar-me dos demais em benefício próprio. Não pensastes que Deus, eterno Senhor de todas as almas, e que concede todos os poderes superiores, outorga-os ou tira-os, de acordo com o uso que deles venha a fazer o espírito missionário a quem foi dado?

"Que diríeis vós se, por atar-me egoisticamente à família carnal, me visse despossuído dos grandes dons de Deus, incapaz, portanto, de realizar bem algum, nem para vós nem para os demais?

"Lembrai ainda que aquilo que Deus dá por meu intermédio aos demais não o retira de vós, mas antes, e muito pelo contrário, se cooperardes comigo de boa vontade, estareis sendo agentes da distribuição comigo das dádivas de Deus sobre todas as criaturas. Compreendestes, tios e tias, irmãos, primos e sobrinhos desta minha existência iniciada em vosso meio e unida pelos laços do sangue?"

Matias, o mais velho dos filhos de Joseph, foi o primeiro a aproximar-se comovido de seu grande irmão, ao qual via, nesse instante, como a um apóstolo de Deus que viera à Terra com fins ainda não compreendidos claramente.

– Perdoa-nos, Jhasua! – disse –, e não vejas no nosso ciúme ou egoísmo de família a não ser o nosso grande amor por ti, o qual nos leva a temer os obstáculos e dificuldades que custaram a vida de outros nossos compatriotas muito antes de teres chegado à vida.

"Nosso pai, o Justo Joseph, como todos o chamavam, já não está na Terra para cuidar de ti. Eu sou o teu irmão mais velho, quase um ancião, e vi cair, como árvores sob o machado dos lenhadores, muitos seres cujo anelo de libertação do nosso povo os levou pelo caminho iniciado por ti.

"Pensamos, talvez equivocadamente, que o nosso amor é como um escudo, quando as flechas inimigas forem disparadas contra o teu peito.

"Esta é a razão por que ficamos inquietos quando te afastas e quiséramos ter-te sempre ao alcance da nossa vista."

As mulheres anciãs começaram a chorar silenciosamente. Myriam aproximou-se do filho como querendo suavizar o pesar que via claro e que estava sendo causado pelo egoísmo familiar.

A emoção provocou um soluço no peito de Jhasua, que se mantinha em silêncio, e apenas falavam os seus olhos cheios de doçura infinita, derramando-se num profundo olhar sobre o numeroso grupo de seus familiares reunidos ao seu redor sob o velho teto paterno.

Em silêncio pensou: "Como os laços do sangue atam até os seres de longas jornadas, mesmo quando se julgam acima de todos os afetos humanos!... Meu Deus!... Pai e Senhor de todas as almas!... Que tua Luz e tua Força não me abandonem na luta promovida pelos que levam o meu sangue, e que ainda não sabem amar sem egoísmos e sem ciúmes!..."

– Meu filho!... – murmurou como num sussurro ao seu ouvido a doce mãe. – Promete-lhes que passarás este inverno aqui e todos estaremos conformados.

Desta maneira Myriam acalmou essa primeira borrasca familiar formada em torno do filho, que, sabendo-se dado pelo Altíssimo Senhor dos Mundos a toda a Humanidade, via-se compelido, por seus familiares, a circunscrever-se unicamente a eles.

Acedendo, pois, Jhasua à insinuação da mãe, prometeu-lhes passar a data do aniversário do ano 30 de sua vida em sua terra natal.

A velha casa de Nazareth vestiu-se de festa e glória naquele dia, quando todos os parentes dali e das cidades vizinhas se encontraram para encerrar na gaiola de ouro dos afetos familiares aquele Divino Rouxinol mandado por Deus, como num vôo heróico à Terra, para cantar a todos os homens o hino grandioso e sublime do Amor Universal.

Deste modo, a família carnal de Jhasua celebrou nesse inverno a entrada nos 30 anos de sua vida.

Myriam recordou aquele glorioso dia passado no lar de seus parentes Elcana e Sara, em Bethlehem. Tinha sido numa noite gelada como essas que estavam sucedendo-se, em que a neve branqueava as montanhas e as pradarias, os hortos e os caminhos. Recordava-o como se tivesse sido ontem!... Haviam passado já 30 anos!

Os familiares retiraram-se depois da refeição do meio-dia. Todos estavam felizes e esperançosos no jovem Profeta que daria brilho à família, tirando-a finalmente da modesta obscuridade da classe média. Como num sussurro, diziam uns aos outros ao ouvido:

– Se em vez de ser tão-somente um grande Profeta, ele for o Messias Libertador de Israel, como alguns supõem, a nossa Galiléia subirá muito mais alto que a Judéia. O Templo de Jerusalém, no qual os galileus hoje entram como por esmola, será então como o nosso próprio lar, e o nosso Jhasua será ali o Sumo Sacerdote, o Pontífice Magno.

– Será um Sumo Sacerdote-Rei, porque alguns Profetas o anunciaram assim em seus inspirados cantos – acrescentou outro dos mais entusiastas sonhadores com a grandeza material do filho de Myriam.

Enquanto a numerosa parentela tecia uma imensa rede de sonhos, de ilusões e de esperanças voltando para os seus lares, a mãe e o filho permaneceram sozinhos no velho lar.

Zebeu ficara em Tolemaida por assuntos de família e de interesses.

O tio Jaime, depois do banquete familiar, partira para Caná, onde tinha algumas posses que estavam sendo administradas por parentes.

Um irmão de Débora, a primeira esposa de Joseph, fora sempre como um supervisor dos trabalhadores. Na oficina ou no horto, cuidou sempre da fiel execução do serviço de cada qual.

Não existindo já a oficina desde a morte de Joseph, continuou administrando os trabalhos da lavoura em Nazareth e em Caná, onde Myriam também tinha posses.

Com Martha, sua mulher, os dois anciãos já lhe tinham feito companhia durante a ausência do filho e do irmão, motivo pelo qual, para o jovem Mestre, eram algo assim como dois venerandos avós que o haviam conhecido em pequenino e agora o viam já homem, e rodeado por uma auréola de grandeza, que eles mesmos não sabiam compreender com perfeição.

Sabendo Jhasua que os tornava alegres e felizes, chamava-os de avós, e nas longas reuniões noturnas daquele inverno consagrou muitas horas a eles, quando, sentado junto à mãe ao suave resplendor da lareira, mencionou parte do que vira acontecer em suas viagens e ao que haviam descoberto nas tumbas milenárias do Egito ou nos velhos arquivos de Sinagogas esquecidas, onde eram guardadas as verdadeiras glórias do passado de Israel.

Todo um poema de amor e de felicidade foi vivido por Myriam naqueles trinta dias em que ouviu, encantada, os relatos do filho, consagrado completamente a ela.

Fez-lhe compreender a felicidade infinita da alma que vive entregue à Vontade Divina, preparando-se, talvez, para a renúncia suprema, que ele sabia já estar próxima a chegar.

– Jamais devemos temer a morte, mãe, nem aguardá-la com medo ou com horror – disse-lhe, com a íntima e profunda convicção que transmitia a quem o escutasse.

"Que é a vida?... Que é a morte?... – continuou com entusiasmo crescente.

"A vida num planeta inferior, como a Terra, para a alma adiantada em seu progresso espiritual, é um desterro de sua pátria verdadeira, da qual conserva recordações que lhe produzem profunda nostalgia; é uma escravidão em duras cadeias que a impedem de realizar suas aspirações na medida de suas capacidades; é um obscuro presídio através de cujas grades chegam apenas os tênues resplendores da divina claridade, na qual tantas vezes se extasiou.

"A morte é a volta à pátria verdadeira, tão profundamente amada e desejada com tanto fervor; é o romper-se das cadeias que atam a alma a uma grosseira vestimenta de carne que a faz assemelhar-se aos animais!... É o abrir-se dos ferrolhos do presídio e sentir novamente a glória da liberdade que a torna dona da imensidão infinita, onde reina a harmonia, a beleza, a paz, o bem e o amor!

"Dize para mim, mãe: é justo amar tão desmedidamente a vida? É justo abrigar tanto horror à morte?

"Sob duas formas devemos considerar a vida física nos planetas inferiores: como uma expiação por graves transgressões à Lei Suprema do amor aos nossos semelhantes, ou como uma mensagem divina de amor para a Humanidade no meio da qual entramos na vida carnal.

"Em ambos os casos, não podemos encontrar lógica alguma ao nosso apego à vida nem ao nosso terror à morte. Se estamos encarnados por expiação, quanto mais ligeiro a terminarmos, tanto melhor para nós. Se, por ouro lado, estamos aqui como mensageiros do Pai Celestial, uma vez'transmitida fielmente a mensagem, não haveremos de desejar voltar ao Pai que nos enviou?"

— Através do teu pensamento e da tua palavra, meu filho, até a morte se torna formosa e desejável — respondeu a mãe encantada por ouvi-lo.

— Ela é bela e desejável, mãe, se procuramos afastar-nos desse prisma ilusório e enganoso por intermédio do qual os espíritos da Terra costumam ver as Leis de Deus e seus soberanos desígnios.

"Eles subjugam tudo à matéria, e vivem como se não existisse nada mais que o pouco que é percebido pelos seus sentidos físicos.

"Para eliminar, pois, este grande erro e pavor da morte, é necessário levar as almas a se convencerem plenamente de sua eterna existência no seio de Deus, onde continuam vivendo já aliviadas do peso da matéria.

"Suponhamos, minha mãe, que, da mesma maneira como ocorreu a meu pai e a Jhosuelin, eu deixe este corpo material que me acompanha, serei, por causa disto, diferente daquilo que era? Afastar-me-ei de ti, esquecendo este imenso amor que nos une a ponto de confundir-nos como duas gotas de água na palma da minha mão?

"A matéria nos separa até certo ponto, pelas próprias e iniludíveis exigências que ela tem, porque é como um espesso véu que encobre as potências e faculdades da alma. Através de um corpo físico, não vemos os seus pensamentos, nem os seus desejos, nem a sua vontade, nem esse divino arquivo da memória, guardador das ternas recordações como também dos penosos remorsos.

"Só vemos esse hábil composto de ossos, músculos, sangue e nervos, e de tal maneira nos enamoramos dele, que chegamos a esquecer completamente que ele é apenas o envoltório grosseiro de um anjo de luz descido no meio do lodo da terra, ou de um demônio maligno do qual fugiríamos se o víssemos tal como é.

"Quando um espírito adiantado deixa a matéria, através da qual deu e conquistou muito amor na vida física, se mantém tão unido a quem amou e por quem foi amado como a luz de uma lâmpada com aqueles aos quais ilumina; como a água cristalina que os lábios sedentos absorvem; como o perfume do incenso quando o queimamos num piveteiro.

"A luz da lâmpada, a água que bebemos e o perfume que aspiramos entram em nós de um modo tão perfeito que podemos dizer com toda a verdade: Esta luz que me ilumina é minha; este perfume que aspiro é meu; esta água que bebo é minha, porque estão dentro e fora de mim mesmo.

"Desta sorte, vivem em nós e se integram em nós aqueles seres amados que deixaram a escravidão da matéria pela liberdade do espírito.

"O homem pensa e fala equivocadamente quando diz: 'Estes seres queridos, arrebatados pela morte, me eram ainda necessários, pois representavam a minha força, o meu apoio e o meu sustento na vida.'

"Foram para o espaço infinito meu pai e Jhosuelin, que eram as colunas sustentadoras do lar.

"Que te faltou, minha mãe? Tu mesma mencionaste que aqueles devedores morosos que nunca estavam em dia com o meu pai se apresentaram diante de ti, uns após outro, e todos eles disseram:

"— Apareceu-me em sonhos o teu esposo Joseph e ele disse: Jamais te apertei pela dívida. Lembra-te que Myriam, minha esposa, pode necessitar dessa mesma quantia nunca exigida antes.

"Que significa isto, minha mãe, senão que o Justo Joseph continua ao teu lado, zelando e exercendo poderosa influência sobre todos aqueles até onde alcança a sua capacidade?

"Referiste ainda que uma noite deste permissão para hospedar-se no celeiro um desconhecido viajante e que, nem bem ele tinha entrado, chegou a notícia de que era um bandido que havia roubado e dado a morte a uma família de pastores.

"– Não me atrevo a expulsá-lo nesta noite de tempestade – disseste – seja o que o Senhor quiser!" – e, de tua alcova, viste que o viajante saía em silêncio e se afastava rapidamente pelo caminho que vai ao poço, e era tal a pressa no andar que parecia ir fugindo de alguém a persegui-lo. E no teu celeiro não faltou um único saquinho de lentilhas.

– Oh, meu filho!... – respondeu a mãe, cheia de confiança e tranqüilidade. – Já te disse que naquela ocasião pensei que o Justo Joseph era o meu anjo guardião.

– Logo os mortos vivem, pensam e agem, mui provavelmente, de modo mais decisivo e eficiente, pois não podem temer nada de ninguém, nem vinganças nem represálias, nem ciladas de espécie alguma.

"Então, mãe!... Apesar do pavor e do terror, a morte, para dizer a verdade, não existe como aniquilamento do ser inteligente e capaz de obras grandes e boas...

"A morte, minha mãe, é como uma fada branca e boa que nos veste suas roupagens de luz e nos solta a voar pelos campos infinitos!...

"Não a temamos, mãe!... e quando ela chegar, enviada pelo nosso Pai comum, digamos: 'Bem-vinda sejas, para cumprir em mim a Vontade do Senhor.' "

A amorosa mãe, inundada de divina placidez, recostou sua cabeça adornada de branco sobre o ombro do filho, que acariciava aquelas mãos pequeninas e suaves e as apertava contra o seu peito e seus lábios como se fossem brancos lírios que se desfolhavam entre as suas mãos.

Já é Chegada a Hora

Uma manhã de madrugada, chegou à casa de Nazareth um criado de Zebedeu com o aviso de que Salomé, sua esposa, se encontrava enferma e chamava por Jhasua.

Ele encaminhou-se em seguida para a margem sudoeste do lago, cujas grandes dimensões permitiram sempre aos da região chamá-lo de *Mar da Galiléia*, em dura obstinação com os herodianos, que se empenhavam em chamá-lo de *Tiberíades*, porque em suas margens se erguia, como uma ânfora de mármore e ouro, a faustosa cidade de Tiberias, cujo nome era uma permanente adulação a Tibério César.

Ali o Mestre tinha muitas famílias conhecidas, entre elas a do Ancião Simão Barjonne, antigo porteiro do Santuário do Tabor, que já não vivia, a não ser no amor e na recordação de seus filhos Simão e André, que continuavam com o comércio da pesca, como seus antepassados.

Eles e a família de Zebedeu eram os mais fortes comerciantes de pescado nessa parte do lago. Uma espécie de sociedade unia as duas famílias, que possuíam umas trinta barcas de pesca com tripulantes a salário diário. Mediante um imposto cobrado pelos agentes do rei, tinham a concessão para a pesca naquele delicioso remanso, formado pelas águas do grande rio Jordão.

O Mestre encontrou junto à porta da casa de Zebedeu um formoso jovem ruivo de olhos azuis profundos, com o qual se abraçou ternamente.

Era João, ao qual há vários anos não via por causa, em parte, das contínuas viagens do Mestre e também pelo fato de ele ter passado boas temporadas no Santuário essênio do Monte Carmelo, onde o servidor era irmão de Salomé, e queria instruir seu jovem sobrinho, a fim de torná-lo um bom Terapeuta-Peregrino. Entretanto, a saúde delicada de João não lhe permitiu continuar a penosa tarefa, e voltou para o lar paterno aos 18 anos.

João tinha essa idade quando Jhasua chegou à sua casa, naquela manhã, atendendo ao chamado de Salomé atacada de febre maligna, que a mantinha prostrada na cama há uma semana.

– Ó meu Profeta querido! Meu jovem santo! – disse a boa mulher. – Só ontem vim a saber que estavas na casa da tua mãe. Se tivesse sabido antes, não estaria ainda amarrada a este leito.

– Que deixarás imediatamente, minha boa Salomé, para dar-me aqueles pasteizinhos de mel que ninguém consegue fazer como tu – respondeu o Mestre, tomando-a por ambas as mãos e obrigando-a suavemente a levantar-se.

Em seguida, Jhasua colocou em ordem, sobre a testa, seus cabelos já grisalhos e estendendo, ele mesmo, o cobertor sobre o leito, continuou:

– A viagem de Nazareth até aqui me trouxe tal apetite que, se não te apressares, boa Salomé, se converterá em fome voraz...

João ria a bom valer vendo a grande afobação da mãe para colocar a toca e o avental, prendas indispensáveis no atavio familiar das mulheres galiléias.

– Oh, como me sinto bem, Jhasua!... Meu grande Profeta!... Sinto-me como se nunca tivesse tido febre!...

"Agora mesmo estarão prontos os pasteizinhos quentes e dourados como pompons de ouro!"

Zebedeu com Santiago, o filho mais velho, estavam na tenda ou coberta armada junto ao lago, onde classificavam o pescado para enviá-lo às cidades vizinhas e, principalmente, para Tiberias, cujo grande mercado era o que pagava melhor.

João acompanhou Jhasua até onde estava o seu pai, para dar tempo a Salomé de preparar o almoço.

Ali encontraram-se com Simão e André. Logo a seguir, com Zebedeu e Santiago.

A alegria de Simão (Pedro) não teve limites ao ver, ao alcance de seus braços, aquele galhardo e formoso jovem que os anos passados haviam transformado.

– Como foi possível teres esquecido assim de nós, Jhasua, enquanto pensamos sempre em ti? – perguntou Simão com espontânea franqueza.

– Cada coisa a seu tempo, Simão – respondeu Jhasua. – O que hoje venho dizer-te não poderia ser dito antes. Quando voltei de Tiro, soube da morte de teu pai e em Tolemaida me deram a notícia de que também tua boa companheira tinha adormecido com seus ancestrais.

"Quão felizes são os que recobram as suas asas, Simão, e podem novamente voar para as alturas!"

– É verdade!... Mas a solidão é triste, Mestre.

"Soube um dia que, no Santuário do Moab, te haviam consagrado Mestre da Divina Sabedoria... e com quanta satisfação me faz sair do peito a palavra *Mestre*!"

– Advirto que por muito pouco tempo sofrerás ainda esta solidão – continuou Jhasua, fixando nos olhos azuis de Pedro um olhar profundo.

— Por que dizes isto, Mestre?
— Porque hoje já posso dizer que "é chegada a hora"!...
— A hora de quê?...
— De me seguir por toda a parte, aonde quer que eu vá!...
— Estás dizendo isto de verdade, Jhasua?... De verdade?...
— Quando viviam o teu pai e a tua esposa, eu não podia arrancar-te do seu lado, porque eras o seu apoio e o seu sustento. Porém agora, Simão, estando os que amavas descansando na Liberdade e na Luz, quem te impedirá de me seguir?
— Oh, ninguém, Senhor!... Ninguém! Irei sozinho, e hoje mesmo entrego-me a teu serviço.
— Por que me chamaste de *Senhor*? Esqueceste já o menino que tiveste um dia sobre os teus joelhos... quando te disse que não devias jamais dizer uma mentira?
— Oh, que santa memória a tua!... Chamo-te Senhor, porque te vejo demasiado grande ao meu lado. Sabemos aqui, Jhasua, tudo quanto fizeste de maravilhoso, e guardamos tudo isso no coração por determinação dos Anciãos.
— E as tuas filhas?... E o teu irmão André? — perguntou o Mestre.
— André virá em seguida com Zebedeu e Santiago, que estão entre aquele grupo de pessoas, junto à tenda.
"Minhas duas filhas moram com a minha sogra que, com a morte da minha esposa, quis tê-las a seu lado."
— Está bem, Simão, pergunto estas coisas porque, para me seguir, não quero que deixes nenhum rastro de dor atrás de ti. Entrega as tuas filhas a parte da herança que lhes corresponde e vem comigo, para cumprir a Vontade de Deus.
O abraço que Simão deu em Jhasua deve ter comovido os anjos do Senhor pela espontaneidade sincera e profunda.
— Que Deus te pague, Mestre, pela felicidade que me estás proporcionando! Agora mesmo deixarei tudo para te seguir.
— Calma, meu amigo. Não te apresses demasiado e falemos primeiramente.
João, que se havia entretido com os pescadores, aproximou-se nesse instante.
— Também preciso dizer-te, João, aquilo que acabo de dizer a Simão:
— Já é chegada a hora!
— Hora de quê? — perguntou o jovem.
— De me seguires por onde quer que eu vá.
João fixou na face do Mestre seus grandes olhos azuis, como absortos numa visão de Luz e de glória com a qual não havia sonhado jamais.
— Eu hei de seguir-te?... A ti, Jhasua, que és o assombro das grandes cidades, e até os príncipes se sentem honrados com a tua amizade?
— Pensei essa mesma coisa — disse Simão — e não me atrevia a dizê-lo.
"Pelo visto, este rapagão foi mais valente que eu! Muito bem, João, disseste o que eu queria dizer."
— Durante vinte e nove anos estive junto com os Mestres da alta Sabedoria, com príncipes e magnatas. Entreguei a Mensagem Divina que tinha para eles.
"Hoje chegou a hora de descer ao plano, onde os pés se enlameiam e se machucam, por entre os espinhos e as pedras dos caminhos.
"Para andar no plano devo rodear-me daqueles que, para poder me seguir, não farão falta a ninguém. Compreendestes bem isto, meus amigos?"
Como resposta, João se abraçou a Jhasua e começou a chorar como se fosse um menino.

– Nunca imaginei, Jhasua, que pudesses amar-me tanto, a ponto de desejar ter-me ao teu lado – disse por fim o jovem galileu quando a emoção lhe permitiu falar.

Profundamente comovido, o Mestre enxugou também as suas lágrimas ao mesmo tempo que lhe dizia:

– Cada coisa ao seu tempo. Agora sou eu quem necessita da vossa ajuda, como bem podeis ver – disse Jhasua.

Pedro e João foram os arautos do apostolado do Cristo, e a eles se uniram, dois dias depois, Santiago, irmão de João, e André, irmão de Pedro.

O Mestre acabava de colocar os alicerces em seu edifício espiritual e, acompanhado de Pedro e de João, entrou na casa de Zebedeu, onde Salomé os aguardava com a branca toalha estendida sobre a mesa na qual fumegavam as travessas de pescado frio e os pasteizinhos de folhados, banhados com mel.

Não se falou na mesa de outra coisa a não ser dos prodígios realizados por Jhasua em toda parte aonde havia chegado, e ele se esforçava em fazê-los compreender que o poder divino se derrama sobre as criaturas a todo o momento e em todos os lugares, quando circunstâncias especiais se juntam para dar entrada às dádivas de Deus.

Fez-lhes ver que se tratava das mesmas exteriorizações de força extraterrestre das quais Moisés, Elias e Eliseu fizeram uso, causando assombro a todos no seu tempo.

– Toda alma – disse – que abraça com fervor o apostolado do amor fraterno e se sente capaz de grandes sacrifícios pela redenção de seus semelhantes, está em condições de servir como instrumento transmissor das dádivas de Deus para as suas criaturas.

– Perdoa, Mestre – disse Simão (Pedro), mas, se fazes tantos prodígios, é porque és o Messias anunciado pelos Profetas!...

O Mestre acrescentou:

– Já é chegada a hora!... Levantai-vos, meus amigos, pois tendes toda a Humanidade terrestre e vinte séculos pela frente para difundir aos quatro pontos cardeais o meu ensinamento de amor fraterno, estabelecido nas últimas palavras da Lei:

"AMA A TEU PRÓXIMO COMO A TI MESMO."

Depois do frugal almoço, Jhasua subiu com Pedro e João a uma das barcas que balançavam brandamente nas águas do lago.

– Remai – disse-lhes –, pois quero, sem outras testemunhas além da água e do céu, entrar em vossos corações para ter a certeza de que sois aqueles que devem sair ao meu encontro neste momento solene de minha vida missionária.

– Que estás dizendo, Senhor? Não te compreendo! – perguntou Pedro com certa inquietação.

João tampouco compreendeu essas palavras do Mestre; no entanto, sua natureza terna e sensitiva em extremo fez com que recostasse sua bela cabeça ruiva no ombro de Jhasua, enquanto lhe dizia bem baixinho... quase ao ouvido:

– Somente sei que te amo imensamente, Jhasua!... e não desejo nada mais senão amar-te!

– Dia virá em que compreendereis estas minhas palavras – disse o Mestre, e lhes referiu, como se contasse uma historieta perdida nos séculos, um belo poema de ternura de um Mestre de outras épocas chamado Antúlio, cuja mãe Walkíria lhe repetia constantemente: "Não é necessário, meu filho, te esforçares tanto em esvaziar sobre mim tua divina sabedoria. Desejo apenas ter o teu amor e não quero aprender nada mais senão a amar-te!..." E o Mestre fixou no rosto de João seu olhar de Iluminado.

— Como essa mulher de tua história, sinto dentro de mim — disse João pensativo —: nada mais senão amar-te!... — repetia novamente.

— Ainda não terminei a história — disse o Mestre.

"Quando Antúlio foi condenado a morrer por causa de sua doutrina, tinha um jovem discípulo ao qual havia curado de uma ferida mortal na cabeça. Esse jovem o seguia como um cãozinho sem que ele se desse conta disso, e quando perante o tribunal lhe deram a taça de veneno, o jovem saltou como um cervo ferido dentre a multidão e deu um golpe com o punho na taça fatal, fazendo-a cair despedaçada em mil pedaços, ao mesmo tempo que gritava com furioso desespero:

'Não beberás!... Não beberás!...'

"Uma crise de nervos o atirou ao solo e não pôde ver a segunda taça envenenada que foi dada ao Mestre Antúlio.

— Oh! — gritou Pedro sem poder conter-se... — Eu houvera feito o mesmo que esse mocinho com a primeira, a segunda e a terceira taça envenenada que houvessem dado ao meu Mestre.

— Remai para a margem — disse Jhasua — pois terminou a história e encontrei os personagens...

— Que queres dizer, Mestre? — voltou Pedro a perguntar.

— Eu te direi mais adiante, meu amigo. Cada coisa a seu tempo.

"Agora volto a Nazareth e voltarei ao lago daqui a três dias."

Tal como disse, assim cumpriu e, no mesmo lugar do dia anterior, estavam esperando-o Pedro, João, Santiago e André.

— Mestre — perguntou Santiago. — Não posso seguir-te como o meu irmão João?

— Se o queres, por que não?... — aquiesceu o Mestre. — Soube que ias casar. Se assim procederes, o teu dever como chefe do lar te impede de entregar-te à vida errante de missionário.

— Ia casar-me com Fatmé, a filha de Hanani, mas quando se agravou sua enfermidade do peito, separamo-nos de comum acordo. Logo viemos a saber aqui, Mestre, que a curaste e então voltei a insistir; no entanto, ela não concordou em continuar com as nossas relações, alegando preferir cuidar da velhice de seus pais.

— André também quer seguir-te, Mestre — disse Pedro, enquanto aquele se dobrava sobre a areia da praia para recolher alguns cordéis usados para remendar as redes. Era extremamente tímido e tinha vários anos menos que seu irmão Simão.

— E por que ele mesmo não me pede isto? Desta forma demonstraria a decisão de sua vontade — acrescentou Jhasua.

— Mestre, meu irmão faz a metade do trabalho, esperando-me para fazer a outra metade. Meu pai dizia que, desde criança, esse filho aguardava sempre que outro tomasse o pão e lhe desse a metade. Quando não agia assim, achava-o estranho.

— Nesta oportunidade, o pão de Deus és tu, Senhor!... Eu o tomei e André quer a metade a que se julga com direito e que jamais lhe foi negada por mim!...

O Mestre sorriu diante do quase infantil raciocínio de Pedro e, olhando para André, disse com inefável doçura:

— Vem aqui, André, apanhar a metade do pão que teu irmão lhe dá. Também chegou a tua hora, meu amigo, e espero que ao meu lado adquirirás a decisão e energia necessária a toda alma para abraçar o apostolado da Verdade.

André aproximou-se meio perturbado por ver descoberto o seu defeito de excessiva timidez, que quase o incapacitava para agir na vida sem o apoio do irmão.

— Preciso de homens fortes!... — disse o Mestre com simplicidade. André mostrou então seus braços, com os punhos cerrados, pretendendo mostrar sua boa musculatura.

– Sozinho, consigo arrastar uma barca carregada puxando-a pela amarra – mencionou com satisfação e orgulho.

– Muito bem, meu amigo. Idêntica força como a de teus punhos é necessário que tenhas em tua vontade, para que, chegado ao apostolado árduo e penoso de dizer aos homens a Verdade, sejas capaz de ir buscar sozinho o pão de Deus e dá-lo aos demais, na medida em que o necessitam. Compreendeste-me, André?

– Sim, Mestre – respondeu o futuro apóstolo do Cristo, sentindo uma energia nova invadir-lhe todo o ser.

Estavam neste diálogo, quando se aproximou Zebeu*, recém-chegado de Tolemaida. Com ele vinham Tomás de Tolemaida, Felipe de Cafarnaum e Matheus de Acre, chamado também "o Levita", porque sua família pertencia à Tribo de Levi. Avisado por Zebeu de que o Mestre estava em Nazareth, onde permaneceria durante a passagem do trigésimo ano de sua vida, e tendo, todos eles, parentes junto ao lago, pensaram em visitá-lo, pois, já em outra oportunidade, como o leitor facilmente recordará, haviam-se encontrado com ele na intimidade, recebendo certos avisos vagos de que deveriam segui-lo no seu devido tempo.

– Eis que a voz do Senhor vai anunciando a hora, como o anuncia um sino de bronze cujos ecos chegam ao coração daqueles que devem vir – disse serenamente o Mestre, vendo os quatro que se aproximavam.

Haviam chegado à casa de Myriam, em Nazareth, e o tio Jaime informou-lhes que Jhasua se encontrava com as famílias de Simão e de Zebedeu junto ao lago.

O encontro foi agradável para todos, pois se conheciam dos Santuários Essênios do Carmelo e do Tabor, aonde compareciam pelo menos uma vez a cada ano. Além do mais, existia entre todos laços de parentesco distante ou de amizade antiga.

– Como conseguistes combinar para chegar os quatro juntos? – perguntou Pedro, cuja simplicidade e franqueza o levava a falar sem maiores reflexões.

Os quatro se entreolharam e olharam depois para Jhasua, que escrevia na areia, com uma varinha de vime, os nomes dos recém-chegados.

– O Mestre chamou-nos em sonhos – disse Felipe, que era o mais resoluto de todos.

– É verdade, Mestre, que nos chamaste? – perguntou Tomás.

– Acabo de dizer – respondeu Jhasua – que a voz do Senhor, como um sino de bronze, vai levando seus ecos até o coração dos que devem aproximar-se do meu.

– Eu estava em Tolemaida – disse Zebeu – bastante entretido com uma porção de sobrinhos, filhos de minha única irmã, quando adormeci uma noite no estrado da lareira, vendo apagar-se o fogo que, pouco a pouco, extinguia as suas chamas. Pareceu-me ver-te em sonhos e ouvi a tua voz dizendo: "Seguiste-me nas glórias de Damasco e de Tiro, e me abandonas nas tristezas e humilhações da terra natal?"

"Realidade ou sonho, no dia seguinte levantei-me decidido a vir procurar-te, Mestre, e aqui estou."

Jhasua sorriu em silêncio olhando para Zebeu com indizível ternura.

– Eu – disse Tomás – estava desgostoso pela morte de meu pai ocorrida no verão passado e, mais ainda, pela partida do meu irmão para o outro lado do Mar Grande, levado pela ambição de aumentar sua fortuna. Coloquei muita coisa do

---

(*) Ou Nathanael. Não confundir com Simão, o Cananeu (Zelote), também com o mesmo nome de Nathaniel.

estoque do nosso velho negócio de sedas, tapetes e artesanatos entre a antiga clientela e, sentado na barca do velho Manoas, não sabia que rumo tomar. Ele mencionou o prodígio da cura de seus sobrinhos, reduzidos ao último extremo da dor e da miséria. Sob esta impressão adormeci entre as cordas e velas da sua barcaça e sonhei que via Jhasua de Nazareth, já homem, tal como agora o vejo. Despertei com a idéia fixa de que ele me havia dito assim:

"Quando eu era criança e tu um jovem, me amavas e me acompanhaste até o Monte Hermon. Não é próprio de fiéis amigos segui-lo na primeira hora e abandoná-lo nas que virão!"

"No dia seguinte, passava por ali a caravana. Carreguei em dois asnos as mercadorias que ainda restavam e vim buscar-te, Mestre, não obstante, depois de teus prodígios em Tiro, eu te veja demasiado grande para permanecer ao teu lado."

— Agora necessito dos pequenos, Tomás, para que resplandeça mais a obra de Deus que vim realizar — observou o Mestre.

"Vieste e estás aqui, porque *já é chegada a hora*, meu amigo."

— E eu — disse Matheus — via-me também como um pássaro sem ninho, desde que minha irmã Myrina, cujos filhos eram a minha alegria, foi para Naim, levada por seu marido. Minha vida na praça do mercado de Séphoris, cobrando os tributos do Estado, era excessivamente triste e até odiosa, pois, às vezes, me via em situações bastante difíceis e penosas.

"Consegui finalmente desprender-me desse cargo e, uma noite, tendo adormecido em minha tenda no mercado, sonhei que passava pela praça um Profeta de manto branco que me disse: '*Já é chegada a hora, Matheus*; entrega ao Estado o que é do Estado, e vem conquistar o Reino de Deus.'

"No dia seguinte, soube que já havia sido nomeado o meu substituto porque eu arrecadava escassa renda para os agentes do fisco por causa da minha piedade para com os pobres.

"A presença de Zebeu e de Tomás em Séphoris, que me falaram tanto de ti, Mestre, esclareceu o meu sonho com o Profeta do manto branco. Lembrei-me de nossa amizade de crianças, no refúgio das Avós, nas encostas do Monte Carmelo e pensei imediatamente: 'Onde estarei melhor que ao seu lado?'

"Mestre!... Estou aqui para não te abandonar mais."

Jhasua, profundamente enternecido, abraçou Matheus e depois disse:

— A partir deste momento, quero que tenhas uma dupla visão, e que tudo quanto vejas conserves no arquivo da tua memória, para futuro ensinamento à Humanidade.

— A mim ocorreu algo semelhante — acrescentou Felipe. — A morte de minha esposa me deixou mergulhado em profunda tristeza. Sozinho, com minhas duas filhas jovens, fui viver com minha irmã Elisabet de Cafarnaum, de onde me afastaram circunstâncias diversas da vida. Encontrei-a já viúva e solitária, em virtude do casamento de seus filhos que, em razão dos negócios, vivem em Cesaréia de Filipos. Minhas duas meninas são agora mais suas do que minhas, graças ao amor que lhe dedicam.

"Um dia chegou a notícia das maravilhas realizadas por um Profeta Nazareno entre os montanheses da Ituréia. A lembrança de Jhasua veio imediatamente à minha mente e rememorei comovido o encontro que tivemos anos atrás no Santuário Essênio, naqueles momentos em que me sentia muito desventurado. Meu sonho dessa noite acabou por decidir-me: 'Vem comigo, Felipe — disseste-me, Mestre — porque já é chegada a hora de trocares as coisas da terra pelas do céu.'

— Disseste bem — observou o Mestre. — Os desenganos e as dores são os mais usuais caminhos buscados pelo Senhor para desprender as almas das míseras felicidades da terra e acender nelas as claridades de um novo amanhecer.

"Todos vós viestes vinculados a mim para esta ocasião solene da minha nova aproximação junto à Humanidade.

"Não deveis julgar casual a nossa reunião deste instante, mas como uma velha aliança à qual correspondestes com fidelidade. Felizes aqueles que ouvem a divina voz do Amor Eterno quando lhes fala com sua voz sem ruído e num momento determinado e decisivo, dizendo: '*Já é chegada a hora!*' "

Simão (Pedro), que, não obstante ser o mais idoso dos oito homens ali reunidos, era o mais alegre, franco e ativo e, sentindo-se inundado de felicidade, propôs uma pesca feita particularmente por eles, não com fins de comércio, mas para oferecer um banquete ao Mestre e repartir o restante com os pobres. Aparelhou sua barca mais nova com uma vela branca ainda sem uso e com acolchoados novos de feno, recém-secados ao sol pelas suas próprias mãos.

Era uma serena tarde de inverno com um sol opalino a verter sua tímida claridade sobre o lago azul e as areias douradas.

A alegria serena e meiga do Mestre punha notas de íntima felicidade em todos aqueles corações, que descansavam das preocupações terrenas, não pensando então a não ser naquilo que a alma genial do Messias lhes havia dito: "*Já é chegada a hora!*"

Descansavam nele de tão ampla maneira que, nesse instante, eram como crianças a brincarem unidas ao redor do pai.

A duas milhas da costa, o Mestre mandou deitar a rede, porque teve, sem dúvida, em conta a serenidade das águas mais profundas naquele lugar.

A pesca foi tão abundante que necessitaram chamar pedindo auxílio a outras barcas, daquelas que Simão e Zebedeu tinham sempre entregues também ao seu trabalho.

De tal maneira havia-se enchido a rede, que foi necessário repartir a carga em três barcas.

Quando chegaram à margem, o Mestre lembrou-lhes que aquilo não era para negociar, mas para haver abundância na mesa dos necessitados.

A tenda de Simão e de Zebedeu viu-se invadida pelos que sempre recolhiam os peixinhos desprezados pelos compradores por inferiores ou pequenos demais.

Os avaros agentes dos mercados de Tiberias perguntaram a Simão e aos filhos de Zebedeu:

— Que mau gênio turvou o vosso sono da noite passada, para que hoje estejais a presentear o melhor pescado aos mendigos?

— Porque hoje celebramos o nosso dia de triunfo e de glória — respondeu Pedro, sem dar-lhes maior atenção.

— Israel é livre?... Morreu o César?... Morreu Herodes Antipas?...

Essas perguntas sucediam-se na mesma tenda, onde, em outros dias, se vendia o pescado e agora enchiam as cestas dos pobres, quando, até o dia anterior estes apenas podiam recolher o que os outros desprezavam.

— Que Jehová aumente as águas do nosso mar galileu, e que o César e o Rei vivam muitos anos — responderam os filhos de Zebedeu, sempre atentos a não deixar escapar uma frase que, ouvida por algum romano ou herodiano, pudesse causar complicações em suas vidas.

Uma formosa fogueira sob a luz crepuscular do ocaso foi acesa junto à tenda para aqueles que, não tendo fogo em suas casas, pudessem preparar o pescado recebido de presente.

Foi a primeira obra executada pelos oito discípulos reunidos naquele dia em torno do Mestre.

— Isto jamais vimos — disseram aquelas pobres mulheres carregadas de filhos e também os anciãos desamparados. — Enchem as nossas cestas de quanto pescado cabe nelas e, em seguida, nos dão o fogo para podermos assá-los. Deus desceu sobre a Terra!

Sentado num banquinho junto à tenda, o Mestre contemplava aquele quadro, que foi tomando as tonalidades de uma alegria transbordante. A multidão de crianças pobremente vestidas e alguns descalços; os velhinhos apenas envoltos em pedaços de tecidos de lã, já sem cor definida, mas que os resguardava parcialmente do frio; as mulheres contentes ao ver seus pequenos rebentos alimentando-se abundantemente, tudo, enfim, contribuía para entristecer o Mestre que tão de perto via a miséria em seu país natal.

— Reparai — disse de repente Jhasua. — Nosso banquete será completo se dermos roupas e abrigos a estas crianças descalças e a estes anciãos sem roupas. Daqui a Nazareth são três horas, e não podemos pôr-nos em contato com os dirigentes da Santa Aliança antes da noite para podermos socorrer esta gente.

"Qual de vós tem dinheiro para comprar roupas em Tiberias?"

— Eu, eu, eu... — disseram oito vozes ao mesmo tempo.

— Dois dentre vós ide, pois, até a cidade e trazei mantos de abrigo para os velhos e calças de lã para as crianças. A Santa Aliança vos devolverá amanhã, sob a minha palavra.

Felipe e Santiago tomaram uma barquinha e remaram até Tiberias, cujas brancas torres se via dali resplandecendo à luz do sol poente.

Quando aparecia no zênite a primeira estrela, o Mestre e seus oito discípulos despediram daquela pobre gente, para a qual haviam dado alimento para seus corpos exangues e roupas para abrigá-los e cobri-los.

— Senhor — disse Pedro com a respiração ofegante. — Creio que temos feito jus ao banquete prometido.

— Agora sim, meus amigos! — respondeu o Mestre.

Entraram na tenda, porque o frio já se fazia muito intenso.

João e Zebeu haviam disposto a mesa com a branca toalha de Salomé que, com uma grande cesta de pasteizinhos de mel e uma ânfora de vinho, contribuía, de sua casa próxima, para o primeiro banquete do Mestre com seus discípulos.

De pé diante da rústica mesa da tenda permanecia Jhasua com seu olhar perdido em pensamentos que ninguém podia adivinhar. João, que era muito sensível, percebeu isso e aproximando-se dele, perguntou bem baixinho:

— Que há, Mestre, pois pareces que não estás na tenda? Falta aqui alguma coisa que desejas?

— Sim — respondeu com tristeza. — Faltam ainda quatro que o meu coração esperava hoje.

— Já caiu a noite — esclareceu João — e se devem vir, será só amanhã. Não é a mesma coisa?

— Não, não é a mesma coisa, porque a voz secreta que fala a todo aquele que deseja ouvi-la me havia dito: "Hoje terás os doze que devem seguir os teus passos."

João ficou como aturdido por uma força misteriosa que não compreendia. Não podia ver o Mestre assim preocupado e entristecido.

Os demais discípulos continuavam afanosos, improvisando bancos com as tábuas nas quais colocavam diariamente o pescado para a venda e também com os acolchoados das barcas.

Um cadenciado ruído de remos a golpear fortemente a água e um cantar melancólico e triste rompeu repentinamente o silêncio da noite.
— Gente no mar!... — disseram várias vozes ao mesmo tempo.
— Algum passeante de Tiberias — disse Pedro —, porque os nossos pescadores ceiam ou dormem a esta hora.
— Já estão ali — acrescentou o Mestre, levantando a cortina que fechava a porta da tenda.
Com efeito. O canto cessou e quatro homens saltaram de uma barca sobre as areias da costa.
— Tu os esperava, Mestre! — disse Pedro, saindo, e atrás dele saíram todos os demais.
Quando os quatro viajantes chegaram, houve um tumulto de exclamações, demonstrando que eram conhecidos e que uma ausência de pouco tempo os havia separado.
— Vós que sois do norte vindes ao sul? — perguntou Santiago. — Não há negócios por lá?
— Há sim, e muitos — respondeu um deles, chamado Dídimo ou Bartolomeu —, entretanto, Jaime levou a Cafarnaum a notícia de que o nosso Profeta Galileu estava em Nazareth e viemos vê-lo.
— Aqui o tendes — disse Pedro, levantando a tocha com a qual alumiava a costa à altura do rosto de Jhasua.
— Eu vos esperava — disse o Mestre — porque *já é chegada a hora.*
— Ninguém nos anunciou hora nenhuma — respondeu Judas Tadeu, aproximando-se. — Mandaste acaso algum aviso para nós?
— Os anjos do Senhor vão e vêm levando mensagens divinas aos homens — respondeu sorridente e feliz o Mestre.
Jaime ou Santiago, o mais moço, como foi chamado mais tarde, era um familiar do Mestre que, enviado a Cafarnaum para tratar de assuntos comerciais, foi o porta-voz que levou a boa nova.
Com eles vinha também Judas de Kerioth, parente distante de Bartolomeu que, compadecido pelas grandes desgraças de família que lhe adviram há bem pouco tempo, convidou-o a vir à margem sudoeste do lago, onde tinham velhas amizades.
O Mestre conhecera Bartolomeu e Judas Tadeu há algum tempo atrás, naquela viagem a Ribla.
Ambos, originários de Cafarnaum, eram Essênios do primeiro grau, como a maioria dos bons israelitas, e filiados também à Santa Aliança, cuja finalidade não tinham chegado a compreender totalmente. Para eles era apenas uma irmandade religiosa de socorros mútuos.
— Este amigo quer consultar contigo, Jhasua, suas coisas íntimas — disse Jaime apresentando Judas de Kerioth. — Sabe que és Profeta e confia em ti.
O Mestre envolveu-o num terno olhar, enquanto todos entravam na tenda, e disse:
— O Pai Celestial derrama sua claridade sobre toda alma que a pede com esperança e fé.
— Quatro lugares mais na mesa! — gritou Pedro que, por ser o mais velho e talvez o mais querido dentre todos, julgava-se com direitos de mando na velha tenda, lar dos pescadores do lago.
— Eis que a Eterna Lei reuniu hoje, ao meu redor, os doze comprometidos para esta hora — disse o Mestre.
Judas de Kerioth levantou seus olhos escurecidos por negra angústia e os fixou em Jhasua, que também o observava.

"A Bondade Divina – acrescentou como respondendo ao olhar de Judas que parecia interrogar – procede às vezes com as almas como as vossas redes de pescar.

"Estende-as no mar de sua infinita imensidão, e caem nelas as almas como levadas por suaves correntes. Não te sintas estranho entre nós, Judas, porque estava escrito que devias vir."

– Graças te dou, Profeta de Deus!... – respondeu Judas, e foram estas as primeiras palavras que falou junto ao Mestre.

Sentado à cabeceira da mesa, Jhasua podia observar todos.

Pela primeira vez, repartiu entre eles o pão e o vinho, símbolo terníssimo usado no Oriente para iniciar uma amizade duradoura, forte e profunda.

À margem do Mar da Galiléia, sob uma tenda de pescadores, o Cristo fundou nessa noite memorável o místico Santuário, cofre de seu pensamento eterno: *A irmandade fraternal entre os homens.*

Quando já havia terminado a ceia, entre amistosas conversações salpicadas com a centelha da luz e do talento que escapavam da mente do Ungido, chegou o tio Jaime que, tendo regressado de Caná, encontrou Myriam aflita porque seu filho tinha saído de madrugada para voltar ao entardecer e já era muito tarde da noite. Acompanhava-o o avô Alfeu.

A lua radiante resplandecia de singular maneira sobre a formosa planície que começava a cobrir-se de neve.

– Também há aqui lugar para ambos, bom Jaime – disse Pedro, pois eram velhos amigos.

– Já fiz a digestão de minha ceia – respondeu o aludido.

– Ocorre algo lá em casa, tio Jaime? – perguntou o Mestre.

– Nada de novo. Apenas o amor de tua mãe esperando ainda junto à lareira.

– Na verdade julguei poder regressar ao ocaso; no entanto, estes quatro que esperava demoraram muito a chegar – esclareceu o Mestre.

"Simão! – chamou em voz alta. – Hospeda-os na tua tenda por esta noite e também por amanhã. Voltarei no terceiro dia."

Mas apenas ficaram ali três dos quatro últimos que chegaram; pois o tio Jaime com os outros seguiram o Mestre a Nazareth, onde tinham casas de parentes nas quais podiam hospedar-se.

O Ano Trinta

Apenas o Mestre entrara no trigésimo ano de sua vida, viu-se rodeado dos doze discípulos escolhidos entre as pessoas do povo da Galiléia.

Nos três primeiros meses, tratou de examinar minuciosamente seus conhecimentos e o grau de sua evolução espiritual.

O velho casarão de Simão Barjonne, pai de Pedro e de André, havia ficado vazio, e foi ali a hospedagem dos doze nos primeiros tempos.

O tio Jaime manteve-se sempre fora daquela pequena escola, porque reservou para si a tarefa de administrador de Jhasua, por especial recomendação de Myriam, que apenas sob essa condição ficava tranqüilizada em face de vida errante e, de seu ponto de vista, infeliz, abraçada pelo filho.

Nessa época, o Mestre levou seus doze discípulos ao Santuário do Monte Tabor, perdido entre as imensas grutas daquela montanhosa região da Galiléia, para que, no rico arquivo de ciência antiga ali existente, fossem instruídos nos caminhos de Deus que estavam seguindo desde distantes épocas, cumprindo desse modo velhas alianças que os séculos não haviam podido romper.

Ali deixou-os entre os Solitários por setenta dias, e partiu com sua mãe e o tio Jaime para a Judéia, para entrevistar-se com o seu primo João, que dava ensinamentos às multidões nas margens do rio Jordão.

Enquanto os Mestres Essênios se entregavam à honrosa tarefa de cultivar aquelas árvores rústicas e humildes com as águas da Divina Sabedoria, sigamos o Mestre até o sul do país, em busca de Johanan, chamado o Batista, porque em visão premonitória já o havia visto encarcerado por causa daquela perversa mulher, Herodíades, que ele humilhou um dia na Cesaréia de Filipos, de onde ela fugira sentindo-se desprezada pelo povo.

Aliados desde distantes séculos para esse momento da evolução humana, necessitava entrevistar-se com o seu grande amigo e parente antes que chegasse a tormenta, na qual Johanan devia sacrificar a sua vida pela verdade e pela justiça.

Jhasua queria ver de perto a obra de Johanan e examinar com ele o ensinamento no qual deviam fundamentar a obra realizada em conjunto. O desejo de Myriam de acompanhá-lo a Jerusalém para as festas da Páscoa deu-lhe a oportunidade de realizar também os seus propósitos referentes a Johanan.

Desde o seu regresso do Monte Hor, onde conferenciou com os grandes Mestres daquele tempo, não via os amigos de Jerusalém, e apenas mantiveram contato distante através das cartas trocadas entre eles e por mensagens dos Terapeutas-Peregrinos ou, ocasionalmente, por intermédio dos familiares que viajavam anualmente para aquela cidade.

O príncipe Judá, com Nebai e Noemi, tinham regressado da estada em sua vila na costa do mar, na região do Lácio, na formosa Itália, segunda pátria de Judá, visto como toda a sua primeira juventude havia passado em Roma e no golfo de Nápoles.

Tinham um formoso menino de vinte meses, ao qual chamaram Jesuá Clemente. Tinha os cabelos de ouro de Nebai e a fisionomia e os olhos negros de Judá.

— É o primeiro presente que te oferecemos — disse o príncipe Judá, colocando-o sobre os joelhos de Jhasua.

O Mestre estreitou em seu peito aquela cabecinha dourada, fazendo-lhe recordar a buliçosa e risonha Nebai da cabana de pedra, junto à fonte das pombas. Aqueles olhinhos escuros tinham a doce melancolia dos olhos do pai quando, quinze anos antes, era levado prisioneiro pelos soldados romanos, destinado às galeras do César.

Jhasua, Judá e Nebai rememoraram ao mesmo tempo esses quadros distantes, que a recordação intensa e profunda fazia reviver como uma chama novamente acendida.

— Que este menino seja o cofre de diamantes a guardar em si mesmo nossa aliança de amor eterno! — disse Jhasua, enquanto mantinha o pequenino apertado ao seu coração.

Como se já o conhecesse há muito tempo, o menino distraía-se passando seus dedinhos pelos cabelos castanhos do Mestre a cair-lhe até o ombro.

— Dize a este Senhor — pediu Judá a seu filho — o que serás quando fores grande.

O menino, com sua linguagem peculiar e encantadora, desfigurando sílabas e palavras, respondeu: *"Soldado do Rei de Israel."*

Hach-ben Faqui com Thirza e Noemi não estavam nesse instante no velho palácio da rua do Comércio, mas chegaram uma hora depois. Haviam acompanhado Noemi às cerimônias litúrgicas daquela manhã no Templo.

Uma criada trazia nos braços uma criaturinha débil, branca e melancólica, como uma flor de pouca vida.

O abraço do africano em Jhasua demonstrou-lhe não ter diminuído em nada a veemência daquela amizade.

Thirza aproximou-se de Jhasua com sua timidez habitual e, apresentando-lhe sua pequenina, disse:

— Terás que fazê-la viver, Mestre, porque esta pobrezinha parece carregar todas as minhas angústias do calabouço. Chora sempre e apenas toca nos alimentos.

Jhasua deixou o robusto menino de Judá, que saiu correndo ao encontro da avó, e tomou nos braços a débil menina de Thirza.

— Nasceu em Cirene — disse Faqui — e demos-lhe o nome de Selene, porque a rainha dos tuaregues assim o pediu.

Tinha mais ou menos a mesma idade do menino de Nebai; entretanto, era menor e não mostrava ainda sinais de querer caminhar.

Jhasua a manteve nos braços até que despertou. Então começou a falar-lhe:

— A partir de hoje, não chorarás mais, Selene... nunca mais, e começarás a andar por teus próprios pés sobre esta terra aonde chegaste para ser uma de minhas missionárias como teu primo Jesuá.

Falando desse modo, tirou a grossa manta que a envolvia e colocou a menina em pé sobre o tapete que cobria o pavimento da sala.

Thirza correu para tomá-la nos braços, temerosa de que sofresse alguma queda.

— Deixa-a — disse o Mestre. — Não temas, Thirza, não temas!

Todos olhavam para a pequena criatura que mais se assemelhava a uma bonequinha, imóvel diante dos joelhos de Jhasua.

— Vamos, Selene! — disse-lhe docemente. — Anda para junto de tua mãe que te está esperando.

A menina vacilou por um momento, e logo a seguir, com os bracinhos estendidos para Thirza, começou a andar serenamente.

Não houve como fazê-la parar, pois ia de Jhasua à mãe como se a energia que sentia a obrigasse a caminhar sem parar.

— Basta, já basta! — disse Faqui, querendo detê-la; no entanto, a menina parecia não ouvir nem obedecer a outra ordem senão ao pensamento de Jhasua, que continuava dizendo-lhe: "Anda, anda, anda!"

Quando ele julgou que aquele pequenino corpo já estava suficientemente forte, tomou-a nos braços e ele mesmo a levou para o berço.

— Agora dorme, Selene, que o sono te fará bem. — Alguns momentos depois, a menina dormia profundamente.

"Quando despertar — disse —, dá-lhe um banho morno e logo um pouco de leite quente com mel. Era apenas falta de energia e vitalidade, pois não tem doença alguma.

— Oh, Jhasua!... — disse Faqui. — Sempre serás o mesmo semeador de benefícios pelos caminhos da vida!

— Foi para isso que vim à vida, meu amigo — respondeu o Mestre.

Simônides voltou nesse momento do Templo, aonde fora com sua filha Sabat.

A presença do seu "soberano Rei de Israel", como ele o chamava, encheu-o de júbilo.

— Já perdia quase a esperança de tornar a ver-te, meu Senhor! — disse abraçando-o mais de uma vez. — Mas agora imagino que és nosso outra vez e que o meu Senhor não nos abandonará mais.

— Agora serei todo para os meus compatriotas — disse o Mestre. — Não obstante saber que, além de vossas amizades, não encontrarei grandes amigos na terra natal.

— Por que, meu Senhor?

— "*Porque ninguém é profeta em sua terra*", conforme diz o adágio popular.

— Porém isso não diz respeito a ti, Senhor, porque és o que és em qualquer lugar da Terra onde puseres os pés.

— Oxalá seja como dizes, meu bom Simônides! — respondeu Jhasua.

Myriam e o tio Jaime haviam ficado na casa de Lia que, estando já muito debilitada pela idade, quase não abandonava o calor do lar, a não ser por extrema necessidade.

O Mestre fortaleceu-a até o ponto de ela poder chegar ao Templo nessa Páscoa, cujas solenidades foram as últimas que viu no mundo físico.

O príncipe Judá e Faqui convidaram o Mestre para ir até a casa de Nicodemos, onde, como já dissemos, se reunia a pequena Escola mantida pelos quatro amigos: José de Arimathéia, Nicodemos, Gamaliel e Nicolás de Damasco.

Os quatro tinham sido designados professores do Grande Colégio onde era educada a juventude israelita de alta posição. À força de contínuas rebeliões, os estudantes conseguiram que quatro cátedras fossem dadas a homens menos intransigentes e mais adaptados às novas correntes vindas das Escolas de Atenas, de Pérgamo e de Alexandria. Os velhos Reitores Hillel, Simeão e Gamaliel, que durante quarenta anos estiveram sucedendo-se na suprema direção daquela casa de estudos, haviam morrido e a escolha de Gamaliel (o jovem) como reitor, e de José de Arimathéia e Nicodemos como regentes auxiliares, foi um verdadeiro triunfo do estudantado israelita daquele tempo.

Entretanto, como alguns íntimos dos velhos reitores desaparecidos ficaram em suas antigas cátedras e postos importantes no Grande Colégio, havia sempre facções e litígios entre os antigos mestres, intransigentes, e os modernos, mais tolerantes com as novas idéias.

Como conseqüência de tudo isto, os doutores, amigos de Jhasua, viam-se grandemente coibidos em sua vida exterior, pois sabiam que estavam sendo vigiados por essa multidão de invejosos que buscavam nem que fosse uma única palhinha para deitar lodo entre o adversário.

O único a ficar mais livre dos quatro foi Nicolás de Damasco, que, por não ser originário da Judéia, encontrou maiores oposições para os altos cargos aos quais subiram os seus companheiros. Esta circunstância permitia-lhe maior liberdade de ação para colaborar na obra de libertação do povo hebreu a que estavam inteiramente consagrados o príncipe Judá e Hach-ben Faqui, secundados por Simônides e pelos príncipes Jesuá e Sallum de Lohes, bem como por outros homens de prestígio pertencentes à aristocracia judaica, chamados pelas crônicas daquele tempo: "a seita dos saduceus." Esta denominação devia-se, sem dúvida, ao nome de um antigo príncipe chamado Sadoc, o primeiro adversário da tirania dogmática dos Fariseus.

Com esta explicação, o leitor compreenderá perfeitamente as precauções que deviam ser tomadas para realizar essas reuniões, nas quais eram estudados os meios de livrar a Nação Hebréia, não apenas do domínio estrangeiro, como também da prepotência do alto clero que, amparado na chamada Lei de Moisés, explorava o povo com os dízimos, as primícias e, principalmente, com a obrigação imposta de sacrifícios de animais por futilidades que em nada transgrediam a Lei.

Os membros dessa Escola ou Sociedade secreta, que era como a Direção Suprema da Santa Aliança, sonhavam todos com o novo Reino de Israel, a ressurgir das cinzas gloriosas de David e Salomão, tendo por sede Jerusalém e por soberano Jhasua de Nazareth, o Messias anunciado pelos Profetas.

A única pessoa alheia a todas essas combinações e sonhos era o Mestre, fundador da Santa Aliança, e contava com ela para educar o povo na base da verdadeira Lei Divina e para aliviar suas dores e a miséria em que se encontrava.

A casa onde se realizavam essas reuniões aparentava ser, como já dissemos, um lugar destinado a repartir roupas e provisões aos pobres, e também como oficina de tecidos para ensinamento gratuito aos órfãos ou filhos de famílias sem recursos.

Esse antigo casarão fora escolhido em virtude de sua situação estratégica, muito adequada para esquivar-se da vigilância dos poderes reinantes.

Estava situado perto do muro oriental da cidade, a trinta passos da porta chamada de Josaphat ou Bethphagé, em razão da proximidade ao reservatório desse nome, e também porque dava saída para o Vale de Josaphat, povoado de grandes monumentos funerários, alguns dos quais tinham comunicação com aquele Caminho de Esdras, conhecido do leitor, e pelo qual os levitas e sacerdotes Essênios realizavam obras de misericórdia e também de salvamento, quando se apresentava o caso.

Por aquele caminho haviam sido salvos os três sábios do Oriente, Melchor, Gaspar e Baltasar, de cair nas mãos de Herodes, há vinte e nove anos.

Simônides, o homem com olhos de lince, segundo dizia o Mestre, tinha examinado aquela casa, transformando-a numa fortaleza, no sentido de torná-la apta para se fugir dela sem serem vistos, no caso de uma vigilância extremada. Do mesmo modo, era possível sair dali pelo Caminho de Esdras para os grandes túmulos do Vale de Josaphat, como para o Monte das Oliveiras, onde os Terapeutas tinham um refúgio, ou para o Caminho de Jericó. A proximidade do reservatório, dotado de aquedutos e saídas de esgotos, a proximidade do Templo e da Torre Antônia, tornavam aqueles lugares muito freqüentados por toda classe de pessoas, motivo pelo qual era muito fácil passar por ali desapercebidos.

O novo procurador romano, Pôncio Pilatos, era homem tranqüilo e inimigo de confusões e injustiças. O centurião, comandante da guarda pretoriana, era um jovem militar que servira sob as ordens do duúnviro Quintus Árrius, pai adotivo do príncipe Judá. Chamava-se Longhinos e o estimava com fervor, embora lamentasse ser judeu de raça, pois tinha o conceito de que todos os judeus eram de alma vil e que se vendiam por um pouco de ouro.

— Algum mau gênio fez com que os deuses — disse Longhinos ao príncipe Judá — se equivocassem ao mandar-te para a vida. Devias ter nascido junto ao rio Tibre, e não ao Jordão.

"No entanto, o nome de Quintus Árrius apaga cinqüenta vezes o teu nome judeu — e se empenhava em chamá-lo de Árrius. As generosidades de Judá apertavam mais ainda aquele laço que envolvia também sua família.

Todas essas circunstâncias pareciam favoráveis aos amigos de Jhasua que trabalhavam secretamente pelo estabelecimento do grande Reino de Israel, livre do domínio estrangeiro.

Esboçado assim o novo cenário, vejamos os nossos personagens, velhos amigos, cujos sentimentos e modos de pensar já nos são fartamente conhecidos.

Nessa casa, que foi da família de Nicodemos, começou a luta do Mestre em persuadir seus amigos de que o seu caminho não era o das grandezas reais com as quais sonhavam.

As crônicas cristãs falam de um Satanás tentador que, num dado momento, se apresentou ao Mestre para desviá-lo do seu caminho através de brilhantes oferecimentos de poderes e de riquezas extraordinárias.

Nessa casa de Jerusalém, naquela mesma tarde em que Judá e Faqui o levaram lá, começou o sofrimento intenso do Mestre, que precisara lutar sozinho contra o poderoso embate de mentalidades fortes que haviam forjado e alimentado durante dez anos os mais belos sonhos e, humanamente falando, de possível realização.

Arquelau, filho de Herodes, foi deposto do efêmero reinado deixado por seu pai sobre a Judéia e a Samaria. Foi desterrado para a Gália por causa de sua inépcia e de seus escândalos que o tornavam odiado pelo povo. Seus dois irmãos, Herodes Antipas e Felipe, eram, respectivamente, tetrarcas da Galiléia e da Peréia. Traconítis e Batanea eram personagens secundários de uma tragicomédia que se desenrolava entre a orgia e o crime. O Supremo Pontificado era um feudo, do qual o alto clero tirava ouro aos montões, sem dispensar qualquer atenção ao povo que se debatia entre a miséria e a fome e em cuja sombra crescia o ódio contra os poderes reinantes.

Toda a Arábia, desde Damasco ao Mar Vermelho, estava em armas, aguardando o sinal de Israel para lançar sobre a Palestina o furacão de seus lanceiros e ginetes, que corriam como as avalanchas de areia arrastadas pelo Simum.

A bravia raça tuaregue tinha mandado para o deserto da Líbia seus melhores guerreiros para aguardar em Cirene o sinal de que já havia soado a hora da libertação para o Oriente oprimido e desgarrado pela loba romana.

O rei Abgar de Togorma (Armênia) fizera aliança com o rei de Padam-Hirão, e seus indômitos montanheses tinham passagem livre até Cachemir, a poucas milhas de Antioquia.

Este rei Abgar era descendente distante de Asdrubal, irmão do grande Aníbal, o herói cartaginês, e conservava profundo ódio a Roma.

O rei Zate Adiabenes, filho da piedosa Helena, discípula de Baltasar, fazia parte da forte aliança de principados e de pequenos reinos oprimidos e dizimados pelo poderio romano.

O leitor recordará que Helena era irmã de Noemi e, portanto, tia do príncipe Judá, alma desse grande movimento libertador.

Tudo isso foi ouvido por Jhasua em vibrantes discursos naquela tarde quando compareceu à reunião no velho casarão que fora de Nicodemos.

— És um filho de Israel, da real descendência de David, como o prova a tua genealogia conservada sem interrupção alguma desde os seus dias gloriosos até o momento presente — disse o príncipe Judá, com a veemência ardente de seu temperamento, redobrado pelo grande amor que dedicava a Jhasua.

"Nossos mais antigos livros sagrados, nossas crônicas milenárias, salvas de todas as hecatombes de invasões, incêndios e extermínios, nos dizem com o testemunho de Esdras, de Nehemias e de Zorobabel, os três grandes reorganizadores da nossa nação e restauradores de Jerusalém e do templo, que essas genealogias das famílias reais são autênticas, motivo pelo qual, levando em consideração de nem sequer faltar esse detalhe na tua personalidade, estamos convencidos de que és, Jhasua, o Ungido de Jehová, para libertar o seu povo do domínio estrangeiro.

"Esses príncipes e doutores de Israel levam dez anos estudando as profecias do advento do grande ser salvador da nossa raça, e tudo concorda e se reflete sobre ti com a claridade da luz solar sobre uma fonte tranqüila.

"Teus amigos aqui presentes percorreram as capitais do Oriente, conferenciaram com seus reis e príncipes, alguns dos quais te conheceram ultimamente, viram tuas obras, sentiram de perto a Luz acendida por Jehová no teu coração, e não há um único que rechasse a idéia de que és o anunciado pelos nossos Profetas com a finalidade de trazer para a Terra, em nome do Eterno, a santa liberdade dos filhos de Deus.

"Somente tu, Jhasua, negas o desígnio divino! Não amas, acaso, o teu povo?... Não te comove a miséria de nossos irmãos?... Esperas, acaso, outro que virá depois de ti, ou acaso já está entre nós e não o conhecemos?

"Fala, por Deus, Jhasua, pois o momento é propício!... Apenas aguardamos a tua palavra, a tua aceitação, a tua firme resolução de tomar o timão de nossa nave que está naufragando e que, se não a salvas, submergirá irremediavelmente."

Todos os olhos estavam fixos no Mestre, cuja serenidade era imponente. Parecia uma estátua de mármore branco que, numa costa bravia, esperava o embate das ondas.

Alguns adivinhavam sua violenta luta interior, principalmente José de Arimathéia mais do que os outros, motivo por que disse:

– Príncipe Judá... interpretaste bem o pensamento de todos; no entanto, devemos lembrar que Jhasua não está de acordo com o modo de pensar e de sentir de todos os nossos aliados do Oriente, e talvez ele suponha reduzir-se tudo a excessivos entusiasmos nossos que julga impossíveis de realizar.

"Proponho, pois, sejam lidas pelo notário as atas redigidas em todas as capitais vizinhas, aprovadas e firmadas pelos reis, príncipes e etnarcas que aderiram à nossa aliança."

Nicolás de Damasco, o notário, tomou da mesa diante da qual estavam todos sentados uma volumosa pasta cheia de pergaminhos, dos quais pendiam fitas de diversas cores com os selos das pessoas que os tinham firmado.

Os pequenos Estados da Ásia Menor, com costas sobre o Mediterrâneo, Cilícia, Pamphylia, Lícia, Cária, Lasea (em Creta), Rhodes e Paphos (em Chipre) estavam representados na grossa pasta que Jhasua olhava fixamente.

Os tuaregues do Saara tinham conquistado alguns caudilhos da Líbia e do Egito; e as tribos nômades do Mar Vermelho e da Etiópia se haviam unido ao rei Harot de Petra.

Nicolás de Damasco iniciou a leitura dessas atas e dos nomes dos que as firmaram com as respectivas datas e lugares onde tinham sido lavradas, nas quais constava ainda o número de guerreiros com que cada uma contava.

Todos observaram que o Mestre ia anotando num pedaço de pergaminho as cifras indicadoras dos homens de armas que cada chefe de Estado oferecia.

Quando terminou a leitura, ele fez a soma desse considerável contingente de guerreiros.

Somavam quatrocentos mil e seiscentos homens.

– Quatrocentas mil e seiscentas vidas humanas, representativas de outros tantos lares, exponde à morrer para que eu seja Rei de Israel! – disse com infinita amargura. – E chamai-vos filhos do Deus de Moisés, cuja Lei diz: *"Não matarás!"*

"Ou julgais que as legiões do César vos esperam com os braços cruzados ou tocando cítaras e alaúdes?

"O rei David, do qual dizeis que descendo, devastou e assolou os países desde o Eufrates até o Mar Vermelho, para engrandecer seus domínios e satisfazer suas ambições de poder e de riquezas.

"Se descendo ou não de David, não o sei nem me interessa saber; apenas sei que venho do Pai Universal dos mundos e das almas, para exterminar o ódio e semear o amor sobre a Terra.

"Creio que o meio proposto por vós não está de acordo com a Vontade Divina com relação a mim.

"Sou o Messias anunciado pelos Profetas!...

"Sou o Ungido do Eterno para a salvação da Humanidade!

"Meu poder é eterno sobre todas as almas que vêm a este mundo, e ninguém as arrancará de meus braços, porque são minhas desde imensas épocas, e continuarão sendo minhas por toda a eternidade. Contudo, meu reinado não se imporá com as armas nem com a violência e o extermínio.

"O Supremo Senhor a quem represento não é o Jehová dos exércitos vislumbrado pelos Doutores e Príncipes de Israel à luz de relâmpago e entre o brilhar das lanças e o sibilar das flechas.

"É o que disse a Moisés no cume do Sinai:

"*Ama-me acima de todas as coisas e ao próximo como a ti mesmo.*

"*Ama-me na luz do Sol que revigora toda vida e cuja força de atração mantém o equilíbrio dos mundos deste sistema.*

"*Ama-me na água das chuvas com a qual fecundo os teus campos, para que tenhas azeite e trigo em tuas despensas e vinho em teus lares!*

"*Ama-me no ar que respiras, na luz que te ilumina, na terra que te sustenta, nos bosques que te dão fogo, nos hortos que te oferecem os seus frutos e nos jardins que te coroam de mirtos e de rosas!*

"*Ama-me acima de todas as coisas, porque sou o teu Criador e teu Senhor, e ama também a todos os seres semelhantes a ti, porque sou o Pai de todos, e todos vós saístes de meu seio para serdes justos e felizes na posse eterna do meu amor!*

"Se o conceito que tendes de Deus, a quem adorais, é diferente do que acabo de esboçar, acreditai: estais enganados, e pouca diferença existe entre vós e os adoradores de Baal, de Marduk ou de Astarté, que ordenam a seus devotos o extermínio dos adversários.

"Meu reinado não se imporá com as armas nem com o extermínio, é o que digo e acrescento ainda mais: meu manto branco de Mestre da Sabedoria Divina não se manchará com o sangue de irmãos, nem se molhará com o pranto de anciãos desolados, de viúvas desesperadas e de órfãos sem lar vagando pelos caminhos.

"O Eterno Senhor da vida ter-me-ia ungido acaso para sentar-me num trono de ouro à custa de inúmeras vidas e de infinita dor humana? Acreditais que o Deus onipotente, tendo feito surgir milhões de mundos de si mesmo, necessita que morra assassinada nos campos de batalha uma multidão de suas criaturas para coroar um enviado seu como rei de uma nação determinada?

"Meu reinado é eterno sobre este mundo; ele me foi dado pelo Pai Celestial em herança há muitos séculos, e saberei manter este divino legado pelos séculos dos séculos!...

"Mas não pretendeis apressar a hora nem torcer o caminho que está determinado no pensamento de Deus, da mesma maneira como Ele demarcou a trajetória das estrelas e os limites do mar!

"Quando Ele quer, não me dá poderes supremos sobre as enfermidades, os elementos e a morte?

"Ousais pensar que o Ungido de Deus se tornará solidário com a matança e o extermínio, quando sente tão próximo de si a voz divina que lhe diz: Ama-me acima de todas as coisas e ao próximo como a ti mesmo?

"Meu trono será formado de corações amorosos, meus amigos... minha coroa real será forjada em diamante por todos aqueles que triunfarem sobre a mentira e a ignorância, e virão a mim com suas mãos puras e suas cabeças coroadas de rosas!...

"Minha túnica de linho e meu manto de púrpura serão tecidos pelas mãos que vestem os desnudos e secam o pranto dos que sofrem!...

"Oh, meus amigos de agora e de sempre!... Não pretendais apressar a hora d'Aquele que me enviou ao vosso meio e que vos colocou ao seu lado para secundar a minha obra e não para impedi-la.

"Esperarei em paz e alegria de espírito, que quando o Pai me tenha levantado até onde devo subir, o que agora não compreendeis será tão claro para vós como a luz do meio-dia."

Um profundo silêncio seguiu-se às palavras do Mestre.

Os rostos haviam-se inclinado pensativos, visto como as palavras de Jhasua, com sua irresistível lógica, não admitiam réplica alguma.

Contudo, sua dissertação era para eles um cofre tão cheio de pedras preciosas que não sabiam quais escolher para formar a coroa real com a qual desejavam cingir-lhe a cabeça.

Ele havia reconhecido a si mesmo como o Messias anunciado pelos Profetas e como o Ungido do Eterno para a salvação da Humanidade.

Ele havia declarado eterno o seu reinado sobre a Terra, que era a herança dada pelo Pai, e havia acrescentado que *saberia manter esse divino legado pelos séculos dos séculos!*

Logo Jhasua era muito maior na sua missão e na sua capacidade do que eles haviam imaginado. Através de suas palavras podia ser compreendido que ele viera com potestade divina sobre todo este mundo, sendo, portanto, demasiado mesquinho o nome designado por eles de *Rei de Israel*.

Era incontestável! O pensamento e o amor do Messias abraçava todo o mundo conhecido, bem como aquele que faltava por conhecer além dos mares imensos e traiçoeiros, que os diálogos de Platão asseguravam haver tragado imensos continentes...

Era incontestável!... As palavras do Ungido Divino haviam falado muito alto. Seu reinado seria eterno e sobre todo este mundo! A união de todos os países sob o seu cetro seria realizada sem violência e sem batalhas, porque seu manto branco de Mestre não deveria ser manchado com o sangue de irmãos!...

O enigma estava decifrado para todos!... Graças sejam dadas ao Altíssimo, porque todos viam a luz no mistério que rodeava o jovem Profeta de Nazareth!

A alegria voltou a todos os corações e um murmúrio de aprovação, de renovado entusiasmo, estendeu-se pela vasta sala da Assembléia.

O ancião Simônides, que com os príncipes Jesuá e Sallum de Lohes formavam uma veneranda trindade de septuagenários, comentavam ébrios de felicidade:

– Que glória para a nossa Jerusalém!... Ser a capital do mundo!... Todo o orbe será um só reino sob a mão de seda do Ungido de Jehová – disse Simônides.

"Mas, como poderá ocorrer tão grande acontecimento? Que será do César romano?... Que furacão dispersará as suas legiões?... Acaso a Península Itálica se submergirá sob o Mediterrâneo e a orgulhosa Roma, com seu César e seus legionários, irão ser pasto dos tubarões no fundo do mar?

"Por ventura algum vulcão traidor explodirá como um abismo de fogo sob o templo do Júpiter Capitolino, e deixará Roma reduzida a cinzas?..."

Os mais jovens, junto com os príncipes Judá e Faqui, também faziam os mais variados comentários, interpretando as palavras da dissertação de Jhasua de acordo com suas mais vivas aspirações.

José de Arimathéia e Nicodemos aproximaram-se de Jhasua que passeava silencioso pela imensa sala observando os tapetes murais que tinham o duplo valor da sua antigüidade e pelos delicados matizes admiravelmente conservados.

— Examinai este tapete — disse-lhes Jhasua, alheio completamente aos animados comentários realizados ao seu redor.

— Ah, sim!... Representa a rainha da Etiópia, Sabá, a esplêndida, com sua sacolinha púrpura, repartindo o ouro entre os mendigos de Jerusalém. Salomão a observa do terraço de seu palácio — esclareceu Nicodemos. — Eu o adquiri por pouco dinheiro de um velho mercador idumeu, que assegurava tê-lo tirado de uma das grutas dos banhos de Salomão, quando foram encontrados os subterrâneos de acesso a elas.

— Jhasua — disse de repente José de Arimathéia —, creio que o motivo da nossa reunião é mais importante do que os tapetes. Não julgas também assim?

— Efetivamente é assim, entretanto, eu já disse tudo quanto devia dizer — respondeu o Mestre.

— Falaste como um sábio, meu filho, no entanto, nos encheste de dúvidas. Que faremos com todos aqueles que esperam fora das fronteiras do país?

— Que continuem esperando até soar a hora. Que mais hei de dizer? Bem sabes: eu sou um Enviado. Aquele que me envia é quem manda, e não eu. Não compreendes também desta maneira?

— Repara com que ardor discutem ali. Seria uma grande lástima perder na inação tanto entusiasmo — acrescentou Nicodemos, vendo os adeptos mais jovens excitados, formulando hipóteses cada vez mais grandiosas e sublimes sobre os grandes acontecimentos que as palavras de Jhasua deixavam entrever.

A meiga serenidade da irradiação do Mestre acabou por tranqüilizar todos os ânimos, até o ponto de que, ao separar-se, todos demonstravam em suas fisionomias que uma grande esperança havia florescido neles.

O Solitário do Jordão

No dia seguinte Jhasua anunciou a sua mãe e aos amigos que devia fazer uma visita a Johanan, o Solitário do Jordão, como denominavam àquele a quem, anos mais tarde, foi apelidado de *"O Batista"*.

— Meu senhor — disse Simônides —, bem vês que meus anos não me permitem a ilusão de ver o dia da tua glória. Deixa-me ao menos acompanhar-te hoje, já que o lugar aonde vais é próximo.

O Mestre sentiu compaixão daquela alma que tão profundamente o amava, muito embora sem compreender a fundo sua missão e sua obra no meio da Humanidade.

Judá e Faqui quiseram também segui-lo aos penhascos que rodeavam o Mar Morto, pois há tempo estavam desejando ouvir aquilo que o Solitário ensinava ao povo.

Johanan encontrava-se nessa época bastante próximo de Jerusalém, pois se achava precisamente no ângulo formado pela desembocadura do Jordão no Mar Morto.

Em bons jumentos, a viagem era breve, isto é, partindo de Jerusalém à saída do sol, podiam estar ali antes do cair da tarde.

Jhasua aceitou a companhia desses três homens que haviam sido e eram a alma, digamo-lo assim, dos entusiasmos pela libertação de Israel que haviam feito difundir, como um fogo subterrâneo, por quase todos os Estados do Oriente Próximo.

Ele sabia que era amado intensamente por eles e padecia por vê-los adormecidos num belo sonho do qual não podia ainda despertá-los.

Comparava as douradas ilusões que esvoaçavam como mariposas de luz em suas mentes, com uma pavorosa visão no Grande Santuário do Moab naquela noite na véspera de sua consagração como Mestre de Sabedoria Divina.

Sabia que a parte final da sua vida seria com o mais infamante suplício que, nessa época, só era dado aos criminosos de estirpe ou aos descendentes de escravos.

Se lhes fizesse semelhante revelação, nesses momentos em que se levantava como um sol nascente em sua grandeza de Profeta, de Mestre e de Messias, julga-lo-iam louco ou, caso contrário, precipitariam o furacão da guerra para evitar que o clero judeu, com a poderosa seita dos fariseus, lhe causassem algum dano.

Para evitar esses dois erros, julgou prudente silenciar por enquanto, com o fim de não criarem obstáculos ao caminho que devia seguir.

Saíram, pois, os nossos quatro amigos de madrugada para ir até a margem do Jordão onde Johanan pregava.

Simônides, o homem da visão de longa distância, havia mandado colocar grandes alforges em cada jumento, pois certamente haveriam de passar uma ou duas noites no deserto da Judéia, naqueles desnudos penhascos, entre cujas escabrosas encostas apenas cresciam espinhos silvestres e carvalhos raquíticos.

Antes deviam atravessar a risonha pradaria da Bethânia, com seus bosques de oliveiras, de cerejeiras e de videiras.

Simônides tinha ali uns velhos amigos, pois na sua mocidade trabalhara naqueles formosíssimos hortos onde a tradição dizia que estava situado o palácio de verão mandado construir por Salomão para a filha do Faraó do Egito, com a qual se casou na sua primeira juventude.

Simônides propôs ao Mestre descansarem ali ao meio-dia, com o propósito simultâneo de inteirar-se pessoalmente se seus agentes haviam preparado os trabalhadores das plantações na forma indicada para a cruzada libertadora que viria mais adiante.

Enquanto esteve na Judéia, sob a guerra de Valério Graco, grande inimigo da família de Ithamar e, portanto, de Simônides, o ancião recusara tornar demasiado pública sua nova situação, como também a da nobre família à qual estava unido.

Grande foi sua amargura quando se defrontou com a triste realidade de saber que seus velhos amigos, donos da famosa granja da Bethânia, tinham falecido há dois anos e que apenas morava ali o mais velho dos filhos, chamado Simão Lázaro, com sua esposa Martha e a caçula de suas irmãs, Maria, de 12 anos de idade.

Algumas parentas, viúvas empobrecidas por diversas circunstâncias da vida, estavam recolhidas ali. Como é natural havia grande tristeza naquele velho casarão, onde a ausência dos antigos senhores era muito sentida entre a criadagem e os trabalhadores das plantações.

Lázaro e Martha estavam casados já há quatro anos e, como não tinham nenhum filho, a pequena Maria era a estrelinha azul que iluminava o lar.

Tal era a situação da família da Bethânia, que mais tarde tomaria parte tão importante na vida do Peregrino, do grande Homem que tinha vindo à Terra para derramar a Verdade, o Amor e a esperança em todas as almas.

Por intermédio dessa família, nossos viajantes tiveram notícias de que Johanan, chamado o Solitário do Jordão, dizia em suas pregações que o Messias anunciado pelos Profetas estava já no país de Israel, oculto pelos Anjos do Senhor, até chegar o momento de se manifestar aos povos.

Johanan mandava que se preparassem com pureza de alma, perdoando as ofensas e os agravos, dando esmolas aos necessitados, amparando os perseguidos, consolando os prisioneiros e os enfermos que as leis humanas expulsavam para fora das cidades.

O Mestre compreendeu que a alma da pequena Maria se abriu imediatamente como um lírio sem vigor cuja haste foi colocada em contato com um fresco manancial.

Seus belos olhos escuros pareciam irradiar uma nova luz ao contato dos do Mestre a observá-la com indizível ternura.

Lázaro e Martha celebraram grandemente a reação observada na menina, cuja saúde lhes inspirava sérios temores, pois a viam ameaçada de languidez e de enfraquecimento que ia tornando-se cada dia mais pronunciado.

Era de natureza tão tímida que não se atrevia a aproximar-se da mesa e, entreabrindo uma cortina da sala próxima ao grande cenáculo, parecia uma pequena estátua de contemplação, cujos olhos observavam fixamente o Profeta.

— Vem aqui, Maria — disse o Mestre —, e não tenhas acanhamento algum, pois somos todos teus amigos; e apenas desejamos o teu bem, a paz e a alegria.

O pálido rosto da menina coloriu-se de suave rubor e atendeu ao chamado de Jhasua, que a sentou ao seu lado.

— Dize-me a verdade... toda a verdade!... — pediu o Mestre.

— Jamais digo mentiras... Profeta — murmurou a menina debilmente.

— Isso é verdade — observou Martha —, porque nem sequer disse jamais uma mentira para ocultar alguma travessura.

Judá, Faqui e Simônides haviam-se afastado com Lázaro para o outro extremo do cenáculo, enquanto Martha, com várias criadas, ia dispondo os alimentos sobre a mesa.

Os três informavam a Lázaro sobre os grandes acontecimentos que esperavam realizar-se muito em breve no país.

— Oh, se o teu pai estivesse vivo neste momento!... que baluarte teríamos nele para a nossa causa! — disse Simônides ao dono da casa.

— Tudo o que meu pai houvera feito posso fazê-lo também — respondeu Lázaro. — De que se trata?

Baixando muito a voz, Simônides acrescentou:

— Aí tens o Messias anunciado pelos Profetas!...

— Como!?... na minha casa?... à minha mesa!?... Mas... é possível?

E os olhos de Lázaro cravaram-se na bela fisionomia de Jhasua que se entretia a conversar com a pequena Maria, pondo-se em sintonia com ela, como se fosse um jovem da sua idade.

Simônides, Judá e Faqui explicaram a Lázaro, tal como eles o entendiam, tudo quanto se referia a Jhasua: seus grandes poderes supranormais e os estupendos prodígios que realizava. Os Anciãos dos Santuários Essênios reconheciam-no como o Ungido Divino esperado por Israel; e todo o Oriente, avassalado pela prepotência de Roma, aguardava o momento de impô-lo como salvador e libertador dos oprimidos.

Durante a conversação dos amigos com Lázaro, o Mestre consagrou-se completamente àquela pequena e graciosa garota, da qual a vida parecia querer escapar por momentos. Ela era de uma beleza ideal, quase transparente, a irradiar para o exterior uma grande bondade, unida a uma profunda melancolia.

Jhasua, psicólogo de alto gabarito e grande Mestre de almas, compreendeu que aquele era um espírito descontente da vida material, na qual não encontrava nada que o agradasse.

– Eu havia pedido a meu irmão que me levasse para ouvir esse solitário do Jordão, como fizeram muitos da Bethânia – disse a menina a Jhasua –, mas ele não quer me levar porque o caminho é árido e julga que não resistirei à viagem. Eu queria muito ir até lá... Entretanto hoje já não quero mais!

– Por que antes querias e agora não? – perguntou-lhe o Mestre.

– Porque uma voz silenciosa, aqui dentro, parece estar me dizendo: *"Já chegou aquele que esperavas"*. – E a menina deu suaves palmadinhas sobre o seu peito.

– E julgas que eu sou esse que aguardavas?

– Sim, Profeta... és tu!

– Posso saber a causa dessa afirmação tão categórica, Maria?

– Dizem que estou sofrendo de alucinações, Profeta – disse a menina com tristeza –, porque vejo coisas que os demais não conseguem ver. Sei e estou convencida de que é verdade aquilo que vejo.

"Quando minha mãe morreu, eu tinha dez anos e julguei que ia morrer de tanto chorar. Meu pai havia morrido seis meses antes e era uma dor duas vezes renovada. Desde então comecei a ver, quase todas as noites, uma senhora muito bela aproximar-se de meu leito para secar o meu pranto solitário, porque eu me escondia de todos para desafogar a minha tristeza.

"Fala-me de coisas misteriosas que não compreendo muito bem, no entanto e não obstante, elas me deixam grande consolo interior.

"Há duas noites eu a vi novamente e sei que me disse: *'Chamo-me como tu e tenho também um filho ao qual seguirão todos os que levam na alma as mesmas aspirações que levas na tua. Passado o dia de amanhã, o verás ao teu lado e a tua alma será curada do pesadelo que a atormenta.'*

"O dia anunciado é hoje e aqui chegaste, Profeta de Deus, e minha alma salta de alegria como um pequeno cervo em liberdade. Agora, a única coisa que me falta saber é se tua mãe se chama como eu: Maria."

– É verdade, querida menina. Minha mãe chama-se como tu e é ainda bela, apesar dos seus 47 anos.

– Eu quero vê-la! – foi a intensa exclamação saída espontaneamente da alma de Maria.

– Vê-la-ás, e talvez muito em breve. Acabo de deixá-la em Jerusalém.

Nem bem a menina ouviu estas palavras, correu para seu irmão e lhe disse:

– Tens que levar-me a Jerusalém agora mesmo para ver a mãe do Profeta. É ela a que me fala nos sonhos que chamais de *alucinações*.

– Está bem, Maria, está bem. Amanhã iremos às festas e o Profeta nos dirá como poderás ver a mãe dele – respondeu Lázaro.

– Senhor – disse o dono da casa fazendo o Mestre sentar no lugar de honra na mesa. – O que acabo de saber de ti engrandece enormemente a distância que nos separa.

– Ao contrário, meu amigo, o que acabas de saber nos aproxima muito mais, visto como a tua fé e o teu amor a Deus te colocam dentro do círculo de meus discípulos íntimos.

– Grande honra para mim, se chegasse a merecê-la! – disse Lázaro. – No entanto, sou um pobre ser apegado às coisas da terra, como o molusco à rocha, e tu és, Senhor, o grande Apóstolo da Humanidade.

– Dentro da Lei Divina, Lázaro, ninguém se torna grande de um salto. De ti, unicamente, depende tornar mais breve ou mais longa a subida ao cume. Aquele que hoje não passa de um pequeno pardal, pode, com o tempo e o esforço, chegar a ser uma águia que abarca a imensidão.

Em conversações como estas, passou o intervalo da refeição, e o Mestre recomendou a Lázaro e a Martha para não contrariar a menina a respeito de suas tristezas e visões, que denotavam uma faculdade nascente: a percepção de cenas ocorridas nos planos espirituais, comumente invisíveis aos seres em geral.

Ficou resolvido que no dia seguinte a levariam a Jerusalém à casa da viúva Lia, a virtuosa matrona judia que era como uma veneranda avó para a maioria das antigas famílias de Jerusalém e de seus arredores.

O Mestre escreveu umas breves linhas para sua mãe, explicando o caso da pequena Maria, a fim de que sua ternura cooperasse na cura espiritual e física da menina.

A casa da Bethânia, o clássico lugar dos repousos do grande Peregrino, ficou desta sorte incorporada à missão apostólica do Profeta de Nazareth.

Nessa mesma tarde, antes do pôr-do-sol, os quatro viajantes desmontavam entre os penhascos vizinhos do Mar Morto, onde vivia Johanan, o Solitário do Jordão.

Encontraram-no sentado à porta de sua gruta, para a qual se retirava depois do ensinamento e da purificação à segunda hora da tarde.

A distância via-se um acampamento de tendas de vistosas cores, levantadas pelas pessoas que ficavam vários dias ali ouvindo o grande homem que lhes assegurava a presença do Messias no país de Israel. Do mesmo modo como os filiados à Santa Aliança, todos sonhavam com dias de liberdade e de glória, de abundância e de paz, depois dos duros padecimentos da invasão estrangeira e da tirania de Herodes, o Idumeu, continuada pelos seus filhos.

Enquanto Jhasua falava em intimidade com Johanan, seus três companheiros de viagem começaram a percorrer o Vale do Jordão, falando com uns e com outros, para sondar o estado dos ânimos, chegando à conclusão de que mais da metade dos peregrinos havia ido às festividades da Páscoa em Jerusalém, mas deixara suas tendas levantadas porque pensavam em regressar dois dias depois.

Quando se inteiraram de que aquele galhardo jovem era o herdeiro do príncipe Ithamar, cuja desgraça foi tão sentida pelo povo hierosolimitano, os amigos se multiplicaram para oferecer-lhes hospedagem em suas tendas de campanha.

O entusiasmo e o assombro superou o limite quando viram o velho Simônides forte e sadio, andando pelos seus próprios pés, pois muitos deles o haviam visto inválido com as cadeiras e as pernas deslocadas pelas torturas a que fora submetido.

"Curou-o o Profeta de Nazareth, que percorre o país fazendo prodígios e maravilhas."

Idêntico ao murmúrio de um rio caudaloso, essa notícia correu pelas margens do Jordão, por entre as pessoas das tendas que se aproximavam dos nossos viajantes para obter maiores dados sobre o Profeta a quem não resistiam as mais terríveis enfermidades.

"Era ele que curara todos os leprosos do Monte do Mau Conselho, junto à Torrente do Cedron!"

"Era ele que levantara de suas peles de ovelhas estendidas no solo os paralíticos semelhantes a estátuas vivas nos pórticos exteriores do Templo."

"Era ele que abrira os olhos de vários cegos de nascimento a transitarem como fantasmas pelos mercados em busca de socorros dos transeuntes."

"Era ele que tirara do calabouço a viúva e a filha do príncipe Ithamar, assassinado pelos piratas."

"Oh!... Não seria ele o Messias esperado por Israel e que o Solitário do Jordão assegurava já no país de Israel?"

Quando nossos viajantes anunciaram que se encontrava o Profeta na gruta do Solitário em conferência com ele, o entusiasmo subiu rapidamente e queriam correr até lá para tocar o seu manto, para mergulhar na luz do seu olhar, para ouvir a sua palavra e receber suas bênçãos.

Judá, Faqui e Simônides os tranqüilizaram, prometendo que o Profeta iria ao Jordão e que poderiam vê-lo de perto.

Ainda estavam falando, quando viram ao longe a esbelta silhueta do Mestre que, como uma escultura de marfim, parecia recortada no azul opalino do entardecer.

Ele caminhava ao lado de Johanan, com o qual formava acentuado contraste. O Solitário vestia a túnica de lã escura dos Terapeutas e sua estatura alta e forte, a crespa cabeleira escura, a abundante barba negra, as grossas sobrancelhas, davam-lhe um aspecto rígido e austero que causava medo.

Em compensação, o Mestre vestia-se todo de branco. Seus cabelos e barba castanhos, com reflexos dourados, seus meigos olhos claros, a palidez mate de sua tez, tudo o fazia parecer sutil, delicado, quase como uma visão que por momentos se confundia com as brumas malva e ouro da tarde.

A ardente imaginação de Faqui sugeriu-lhe uma idéia, que traduziu nestas palavras:

— A Justiça e o Amor caminham para nós.

— Como é jovem o Profeta!... — repetiam algumas vozes. — Parece que não tem mais de 25 anos.

— E como é belo! — acrescentaram outros. — Bem se vê que é originário do norte! A Galiléia, vizinha da Síria, contagiou-se da graciosa languidez dos libaneses.

Quando chegaram, cem olhos curiosos se cravaram no belo e delicado rosto de Jhasua, que se manteve sereno diante daqueles olhares ansiosos.

— A paz seja convosco! — disse ao numeroso grupo de peregrinos que o observava.

— E também contigo, Profeta de Deus — responderam-lhe.

— Amigos — disse o Mestre, dirigindo-se aos seus companheiros de viagem. — Antes que o sol se esconda, entraremos nas águas do Jordão como todos os que vêm a Johanan, o Solitário.

Dizendo isto, retirou seu manto, que deixou sobre os arbustos da margem.

As águas douradas do Jordão beijaram-lhe os pés e Johanan lhe disse:

— Nem o teu espírito nem o teu corpo precisam ser purificados, porque foste puro e limpo desde antes de nascer.

— Procede comigo como fazes com os demais, Johanan, porque essa é a Lei.

E inclinou o corpo sobre a água a correr mansamente, para que seu primo Johanan a derramasse sobre a sua cabeça.

A glória do ocaso oriental formava um resplandecente dossel sobre o manso rio, que também se tingia de púrpura e de ouro.

A intensa emoção de Johanan, cujos olhos estavam inundados de pranto, a interna evocação do Cristo às suas grandes Alianças Espirituais, no instante em que ele se abraçava completamente com a humilhação das iniqüidades humanas, formou uma irradiação tão poderosa de amor ao seu redor, que os mais sensitivos perceberam delicadas harmonias como vozes distantes que cada qual traduziu de acordo com o seu modo de sentir.

Não haviam escutado vozes extraterrestres os videntes e os audientes de Bethlehem na noite do nascimento de Jhasua?

Não haviam os Céus rasgado seus véus de safira e de turquesa, para unir-se à Terra, derramando sobre ela paz e amor aos homens de boa vontade?

Não é o amor um hino mudo que todas as almas compreendem, ouvem e sentem, porque o amor é o Verbo Eterno, a palavra não falada, porém impressa em todas as almas como um fogo ardente que o sopro de Deus vai acendendo em toda a vida?

Que se passou nos seres que presenciavam aquele ato singelo, a ponto de se deixarem cair prostrados em terra com mais fervor do que se estivessem sob as naves majestosas do Templo de Jerusalém?

Um hálito divino passara roçando nas águas, nas florzinhas silvestres, nas rochas musgosas que bordeavam o histórico rio, testemunha das glórias e humilhações de Israel.

Sem saber por que, Simônides chorava silenciosamente.

Judá e Faqui, muito emocionados, não podiam pronunciar uma única palavra.

Todo esse complexo mundo de emoções e de sentimentos não durou senão alguns instantes, como uma onda de luz que chega e logo desaparece, ou como uma labareda que se acende durante um momento, o bastante para iluminar um vasto horizonte.

— É o Filho de Deus descido à Terra! — disse Johanan em voz baixa, cujo eco, entretanto, parecia ir ressoando de colina em colina, como por uma estranha repercussão.

Jhasua pisou novamente a relva da margem, tomou seu manto e continuou lentamente para a gruta de Johanan.

Seus amigos receberam também a ablução das águas do Jordão e seguiram Jhasua, que continuava andando sem se voltar para trás.

Anoitecia quando chegaram à gruta, e a primeira estrela vespertina acendeu sua lâmpada de ametista com tão vivos fulgores que Jhasua, sentado sobre um pedaço de rocha, disse admirando-a ternamente:

— Parece que Vênus está se associando aos meus pensamentos.

— Em que pensas, Jhasua? Pode-se saber? — perguntou Faqui, sentando-se ao seu lado.

— Só um Amor Infinito pode salvar a Humanidade que perece... — respondeu ele.

— E esse amor é dado por ti, Jhasua, há longas eras — observou Johanan.

— E ainda não tem sido bastante — acrescentou o Mestre —; mas a Lei quer que esta última etapa seja a apoteose suprema do Amor Eterno.

Judá, em particular, com Simônides, observou:

— Não sei por que me parece que somos pequenos demais para compreender Jhasua. Começo a vê-lo tão extraordinário, tão diferente dos demais homens, como se a sua personalidade fosse desvanecendo nesse mundo desconhecido de felicidade, o formoso sonho do reinado de Jhasua sobre o Oriente salvo por ele. Outras vezes, um frio de morte invade todo o meu ser, tal como se me viesse acariciando uma quimera que se desvanece diante de meus olhos.

— Quimera?... Oh, jovem, não digas isto nem brincando! E as profecias?... E a fé de nossos ancestrais desde Adão até agora?

"Pode tudo isto ser derrubado num instante, como se fosse um castelo de areia dourada? Não, não e mil vezes não! É verdade que ignoramos os meios e o modo pelos quais Jehová realizará seus desígnios; entretanto, esta nossa ignorância certamente não impede que eles se realizem."

— Amigos — disse Jhasua —, por mais belos que sejam os sonhos, a vida humana pede sustento. Faqui e eu preparamos a ceia. Vamos?

O príncipe Judá voltou para a vida real e respondeu ao Mestre:
— Vamos, Jhasua, vamos.

Ao redor de uma toalha estendida sobre um bloco de rocha da montanha, deitaram-se na relva os quatro viajantes mais Johanan, o Solitário, que havia recobrado a plácida alegria dos dias de sua primeira juventude.

Aquela cena sobre uma pedra, à luz das estrelas e da chama vermelha da fogueira, ouvindo o rumoroso cantar das ondas que se quebravam nos penhascos, tinha não sei que de misterioso encanto que jamais pôde ser esquecido pelos cinco seres que ali se reuniam.

Em suas íntimas confidências, Johanan referiu ao Mestre a espantosa luta sustentada contra as forças do mal, representadas fielmente por Herodíades, que residia na Galiléia, separada do marido, o tetrarca Felipe, e unida ilegalmente com Antipas, que repudiou a esposa legal.

Tal como havia feito em Cesaréia de Filipos, a despudorada neta de Herodes continuava procedendo em Tiberias, em Sevthópolis, em Arquelais, em Phasaelis e também em Jerusalém. Tinha palácios para sua residência em todas essas cidades, nas quais ia semeando todas as corrupções e vícios de que era capaz seu corrompido coração.

Em seus palácios, tinha altares para os deuses pagãos fomentadores de suas desordens e havia criado um corpo sacerdotal de moços e donzelas para o culto de seus deuses. Deste foco de infecção moral, derramava-se uma torrente de vícios que ia inundando tudo.

Johanan colocou-se frente a ela numa luta terrível mantida desde há dois anos.

— Eu sei — disse Johanan ao Mestre — que ela espreita os meus passos para tirar-me a vida, porque o rei Herodes Antipas coloca débeis freios às suas inconcebíveis audácias, pelo fato de me respeitar e de ouvir em parte os meus conselhos. Curei suas úlceras cancerosas, herança de toda essa família, cujo sangue é veneno de morte e por isso ele me respeita com muita consideração.

"Contudo eu te asseguro, Jhasua, que esta luta feroz com as forças do mal esgota as minhas energias de tal maneira que, na solidão deste deserto onde vivo, choro amargamente clamando ao Senhor para pôr um fim ao meu martírio.

"Entre as pessoas que chegam a mim pedindo a abluição do Jordão para serem purificadas no corpo e no espírito, têm vindo assassinos pagos por Herodíades para acabar com a minha vida; mas, como ainda não é chegada a minha hora, seus ardis têm sido descobertos a tempo e foram destroçados pelos numerosos peregrinos que, tendo recebido tantas dádivas, defenderam a vida ameaçada do Solitário, como todos me chamam.

"No entanto, em minhas horas de meditação e de aproximação à Divindade em busca de socorro, vejo-me assaltado por turbas negras de espíritos imundos, que vivem nos perversos e baixos pensamentos dessa mulher a quem ouvem e seguem.

"Sabes melhor que eu, Jhasua, meu irmão, até onde se enfurecem as forças do mal contra todos os que escolhem, para desenvolver a sua vida, o caminho dos apóstolos da verdade, da justiça e do amor, e que só uma heróica força de vontade pode vencer nessa tremenda luta!

"Assim como te avisei, quando saí para o apostolado, avisei também a todos os Santuários Essênios, pedindo sua cooperação espiritual para cumprir devidamente os meus pactos contigo e com as Inteligências Superiores que demarcaram os nossos caminhos.

"Apesar de tudo isso, como bem podes ver, meu irmão ... há momentos em que me julgo vencido e abandonado como um farrapo de Humanidade entre os penhascos que me acolhem, choro em silêncio!... exalo gemidos que ninguém ouve, a não ser o vento que passa sibilando pela montanha!...

"Por quê, Jhasua?... Por que o Bem há de ser avassalado pelo Mal, se Deus, Senhor de toda a Criação, é o Bem por excelência?

"Por que essa raça de víboras, da dinastia de Herodes, continua envenenando todo o país há mais de quarenta anos?"

– Johanan! – respondeu o Mestre, com sua voz suave como um sussurro de águas mansas correndo entre flores... – Esqueceste que faltam ainda dois milênios, ou seja, vinte centúrias, para que as raças de víboras como a de Herodes desapareçam dentre esta Humanidade?

"Quantos mártires serão necessários para lutar contra elas, vencê-las, transformá-las e redimi-las!

"Quantas jovens vidas serão ceifadas pelo machado dos verdugos, quantas serão consumidas como folhas secas nas fogueiras, quantas serão penduradas nas forcas, de onde abutres vorazes lhes arrancarão pedaços!... Quantos os crucificados, como os escravos de Espártaco!... Quantos devorados pelas feras nos circos, para divertir feras humanas que farão coro com gargalhadas aos gemidos e gritos das vítimas!...

"Oh, Johanan, meu irmão!... Somente diante de ti posso falar desta forma, porque és forte como a montanha de granito perante a qual rebentam, rugindo, as ondas agitadas pela tempestade!

"Julgas que posso dizer a algum dos que se apertam ao meu lado para seguir-me: *'Serás uma vítima da inconsciência humana.'*

"Julgas que posso advertir aos que me chamam de Mestre, que se verão cobertos de injúrias e de opróbio da mesma maneira como o seu Mestre? A nenhum deles posso dizer isso, e estou certo de que assim sucederá!

"Deus é o Bem, e o Mal triunfa. Deus é o Amor, e o ódio se impõe. Deus tolera e perdoa sempre e, no entanto, a vingança e o crime levantam-se com força de Lei!

"Deus é o Dono e Senhor de tudo quanto existe, entretanto, as multidões famintas e despossuídas de tudo perambulam pelas cidades e pelos campos, recolhendo restos e migalhas arrojadas aos cães, ou espigas esquecidas nos restolhos...

"Que significa tudo isto, Johanan? Que significa?... Que a maior parte da Humanidade se entrega, vencida, às raças de víboras como os Herodes da Palestina, e que a sua libertação é lenta e penosa como o andar de uma caravana nos caminhos lamacentos.

"Tu e eu iniciamos uma caminhada nova, nesta hora solene da evolução humana neste planeta. Atrás de nós virão centenas e milhares, que irão caindo ao longo do caminho como frutos maduros nas trilhas dos hortos, para saciar a fome e a sede das turbas inconscientes!...

"Cairemos desgarrados, mas não vencidos no caminho obscuro e sombrio; porque a morte por um ideal de redenção humana não é a derrota, mas a consagração suprema do Amor Eterno!

"Para lutar três anos frente a frente contra a maldade e a ignorância humanas, passaste trinta na austera santidade dos Santuários Essênios, onde bebeste em caudais a Luz, o divino conhecimento, a energia e o poder sobre todo mal!... Trinta anos acumulando força sobre força para vencer a raça de víboras que envenena o nosso país!..."

– Terei conseguido alguma coisa, Jhasua, nesta rude jornada?... – perguntou Johanan com infinita tristeza.

— O apóstolo da verdade e do bem não fracassa jamais, Johanan, meu irmão, ainda que não recolha com suas próprias mãos o fruto do que semeou!

"É o tempo... São os séculos que vão recolhendo os lauréis que coroarão um dia a fronte dos escolhidos, sem que uma única folha se perca, murche ou seque!...

"As forças benéficas e salvadoras que os servidores de Deus acumulam hora após hora, atraindo com suas grandes aspirações o Amor, a Luz e a Bondade Infinita sobre a Humanidade pecadora, não se perde no vazio, mas caem nas almas dos homens, da mesma sorte como a chuva cai sobre os campos ressequidos ou como os raios solares entram pela insignificante clarabóia de um calabouço!

"Se não fosse por esta estreita comunhão espiritual entre as almas purificadas da Terra com suas irmãs gêmeas dos Céus infinitos em favor das humanidades atrasadas, como poderiam ser acesas luzes em suas trevas, e quem semearia a semente divina da Verdade?

"Quem repetiria aos homens a palavra fundamental da Lei, '*Ama a Deus sobre todas as coisas e ao próximo como a ti mesmo*', a não ser os lábios purificados pelo fogo, como os de Isaías e dos apóstolos de Deus? Eles passam pela vida despossuídos de todos os gozos materiais, e ricos apenas em dons divinos, que derramam sem mesquinharias, do mesmo modo como os astros espalham sua luz e as flores seus perfumes e os mananciais suas correntes sem esperar compensação alguma..."

As palavras do Mestre foram caindo na alma de Johanan, extenuada pela espantosa luta espiritual mantida, como suave chuvisco a revigorizá-la novamente... como uma túnica branca transparente a facilitar seus vôos para a Divindade, única compensação desejada por ele, que renunciara a tudo para ser um digno cooperador do Cristo na redenção da Humanidade.

Os Anjos de Deus devem ter contemplado, ébrios de felicidade divina, a união dessas duas grandes almas na solidão do deserto da Judéia, cercado de áridos penhascos, menos duros, talvez, que os corações dos homens que procuravam redimir e salvar!...

— Fortalecido pela tua visita... alimentado com o pão divino da tua palavra, Jhasua, meu irmão, o Solitário do Jordão terá forças para anunciar o Deus vivo que, se é Amor para os humildes e sofredores, é Justiça para os tiranos e déspotas que transformam este mundo num lupanar e as almas em escória que se perde entre o vício e o crime.

O sol do amanhecer levantava-se como um fanal de ouro por trás das montanhas e os discípulos de Johanan começaram a chegar para receber de seu Mestre a instrução matutina.

Eram quatorze jovens das povoações vizinhas do Jordão, que viviam nas grutas das margens do Mar Morto e que se dirigiam diariamente ao Solitário para seguir seus caminhos de salvadores de homens.

O Ano Trinta e Um

De regresso à placidez da doce Galiléia, o primeiro cuidado do Mestre foi apresentar-se ao Santuário das grutas do Monte Tabor, para reunir-se novamente aos seus doze discípulos íntimos.

Em setenta dias, eles haviam aprendido mais da ciência de Deus e das almas do que em todos os anos de sua vida tinham conseguido vislumbrar debilmente.

Os dois Mestres de Jhasua, Melkisedec e Tholemi, já anciãos, foram os que prepararam os Doze, para auxiliares do Mestre em sua obra apostólica.

Só a eles, que haviam deixado suas redes de pescar ou suas tendas de mercadores para segui-lo, podiam dizer parte da verdade, referente à vida de Jhasua sem abalar-lhes a esperança nem a fé.

Apenas a eles se disse, desde então, que Jhasua de Nazareth não havia descido à Terra para sentar-se sobre um trono de ouro nem vestir a púrpura real.

Somente eles souberam de que Céus havia descido o Grande Espírito que viera para marcar novos rumos à evolução humana.

Através das palavras de Melkisedec, ardente como uma chama e suave como perfume de incenso, conheceram eles a personalidade espiritual do Mestre, que os havia chamado para segui-lo na sua breve passagem pela vida do plano físico.

A partir desse momento, familiarizaram-se com a idéia do Reino de Deus, do qual tantas e tantas vezes o Mestre haveria de falar-lhes mais adiante.

Esses setenta dias de ensinamento e de meditação nas grutas silenciosas do Tabor apagaram as luzes fátuas das ambições terrestres, e o homem velho desapareceu do cenário para surgir o homem novo, capaz de alimentar aspirações nobres e puras; capaz de contemplar a vida física em seus reais e verdadeiros aspectos, e de encarar a morte com olhos serenos e o coração tranqüilo.

Eram andorinhas migratórias que vinham seguindo uma águia real, que devia levantar, em suas asas poderosas, toda a Humanidade...

Eles eram a escolta de um príncipe soberano que viera a este ingrato país de escravos para romper suas cadeias e devolver-lhes a liberdade!...

E os deixaria sobre esta Terra como guardiães da obra que viera construir sobre a base de granito da Lei Divina: *"Amarás a Deus sobre todas as coisas e ao próximo como a ti mesmo."*

Quão grande viam seu Mestre à luz da lâmpada acesa para eles no Santuário do Monte Tabor!

Daí para diante viveriam sempre ao seu lado, levando a mesma vida dos Essênios: meditação, apostolado e trabalho.

A velha casa de Simão Barjonne, pai de Pedro e de André, junto ao lago Tiberíades, seria o seu lar comum enquanto não se afastassem dali.

Em Tiberias, vivia aquele bom Hanani, pai de Fatmé, curada da tuberculose pelo Mestre.

Em Naim, tinham a granja de Toimai, pai de Dídimo ou Bartolomeu, como mais vulgarmente o chamavam, e o lar tranqüilo da viúva Myrina.

Em Bethsaida, vivia o ancião Judas, pai de Nathaniel, com quatro filhos e uma filha, tão devotos ao Mestre que puseram à sua disposição o grande cenáculo da casa para sua hospedagem e também de seus discípulos.

Na cidade de Cafarnaum habitava a viúva Elisabet, irmã de Felipe, cujas duas filhas residiam com ela. Sua casa foi a morada do Mestre quando o apostolado o retinha ao norte do Mar da Galiléia.

Todas essas famílias, educadas pelos Terapeutas Essênios que percorriam o país desde há muitos anos, foram colaboradoras ignoradas na obra redentora do Cristo, que encontrou em seus lares como que a sua própria casa.

Toda a margem ocidental do Mar da Galiléia foi o primeiro cenário do grande Apóstolo, por ter passado ali a maior parte do trigésimo primeiro ano da sua vida.

O mundo chamou equivocadamente Jerusalém de a Cidade Santa; mas esse nome deveria ter sido dado, na verdade, às cidades costeiras do Mar da Galiléia, onde o Divino Mestre foi tão intensamente amado e melhor compreendido que na velha cidade dos reis.

Jerusalém foi a cidade assassina do Justo, na qual, unidos os três poderes, o romano, o do rei e o do clero, fizeram de comum acordo o mais heróico mártir de todos os séculos.

Os caminhos por entre as montanhas que rodeavam o Lago e que vão de cidade a cidade, a uma e a outra aldeia das muitas que naquele tempo povoavam suas margens, foram tantas vezes pisados por seus pés de peregrino infatigável!

O arvoredo exuberante que atapetava aqueles montes, os pequeninos vales verdes de relva, salpicados de anêmonas vermelhas, as águas furta-cores do Lago nas quais se refletia sua figura ao passar tocando com seus pés a margem... tudo, absolutamente tudo, nessa região da Galiléia, ficou impregnado com a sua presença, com a vibração divina da sua palavra, com a aura radiante que o envolvia... com a luz inefável do seu olhar!

As margens do Lago foram o éden, o paraíso do Cristo sobre a Terra. Seus dias lá foram verdadeiramente felizes!

Das famílias dos pescadores, favorecidas em sua totalidade com os benefícios do Homem-Luz, do Homem-Amor, que jamais pôde ver uma dor sem remediá-la, estendeu-se o rumor, como uma onda gigantesca, de que o filho do artesão Joseph e de Myriam, a mulher da piedade, era um grande Profeta e Taumaturgo, que curava as mais rebeldes enfermidades. Nem a lepra nem a tuberculose ou o câncer resistiam à ordem do Homem de Deus.

Os nomes dos curados circulavam de boca em boca, de povoado em povoado, e ninguém podia desmenti-lo, porque ali estava a prova viva dos fatos mencionados. Em razão disso, as margens do Mar da Galiléia viram-se cobertas de multidões ansiosas e sofredoras acorrendo em busca de alívio para seus males.

Ele, de pé na proa de uma barca a balançar-se sobre as ondas, rodeado por seus doze inseparáveis, falava à multidão sobre o seu tema favorito: "O amor a Deus, nosso Pai, e ao próximo, nosso irmão."

A Paternidade de Deus foi um dos seus mais belos temas:

— Se conhecêsseis o Pai como eu O conheço, haveríeis de amá-Lo sem esforço algum — disse-lhes com uma emoção de amor tão íntima e profunda que a transmitia a todos os que o escutavam. — Se cada vez que surge o sol nos arrebóis da aurora e se esconde na bruma dourada do ocaso levantásseis vosso pensamento ao Pai para confiar-vos a Ele, para repetir uma e mil vezes vossa entrega absoluta à Sua Vontade, para renovar a cada dia a oferenda de tudo quanto sois, com todas vossas misérias, enfermidades e dores, crede-me que todos haveríeis de ser felizes, porque o vosso pensamento unido ao Pai Celestial atrairia sobre as vossas vidas todo o bem que buscais na Terra sem encontrá-lo jamais.

"Porém, tomais sempre um caminho errado que vos leva para as trevas e para a dor.

"Viveis procurando nas criaturas boas ou más aquilo que falta para as vossas necessidades, e vos defrontais naturalmente com o egoísmo, com a mesquinharia e com a indiferença, tornando mais cruéis vossas dores, ou com a falta de energia para remediá-los. Retornais da ansiosa busca para as negruras do vosso lar sem lume, da vossa mesa sem pão, do vosso leito gelado por falta de abrigo, com as mãos vazias e o coração desfeito. Esquecestes o vosso Pai, e Ele vos deixa padecer para que o desengano das criaturas vos faça retornar, finalmente, ao seu amoroso regaço.

"Agora confiais em mim porque me vedes com um corpo de carne igual ao vosso, porque minha palavra entra pelos vossos ouvidos e as vossas mãos tocam as minhas, e também porque ficam marcadas na areia as pegadas de meus pés.

"Nosso Pai Celestial vos fala mais alto do que eu e as suas pegadas eternas foram marcadas em tudo quanto existe no universo.

"Quando o sol estende o seu resplendor que a tudo revigora e anima, não pensais no Pai que vos beija com a sua Luz Divina e se infiltra no vosso sangue, no vosso corpo e em toda a vossa vida?...

"Quando vêm as chuvas abundantes, e as torrentes do Monte Hermon transbordam até o Jordão, que remove as águas deste Lago e vos oferece centuplicados seus peixes e moluscos, não vos lembrais do Pai Celestial que assim providencia a vossa alimentação?

"Quando a correnteza arrasta árvores secas e passam os ventos despedaçando os bosques, cuja ramagem vai às vezes cobrir os hortos e os caminhos, não pensais no Pai Celestial que providenciou tudo isso para terdes lume em vosso lar?

"Quando vossos jardins se cobrem de flores e vossas figueiras, castanheiros, oliveiras e videiras descem até a terra seus ramos carregados de frutos, não pensais no Pai Celestial que assim providencia a vossa alimentação?

"São essas as formas de expressão do nosso Pai Comum, são essas as Suas palavras e as pegadas que encontrais e não conseguis reconhecer! Mais ainda, vós O esqueceis para correr atrás das criaturas, para maldizer a vossa situação, para invejar aquele que tem mais, para alimentar a rebeldia e o ódio contra os favorecidos pela fortuna, que nunca se lembram de quem nada tem, e esqueceis que vós, se fôsseis colocados no seu lugar, procederíeis da mesma maneira.

"Gravai sobre a mesa do lar os Dez Mandamentos da Lei Divina que levais gravados em vosso coração, porque eles são a Eterna Lei Natural que existe desde que o homem vive sobre a face da Terra; e se essa Lei se tornar a norma da vossa vida e, se em cada dia dela orardes ao Pai com fé e amor, eu, seu Profeta, seu Filho, vos digo solenemente em Seu nome: Ele cuidará das vossas pessoas e das vossas necessidades como cuida das aves do bosque e das pequeninas flores do vale, que não semeiam nem colhem, e nem Salomão, com todas as suas riquezas, se vestiu igual a elas.

"Vosso pensamento me pergunta como deve ser a minha súplica ao Pai Celestial? Respondo-vos que, da mesma maneira como a criança pede à mãe, sem palavras rebuscadas e sem os adornos da retórica, deveis pedir apenas com a expressão daquilo que necessita o vosso espírito e o vosso corpo:

"Pai nosso que estás nos Céus!... Louvado seja o Teu Nome. Venha a nós o Teu Reino e faça-se a Tua Vontade, assim na Terra como no Céu. O Pão nosso de cada dia nos dá hoje. Perdoa as nossas dívidas assim como perdoamos aos nossos devedores. E não nos deixes cair na tentação, mas livra-nos de todo o mal.

"O Pai sabe que necessitais de tudo isso, mas sua Divina ternura para convosco se compraz na vossa fé, amor e confiança n'Ele, e quer que assim vos manifesteis.

"As gerações da Idade da Pedra, criadas entre a fúria dos elementos, quando todas as forças da Natureza pugnavam ao mesmo tempo para dar à crosta terrestre e ao seu envoltório de éter, gás e fluidos a forma e uma consistência perfeita, sentiam a necessidade de não duvidar da grandeza e do poderio de uma Causa Suprema que reconheciam no estampido do raio; no fragor dos trovões e dos relâmpagos; nas torrentes transbordantes; no bramido dos mamutes enfurecidos devastando selvas; nas montanhas quando abriam suas entranhas vomitando fogo, fumaça, chamas e vapores ardentes!... Aterrados por esses formidáveis cataclismas que os enchiam de medo, sentiam apenas um Deus iracundo e terrível que fazia passar seus exércitos nas asas dos furacões devastando campos e povoados!...

"Deste modo ficaram vivas e em pé as frases legendárias '*do Deus dos exércitos*', '*a ira de Deus*', '*a cólera de Deus*', desencadeada nas tormentas, nos furacões, nos incêndios produzidos pelo fogo interno da Terra expelido pelas crateras de cem vulcões que explodiam em diferentes paragens deste globo.

"Tudo isso passou! Era a infância da Humanidade sobre o planeta, sua casa, sua morada para longas idades. Hoje já não é mais a Idade da Pedra. É a hora da fraternidade e do amor, em que a Causa Suprema aparece perante a sua Criação Universal com suas mais tênues e delicadas roupagens, com seus milhares de cortesãos cantando ao amor, à piedade, à ternura, tal como um augusto imperador que quer ver todos os seus súditos vestidos de festa, tocando cítaras e alaúdes, repetindo um cântico novo:

" '*Glória a Deus nos Céus Infinitos, e Paz na Terra aos homens de boa vontade.*'

"Anuncio-vos, pois, um Deus-Amor, um Deus-Piedade e Misericórdia, ao qual deveis chamar de vosso Pai, porque o é com toda a ternura e solicitude com que amais e cuidais dos vossos pequeninos.

"De hoje em diante, jamais direis que estais sós e desamparados nos caminhos da vida, porque Deus vosso Pai cuida de tudo ao vosso redor com mais solicitude de que uma mãe junto ao berço do filho.

"Entretanto é necessário que procureis através da oração e das boas obras a aproximação do vosso Divino Pai, do qual não conseguis separar-vos nem sequer quando vos esqueçais Dele!... Entendei bem: seu eflúvio benéfico, sua energia revigorante, sua força que será a vossa força, não penetra em vós de qualquer modo, a não ser quando vossa fé, esperança e amor abre o vosso coração de par em par, como penetram os raios do Sol quando abris a porta da vossa vivenda.

"Compreendei Deus e chamai-o na vossa simplicidade. Encontrai-o na água que bebeis, no pão que vos alimenta, no fruto maduro arrancado do horto, no ar que respirais, nos astros que vos iluminam e até nas pequeninas flores silvestres que encontrais pelos caminhos.

"Em tudo está Deus, vosso Pai, rodeando-vos por toda parte e derramando o bem para vós em todas as manifestações da Natureza.

"Desde os cedros do Líbano até o musgo que adere à encosta das montanhas, tudo encerra a virtude de Deus para a vossa saúde e para a vossa vida.

"Para que possais ver resplandecer sobre vossas cabeças, como uma auréola radiante, o amor do Pai, eu vos digo em Seu Nome:

"Vinde a mim todos os que estais sobrecarregados, bem como aqueles que abrigam em seus corações dores causadoras de angústias de morte!... Vinde, que o nosso Pai me deu o poder de curar vossos corpos e consolar as tristezas da vossa vida!"

A imensa multidão ia precipitar-se nas margens do Lago; no entanto, o Mestre mandou aproximar a barca até encalhá-la na areia da praia.

Com uma voz que tinha vibrações de clarim tocado na alvorada, disse:

— Sedes curados de vossas doenças físicas e desapareçam de vossos lares as rivalidades e o egoísmo, causa de vossas dores morais!

"Ide em paz, pois o amor do Pai vos encherá de felicidade, se vos entregardes a Ele como vos ensinei!"

Imenso coro de clamores, de bênçãos e de hosanas ressoou nas margens do Mar da Galiléia, aclamando o Profeta que afastava a dor, a enfermidade... a tristeza.

Os anjos de Deus, evocados fortemente pela alma radiante do Cristo, derramavam sobre aquela multidão cansada e sofredora todo o bem, alegria e amor emanados de Deus, como essência divina a penetrar nos corpos e nas almas, porque se produziu tal algazarra que quem não soubesse do ocorrido poderia pensar que aquela multidão havia enlouquecido em conjunto.

Os reumáticos arrojavam para longe de si os bastões onde se apoiavam ou as cadeiras de rodas nas quais se haviam feito conduzir; os atacados do pulmão, cuja voz afônica a custo se fazia ouvir, gritavam aclamando o Profeta; quem padecia de chagas e úlceras arrancava as vendas para mostrar a seus familiares que estava curado; os cegos vagavam como sonâmbulos diante das maravilhas da luz e do panorama que se apresentava à sua vista, privada da visão por acidentes ou por nascimento.

Ninguém podia acalmar aquela tempestade de alegria que se manifestava sob todas as formas nas quais a alma humana exterioriza seus sentimentos.

Os doze íntimos do Mestre, mudos de assombro, observavam a multidão como que enlouquecida e também o Mestre, de pé sobre a cabine da barca, contemplando o tumultuado quadro que se oferecia à sua vista.

De sua alma de Ungido levantava-se um hino mudo, porém intenso, de gratidão ao Deus-Amor a oferecer-lhe, completamente cheia, a taça de felicidade que consiste em fazer o bem sem esperar nenhuma recompensa.

Um precioso veleiro vindo do norte aproximou-se da costa atraído pelos clamores da multidão.

– Que acontece ali? – perguntou uma jovem e bela mulher que, entre várias moças jovens como ela, passeava delicada e suavemente pelo Lago ao cair da tarde.

– Aclamam o Profeta – respondeu uma das donzelas, cujo nome era Fatmé, aquela mesma Fatmé que ele havia curado dois anos antes.

– E por que o aclamam? – voltou a perguntar a dama que parecia ser ali quem comandava aquela excursão feminina.

– Provavelmente curou todos os enfermos como curou a mim – respondeu a donzela. – Lá está ele, de pé sobre a cabina de uma barca. Não o estás vendo?

– Naturalmente que o vemos – responderam todas. – E que majestade há em seu porte! Parece um rei!

– Dizem que reinará sobre todo o Oriente – acrescentou Fatmé demonstrando estar muito a par de tudo o que dizia respeito ao Profeta.

– Profeta-Rei? Será algo nunca visto – exclamou a dama abanando-se para espantar os insetos.

"Os profetas e os reis são como o azeite e a água. Muito embora possam juntar-se por alguns momentos, jamais se confundem nem se misturam. Os Profetas buscam somente a Deus, enquanto os reis buscam o ouro."

O veleiro chegou quase a roçar com sua proa na popa da barca onde se achava o Mestre.

– Gente de Tiberias – disse João, vendo Jhasua voltar seu olhar para o veleiro.

– É a pagã do Castelo de Mágdalo – acrescentou Santiago.

– Por que a chamas de pagã? – perguntou o Mestre.

– Porque não é da nossa fé e não vive como nós.

– Mas... os Anciãos do Tabor já não vos explicaram que Deus ama todas as suas criaturas, tenham ou não a fé de Israel? – perguntou novamente o Mestre, como estranhando ver um de seus íntimos manifestando esse sentimento de desprezo a uma criatura humana.

– É verdade, Mestre – respondeu o interpelado. – Contudo, dizem tantas coisas dessa mulher que não se sabe se é uma dessas sereias surgidas dentre as águas para enfeitiçar os homens, ou uma fada boa, cativa de algum demônio, no Castelo de Mágdalo perdido entre as nogueiras.

– Essa mulher não é má – disse Pedro. – Como é rica, agrada-lhe o luxo e as festas, porém dá esmolas aos pobres.

– Aposto que vem com uma sacolinha de dinheiro para repartir entre os enfermos e as viúvas – acrescentou André.

Com efeito, viram que os remeiros estendiam uma prancha de desembarque até a costa e as seis donzelas desceram à praia. Sua chegada acalmou um pouco a multidão para fixar nelas a atenção.

Jhasua observava-as em silêncio.

– Viemos em busca dos enfermos e das viúvas – disse Fatmé, que parecia ser a líder daquela gentil expedição.

O Mestre não a reconheceu no primeiro momento. Estava tão mudada com seus novos trajes e o penteado à grega!

– Não há enfermos, pois foram todos curados pelo Profeta! – disse uma forte voz dentre a multidão.

– No entanto deverá haver viúvas pobres e crianças órfãs – insistiu outra das moças.

Aquela a quem haviam chamado *"a pagã do Castelo de Mágdalo"* não falava, absorta olhando para o Mestre que, atraído por aquele insistente olhar, voltou os olhos para ela.

Reconheceu-a no mesmo instante. Era aquela jovem que, na Grande Avenida de Tiro na tarde da batalha naval da Naumaquia, presenteou-lhe um escravo moribundo, colocado por ele entre os empregados dos armazéns de Simônides.

Ela também o reconheceu e, aproximando-se, perguntou:

– Profeta! Como está aquele escravo que estava morrendo na Grande Avenida de Tiro?

– Vive como homem livre e trabalha honradamente para ganhar o seu pão – respondeu Jhasua.

– Graças às tuas artes mágicas – disse ela.

– Graças a Deus que tudo pode – respondeu o Mestre.

– Curaste toda esta multidão que te aclama? – voltou a mulher a perguntar.

– Deus é Amor, e alivia todas as dores quando com fé e amor se pede a Ele.

– Eu não posso ser curada do tédio e do aborrecimento que me fatiga?

– Ama a Deus e aos teus semelhantes como a ti mesma e jamais te aborrecerás de viver.

– Odeias o luxo e as riquezas, Profeta!... – disse com pena a formosa mulher.

– Porque enchem de tédio e de cansaço a alma, como encheram a tua.

Suas jovens companheiras haviam terminado de repartir as moedas entre as viúvas e os órfãos e Fatmé aproximou-se do Mestre.

– Já não te lembras, Mestre, de Fatmé, a filha de Hanani?

– Oh, sim, minha filha!... Não te havia reconhecido antes. Dize a teu pai que irei visitá-lo daqui a três dias.

— Já não tenho nada daquele mal — acrescentou a jovem.

— Estou vendo perfeitamente — disse o Mestre —, pois pareces uma roseira na primavera.

— Voltei ao Castelo de minha meninice — acrescentou Fatmé. — Esta é Maria, que me proporciona todo o bem.

— Que nosso Deus-Amor seja abençoado por tudo! — respondeu o Mestre com suave ternura.

— Pede-lhe para vir ao Castelo — falou Maria ao ouvido de Fatmé.

— Quando visitares meu pai, lembra-te de nós, Mestre, e entra no Castelo... — pediu timidamente Fatmé em tom de terna súplica.

O Mestre olhou para Maria, em cujos olhos viu também uma súplica muda.

— Já chegou a hora!... — murmurou Jhasua. — Está bem, Fatmé. Quando vier visitar teu pai, deter-me-ei por alguns momentos no cais do Castelo, se com isso puder fazer algum bem a seus moradores.

As moças embarcaram novamente e, pouco depois, o veleiro se perdeu de vista, ao mesmo tempo que a multidão se dispersava alvoroçada.

Alguns momentos depois o Mestre tomou o caminho de Nazareth, deixando seus doze discípulos na velha casa de Simão Barjonne, pai de Pedro e de André.

O dia seguinte era sábado, e ele estava avisado pelo tio Jaime que um ilustre rabi da seita dos fariseus dissertaria na Sinagoga mais concorrida da cidade. Jhasua desejava escutá-lo. Chamava-se Eleázar, filho de Simão, e era leproso, embora a maligna enfermidade não aparecesse ainda em sua pele graças à espessa penugem de suas mãos, à barba demasiado espessa e às drogas, pomadas e cosméticos com as quais a dissimulava.

Um conhecido feiticeiro, radicado em Tiberias sob a proteção de Herodíades, era quem guardava o segredo da situação de Eleázar, o fariseu, e fazia uso de todas suas artes para arrancar-lhe o terrível mal antes que se tornasse visível.

— Salva-me por Deus ou pelo diabo! — disse Eleázar — e dar-te-ei tudo quanto quiseres. Estou casado com uma filha do Sumo Sacerdote do Templo de Jerusalém, que manda mais na Judéia que o Procurador Romano e que o rei... mais ainda que o César, e posso tornar-te grande e poderoso. Salva-me, porque, do contrário, meu mal não demorará em tornar-se visível e obrigar-me-ão a me sujeitar à lei que expulsa os leprosos para o Monte do Mau Conselho e proíbe viver entre as pessoas da cidade. Como poderei suportar um opróbrio semelhante, eu, um justo que não transgrediu jamais um único preceito da Lei?

Tal era o personagem que nesse sábado falaria na Sinagoga principal de Nazareth, onde havia chegado alguns dias antes procurando aproximar-se do feiticeiro que prometia curá-lo. Mas, perante todos, aquele santo filho de Abraham dava a impressão de estar inclinado a dar instrução religiosa aos galileus, tidos pelos judeus como incapazes de estudos elevados.

— Sacrifico-me com todo o prazer — disse — para dar instrução religiosa a Nazareth, a cidade natal de minha mãe.

Os bons galileus, crédulos como toda alma sincera e sem hipocrisia, maravilharam-se da abnegação de Eleázar, o fariseu, que deixava o brilho de Jerusalém para desterrar-se, por algum tempo, em suas silenciosas montanhas, só para fazer o bem ao povo da cidade natal de sua mãe. Os nazarenos multiplicaram-se em atenções e gentilezas. Aquele virtuoso homem de letras era bem merecedor de tudo.

O Mestre desconhecia todos esses detalhes, e apenas sabia que um doutor da lei, personagem principal da seita dos fariseus, ocuparia a cátedra sagrada na Sinagoga de Abimelech, como a chamavam pelo nome do fundador.

Myriam, o tio Jaime e alguns outros familiares compareceram com Jhasua para ouvir o ilustre orador sacro que honrava com a sua palavra uma Sinagoga de Nazareth.

Confundidos por entre o devoto auditório, o Mestre e os seus não chamaram a atenção. Poucos instantes depois, o grande homem entrou no severo recinto acompanhado pelo Hazzan da Sinagoga, por vários escribas que tomariam nota de sua prática e as de vários outros homens importantes da cidade.

Seu tema era este: "A fiel observância da Lei torna o homem justo."

A clarividência poderosa do Mestre percebeu prontamente tudo quanto havia na alma e no corpo de Eleázar, o fariseu e, pela primeira vez em sua vida, se encontrou frente a frente com a poderosa seita que trataria de estorvar seu caminho e que, nesse momento, estava personificada na pessoa daquele ilustre orador sacro

Tampouco Eleázar poderia julgar achar-se na presença do único homem capaz de conhecer a sua falsidade, ou seja, do grande Nazareno que descobriria diante de todo o mundo o que era o fariseu judeu... o protótipo da hipocrisia, da avareza, da dureza do coração, encoberta sob o sutil verniz de sua enganosa santidade.

Com admirável certeza, o Mestre examinou o mundo interior daquele homem que falava com a prosopopéia de um justo, de um mestre de alto gabarito.

O orador desagregou da obscura penumbra da lenda e da tradição oral ou escrita as inconfundíveis figuras de Abraham, de Isaac e de Jacob, oferecendo-as ao auditório como protótipos da virtude e da justiça a que chegava todo observador fiel à Lei mosaica, e condenando com frases terríveis aos inobservantes por descuido ou por malícia.

Os três patriarcas mencionados viveram dois mil anos antes de Moisés, ao qual os doutores de Israel atribuíam todo o conjunto de preceitos contidos no Deuteronômio.

Como, pois, pretendia apresentá-los como santificados pela fiel observância das leis promulgadas ao povo hebreu vinte séculos depois?

Ao mencionar as purificações ordenadas pela Lei para as mulheres que haviam dado à luz e para os homens recém-curados de enfermidades ocultas, fez o orador tal desbaratamento de exageros, de ameaças e de terríveis augúrios pela falta de cumprimento das disposições legais que era fácil compreender o estado de consciência em que deixava as almas simples e de boa fé, que se viam compreendidas nos tremendos anátemas do orador.

Terminou pouco depois anunciando que todas essas transgressões, por negligência ou por malícia, podiam ser subsanadas e perdoadas por Deus comparecendo ao Templo de Jerusalém com as dádivas ordenadas pela lei, ou seja, os sacrifícios dos melhores animais de suas criações, ou as mais escolhidas produções dos campos e dos hortos. "Os bezerros, os cordeiros; a flor de farinha, o azeite e o vinho eram, desde logo, as mais nobres e puras oferendas aceitas por Jehová em expiação das culpas contra a Lei."

À fina observação de Jhasua não escapou o menor detalhe. Ele viu os rostos angustiados de algumas jovens mães, que, não havendo podido chegar até Jerusalém para purificar-se aos quarenta dias do nascimento de seus filhinhos, viam-se expostas aos tremendos castigos de Deus enunciados pelo homem justo que, em Seu nome, falava da santa cátedra.

Viu anciãos e jovens com a inquietação manifestada nos olhos, porque tampouco tinham cumprido com as purificações ordenadas pela lei.

Quando o programa desenvolvido pelo orador atingiu a ordem das enfermidades chamadas imundas, como a lepra, o tifo, a observância do sábado, como dia do Senhor, a severidade e o rigor chegou a tal ponto que, entre os ouvintes no auditório, muito poucos não foram atingidos pelo afiado estilete daquela oração transbordante de ameaças contra os infratores.

"O terrível Jehová dos exércitos, espumando de cólera contra seus filhos insubmissos, mandaria seus anjos de justiça nos ventos da noite, no orvalho das madrugadas, nas nuvens escuras das tempestades para flagelar todos os audazes que se permitiam passar por cima das determinações de sua Lei soberana."

O terrível e inflamado discurso terminou no meio de um silêncio de morte.

Era costume que o orador esperasse alguma interrogação da parte de seus ouvintes que tivessem certas dúvidas sobre a argumentação feita.

Jhasua levantou-se do seu assento e caminhou sereno até a cátedra, defronte à qual se deteve. O ilustre orador olhou-o satisfeito em ver um jovem galileu de tão nobre porte apresentando-se diante dele para, seguramente, fazer uma consulta que poria mais em evidência seus altos valores como homem ilustre de Israel.

O hazzan, conhecendo Jhasua, sua capacidade e seu modo de pensar, tremeu da cabeça aos pés pela tempestade que previa, porém seu dever era guardar silêncio.

– Honorável Rabi de Jerusalém! – disse Jhasua com leve inclinação de cabeça.

"Tua estupenda prática suscitou em mim algumas dúvidas e é teu dever resolvê-las, como é o meu expô-las.

"Ouvi com satisfação a apresentação que fizeste de nossos pais Abraham, Isaac e Jacob como formosos exemplos de justiça e de santidade para todo bom filho de Israel, e efetivamente creio serem eles os três verdadeiros santos do nosso povo. Contudo, eles não foram santificados pelo seu bom cumprimento das leis do Deuteronômio, visto como este foi escrito dois mil ou mais anos depois da existência desses nossos três grandes patriarcas.

"Eles foram justos, cumprindo a Lei Natural que todos levamos gravada em nosso coração e que, por si só, tem o poder divino de tornar justos todos os que a cumprem. De seu próprio coração, Moisés a transcreveu em tábuas de pedra, para que o povo hebreu, contagiado pelo paganismo idólatra do povo egípcio, não tratasse de encobrir com as areias do deserto a trilhada e pura senda de Abraham, de Isaac e de Jacob."

O orgulhoso fariseu estava lívido, pois, em toda a sua vida não havia visto tão de perto o que ele chamava, em seu foro íntimo, de audácia de um ignorante.

– Todo o conteúdo da minha prática – disse finalmente – foi acomodada ao nível intelectual do meu auditório. Numa sinagoga da Judéia eu não teria falado da mesma maneira.

– Com isto queres dizer que na Galiléia a instrução religiosa é muito deficiente – disse Jhasua –, entretanto, creio, honorável rabi, que não é desfigurando a verdade que se instrui e educa o povo.

– E quem és tu, que te atreves a dar lições a mim, que há vinte anos estou ensinando no Templo e nas sinagogas de Jerusalém?

– Simplesmente um homem que procurou a Verdade e a encontrou na meditação e no estudo, e que não gosta de vê-la desfigurada e encoberta por nenhum véu nem disfarce – respondeu o Mestre com admirável serenidade.

"Falaste da santificação do sábado, no qual *não é lícito nem sequer enterrar os mortos nem dar assistência a um enfermo ou levantar um ferido caído num caminho*'. Falaste do jejum e das penas a que está sujeito quem não cumprir com a lei. Mas esqueceste a palavra do profeta Isaías de que 'o jejum agradável a Jehová é a misericórdia para com os aflitos, os desterrados e perseguidos, os famintos e desnudos'. É preciso pensar que a mesa do pobre tem alimentos só em alguns poucos dias e se estes lhe chegam em dia de jejum deverá passar mais outro dia sem comer?

"Se um Profeta de Deus encontra em dia de sábado um leproso em seu caminho, deverá deixá-lo sem cura, tendo o Poder Divino de fazê-lo?"

O pensamento do Mestre foi ao mais profundo da consciência do fariseu que, sendo leproso, não só faltava com a Lei ordenando que as pessoas se afastassem dele como também o encobria, burlando desta forma a Lei.

Inquieto e perturbado, não conseguia acertar com o que devia responder, e seus olhos fugiam dos do Mestre, cujo olhar límpido e sereno lhe chegava como uma acusação.

Eleázar levantou-se para sair e disse ao hazzan:

– Se eu houvera sabido que existia um mestre em Nazareth não teria subido a esta cátedra.

– Nenhum mestre é demais para ensinar o povo – respondeu o hazzan.

– Pedir explicações a um orador sacro é permitido pela Lei. Em compensação, faltas com a Lei, rabi, não respondendo à minha pergunta: Posso curar um leproso em dia de sábado? – insistiu Jhasua.

Os divinos olhos do Mestre procuravam a alma de Eleázar, que ainda poderia redimir-se do orgulho a dominá-la.

– A severidade da Lei fez do leproso o ser mais desventurado da Terra – disse o fariseu.

"Se és o profeta Eliseu e tens o poder de curar a lepra, tende piedade dos leprosos e curai-os, ainda que seja em dia de sábado!

– Muito bem, rabi! Neste dia de sábado, na Sinagoga de Abimelech, em Nazareth, curo, em nome do Deus Onipotente, a lepra que tens no teu corpo. – A vibração destas palavras do Mestre foi tão poderosa que Eleázar se deixou cair novamente na poltrona da cátedra, porque todo o seu corpo tremia.

– Eleázar desfaleceu – disse o hazzan aproximando-se.

– Não é nada – disse o Mestre ao público. – Esperai que ainda deveis ouvir o final da prática. Minhas perguntas obrigam o orador a ampliar o tema.

O fariseu compreendeu a grandeza moral do homem que tinha diante de si e sua própria baixeza e hipocrisia ao ameaçar o povo com a Lei quando ele próprio a burlava.

Viu que de suas mãos haviam desaparecido os sinais da lepra e que um suave frescor corria por todo o seu corpo. Via-se curado por aquele extraordinário Profeta que havia lido até no fundo da sua alma.

E, ocupando novamente a cátedra, falou em termos que deixou estupefactos todos os ouvintes.

A Misericórdia Divina falava pela sua boca, enquanto que de seus olhos corriam lágrimas que tratava de ocultar do auditório; no entanto, sua voz tremia de emoção, de remorso e comoções internas profundas, quando, repetindo palavras do profeta Jeremias sobre a piedade e a misericórdia para com os desamparados, as viúvas, os anciãos indigentes, as crianças órfãs, os perseguidos pela justiça, os encarcerados e os enfermos, recordava, sem dúvida, que sua vida era uma completa contradição à sua atual prática, que uma misteriosa força oculta o obrigava a pronunciar. Uma interior doçura e suavidade obrigava seu próprio espírito a falar dessa maneira, como se a presença do Profeta Nazareno houvesse transformado seu coração, seus sentimentos e, curando-o da cegueira espiritual, como havia curado a lepra do seu corpo, lhe tivesse feito contemplar a Bondade Divina em toda a sua infinita suavidade.

Quando terminou, abraçou-se com Jhasua e começou a chorar em grandes soluços.

– Profeta de Deus! – disse – curaste a lepra do meu corpo e também a da minha alma envenenada pelo orgulho. Sou teu devedor por toda a minha vida! Que posso fazer por ti?

– Falar ao povo sempre como acabas de fazer – respondeu o Mestre.

"Em nossos grandes Profetas – acrescentou – há formosos resplendores de amor, de esperança e de fé, que podem servir de base para brilhantes dissertações, sem que ninguém possa argüir que estás te afastando dos Livros Sagrados.

"Bem sabes, rabi Eleázar, que o Pentateuco atribuído a Moisés foi escrito, em grande parte, depois que seu corpo descansava sem vida no Monte Nebo. Vi os verdadeiros escritos de Moisés e os tive em minhas mãos. São poucos e breves e estão escondidos e guardados por uma força superior que até agora ninguém pôde vencer. Jeremias os conheceu. Isaías os conheceu... Elias e Eliseu também os conheceram. Não te afastes desses quatro Profetas em tuas práticas e estarás dentro da verdade e da justiça."

– Profeta Nazareno – disse o rabi depois de alguns momentos de silêncio. Tenho a antiga casa de campo herdada de meus avós maternos, situada entre as montanhas circundantes do vale da antiga cidade de Lazarão, hoje convertida num subúrbio fora dos muros de Tiberias. Com um pretexto qualquer, retirar-me-ei para ali para realizar na quietude e no sossego a transformação de minha vida. Minha posição em Jerusalém, daqui para diante, seria muito falsa, e confesso faltar-me valor para afrontar a luta entre a consciência que despertaste em mim e o Sinédrio, onde meu sogro Hanan ocupa um lugar preponderante.

"Ali aguardarei as tuas visitas, Profeta de Deus, se me julgares merecedor dessa honra."

– Prometo-te, Eleázar, meu amigo, uma visita para a próxima lua. Mandar-te-ei um aviso pelos filhos de Simão Barjonne, conhecedores até das plantas de feno que crescem nas margens do Lago – respondeu o Mestre, e saiu da sinagoga, porque sabia que estava sendo esperado por sua mãe e pelo tio Jaime, que não retornariam para casa sem ele.

O Monte Abedul

Do Lago a Nazareth e de Nazareth ao Lago, o formoso caminho entre montanhas cobertas de vegetação e de deliciosos e pequeninos vales foi tão freqüentado pelo Mestre, por seus discípulos e familiares, que os pastores e lavradores se haviam familiarizado com eles, até o ponto de confiar-lhes todas as suas aflições e desventuras, tal como tinham procedido até então com os Terapeutas-Peregrinos. Deveu-se isto sem dúvida por ter sido esta uma das regiões mais favorecidas pelas forças benéficas das quais o Mestre fazia uso para aliviar as dores de seus semelhantes.

Do país dos gadarenos, na margem oposta do Jordão, haviam passado para as grutas das montanhas galiléias muitos doentes mentais, aos quais o vulgo chamava de *endemoninhados*, em razão dos acessos de furor que os acometiam de intervalos em intervalos.

Eram os que, entre nós, vulgarmente são chamados de "*loucos furiosos*".

Os vícios e as desordens de Herodíades tinham produzido essa calamidade social até nas mais afastadas regiões da Tetrarquia de Felipe, seu marido, cuja debilidade de caráter dava lugar aos abusos da terrível mulher.

As criminosas artes de magia negra exercida por perversos feiticeiros e adivinhos, das quais se valia Herodíades para os seqüestros de jovens de ambos os sexos, haviam produzido grande quantidade de desequilibrados mentais, a maior parte dos quais eram esposos ou pais de jovens escolhidos por ela como instrumentos para as orgias de toda espécie. Drogas venenosas, torturas físicas ou morais, espantosos métodos de sedução, tudo era aplicado para causar terror e medo naqueles a quem queria afastar do cenário da vida para que seus crimes não ficassem a descoberto.

Os pastores, lavradores e lenhadores da região viviam em contínua aflição por causa dos indesejáveis vizinhos, habitantes das grutas próximas ao Jordão.

— Mestre — disse Pedro um dia quando passavam por esse caminho retornando de Nazareth em direção ao Lago —, esta boa gente vive sob o terror dos endemoninhados que residem nessas grutas. Como tens todos os poderes do Pai Celestial, não poderias remediar este mal? Há pobres pastores vendo dizimados seus rebanhos pelos lobos, pelo fato de serem assustados por esses loucos furiosos, fugindo de suas casas e deixando abandonadas as suas criações.

— Vamos visitá-los — disse o Mestre. — Guia-nos, Simão, pois conheces bem o terreno.

Acompanhavam-no, além de Pedro, Zebeu, João e Felipe.

Os doentes mentais eram apenas nove e promoviam tal alvoroço em toda a localidade que se falava de uma legião de demônios talvez tão numerosa como as legiões do César.

Os pastores haviam indicado a Pedro o lugar exato onde eles se encontravam nas grutas. Era no chamado Monte Abedul, talvez motivado pela abundância das árvores do mesmo nome encontradas ali muito facilmente.

Os lavradores, pastores e lenhadores ficaram na expectativa a certa distância para presenciarem sem perigo a luta raivosa que, sem dúvida, se iniciaria entre aqueles cinco homens que se atreviam a defrontar-se com uma legião de demônios.

— O de manto branco — disseram — é um novo Profeta, é o filho do justo Joseph, que recebeu o espírito de Jehová numa viagem ao Egito, onde, dizem, Moisés também foi visitado por Deus. As pessoas do Lago estão enamoradas dele e contam maravilhas. Agora, veremos o que vai fazer.

Estes e outros comentários parecidos eram feitos pelos vizinhos da localidade invadida, segundo eles, pelos demônios, enquanto o Mestre e os seus se aproximavam da perigosa colina.

Ouviam-se alaridos horripilantes como de homens sendo torturados. Gritos e hurros, que tanto podiam parecer rugidos de leões como uivos de lobos ou latidos de mastins furiosos, tudo enfim saía do "Monte Abedul" como um turbilhão de sons confusos.

Os quatro discípulos que acompanhavam Jhasua haviam conseguido serenar-se completamente mediante as palavras do Mestre:

– Quero que vos exerciteis para poder cooperar comigo no alívio das dores humanas – disse-lhes, enquanto caminhava para o Monte. – Necessito, pois, de grande serenidade de vossa parte e plena confiança no Poder Divino que me assiste para realizar toda obra de bem em favor de nossos semelhantes.

"Se algum dentre vós se sente perturbado ou inquieto por medo, dúvidas ou por qualquer sentimento adverso ao que vamos realizar, deve dizê-lo francamente e voltar para trás, porque essa disposição de ânimo cercearia forças e seria obstáculo aos poderes invisíveis que cooperam com os trabalhadores do plano físico.

Ao dizer isto, o Mestre olhou para João, que caminhava a seu lado e no qual percebera um ligeiro tremor.

– Eu tinha medo, Jhasua! Tu o adivinhaste, mas este teu olhar afugentou o medo do meu coração... Já não temo mais nada, porque sei que és o Ungido de Deus e a tua palavra tem poder até sobre os demônios.

"Deixa-me seguir-te!..."

O Mestre sorriu bondosamente ao mesmo tempo que lhe dizia:

– Meus caminhos são duros, João, para um jovem como tu. Contudo, se o Pai te chamou na primeira hora é porque te achou capaz de corresponder valentemente à sua voz.

"Estes casos – acrescentou o Mestre, continuando a instrução, – são quase sempre produzidos pela intervenção de inteligências perversas que atuam do espaço em conivência com os encarnados que lhes são afins. Considerados deste ponto de vista real e verdadeiro, não está mal chamá-los de *endemoninhados*, pois são presas de entidades malignas que bem podem ser classificadas de *demônios*, visto como esta palavra chegou a ser um resumo de todo o mal do qual é capaz uma inteligência desencarnada.

"A causa originária destas perturbações mentais é sempre uma forte impressão dolorosa que mergulha a alma em grande desespero. Esse estado psíquico é aproveitado por inteligências perversas para produzir a obsessão direta, ou seja, absoluto domínio sobre a vítima, em cuja memória influem de maneira tão tenaz, que não podem apagar nem por um momento sequer a recordação da impressão sofrida.

"Se o Pai colocou em minhas mãos o poder sobre todos os elementos e forças da Natureza para exercê-las em benefício desta Humanidade que é a minha herança, não deve caber em vós temor algum, pois, pela Divina Vontade, toda força boa ou má está sob o meu domínio."

– Então, Senhor – disse Pedro –, estou começando a acreditar que a Santa Aliança está no caminho certo, quando, por intermédio de seus dirigentes, faz circular o rumor de que logo serás o maior Rei da Terra. Se está contigo o poder de Deus, quem poderá contra ti?

– É como dizes, Pedro. Ninguém me impedirá de deixar estabelecido sobre a Terra o meu Reino de Amor, onde reinarei pelo Amor até a consumação dos tempos. O Pai e eu faremos nossa morada em toda alma capaz de amar.

Chegaram ao Monte e o Mestre, depois de alguns momentos de concentração mental, começou a chamar por seus nomes os nove infelizes refugiados ali.

Os uivos e os gritos silenciaram imediatamente, como se aqueles seres se houvessem detido para escutar a voz meiga e suave que os chamava de longe.

O Mestre repetiu duas vezes mais o seu chamado e cada vez com maior energia, até que apareceram nas entradas das cavernas os nove homens refugiados ali.

O aspecto deles era tão sinistro que um calafrio de medo percorreu o corpo dos quatro discípulos, que, inconscientemente, se seguraram nas roupas do Mestre.

Aqueles seres estavam quase desnudos, e o lodo das úmidas grutas, onde às vezes entravam as ressacas lamacentas do Jordão, aderiu àqueles pobres corpos, que já não pareciam tipos de nenhuma espécie humana.

O Mestre aproximou-se deles lentamente.

– Amigos! – disse – Vim visitar-vos e espero que a minha visita vos seja agradável.

"Essas grutas são doentias em razão de sua excessiva umidade, e eu quero levar-vos comigo para outra habitação melhor.

"Vossos familiares vos reclamam e é tão boa a vida em torno do lar quando há amor nas almas!"

O Mestre e seus acompanhantes perceberam que aqueles homens estavam mudos. Seus lábios e mandíbulas tremiam contraídos como o de quem deseja emitir um som e não consegue.

Os mais violentos tiravam a língua e queriam cravar nela as unhas.

O Mestre tomou-os pelas mãos enquanto foi dizendo com grande suavidade:

– Não deveis causar dano algum a vós mesmos. Sou um Profeta de Deus que, por meu intermédio, faz voltar a liberdade ao vosso espírito acorrentado e ao vosso corpo o uso de todos os seus movimentos.

"Falai! Ordeno-vos em nome de Deus!"

Como feridos por um mesmo golpe, os nove caíram por terra entre grunhidos surdos e soluços profundos.

Sereno, de pé no meio do pequeno grupo de discípulos estupefatos e dos loucos estendidos no solo, o Mestre manteve-se em silêncio por um longo momento.

Pouco a pouco, a respiração dos dementes foi se normalizando até caírem todos em profunda letargia.

O Mestre mandou dois dos discípulos pedir túnicas aos vizinhos para vestir os enfermos.

Estes logo se viram rodeados das famílias dos lavradores e pastores que, levados por sua curiosidade, se aproximaram para examinar o que ali se passava.

"Que havia sido feito da legião de demônios aterrorizadora de toda aquela região?"

Viram apenas nove infelizes seres estendidos desacordados, cobertos de tanto lodo e de imundícies que quase não dava para perceber neles a aparência humana.

O grande amor que irradiava do Cristo, personagem central daquela muda cena de dor e de medo, encheu de compaixão a alma daquelas pessoas que ofereciam ao Mestre roupas e sandálias para os enfermos.

Numa padiola improvisada, feita com varas de abedul e pano rústico, foram descendo um a um aqueles corpos inermes até a margem do Jordão para poderem ser lavados de toda a imundície de que estavam cobertos.

Pedro assumiu a chefia desta operação, na qual foram ajudados pelos pastores.

— Isto é a mesma coisa que quando lavo as ovelhas sarnentas — disse um deles demonstrando grande habilidade na limpeza daqueles pobres corpos humanos desfigurados pela terrível tragédia.

Os vizinhos contaram que eles haviam tomado posse do monte há quatro anos, embora apenas há poucos meses terem começado a uivar e a rugir como feras. Antes, julgaram tratar-se de leprosos expulsos de alguma cidade, até que os tremendos alaridos lhes deram a entender que eram endemoninhados.

Terminada a operação de limpeza e convenientemente vestidos, os nove homens foram levados para a choça mais próxima pertencente a um pastor que a havia abandonado quando teve início a tormenta promovida por aquelas feras humanas.

Foi aceso o fogo na lareira e o Mestre mandou preparar porções de leite quente com mel, visto que logo iriam despertar.

Antes que isso acontecesse, Jhasua recomendou aos vizinhos do lugar para que os recebessem, sem medo algum, como trabalhadores nos diversos serviços da lavoura, enquanto ele faria as averiguações sobre os familiares daqueles nove homens que haviam retornado à vida normal.

— Havereis de me ver passar por aqui com muita freqüência — disse-lhes o Mestre — e jamais vos deixarei no esquecimento.

Em seguida, voltou-se para os ex-dementes e, tomando cada um deles pelas mãos, mandou que levantassem e fossem comer.

Seu primeiro despertar deixou-os como aturdidos, olhando para todos os lados, como procurando orientar-se. Depois chamaram pelos nomes a seus familiares.

Vendo-se rodeados de estranhos, uma grande dor ou alguma penosa recordação anuviou-lhes de tristeza os rostos extenuados e curtidos pela intempérie.

— Logo sereis conduzidos às vossas famílias se nos derdes os dados para encontrá-las — disse o Mestre enquanto lhes fazia dar uma taça de leite quente e um pedaço do pão preto dos pastores.

Como resposta começaram esta ladainha, nada agradável, com toda a certeza.

— A maldita Herodíades roubou minhas três filhas!...
— Roubou minha esposa e, sem ela, o nosso filhinho morreu!...
— Roubou meus dois filhos, esperança da minha velhice!...
— Arrebatou minha noiva, com a qual ia casar-me na lua seguinte!...

A crônica dolorosa e trágica continuou nesse estilo. O Mestre estava visivelmente comovido perante tanta dor.

— Paz, Esperança e Amor — disse em alta voz. — Para nosso Pai Celestial não existe nada impossível se vossa fé e vosso amor vos tornar merecedores de suas divinas dádivas.

"Se vossas informações são exatas, esperai, que na próxima lua haveremos de trazer-vos boas notícias."

Todos eles, pouco depois, reunidos a seus familiares, foram porta-vozes que levaram para a margem oposta do Jordão a notícia do extraordinário Profeta que em terras da Galiléia realizava estupendos prodígios: Ele havia vencido uma legião de demônios, curado as mais rebeldes enfermidades, devolvido a palavra aos mudos, o ouvido aos surdos e a vista aos cegos.

Quem poderia ser esse homem senão o Messias anunciado pelos Profetas?

Famílias divididas por antagonismos e rivalidades voltavam a unir-se em torno da lareira, porque a palavra do Profeta, que era raio de luz e água doce de ternura, desvanecia as tormentas dos ciúmes e da inveja entre os irmãos, nascidos de um mesmo seio e agasalhados pelo mesmo amor.

— És algum gênio tutelar da Terra, para deste modo fazer florescer tudo à tua passagem? — perguntou um dos muitos favorecidos com a dádiva divina da paz na família.

— És o mago poderoso que devolveu ao meu marido a confiança perdida em mim? — perguntou uma distinta matrona radicada em Tiberias, esposa do tribuno comandante da guarnição.

— Por haver protegido um pastorzinho maltratado pelo seu amo, ficaste na difícil situação de ser abandonada pelo marido. Como julgas que o bom Deus, nosso Pai, haveria de abandonar-te? — mencionou o Mestre. — Mulher!... lembra-te sempre que Deus ama a todo aquele que age com misericórdia em relação aos semelhantes, e que mais tarde ou mais cedo sua Luz Divina iluminará todas as trevas.

"Que aconteceu àquele pastorzinho? — perguntou Jhasua."

— Não podendo tê-lo em casa, mandei levá-lo por meus criados ao pequeno bosque de murtas próximo aos muros do Castelo de Mágdalo, aonde vão sempre as donzelas gregas para ensaiar as danças de seu culto.

"A castelã é generosa e julgo havê-lo recolhido — respondeu a romana."

— Se esse pastorzinho é o Boanerges encontrado no caminho de Damasco, já o conheço há muito tempo. Deverei ir ainda hoje ao Castelo para cumprir a palavra dada e espero poder vê-lo.

"Somente isto, mulher, é para mim uma compensação do bem feito a ti. Que Deus te pague, mulher!"

A Castelã de Mágdalo

Nesse mesmo dia, Jhasua chegou ao velho Castelo de Mágdalo que, no alto de uma verde colina, parecia uma sentinela de pedra velando sobre a aldeia de pastores e lavradores adormecida a seus pés assemelhando-se a um bando de garças brancas.

Fez-se acompanhar por Pedro, João e Zebeu, três almas ingênuas e francas que despertaram, mais do que as outras, o amor e a ternura de Jhasua.

— Quero que minhas obras de menino tenham por testemunhas outros meninos como eu. Não faltará quem ache pueril estar o Ungido de Jehová gastando seu tempo na busca de um pastorzinho ferido — disse o Mestre — enquanto se aproximava do castelo.

"Vós que já fostes instruídos nos mistérios do Reino de Deus, deveis saber que nesse pastorzinho ferido está escondida uma estrela preciosa que iluminou meus caminhos em épocas distantes."

— Explica-te, Mestre, pois não estamos te compreendendo bem — disse Pedro com sua costumeira espontaneidade.

— Dissestes-me que os Mestres do Tabor vos tinham explicado as "Escrituras do Patriarca Aldis"!

— Naturalmente que sim — responderam os três discípulos.

— Então estais lembrados de Bohindra, o Kobda-Rei — disse o Mestre.
— Claro que nos lembramos! Depois de Abel, foi a figura mais luminosa surgida naquela idade de ouro — respondeu Zebeu.
— Falaste muito bem, Zebeu. Com toda a certeza vos digo que o grande Bóhindra do passado vive novamente em Boanerges, o pastorzinho ferido.
— Como sabes disto, Mestre? — perguntou João.
— Porque eu o vi na primeira viagem a Damasco, de passagem para Ribla.
— Oh, mistério de Jehová!... — exclamou Pedro. — As almas, como as andorinhas migradoras, vão e voltam para buscar o beiral do telhado da choça, ou as ameias do castelo onde habitaram para formar novamente o ninho com o mesmo amor e perseverança!
— Os segredos de Deus são sublimes — disse Zebeu —, e quão pobre e mesquinha é esta Humanidade que não o compreende!
— É uma menina cega!... Compadeçamo-nos dela! — disse o Mestre.
"Acaso reconhecestes Elias, o vencedor de Jezabel, no Solitário do Jordão, lutando novamente com aquela perversa rainha, que hoje se chama *Herodíades*?
— Quão espesso é o véu que foi descerrado diante da nossa vista desde que estamos ao teu lado, Mestre! — exclamou João. — Tudo isto é comparável a uma fada boa que, de tempos em tempos, nos traz roupas novas para podermos deixar as velhas.
— Tua comparação é exata, João. Todavia, às vezes a vestimenta nova traz falhas do tear de onde saiu e a alma precisa lutar heroicamente para curar as imperfeições até colocar-se à altura da evolução conquistada anteriormente.
Chegaram finalmente ao gradil que separava os bosques do castelo do caminho que o cruzava daí para diante.
No terraço estava uma mulher estendida num canapé sob um pequeno pára-sol de tecido dourado e azul.
A curta distância dela, um jovem de uns quatorze anos escassos tocava melodiosamente o alaúde. Seus cabelos escuros, caindo em longos cachos sobre os ombros, formavam um visível contraste com a palidez do seu rosto ainda imberbe. A túnica curta e plissada dos gregos deixava ver suas pernas cruzadas por cintas que subiam das sandálias cor de avelã com as quais estava calçado.
— Temos aí o nosso pastor — disse imediatamente o Mestre.
— Mais parece um pequeno pagem de casa senhorial que pastor — observou Zebeu.
— Tenho visto esse menino remando num pequeno bote perto da nossa tenda — acrescentou Pedro.
— Eu também — disse João. — É o que anda de colina em colina e de árvore em árvore, procurando filhotes de calhandras e rouxinóis, que logo domestica e os aclimata ao castelo.
João deu o assobio usado entre os proprietários de botes do lago.
O adolescente olhou para o gradil e disse em seguida:
— Senhora!... É o Profeta com seus amigos.
A jovem mulher, demonstrando grande lassidão, levantou-se o mais rápido que pôde e, cobrindo-se com ligeiro véu, desapareceu no interior da casa.
Boanerges desceu correndo a velha escadaria e, com certa timidez, aproximou-se de João com quem tinha alguma amizade.
— A senhora esperou-vos hoje de manhã — disse — mas alegra-se da mesma sorte por terdes vindo agora. Entrai.
— Tuas feridas estão curadas e teu coração também — disse-lhe o Mestre. — Aqui serás feliz, assim creio.

— Muito, Profeta, porque aqui me vejo livre como um passarinho num bosque e porque todos me querem como aos rouxinóis que cantam no arvoredo.

— Pois continua cantando, meu filho, se com isso conquistas o amor e a paz — respondeu o Mestre já chegando ao lugar onde o esperava a "pagã do castelo", conforme chamavam àquela bela mulher dos cabelos de ouro e coração cansado.

Ela inclinou-se profundamente, dizendo:

— Não mereço a honra que proporcionas à minha casa, Profeta de Nazareth. Sejas bem-vindo a ela, bem como todos os teus.

Fez com que todos sentassem nos bancos de um pequeno jardim com canteiros decorados com murtas e roseiras vermelhas da Irânia.

— Joaninho!... — exclamou surpresa, reconhecendo João, o filho de Salomé... — És amigo do Profeta e jamais me falaste dele!

— Julguei que não tinhas interesse nele, pois não és de Israel — respondeu João.

— Para vós não sou senão "a pagã", que dá o amor e a fé aos deuses mitológicos, filhos do sonho e da quimera!...

A mulher pronunciou estas palavras com um cunho de tristeza que não escapou à observação do Mestre.

— Acabo de percorrer terras pagãs, mulher — disse o Mestre —, e comprovei a eterna justiça do Altíssimo que ama com igual amor a todos os homens, visto como todos são criaturas suas a buscá-Lo e a adorá-Lo pelos meios que conseguem compreender.

"Alguns O encontram na radiante beleza dos astros, mais estreitamente associados às alternativas da vida humana. Outros, nas diversas e múltiplas manifestações da Natureza, na floração da primavera, na nevada do inverno, nos frutos do estio e na tristeza do outono.

"No Egito, por exemplo, as pessoas comuns encontram o Poder Supremo em seu grande rio Nilo, que transborda duas vezes por ano, produzindo duplas colheitas.

"É o nosso deus — dizem eles —, a trazer-nos abundância e paz.

"Faz pouco tempo que cheguei de Damasco, terra também chamada de *pagã*, e encontrei ali almas de pluma e seda, suaves e brandas à palavra persuasiva do Mestre a harmonizar-se com sua capacidade e seus sentimentos.

"Apenas não compreende o Eterno Senhor dos Mundos quem o supõe capaz de preferências que outorgam privilégios a uns povos em detrimento de outros, a uma raça em detrimento de outras. O Eterno Criador dos Mundos é, acima de tudo, um Pai cheio de Infinito Amor e cuja perfeição absoluta não deixa lugar para a menor sombra de injustiça ou arbitrariedades.

"É uma horrenda profanação que se comete só em supor seja Ele capaz de encher de benefícios uma raça ou um povo e deixar as outras abandonadas na miséria, na ignorância e na dor.

"O único pecado que os homens observadores desta geração encontram no patriarca Jacob é o seu amor preferencial para os filhos de Raquel: José e Benjamim. Sua expiação foi dolorosa.

"A mesma debilidade teve o patriarca Abraham para com Agar, a mãe de seu filho Ismael. A infeliz desamparada fugiu para o deserto carregando o menino para morrer com ele. Ali, no deserto, nosso Deus-Pai a consolou, porque Agar, serva pagã, era também uma criatura sua.

"Esse mesmo pecado teve o patriarca Isaac, enchendo Jacob de bens e esquecendo tristemente Esaú. O fogo da discórdia acendeu o ódio entre os dois irmãos, que a bondade e mansidão de Jacob transformou em generosa amizade.

"Os três são justos e dignos da nossa veneração e, sendo humanos, não podemos escandalizar-nos com essas suas debilidades. Contudo, supor fraquezas deste gênero no Altíssimo Senhor dos mundos e dos seres é uma espantosa aberração, própria somente da ignorância mais completa e da mais absoluta incompreensão do que realmente é o nosso Pai Universal.

"Falei assim para tranqüilizar a tua alma, mulher, pois te vejo atormentada por pesadelos íntimos que podem desaparecer pelo raciocínio e pela compreensão da Verdade Divina."

Durante esta conversação, apenas João tinha ficado junto ao Mestre, pois Pedro e Zebeu, guiados por Boanerges, dirigiram-se aonde estava Fatmé, filha de Hanani e de uma irmã de Pedro. A sobrinha, imensamente agradecida ao Profeta que a livrara do horrível mal, era uma colaboradora ativa da Santa Aliança e, num pequeno pavilhão afastado do castelo, instalara uma pequena oficina de confecção de roupas para crianças indigentes e anciãos desamparados.

A castelã tinha predileção por ela e lhe dava ampla liberdade de satisfazer sua piedosa inclinação. As outras donzelas do castelo a ajudavam em parte, mas não com a dedicação que Fatmé punha em suas tarefas de misericórdia para com os necessitados. Até se havia dado o caso de a jovem ter dado amparo no pavilhão de seus trabalhos a dois mensageiros do Scheiff Ilderin que se dirigiam a Tiberias para apresentar-se aos dirigentes da Santa Aliança.

Eram suspeitos de transportar armas nas caravanas de Tolemaida, e o tribuno da guarnição tinha recebido ordens de severa vigilância. Se não fosse a influência da "pagã do castelo" junto a Herodes Antipas, que alimentava o capricho de consegui-la para as suas orgias, a boa Fatmé teria passado muito mal.

O carregamento vinha dirigido a Othoniel, mordomo do príncipe Judá, como recordará o leitor, que o enviara por uma temporada à dita cidade em busca de lugares adequados para esconder discretamente os elementos que iam reunindo no caso de tornar-se necessária a defesa de Jhasua, como libertador da Nação hebréia.

Othoniel teve fácil entrada nos banquetes da castelã por intermédio de Fatmé. Já havia, pois, dois canais, através dos quais o Profeta Galileu ficou conhecido no castelo de Hermiones, cuja filha órfã levava essa vida inútil de mulher jovem e rica procurando obter na fortuna e nos caprichos do luxo, as satisfações e gostos efêmeros que deixavam tão vazio e seco o seu coração.

Boanerges, o pastorzinho, conheceu o Profeta em seus encontros com João sobre as mansas águas do Lago e, como tinha a faculdade de adivinhar, conforme diziam as donzelas, tinha anunciado à sua senhora, através dos sentidos versos que cantava, *que muito em breve um grande amor encheria completamente o seu coração.*

A princípio julgou-se tratar-se de Othoniel que, com tanta submissão se havia enamorado da castelã; no entanto, logo as donzelas gracejavam do pastorzinho, dizendo:

– Desta vez tua ciência falhou, Boanerges, porque a nossa Maria não se perturba diante de Othoniel.

Boanerges, inconsciente do por quê de certos avisos que fazia sem premeditação, encolheu os ombros e respondeu:

– Não serei o primeiro trovador a enganar-se.

– As Musas da Poesia e da Música dizem belas mentiras para gracejar de ti e de mim. Não lhes façamos caso – disse a castelã.

Assim passou-se o tempo, até que chegou o Profeta Nazareno de volta de Damasco, quando ela contava 24 anos de idade.

A jovem mulher expandiu-se em referências sobre o gênero de vida que levava, conforme os costumes em que fora educada. Sua mãe era originária da Lucânia, sobre o Golfo de Tarento (Itália), cuja vizinhança com Macedônia e Atenas lhe havia proporcionado um meio ambiente de cultura idealista, formada das doutrinas de Sócrates e de Platão, mescladas ao entusiasmo pelas glórias e grandezas macedônias.

Seu pai, filho de gregos, nascido nas encostas do Monte Ida, na ilha de Creta, descendia das famílias homéricas cujo culto era a beleza personificada nas artes: a poesia, a música, a dança, a escultura e a pintura. Como tinha sido criada e educada nesses princípios, a castelã de Mágdalo estava muito distante da religião e dos costumes hebreus, que jamais poderiam com os seus, e não se preocupou em tempo algum de se informar, nem sequer por curiosidade, sob a forma de vida, leis e costumes do povo de Israel. Perdera a mãe na meninice e, depois da morte de seu pai, Hermiones, encheu sua vida com esse mundo fantástico criado pela mitologia das grandes nações de então, e também com os poemas homéricos e virgilianos tão em voga naqueles tempos. Somente aos 17 anos e dona de grande fortuna, viajou pelas grandes cidades da costa norte e oriental do Mediterrâneo, até escolher, para viver, uma das propriedades que herdara de seus pais, a aldeia de Mágdalo, com seu velho castelo sobre a formosa colina que dominava o Mar da Galiléia.

Poder-se-ia dizer que essa escolha havia sido guiada pela Eterna Lei que traça os destinos humanos, pois, sendo um espírito da aliança íntima do Cristo, sua residência na Galiléia a aproximava inconscientemente dos caminhos do grande Missionário da fraternidade entre os homens.

Enquanto ela relatava sua breve história, o Mestre a ouvia como que absorto em profunda meditação. A poderosa clarividência de seu espírito colocava a descoberto, em parte, o distante passado daquela criatura que, pelas contingências próprias das vidas no plano terrestre, havia tardado vinte e quatro anos para abrir-se à Luz magnífica da Verdade Divina.

Vislumbrou entre douradas brumas, panoramas do passado que as Escrituras do Patriarca Aldis esboçavam nitidamente e seu coração se enterneceu quase até as lágrimas. Entretanto, guardou silêncio.

– Mulher! – disse ao despedir-se –, chegaste novamente ao teu caminho e desta vez será para não te desorientar mais.

"Tua educação grega me faz supor que estás familiarizada com a sabedoria de Platão; por isto posso dizer-te que és viajante desde épocas remotas, perdidas na obscuridade dos tempos.

"Bendize ao nosso Deus-Amor que acende novamente a tua lâmpada, e mais uma vez o manancial divino inundar-se-á com as águas da sua bênção."

– Profeta!... que lâmpada é essa e de que manancial me falas? – perguntou a castelã com ansiedade.

– Entra no teu mundo interior e o descobrirás. Na casa de Eleázar, o fariseu e doutor da Lei, falarei amanhã depois do meio-dia para os seus amigos que conhecem os mistérios de Deus e das almas. As Escolas da Grécia, de Pérgamo e de Siracusa, que conheces, deixaram-te em condições favoráveis para compreender o Reino de Deus.

Enquanto Fatmé e as demais donzelas falavam com o Mestre, com Pedro e Zebeu, João informava à castelã e a Boanerges onde estava a casa de campo de Eleázar, situada num subúrbio de Tiberias, pois havia compreendido que nas últimas palavras de Jhasua transparecera o seu desejo de que ela o ouvisse lá.

Na alma veemente dessa mulher desencadeou-se uma tempestade tremenda.

Vivera desdenhando o amor, ou seja, colocando-o num último lugar na sua vida, tomando-o como um jogo pueril de passa-tempo; deixando-se amar sem amar, apenas pelo agradável prazer de se sentir rodeada de atenções e de oferendas de corteses admiradores.

Mas agora seu coração havia recebido uma profunda sacudidela.

Aquele homem formoso e grave, possuidor da majestade de um rei e da austera virtude de um Profeta, de tal maneira a havia comovido que agora parecia desconhecer a si mesma.

O amor irradiava de seu olhar como um quente raio de sol ao amanhecer e vibrava tão profundamente em sua palavra que a ela havia soado como uma melodia distante procurada durante tão longo tempo sem jamais ser encontrada.

Sob as frondosas avenidas do parque, passeava sozinha, fugindo da presença de suas companheiras de diversões e de jogos.

O Profeta lhe dissera para *"entrar no seu mundo interior"*... *"que sua lâmpada havia sido acesa de novo"*... *"que um manancial divino a inundaria novamente com águas de bênçãos"*.

E havia-lhe dito isso com doçura infinita, fixando nela seus suaves olhos, de profundo olhar, parecendo atravessá-la de parte a parte, enchendo-a de tal felicidade íntima que até então não havia conhecido.

No entanto, ela compreendia muito bem que aquele homem estava num nível muito alto para ela!... E não somente alto, como lhe dava a impressão de ser uma indefinível mistura do palpável com o ideal; da realidade com a quimera!...

A lua cheia iluminava os jardins, as fontes, as brancas estátuas, cópias das mais belas criações de Fídias.

As nove Musas formavam coro ao redor de um precioso Apolo coroado de rosas.

Todas aquelas belezas que antes lhe falavam tão alto aos sentidos e ao coração, e que até por momentos pareciam adquirir vida, sob a tênue luz das estrelas, agora lhe pareciam frios e mudos blocos de mármore, incapazes de responder às angustiantes perguntas do seu espírito agitado por desconhecida ansiedade.

Nem Aquiles, o herói triunfador da Ilíada, nem Ulisses, vencedor de cem reis cantado na Odisséia, podiam comparar-se ao Profeta Nazareno a arrastar as multidões com sua palavra e cujo olhar levantava o pensamento da Terra e o levava a procurar outros mundos de luz, de paz e de amor!...

Os grandiosos poemas homéricos e virgilianos falavam de deuses imortais, de gênios e de fadas de eterna juventude, e todos eles participando da vida dos homens. Não seria este um deus encarnado, um Apolo imortal que em momentos se vestiria dos raios do sol para animar toda a vida e presidir o concerto formidável de todos os rumores e harmonias da Criação?

Não seria um formoso Adônis de perpétua juventude, em sua primavera eterna para alegria dos homens?

Sua aproximação era quem acenderia novamente sua lâmpada e faria transbordar o divino manancial?

Ela não compreendia o sentido dessas palavras; todavia, seu coração pressentia uma profunda mudança em sua vida.

Imenso e reverente amor a impulsionava a levantar os olhos e as mãos para o céu azul, para que as estrelas piedosas e boas se compadecessem de sua inquietação e de suas ansiedades. Sentia a necessidade de chamar, de invocar... de adorar a oculta

Presença Divina que não conhecia mas adivinhava desde que os olhos do Profeta haviam penetrado no seu ser, como uma essência suavíssima que perdurava indefinidamente...

Estava nestes pensamentos quando ouviu a voz infantil e melodiosa de Boanerges que, sentado no pedestal da estátua de Dafne, cantava:

>Viajante do Infinito
>Para onde vais, coração?
>Sinto que tuas batidas
>Dizem-me entre gemidos
>Que vais em busca do Amor!
>
>Em interrogante ansiedade
>Perguntas: onde ele está?
>Porque nunca o encontraste
>Naquilo que tens encontrado
>Peregrino do Ideal!
>
>Viajante do Infinito!...
>Cessa teu andar, coração,
>Que o amor está em ti mesmo,
>Imenso como um abismo
>Porque Deus é o Amor!...

A castelã aproximou-se do menino.

— Por que cantaste isso, Boanerges? — perguntou inquieta.

— Não sei, senhora... Canto sem saber por que canto. Alguém perguntaria ao rouxinol por que canta nas noites de lua cheia? Se vos incomodei, peço perdão!...

— Não, menino, não!... É que agora já sei onde está o Amor! Está na alma do Profeta que esteve hoje no castelo.

— Eu já havia dito, Senhora... há magia de amor na palavra e no olhar do Profeta!... Mas ele... — e se deteve temeroso.

— Mas ele... o quê? Que ias dizer?

— Ele vive como homem; no entanto, não é um homem! — respondeu o adolescente.

E sua bela fisionomia, mais pálida ainda com o raio branco da lua, parecia estar banhado por uma suave melancolia e também por essa mística devoção e recolhimento que acompanha a oração.

— Imaginas que ele seja um deus encarnado, Boanerges?... — perguntou com impetuosidade a mulher.

— Sim, senhora!... Às vezes eu o vejo envolto numa bruma de ouro!... Observei também que saía dele outra imagem que sobe da cabeça e se afasta, e logo volta e torna a sair. Sei que essa outra imagem é ele mesmo, exatamente o mesmo, porém ainda mais formoso que o é no seu corpo.

"É o gênio do amor e da felicidade; e aonde ele vai, todos são felizes!"

— Mas eu — disse a castelã —, fui tão miserável e egoísta perante ele, que ele deve sentir asco de mim...

— Por quê, Senhora? Que fizeste? Porventura não o recebeste bem?

— Ignoras, Boanerges, que quando estive ultimamente em Tiro, o Profeta estava lá também. Eu ia à festa da Naumaquia e ele caminhava pela Grande Avenida. Um dos escravos de minha liteira caiu por terra lançando uma onda de sangue pela boca, e eu, atrasada para ocupar o meu lugar entre as dançarinas, deixei-o ali estendido e mandei contratar outro. O Profeta aproximou-se da liteira para me perguntar se eu deixava abandonado o meu escravo. Respondi displicentemente: "Eu o dou de presente a ti. Faze dele o que quiseres."

"O Profeta lembra-se disto, como eu também. Devo ser para ele uma alimária daninha."

— Não, Senhora!... Esses pensamentos não têm guarida nele, asseguro-te — respondeu o adolescente com firmeza. — Eu o vi deter com força a mão de um menino malvado que ia arrojar pedras num mendigo coxo. Quando se viu impedido de fazê-lo, o menino pateou e gritou enfurecido. Rasgou com os dentes as mangas da túnica do Profeta que o segurava e o teria mordido se Joãozinho, que estava perto, não o tivesse impedido.

"Quando o acesso de furor se acalmou, o Profeta sentou-se sobre uma pedra, colocou o garoto sobre seus joelhos e, penteando com os dedos seus cabelos desordenados, começou a contar-lhe um belo conto, até que o menino, extremamente comovido, começou a chorar com a cabeça recostada naquele grande coração capaz de esquecer a sua maldade. Esse menino o ama agora tanto que, quando o vê, corre para beijar-lhe a mão e para levar-lhe as melhores frutas de seu horto, repetindo sempre: 'Não atiro mais pedras nos mendigos nem nos passarinhos.' "

— Queres dizer com isto que o Profeta fará o mesmo comigo? — perguntou a mulher ao menino-poeta, cantor e músico que lhe dava tão belas lições.

— Sim, Senhora. Ele procederá desse modo! Estou certo disto!

A confidência noturna terminou como se houvesse sido diluída no silêncio da noite profunda e solitária.

A jovem subiu para sua alcova e o adolescente, tomando novamente o alaúde, cantou como um rouxinol semi-adormecido entre as ramagens do bosque:

>   Sossega a alma e descansa
>   Quando sentiste o Amor
>   Que vem semeando rosas
>   Da cor da sua ilusão.
>
>   A lâmpada acendeu-se
>   Com a luz do seu olhar,
>   Nunca mais os vendavais
>   Voltarão a apagá-la.
>
>   Estava seca a fonte
>   E brotou o manancial
>   Que a encha de água clara
>   Até fazê-la transbordar...

A castelã ouvia o cantar de Boanerges da janela de sua alcova mergulhada na obscuridade.

Imensa onda, mescla de amor e de indefinível amargura, apoderou-se dela.

Estendeu-se em seu divã de repouso e, em silencioso e suave pranto, desafogou a tempestade dos sentimentos contrários que tanto a agitavam.

No dia seguinte, o Mestre, com seus doze discípulos, encontrava-se na velha casa de campo de Eleázar, o fariseu, para onde havia sido convidado como o leitor se recordará. O hazzan da Sinagoga de Nazareth, como também os de Caná e Naim estavam ali, convidados igualmente pelo dono da casa, da mesma forma como outros seus amigos escribas e homens de letras, aos quais havia falado do extraordinário Profeta que lia os pensamentos mais profundos e para quem os corações humanos eram como um livro aberto.

Semi-incrédulos, haviam aceitado o convite, mais pela satisfação do suntuoso banquete e do divertido passatempo que lhes proporcionariam as habilidades mágicas do personagem anunciado. Nenhum deles tinha a mais remota idéia de que se tratava de um verdadeiro Profeta do talhe de Elias Tesbitha, de Eliseu ou de Daniel, como assegurava o vulgo.

De todos aqueles convidados, o único que conhecia Jhasua a fundo era o hazzan da Sinagoga de Nazareth que, como Essênio do quarto grau, havia mantido sempre silêncio até que os fatos falassem por si mesmos.

O hazzan da Sinagoga de Caná conhecia muito a família de Jhasua, principalmente seus irmãos, os primeiros filhos de Joseph residentes ali. Sabia que ele viajara muito e, nas grandes Escolas de Alexandria, de Ribla e nos Santuários Essênios, fizera longos e profundos estudos. Considerava-o, pois, como um doutor e rabi sem título oficial do Sinédrio, porque jamais o havia solicitado.

O hazzan da Sinagoga de Naim era novo na cidade, era grande amigo de Eleázar e fariseu como ele. Dessa mesma índole e estirpe eram os participantes que rodeariam a mesa na qual devia sentar-se o Mestre com seus discípulos. Umas trinta pessoas, no total.

Eleázar via-se impedido de revelar ser testemunha dos poderes do Profeta na sua própria cura, pois ninguém sabia que ele fora um leproso. Dessa forma, para não deixar a descoberto seu segredo, deixava sem resposta as dúvidas de seus convidados, dizendo para si mesmo:

— Já serão despertados como eu, quando se virem a descoberto frente ao olhar do Profeta.

Este foi colocado no divã à cabeceira da mesa, ficando de frente para uma das portas de entrada do grande cenáculo, através da qual lhe dava de cheio a luz daquele meio-dia primaveril.

As glicínias e os jasmins teciam cortinados brancos e violetas nas paredes e janelas, fazendo o velho edifício parecer rejuvenescido naquele dia, cuja recordação devia perdurar durante muitos séculos.

A conversação foi muito variada, e versou sobre inúmeros temas doutrinários e políticos, históricos e científicos, nos quais se via bem manifestada a intenção de pôr a prova a capacidade do Profeta, principal personagem daquela seleta reunião.

Ninguém tinha ali má vontade com ele. Apenas a fama da qual o seu nome estava precedido provocava uma curiosidade natural em todos.

O Mestre percebeu isso logo ao chegar e se dispôs a proceder com fino tato a fim de que sua presença fosse portadora do bem para todos e que suas palavras e seus atos não deixassem atrás de si senão resplendores de luz e eflúvios de paz, de bondade e de amor. Conseguir isso plenamente foi a maior maravilha que ocorreu naquela tarde.

— Profeta — perguntou um dos convidados —, dizem que todos os corações ficam a descoberto diante da penetração ultrapoderosa do teu olhar! É verdade isto?

— Quem pode saber se estou eu penetrando neles ou se são os corações dos homens descobrindo-se eles próprios! O livro da Sabedoria diz: "Os lábios falam daquilo que existe em abundância no coração."

Essa sutil resposta do Mestre fez com que todos compreendessem que ele não se deixava surpreender por uma pergunta inesperada.

– Diz-se – acrescentou outro – que nenhuma enfermidade resiste ao mandato da tua voz. És acaso Elias ou Eliseu que, em cumprimento de Leis Eternas conhecidas por todos, voltou à Terra para preparar os caminhos do Messias Libertador de Israel?

– Não sou Elias nem Eliseu, porque ambos vivem suas próprias vidas há mais de trinta anos sem que os humanos se tenham dado conta disto.

"Um profeta a mais ou um profeta a menos! Que significa isto para os magnatas da ciência ou do poder?

"Ao mundo interessa um César, com grandes tesouros e numerosas legiões; um guerreiro que conquiste muitas nações e conduza atados ao seu carro de triunfo, milhares de escravos. Todavia, um Profeta apenas interessa aos deserdados; aos que arrastam pesados fardos de angústia e de miséria; aos doentes incuráveis aos quais a Lei marca com seu estigma indelével."

– Profeta – exclamou outro dos convidados. – Interessamo-nos em conhecer-te e por isto estamos aqui. Que o diga Eleázar, que nos obsequiou e a cujo convite acorremos alegremente.

– O Profeta é para vós o Homem de Deus que sempre diz a verdade, ainda que seja dura como a pedra e amarga como o aloés; e vós não viestes em busca do Profeta, mas do mago que faz prodígios, da mesma maneira como as crianças vão ao saltimbanco que, entre piruetas, lhes diz saborosos gracejos para rir. Não é esta a mais redonda verdade?

O Mestre percorreu com o olhar todos aqueles rostos que via pela primeira vez. Nenhum se atreveu a negá-lo, porque uns e outros eram testemunhas de que, alguns momentos antes de o Mestre entrar no cenáculo, todos eles, menos o hazzan de Nazareth e Eleázar, haviam decidido passar uma tarde cheia de divertidas impressões com as maravilhas que o mago galileu faria na sua presença.

Eleázar, aborrecido perante o ponto a que haviam levado a conversação, interveio discretamente.

– Mestre – disse docemente. – Talvez eu tenha a culpa de que estes amigos não tenham procurado em ti o Profeta, visto como ao convidá-los apenas disse: "Vinde comer comigo e vos mostrarei o homem mais extraordinário que conheci em minha vida. É um cofre de ouro que encerra tudo quanto possais desejar."

O Mestre sorriu para Eleázar que estava sentado ao seu lado, ao qual fazia beber de sua taça e, com a maior naturalidade, continuou a conversação.

– Nosso livro d'O Êxodo – disse –, como recordais, relata acerca do maná que Jehová fazia cair para alimentar Israel no deserto e no qual cada um encontrava o sabor dos manjares que desejava comer.

"A Divina Sabedoria é como o maná, e cada qual encontra nela aquilo que seu espírito anseia, se estivermos devidamente preparados para ouvir a sua voz."

– Bem – disse um velho escriba – visto como és um Profeta de Jehová, dize-nos aquilo que todos queremos saber. Se asseguras que Elias há mais de trinta anos está vivendo na carne, o Messias, a quem ele veio anunciar, deve viver também na carne, e podes dizer *onde Ele está*, para nos juntarmos a Ele e tratarmos, unidos, de levar o povo até onde Ele está.

– Com toda a certeza vos digo que o Messias anda no vosso meio; no entanto, somente o reconhecem aqueles a quem a Sabedoria Divina outorga a necessária claridade.

"Não diz também o livro sagrado: 'Deus dá sua Luz aos humildes e a nega aos soberbos'?"

– Os reitores e Mestres do Grande Colégio de Jerusalém negaram a presença de Elias, que alguns julgam ver em João, o Solitário do Jordão – disse o hazzan da Sinagoga de Naim, recém-egressado daquele grande estabelecimento docente –, pois dizem que ninguém o autorizou a fazer das abluções do Jordão um cerimonial novo, não prescrito pelo Sinédrio, único órgão que pode ditar ordens referentes à liturgia e ao culto. E acrescentam que, se ele fosse o precursor do Messias, ou seja, *a voz que clama no deserto* anunciada por Isaías, teria saído do Sinédrio, porque este é o único possuidor da Sabedoria Divina e da Soberana Vontade do Altíssimo.

– Poderias dizer-me, amigo, quem deu ao Sinédrio esse *direito único* de propriedade que ele atribui a si mesmo? – perguntou o Mestre. Todos os olhos se fixaram nele.

– Todos os poderes vieram ao Sinédrio de Moisés, conforme estão dizendo-nos desde que abrimos os olhos para a luz – respondeu o jovem e impetuoso hazzan de Naim.

– Que continuem dizendo o que quiserem – respondeu o Mestre. – Contudo, vós, eu e todos os que têm bom entendimento podemos discernir e analisar, até encontrar a verdade.

"Faz quinze séculos que Moisés viveu na carne, e o Sinédrio, da mesma forma como todas as leis e princípios dele emanados, os mais antigos, não contam mais de seis séculos. Moisés não escolheu outros sacerdotes além de seu irmão Aarão, ajudado por seus filhos, todos eles da tribo de Levi. Desta circunstância, sem intenção alguma, surgiu depois a afirmação, errônea e ofensiva à perfeição infinita de Deus, que Ele havia designado a Tribo de Levi como casta sacerdotal e única, destinada a servir ao Templo e a dirigir as consciências em Israel.

"Qual a razão que teria o Eterno Criador de todos os seres para assinalar tal preferência pela Tribo de Levi? Não eram as Doze Tribos descendentes dos doze filhos de seu servo Jacob? Se tivéssemos podido fundamentar esta preferência na santidade e justiça de um homem, haveríamos julgado mais justo o privilégio concedido à Tribo de Manassés, filho de José, penúltimo filho de Jacob, vendido como escravo por seus irmãos, aos quais teve a nobreza de perdoar quando subiu ao posto de vice-rei do Egito, além de enchê-los com toda sorte de bens.

"Creio, amigos, ser grave ofensa à Justiça Divina o fato de supô-la capaz de preferências que nem sequer têm o fundamento de uma lógica mediana.

"Tive em minhas mãos os documentos autênticos do tempo de Moisés, o qual teve como únicos auxiliares para a direção do seu numeroso povo setenta anciãos dos mais capacitados e justos dentre todas as tribos, sem preferência alguma. Entre eles estava Num, pai de Josué, cuja força, valor e destreza para conduzir multidões se manifestavam claramente, fato esse que levou Moisés a dizer em reuniões confidenciais: 'Muitos homens jovens como Josué, filho de Num, conduziriam Israel a seus destinos, depois que vós e eu tivermos descansado junto aos nossos antepassados.'

"Asseguro-vos, sob a minha palavra de Profeta de Deus, que não vi, em toda a antiga documentação do tempo de Moisés e posterior a ele, nada, absolutamente nada que tenha podido dar origem à imensa coleção de ordens legais que hoje estarrecem o povo de Israel que esqueceu os Dez Mandamentos da verdadeira Lei Divina para poder prestar atenção e obediência às leis humanas acompanhadas de duras penalidades aos que as transgridem.

"Bem poucas são as famílias israelitas que observam aquele *Ama a teu próximo como a ti mesmo – Honra a teu pai e a tua mãe – Não furtarás – Não* matarás – Não cometerás adultério – Não tomarás o Nome de Deus em juramentos falsos.''

Chegava aqui a dissertação do Profeta Nazareno quando penetrou no vasto recinto uma nuvem esbranquiçada de incenso da Arábia, que estava sendo queimado num piveteiro de prata levado por uma dama velada com amplo manto violeta, que o vento da tarde e seu apressado andar agitava suavemente. Ela deixou o piveteiro num ângulo da mesa e caiu diante do divã em que repousava o Mestre, como se até ali a houvesse acompanhado a vida que a tinha abandonado naquele instante.

Com a cabeça velada, a dama apoiou-se no bordo do divã e começou a chorar desconsoladamente.

Inquietante curiosidade apoderou-se de todos. A expectativa foi geral. Quem seria aquela mulher? Que esperava do Profeta? Por que chorava junto a ele com tão indefinível angústia?...

Este observava-a sereno e sem dizer palavra alguma. Através das dobras do espesso véu, ele a havia reconhecido. Era aquela mulher que, na Grande Avenida de Tiro, lhe havia dito naquela tarde: *"Presenteio-te esse escravo moribundo. Faze com ele o que quiseres."*

Alguém sussurrou, e a notícia correu de ouvido em ouvido: "É a pagã do Castelo de Mágdalo."

– Farta de adorar ídolos de mármore, vem em busca do Profeta de Deus para que ele lhe tire os demônios – murmurou outro.

– Se esse homem é em verdade um Profeta, já terá adivinhado que essa mulher é idólatra, é pagã e, portanto, uma libertina.

À sensibilidade do Mestre chegaram essas malignas murmurações e ele se propôs a dar uma lição saudável àqueles doutos puritanos, que, tendo sobre si mesmos uma boa carga de debilidade e misérias, se escandalizavam dos costumes estrangeiros daquela mulher, cuja raça e educação eram bastante diversos dos do povo de Israel.

– Por que choras, mulher, e que queres de mim? – perguntou o Mestre levantando o véu que lhe cobria o rosto.

– Senhor! – disse em língua síria. – Sabes perfeitamente qual é o meu padecer e sabes também o que quero de ti.

Destapando uma redoma de âmbar, cheia de essência de nardos, esvaziou-a sobre as mãos e os pés do Mestre e os secou com seus longos cabelos ruivos, deixados a descoberto pela queda do manto.

– Que escândalo! – murmurou muito baixo um velho escriba sentado perto de Pedro. – Um Profeta deixando-se tocar por uma mulher dessa classe!

Pedro voltou-se para ele indignado e disse com severidade: – Se o Mestre se deixa tocar, o que ele faz está bem feito.

– Mulher! – disse o Mestre à castelã. – Ungiste-me com teus perfumes como a um cadáver para a sepultura, e eu te digo que só por causa disto que fazes comigo serás lembrada pelas gerações vindouras, até a consumação dos séculos.

"Sejas como queiras! Teus erros te são perdoados, porque amaste muito. Vai em paz!"

A mulher beijou as mãos e os pés do Mestre e, cobrindo-se novamente, saiu do recinto tão rapidamente como havia entrado.

Forte rumor de comentários adversos ou favoráveis estendeu-se pelo cenáculo. Pedro, João e Zebeu defendiam o Mestre em voz alta contra os ataques dissimulados dos escribas e fariseus.

Alguns diziam achar-se a pagã enamorada do Profeta, ao qual afastaria de seu caminho.

Eleázar, o dono da casa, esforçava-se em devolver a calma, lamentando grandemente que aquela mulher houvesse tido a petulância de ir perturbar a paz do seu banquete.

Quando os rumores que já haviam subido de tom se acalmaram, o Mestre fez menção de que queria falar. Eleázar pediu silêncio e todos prestaram atenção.

– Amigos, que junto comigo rodeastes a mesa do nobre Eleázar, quero responder aos pensamentos que passaram por vossas mentes com relação à minha pessoa e à minha maneira de agir. Não julgueis, porém, que tais pensamentos me afetaram e, se não fosse pelo tema proporcionado por eles para esclarecer algumas questões que para vós estão obscuras, eu nem sequer os levaria em conta.

"Alguns dentre vós pensaram ser eu rebelde à autorização do Sinédrio, porque vos disse que a autoridade e os direitos atribuídos por ele a si mesmo não vêm de Moisés. E agora vos digo mais: o próprio Sinédrio sabe disto e está convencido da verdade desta afirmação.

"Houve um príncipe judeu, descendente de uma das mais antigas casas cujas raízes chegam até Josué, que foi o escolhido por Moisés para conduzir Israel à terra da Promissão. Este príncipe foi assassinado pelos piratas nas ilhas do Mar Egeu. No seu rico arquivo encontram-se obras de arte antiga, crônicas milenares e documentos históricos que chegam até a trinta e seis séculos atrás. Só no hipogeu de Mizraim, o pai da raça egípcia, muito mais antigo que Menes, o primeiro rei do país do Nilo conhecido pela História, pude encontrar documentação mais antiga que aquela guardada no arquivo do príncipe judeu assassinado pelos piratas. Seus ascendentes remotos, como também seus avós, foram membros do Sinédrio e dois deles chegaram a ocupar o soberano pontificado de Israel. Suas crônicas, seus documentos, seus relatos e tratados teológicos e doutrinários, científicos e apologéticos, estiveram em minhas mãos e os examinei com satisfação.

"Ali vi relatadas com datas do ano, mês e dia em que foram sendo criadas e ordenadas, em forma de livro, as diferentes ordens formando hoje o monumental volume chamado Deuteronômio. De igual modo, como esses membros do Sinédrio conservaram esses documentos, conservarão os membros atuais a documentação de seus antepassados que ocuparam esses mesmos postos no alto tribunal que governa e julga o povo de Israel. Os atuais componentes do Sinédrio sabem igualmente que sua autoridade não vem desde Moisés, que não deu ao seu povo outra lei senão os *dez mandamentos* gravados em tábuas de pedra, cujo original se encontra escondido nas grutas da cordilheira do Moab.

"Aqueles dentre vós que tiveram o pensamento de ser eu rebelde ao Sinédrio têm já a minha resposta. Não sou rebelde ao Sinédrio nem a nenhuma das autoridades constituídas neste país. Sou rebelde, sim, no mais elevado grau, à mentira e ao engano difundidos junto aos povos com fins utilitários, porque aceito plenamente a Lei Divina que diz: *Não levantar falso testemunho nem mentir*. E porque creio que unicamente a Verdade pode ser a mestra dos homens e pode levá-los ao mais alto grau de progresso nas ciências, na filosofia e na religião.

"A verdade educa e constrói. A mentira corrompe e destrói, porque ataca a lógica, a razão e a fé.

"Agora darei a explicação conveniente àqueles que pensaram 'se eu fosse na verdade um Profeta de Deus, saberia quem é essa mulher que acaba de sair, tendo beijado minhas mãos e meus pés, ungido-me com seus perfumes e secando-os com seus cabelos'".

Houve aqui um movimento de inquietação e assombro entre todos, pois a maioria deles, com exceção dos discípulos e do hazzan de Nazareth, haviam tido esse pensamento.

"Vós – continuou o Mestre – ficastes escandalizados ao me ver aceitar com agrado as manifestações do amor reverente dessa mulher. Como não quisestes pensar mal de mim, me desculpastes julgando ignorar eu quem é ela *e de que maneira vive*. Dessa pretensa ignorância minha, concluístes não ser eu um Profeta de Deus.

"Sei muito bem que ela *é pagã*, como chamais a todos os que não pertencem ao vosso culto e à vossa religião. Sei muito bem que vive no meio da névoa dourada da mitologia, no meio dessa corte resplandecente de deuses, fadas, gênios e ninfas, criados pelas mais ardentes imaginações do Egito, da Grécia e da Índia, e entre as quais vivem satisfeitos todos os povos da Terra, menos o de Israel que, iluminado por Moisés, adora ao Deus Único, Criador dos Mundos e dos seres.

"Agora escutai-me bem: vivi durante algum tempo entre os pagãos e cheguei a conhecê-los a fundo. Asseguro-vos, com a minha palavra de Profeta de Deus, sofrerem eles das mesmas debilidades e misérias como todos vós tendes em vossas vidas.

"Condenais duramente o homem infiel à mulher da sua juventude, e o sois cada vez que se vos apresenta uma oportunidade.

"Denunciais perante o Sinédrio a mulher adúltera e, com serenidade, olhais enquanto a arrastam para fora da cidade e a matam a pedradas. Sois adúlteros na obscuridade, pois, ao proceder desse modo, cuidais bem para que o vosso pecado permaneça bem oculto.

"Sois adoradores do Deus verdadeiro, Pai Universal de toda criatura, e açoitais barbaramente os vossos escravos, quando o cansaço e a fadiga os obriga a repousar durante alguns instantes. Dais a eles a comida dos animais e, quando se acham inutilizados pelos anos de enormes esforços e não vos proporcionam lucros suficientes, os vendeis da mesma maneira como vossas ovelhas ou os matais se ninguém os quer comprar. Os pagãos procedem de igual modo."

Ao dizer isto, o Mestre passeou seu olhar, como uma luz para iluminar as trevas, por todos aqueles rostos veneráveis, coroados de cabeleiras grisalhas e envoltos em auréolas de honra e de respeito.

Muitos olhos baixaram para o solo, não podendo resistir ao olhar límpido do justo, único que poderia condenar os pecadores... e o único que os defendia e amava.

– Dizei-me agora com sinceridade: se vós, que sois adoradores do Verdadeiro Deus, depositários da Lei de Moisés, justos a toda prova, agis da mesma maneira como os pagãos, quem são mais culpados: eles ou vós?

"Se realmente reconheceis que é assim, porque a lógica não admite réplica, por que vos escandalizais da minha tolerância para com essa mulher pagã que vive no meio do luxo e da algazarra dos cultos mitológicos em que nasceu e foi educada?

"Além do mais, os Profetas de Deus são enviados para salvar aos que seguem errados em seus caminhos, pois aqueles que estão certos em suas veredas não necessitam de guias.

"Varões doutos de Israel!... Cuidai, antes de tudo, de serdes justos para convosco mesmos, antes que com os demais. Antes de ver a palha no olho alheio, tirai a que tendes no vosso. Quando coardes um mosquito na água da vossa taça, cuidai para não engolir um caranguejo.

"Em todos os hortos crescem sarçais e cizânias. O homem sábio e prudente cuida de limpar bem seu horto do mato e depois examina o horto do vizinho, e se percebe que está emaranhado pelas ervas daninhas, pergunta: Amigo! Permita-me ajudar-te a limpar o teu horto, pois já terminei a limpeza do meu?

"Assim age o adorador do Deus Verdadeiro, Pai Universal dos seres. Assim age o fiel cumpridor da Lei de Moisés, Lei de Amor e não de terror, porque todos seus mandamentos estão refundidos num único: 'AMA A DEUS SOBRE TODAS AS COISAS E A TEU PRÓXIMO COMO A TI MESMO.'

"Alguns dentre vós que sofrem de enfermidades ocultas, pensastes que, se na verdade sou um Profeta de Deus, poderia sanar os vossos males. Pois bem, eu vos digo em Seu Nome: Sede curados em vossos corpos e esforçai-vos por curar vossas almas, de forma que o amor ao próximo, mesmo levando a marca dos escravos, vos redima de todos vossos pecados."

– És o Messias anunciado pelos Profetas! – disse imediatamente um escriba ancião que padecia de um mal crônico que nenhum médico conseguia curar.

"Desde a minha mocidade – acrescentou – sofro de um horrível mal, pois a Lei declara impuro não só quem o leva mas também qualquer pessoa que se aproxime de quem sofre dessa doença, e o Profeta Nazareno me curou!"

Vários dos presentes disseram o mesmo. Um deles desnudou o joelho vendado, porque um velho tumor o atormentava e ele o havia dissimulado, dizendo que estava coxeando em razão do reumatismo.

Outro descobriu e mostrou o peito, corroído por uma úlcera cancerosa desde há alguns anos.

Finalmente, Eleázar, o dono da casa, quis contribuir com o concurso de sua confissão sincera e disse francamente:

– Eu estava leproso e escondia a minha enfermidade para não cair sob as penalidades da Lei.

"Fiz expulsar da cidade para as grutas dos montes muitos infelizes atacados desse mal e eu próprio burlei a Lei!

"É como disse o Profeta: somos duplamente culpados e nos julgamos com o direito de nos escandalizarmos com as misérias dos outros.

"És o Messias que Israel esperava – exclamou Eleázar!"

Pedro gritou com todas as forças, como se quisesse desafogar seu entusiasmo comprimido pelo silêncio que guardara durante tanto tempo:

– É Ele!... é Ele!...

Os outros discípulos gritavam também as mesmas palavras.

– Sabias disto e não nos anunciastes antes – disse um daqueles anciãos.

– Como vos julgais ser os depositários de toda a sabedoria – disse Pedro –, não nos atrevíamos a falar! Somos pessoas do povo e tidas por ignorantes!

Todos os olhos estavam fixos no Mestre, que guardava silêncio. Finalmente, falou compelido por aqueles olhares.

– Credes agora, porque fostes curados de vossos males. Estes que me seguem creram sem que eu lhes desse nada de material como prova de quem sou. Bem-aventurados são os que, apenas iluminados pelo amor e pela fé, pedem para entrar no Reino de Deus!

"Tendes presente sempre que reconheceis a árvore pelo bom fruto que vos proporcionou e igual conclusão deverão tirar outros de vossos ensinamentos, que devem ser confirmados com as vossas obras. Nunca devereis ensinar aquilo que não sois capazes de fazer.

"Não coloqueis sobre o próximo cargas que não podeis ou não quereis levar. Este é o mais elemental princípio de eqüidade e de justiça."

Um daqueles solenes Rabis disse em seguida:
— Está anunciado que o Messias descenderia da família real de David. Esta circunstância tão primordial está na pessoa deste Profeta?
Pedro saltou como uma centelha.
— Sim, senhor, está, e aqui tenho a prova!
Sem mais demora, tirou do peito sua caderneta de anotações e começou a ler a longa série de nomes dos antepassados de Joseph e de Myriam, pais de Jhasua.
Desde Boz e Ruth, bisavós do rei David, começou a peroração genealógica de Pedro, que deixou todos em profundo silêncio.
Jhasua olhava sorridente para Pedro, e deixou que ele se espraiasse a seu gosto porque, conhecendo o seu temperamento, compreendia o quanto devia sofrer se fosse obrigado a ficar calado entre aqueles personagens cuja sinceridade ficava tanto a desejar.
— Não percas a tua paz, Pedro — disse o Mestre —, por coisas de tão pouca monta. Foi dito que pelos frutos se conhece a árvore.
"A grandeza do espírito não vem da carne ou do sangue. Tanto pode ser grande o filho de um lenhador como o descendente de um rei. Não cometeu más obras Roboão, filho de Salomão, cuja iniqüidade causou a divisão e o ódio que ainda persiste entre as famílias de Israel?"
— Dizei-me, senhores — observou o ancião Rabi que havia falado antes. — Que devemos fazer em face de tão estupenda descoberta?
— Ver, ouvir e entender — respondeu o Mestre. — Tendes olhos, ouvidos e bom entendimento. Unicamente vos falta ser sinceros e justos convosco e com os demais. Se conseguirdes sê-lo, estareis no caminho do Reino de Deus.
Jhasua despediu-se de Eleázar e retornou para a casa de seus pais, enquanto seus discípulos se dirigiam à tenda das margens do Lago.

A Galiléia Quer um Rei

Poucos dias depois chegou a Nazareth um mensageiro de Naim, da parte de uma virtuosa mulher, viúva de um primo do justo Joseph.
Essa viúva, chamada Myrina, tinha um filho de 17 anos, que seria o seu apoio na vida e o consolo da sua solidão.
Ela mandava buscar Jhasua, porque seu filho José havia sido acometido de terríveis ataques que o deixavam como morto.
Mas Jhasua estava nas margens do Lago com os seus discípulos, na casa de Simão Barjonne, ponto de reunião habitual da pequena Escola.
O tio Jaime saiu apressadamente com o mensageiro em busca de Jhasua. Entre ir e vir, demoraram um dia e uma noite e, na manhã seguinte, o Mestre entrava com seus discípulos na cidade de Naim.
Surpreenderam-se grandemente ao encontrar na rua principal um numeroso cortejo fúnebre, no qual eram percebidos a distância os lamentos das carpideiras que, em cumprimento dos rituais para os quais haviam sido contratadas, gemiam e choravam desfolhando flores sobre o féretro coberto com um manto de linho ricamente bordado.

O morto era o jovem José, filho de Myrina, a viúva que mandara chamar Jhasua.

Atrás do féretro, caminhava a desconsolada mãe, cujo pranto partia a alma, pois ninguém ignorava na cidade o grande amor que fazia da mãe e do filho um só coração e uma só alma.

Atrás dela andavam penosamente mendigos, aleijados, cegos orientados por seus guias, todos eles protegidos da virtuosa viúva que era, na verdade, a providência de todos os desamparados.

Fazia só dois anos que fora enterrado o bom Joab, marido daquela mulher, e os seus parentes e amigos, extremamente comovidos, a acompanhavam outra vez por aquele mesmo caminho ao sepulcro da família localizado numa gruta da montanha nas adjacências da cidade. O desconsolo era, pois, geral. A dor ali demonstrada era profundamente sentida e o pranto derramado brotava do coração.

Esse ambiente de sincero pesar tocou as fibras íntimas do sensível coração do Mestre, que fez deter o cortejo e se aproximou da angustiada mãe que, arrojando-se a seus pés, abraçou-se aos seus joelhos enquanto dizia entre soluços:

– Jhasua, filho do primo Joseph! Se houvesses estado aqui quando ainda respirava, o meu filho não teria morrido!... Como és um Profeta de Jehová, permite-me morrer com ele e, assim, não precisarei mais retornar à minha casa solitária, pois ficarei na tumba com ele!...

Jhasua abraçou aquela cabeça sofredora e a obrigou a levantar-se do solo.

– Não chores assim, Myrina, nem fujas de tua casa solitária, porque o poder de Deus a encherá com suas dádivas, com sua paz e com seu amor.

– Ele já não está!... – continuou clamando aquela desolada mãe.

O Mestre fez afastar a multidão, deixando apenas a mãe junto ao ataúde que foi rodeado pelos discípulos e o tio Jaime.

Abriu o féretro e afastou o branco sudário que cobria o rosto jovem e belo, ainda sob a austeridade serena da morte.

Todos imaginaram que, tratando-se de um seu parente, embora distante, Jhasua queria ver aquele rosto amigo pela última vez.

A pobre mãe, esquecendo toda conveniência, lançou-se sobre o cadáver do filho para enchê-lo de beijos e de lágrimas.

Só os discípulos e o tio Jaime compreenderam que algo estupendo ia ocorrer, pois viram o rosto e o aspecto do Mestre que parecia estar envolto numa bruma de fogo. Abriu os olhos e os lábios do cadáver, descobriu-lhe o peito e tomou-o por ambas as mãos.

Logo em seguida, erguendo-se com uma energia que o transfigurava, disse em alta voz:

– José, filho de Myrina, em nome de Deus te ordeno: Levanta-te e continua vivendo para a tua mãe!

O jovem levantou-se lentamente e, mantido pelas mãos de Jhasua, saiu do féretro.

Um clamor de espanto ressou por entre a multidão. A maioria deitou a fugir, presa do pânico que se apoderou de todos. Os discípulos permaneceram firmes em seus postos; contudo seus rostos tornaram-se lívidos e suas mãos tremiam.

O Mestre cobriu o jovem com o manto e o aproximou da mãe, que permaneceu estarrecida como uma estátua de mármore, com os olhos imensamente abertos.

Acompanhado pelos discípulos, cantou o salmo de ação de graças para a misericórdia Divina que havia consolado sua serva.

— Saí de casa chorando e retorno feliz — disse andando apoiada em seu filho que, por sua vez, lhe retrucou:

— Eu não estava morto, mãe, apenas dormia. Esperava pelo nosso Jhasua para despertar e os enterradores não tiveram a paciência de esperar.

— Haviam já passado as horas regulamentares — disse a mãe — e não pude reter-te mais ao meu lado.

— Estes sonos semelhantes à morte — disse o Mestre —, não estão sujeitos a um determinado tempo. Sobre eles manda só a Divina Sabedoria e o Eterno Poder. Às vezes são causados por desequilíbrios do sistema nervoso e outras vezes porque o espírito não consegue continuar animando a matéria, à qual deixa inerte, sem que exista lesão alguma nesse organismo.

"Dize-me José, se podes recordar, por que não conseguias continuar no teu corpo? É um corpo vigoroso, são, belo e perfeito, motivo pelo qual deves dar graças a Deus de tê-lo assim."

— Depois te direi, Mestre — respondeu um tanto perturbado o jovem.

Quando a mãe, feliz, entrou na casa pondo em movimento suas criadas para preparar um banquete em homenagem a Jhasua, o jovem disse quase ao seu ouvido:

— Veio de Esmirna o irmão mais velho de meu pai, pretendendo unir-se em matrimônio com minha mãe a fim de não empobrecê-la, ficando com o que lhe corresponde nos bens paternos sempre administrados pelo meu pai.

"Ela está indecisa e talvez aceitasse se eu não estivesse ao seu lado. Essa preocupação atormentou-me grandemente até que comecei a adoecer. Não tenho já vontade de viver com outro pai e principalmente podendo perder minha mãe, que já não será mais minha, mas do homem que será o seu segundo marido."

— José — disse o Mestre. — O egoísmo é mau até no amor filial. Tua mãe é muito jovem e, provavelmente, possa ser feliz num segundo matrimônio com o cunhado, viúvo também.

— Ela tem 34 anos e o meu tio 50. Nada tenho a dizer, a não ser que, para mim, é uma grande dor com a qual não posso resignar — respondeu o jovem.

— Dize-me, José, estás certo de que não amas nenhuma donzela da tua idade, com a qual te unirás para formar também uma família? — perguntou o Mestre. — Nesse caso, deixarás também a tua mãe e ela ficará sozinha, sem marido e sem filho. Gostarias de vê-la opor-se à tua felicidade?

— Jamais pensei em deixá-la — observou o moço.

— Porque ainda te julgas muito jovem, entretanto, pensarás nisto um pouco mais adiante!

"Afianço-te que, na casa de teus pais, verás dias felizes ao lado de tua mãe, de uma esposa e de uns pequeninos que serão a tua glória e a tua alegria. Confia e espera, pois o nosso Pai Celestial dá na justa medida o bem, a paz e o amor àqueles que O amam e O buscam com pureza de pensamentos e retidão no agir. Como poderás saber se uma circunstância inesperada não mudará logo o curso dos acontecimentos? Por enquanto és feliz. O amanhã pertence a Deus, nosso Pai.

"Basta ao dia o seu próprio afã. Compreendeste-me, José?"

— Sim, Mestre Jhasua, compreendi.

— Prometes aguardar tranqüilo a Vontade de Deus que se manifestará logo?

— Prometo, Mestre Jhasua, pela querida memória de meu pai, que já está morto, e pela honra de minha mãe, que está viva — respondeu o moço com grande resolução.

Alguns momentos depois, entravam na velha casa solarenga que havia abrigado quatro gerações. Suas velhas oliveiras, castanheiros e videiras formavam um frondoso bosque cuja sombra benéfica era fartamente conhecida por todos os indigentes e desamparados de Naim que, em determinados dias, tinham entrada livre para encher suas cestas com formosos frutos.

O pai de Myrina, a piedosa viúva de Naim, era irmão de José de Arimathéia, o grande amigo e protetor de Jhasua desde a sua meninice. Ancião já e viúvo há muitos anos, havia reclamado os cuidados da filha à qual servia de companhia desde a morte do marido. O reumatismo mantinha-o imobilizado numa poltrona construída de tal forma que o encosto e o descanso dos pés podiam estender-se horizontalmente, servindo também de leito, pois as grandes dores ocasionadas ao menor movimento haviam-no reduzido a esse modo de vida.

Assim como seu irmão mais moço, José de Arimathéia, Jesaías tinha também completado anos de estudo no Grande Colégio de Jerusalém, motivo pelo qual estava regularmente instruído nas sagradas letras, na história e nas ciências cultivadas naquela época.

Ouvira muitas vezes falar no jovem Profeta galileu e pela primeira vez se encontrava com ele.

– Agora poderei certificar-me – disse o ancião –, se os relatos de meu irmão José são contos gregos ou realidades.

Jesaías era daqueles judeus da antiga escola, da qual conservava as prevenções e certa limitação de critério, levando-o a examinar com receio toda e qualquer inovação. Alma sem inquietações de espécie alguma, não sentia necessidade de mudar absolutamente em nada os velhos princípios, tradições e costumes de seus antepassados. Ele era, pois, completamente diferente do irmão José, cujas inquietações científicas e filosóficas o haviam levado à primeira fila dos lutadores idealistas do seu tempo.

Jhasua encontrou-o tomando sol sob o verde dossel das videiras e estendido em sua poltrona-cama.

– Pai – disse Myrina abraçando-o ternamente –, acha-se aqui o Profeta que devolveu meu filho da borda do túmulo.

O jovem José caminhava ao lado do Mestre.

O ancião, que havia sido levado pelos criados ao local mais afastado do horto para não ouvir os lamentos das carpideiras durante as honras fúnebres, ignorava completamente o grande acontecimento e, olhando com espanto para a filha, perguntou:

– Estás louca? Pobre filha! – E duas grossas lágrimas rolaram de seus olhos quase apagados.

Jhasua com o jovem José colocaram-se diante dele.

O ancião deu um grito semelhante a um rugido e cobriu o rosto com ambas as mãos.

– Eliseu!... Profeta Eliseu!... Somente de ti saíram obras semelhantes!... – murmurou por fim, devorando com seus olhares o neto e Jhasua que, sorridente, o tomou pelas mãos.

– Nosso Pai, Deus Onipotente, pode criar Profetas Eliseus quando lhe agrada – disse o Mestre.

– Vovozinho! – disse o jovem ajoelhando-se diante do leito –, eu não estava morto, mas achava-me imobilizado por pesada letargia. Aqui não temos grandes médicos, e os que havia não conheciam o meu mal, a não ser este Profeta de Deus. Se não tivesse sido ele, teriam me descido para o fosso e fechado com porta dupla, e então eu não teria mais condições de sobreviver...

– Grande é o poder de Deus... infinitamente grande!... – exclamou o ancião, continuando a não querer acreditar no que seus olhos estavam vendo.

"Minha filha!... és a meiga Raquel de Jacob, que lhe custou quatorze anos de sacrifícios!... Por isso Jehová visitou a tua casa com tão grandes maravilhas."

O Mestre, sempre retendo entre as suas as mãos do ancião, irradiava sobre ele uma forte corrente fluídica, capaz de purificar-lhe o sangue da cristalização úrica acumulada em toda a parte inferior do seu corpo.

Quando julgou ser conveniente, Jhasua disse-lhe em tom afável e jovial:

– Agora daremos juntos um passeio por este formoso horto onde cantam milhares de calhandras.

O velho olhou-o, crendo não ter ouvido bem suas palavras.

– Vamos! – insistiu Jhasua, oferecendo-lhe um braço para ajudá-lo a levantar-se.

– Ele te curou, pai! – exclamou a filha num grito de júbilo.

– Oh, oh!... não pode ser!... Dizias que José não estava morto!... Tampouco eu tinha reumatismo! Oh, ah!... Deus entrou nesta casa, ou estamos todos aqui loucos varridos!

Jhasua sorria e os discípulos, ao presenciar esta cena, disseram entre si:

– Agora sim que a Galiléia é grande!... Se Salomão saísse do túmulo, mandaria transladar o Templo para Nazareth, porque Jerusalém, com toda a sua glória, jamais viu semelhantes maravilhas!

Finalmente, o ancião Jesaías decidiu comprovar que suas pernas podiam mantê-lo de pé e, apoiado em Jhasua e no neto, deu a volta no velho horto que antes percorria em sua poltrona-cama.

– Não havia mentira na palavra de meu irmão! – exclamou. – Bendita seja a sua língua que me referiu as tuas obras, Profeta de Deus! O justo Joseph, teu pai, deve ter um tríplice paraíso de felicidade e glória, porque Jehová misericordioso permitirá que ele veja as tuas obras que vêm somente d'Ele.

Estes acontecimentos na casa da piedosa viúva de Naim causaram tanta repercussão na Galiléia que os amigos da montanha, como o príncipe Judá chamava às suas legiões em formação, aproximaram-se ocultamente da Galiléia com o propósito de proclamar Jhasua Messias, Libertador e Rei de Israel.

– Todas as nossas montanhas estão cheias de lenhadores e de cortadores de pedra – diziam os bons galileus.

– Será que Herodes Antipas vai construir cidades novas, imitando assim a seu pai?

Aqueles lenhadores e cortadores de pedra foram rodeando estrategicamente o Lago Tiberíades, com o fim de surpreender a guarnição romana de Tiberias, única força militar considerável e imediata que podia estorvar seus propósitos.

O chefe desse secreto movimento foi encontrar-se com o Mestre no velho casarão próximo do Lago.

– Vosso chefe supremo – disse Jhasua –, é o príncipe Judá, e o seu segundo é o scheiff Ilderin. Um está em Jerusalém e o outro no deserto. Como, pois, procedeis desta maneira sem a sua autorização e beneplácito? Julgais, amigo, que eu tenho pressa de ser coroado rei?

– Senhor – disse o montanhês –, és o homem mais incompreensível que já pisou nesta Terra! Onde se viu um homem a quem se quer coroar rei recusar-se a tal?

"Momento mais propício que este creio não haverá. Toda a Galiléia arde de entusiasmo por ti, Senhor; o mesmo acontece com a Ituréia e com Damasco. Se não tens pressa em ser coroado rei, nós a temos, nós, teus compatriotas e todos os teus irmãos curvados sob o jugo estrangeiro.

"Nenhuma outra pessoa pode salvar-nos, e nos deixas escravizados!

"Como podemos compreender-te, Senhor, e que esperas?"

— Meu amigo — disse-lhe o Mestre —, ninguém vos ama mais do que eu. Acima do meu amor, está o Amor Eterno de Deus, nosso Pai. Porém, nem Ele nem eu necessitamos que vos levanteis em armas para ceifar vossas vidas como as espigas no campo. Ao Pai Celestial sobra poder para elevar-me sobre cem tronos de ouro e de marfim, se essa fosse a Sua Vontade. Que é um reinado na Terra? É um resumo de todas as injustiças e delitos imagináveis que, à sombra de uma coroa e do manto real, aparecem como atos de justiça e de nobre majestade.

"Que vos falta para serdes felizes?"

— Um rei da nossa raça que nos liberte do jugo estrangeiro. Se não fosse a Santa Aliança, o nosso povo, em sua maior parte, já teria morrido de fome — respondeu o aguerrido montanhês começando a desiludir-se.

— Muito bem, meu amigo. A Santa Aliança já está com dez anos de grandes atividades silenciosas, remediando todas as necessidades que chegam ao seu conhecimento.

"Ainda não faz dois anos que meu nome começa a ser conhecido na Galiléia e as pessoas se arregimentam para coroar-me rei. Porventura necessito de uma coroa para derramar o bem sobre todos vós?

"Fica aqui comigo e com os meus, apenas por um dia. Passado o meio-dia cruzaremos o Lago e talvez vejas, com teus próprios olhos, algo que aclare a tua inteligência a meu respeito.

"És casado? Tens filhos?"

— Tenho uma família numerosa a meu cargo, pois, além de meus quatro filhos pequenos, sustento meus pais e a família de meu irmão mais velho, que está morrendo lentamente sem que nenhum médico encontre a causa do seu mal.

— Devias ter começado por isso, meu amigo. Não é mais importante a cura de teu irmão que a busca a um homem para fazê-lo rei?

— Senhor!... Meu pobre irmão nada significa para a nossa Nação!...

— Onde está o teu irmão?

— Em Bethabara, desde que o príncipe Judá começou com a instrução às nossas forças.

— Pensa nele neste instante — ordenou o Mestre.

Seu interlocutor ia interrogar algo, mas Jhasua ordenou que se calasse.

— Pensa em teu irmão e não fales mais até que eu te avise — insistiu o Mestre.

Para os conhecedores dos poderes internos de Inteligências Superiores, não existe mistério algum na atitude do Mestre que, seguindo o pensamento do chefe galileu, transportou-se ao local indicado para aliviar um homem ignorado, pai de família que morria lentamente. Ele sofria de uma úlcera no estômago que o levaria ao sepulcro, no mais tardar, em duas luas.

— Julguei que havias adormecido, Senhor — disse ao Mestre — quando o viu abrir novamente os olhos e voltar à realidade.

— O corpo adormece quando o Espírito assim o determina — respondeu Jhasua.
— O Espírito, sendo Luz submersa na Luz Eterna, vai e vem de acordo com a Vontade de Deus.

"Teu irmão Azur está curado, graças a Deus."

— Senhor!... — exclamou o homem. — Eu não te disse o nome de meu irmão... Está em Bethabara, na outra margem do Jordão, a um dia inteiro de viagem!... Como podes dizer que está curado?

— Abnar, meu amigo! Se os homens conhecessem a grandeza do Amor Divino e o seu soberano Poder, não se preocupariam em procurar um homem para fazê-lo rei. Porventura precisei ser coroado rei para aliviar a tua carga e salvar teu irmão da morte?

— Senhor, tampouco te disse o meu nome e me chamaste de Abnar! És um poderoso mago e, por isso, fazes tantas maravilhas!

— Pois bem, meu amigo. Procura convencer-te de que não preciso ser coroado rei para fazer o bem na nossa Nação!

— Liberta-a, Senhor, e salva-nos ainda que não sejas rei!... Sê-lo-ás em nossos corações por todos os dias da nossa vida.

— O único reinado que desejo, Abnar... é o reinado nos corações de todos os homens da Terra, que levarei como oferenda de amor e de glória ao Senhor dos mundos e dos seres.

— Não posso compreender-te, meu Senhor! — disse o montanhês emocionado. — Ninguém no país pode compreender-te, mas todos sabem que és grande e forte como o braço de Jehová, secando os mares e desatando as torrentes, dando a vida e tirando-a, mudando o curso dos rios e paralisando os ventos!...

"Se há deuses na Terra, como dizem os pagãos, tu és um deles!"

O Mestre levantou-se para abrir a porta fechada por ele mesmo ao entrar no velho cenáculo de Simão Barjonne. A confidência foi secreta, pois os discípulos ignoravam os preparativos bélicos que, sob a direção do príncipe Judá e do scheiff Ilderin, estavam sendo realizados nas montanhas na outra margem do Jordão.

— Senhor — disse Pedro. — Nossa refeição está posta à mesa na casa de Zebedeu e de Salomé. Esperam-nos ali, porque festejamos a entrada na glória dos 20 anos do nosso pequeno João.

— Muito bem, Pedro. Aqui temos mais um comensal. Depois da refeição, irá conosco para o outro lado do mar.

Terminado o pequeno banquete de aniversário do jovem, embarcaram. O Lago achava-se tranqüilo e o pequeno veleiro de Pedro corria velozmente ao empuxo dos remos manejados por Santiago e André, os braços fortes da equipe.

Na verde planície ao sul de Hippos, esperava-os uma multidão clamorosa e açoitada pelo infortúnio. Leprosos, cegos, paralíticos e mais uns quantos males chamados "incuráveis", devastadores da Humanidade, estavam ali representados de maneira tão terrível que horrorizava ver de perto aquele dolorido conjunto.

Agentes secretos de Simônides, enviados de Jerusalém, tinham percorrido os povoados, exaltando a grandeza do Messias Salvador de Israel. Eles fizeram chegar a Jhasua a notícia de que, na margem oposta do Jordão, havia uma multidão de enfermos que se viam impossibilitados de chegar até onde ele se achava.

— Eu irei até eles — respondera o Mestre. Esse era o motivo da viagem.

Depois de lhes falar, como médico dos corpos, sobre as causas das enfermidades e sobre o modo de evitá-las, revelou-se ainda mais como médico de almas mergulhadas em dolorosos extravios, de cujas conseqüências funestas não podiam livrar-se por si mesmos.

— Poderíeis ter caído no abismo — disse — e não ter encontrado forças para sair dele. Tomai-as, pois, de minhas mãos e sede, de hoje em diante, homens novos sem que fique vestígio algum do homem de ontem.

Os doze discípulos e Abnar, o montanhês, não foram suficientes para tomar nota das tragédias daquela infeliz porção de Humanidade que acorria ao Profeta Nazareno como último refúgio em busca de remédio.

Nos presídios da cidade de Hippos, uma das capitais mais importantes da tetrarquia de Felipe, o terceiro filho de Herodes, encontravam-se muitos prisioneiros sepultados ali por ordem da perversa Herodíades. Eles representavam um estorvo para a rede de suas criminosas maquinações, e ela solucionava o problema enterrando vivos os infelizes que se punham no seu caminho.

— Abnar — disse o Mestre ao chefe montanhês. — Isto é ser verdadeiramente rei! Compreendes? A mulher, causadora de tantas dores humanas, é neta de um rei chamado "grande", porque construiu muitas cidades e prisões, muralhas, pontes e circos. Estás vendo esta turba sofredora cuja aparência causa calafrios?

"A miséria trazida ao país pela dissipação no luxo de Herodes e de toda sua descendência, fez todas estas vítimas aqui presentes.

"Ele foi chamado *Herodes, o Grande*. Eu sou Jhasua de Nazareth, filho de um artesão ignorado do mundo. Ele não adorava outro Deus senão a si mesmo. Eu sou filho submisso do Pai Criador de tudo quanto respira no Universo. Ele é um rei coberto de ouro. Eu sou um filho do povo, levando o pó em minhas sandálias e cansaço em meus pés.

"Examina, pois, a obra do rei e a obra do filho do artesão."

Dito isto, pôs-se de pé sobre a ponte do veleiro e, estendendo os braços que abriam seu manto branco como uma asa agitada pelo vento, disse em voz forte e sonora:

— Meus amigos! Acreditai no poder de Deus que cura neste instante todas as vossas dores por intermédio deste Seu filho, que vos ama como Ele também vos ama.

"Amai vossos semelhantes e fazei o bem a todos, e vos prometo, em nome de Deus, nosso Pai, que entrareis por um caminho novo de paz e de bem-aventurança!

"Em Seu Nome, abrirei os presídios onde foram sepultados vivos os vossos familiares e amigos que eram um estorvo para as maquinações criminosas daqueles que vestem a púrpura real.

"Em Seu Nome, vos digo: Sede curados e salvos todos os que sofreis enfermidades em vossos corpos e angústias em vossos espíritos!"

Um concerto de bênçãos e de hosanas encheu os ares, e uma imensa onda de júbilo e de amor chegou até o coração de Jhasua que, profundamente emocionado, desceu para o interior da barca. Muitos homens entraram no Lago com a água que lhes subia até os joelhos, para aproximar-se do Profeta e beijar-lhe os pés. Outros puxavam fortemente pela amarra, para que a barca chegasse até as rochas da costa.

Por Que Chora Essa Mulher?...

Outro veleiro ancorou tocando a popa da barca de Pedro, e uns remeiros robustos, negros como o ébano, passaram do veleiro para a barca grandes cestas de pão, de queijo, de frutas de toda espécie e fardos com roupas.

Os discípulos voltaram para a barca e saiu-lhes ao encontro o pastorzinho Boanerges, com a alegria pintada no semblante.

— Minha senhora — disse — envia este carregamento ao Profeta de Deus para que ele o distribua entre os necessitados.

— Mestre, Mestre!... — chamou João apressadamente a Jhasua que, estendido na cabine da barca, dava a impressão de estar adormecido.

A cura daquela enorme multidão de enfermos havia extenuado bastante o Mestre que, provavelmente, recuperava as forças na quietude e no silêncio.

— A pagã do castelo converteu-se a Jehová e vos manda presentes para os pobres — disse João ao ouvido do Mestre.

— O amor fê-la encontrar novamente o caminho e acendeu mais uma vez sua lâmpada, que não se apagará jamais — disse Jhasua como falando consigo mesmo. — Traze-me Boanerges — acrescentou — e reparti com igualdade e justiça os donativos dessa mulher.

— Profeta!... — disse Boanerges quando este chegou ao Mestre. — Tem piedade da minha senhora que está chorando continuamente!

— Por que chora? Não é acaso uma mulher feliz na satisfação de tudo quanto deseja? Falta-lhe algo que possa ser dado pelo Profeta?

— A paz do coração fugiu dela para sempre!... — respondeu entristecido o pequeno pastor, demonstrando que a amava intensamente!

— Para sempre, não, meu filho; visto como a paz é uma dádiva divina que o Altíssimo dá com generosidade a todo aquele que a pede e se coloca em condições de recebê-la. Sabes o que sucede à tua ama para ter perdido a paz?

— Luta entre o novo amor que nasceu nela e as normas de vida levadas até agora. Seu mestre, a aia, o mordomo, os procuradores de Tiro e de Sidon reuniram-se no castelo para tomar medidas a seu respeito, porque dizem que ela está louca. Um médico judeu piorou a situação, dizendo que minha ama tem demônios no corpo e que deve ir ao Templo de Jerusalém para que a livrem deles. As donzelas, suas companheiras, estão cheias de medo, e Fatmé encarregou-me secretamente de vir pedir para ires ao castelo, porque só tu podes remediar tanto mal.

— Mas, conta-me, menino, por que dizem que a tua ama está louca?

— Senhor!... Minha ama mandou abrir um fosso para enterrar todas as estátuas dos deuses gregos, como também os trajes, véus e ânforas das danças e dos banquetes, e se vestiu como as mulheres desta terra.

"O mordomo, o mestre e a aia, amedrontados pela escavação do fosso, chamaram o médico, pois dizem que a senhora jamais procedeu assim e deve padecer de algum mal. Vem comigo, Senhor, e verás! Todos no castelo estão pesarosos e ninguém se entende.

O Mestre chamou Pedro e avisou-o que ia até o castelo, cujas almeias eram vistas dali.

— Quando terminardes de repartir os donativos — disse —, vinde buscar-me com a barca antes que chegue a noite.

Embarcando no veleiro do castelo, Jhasua se afastou com Boanerges.

— Senhor!... — disse este com grande timidez. — Não te disse o pior daquilo que está ocorrendo à minha ama!... Como és Profeta, adivinharás facilmente!...

O Mestre fixou suas pupilas nas do pastorzinho, cujo olhar ficou como suspenso na luz irradiada dos olhos de Jhasua.

— Mantém-te calmo, meu filho — disse o Mestre, após alguns momentos. — Essa boa gente pensa que eu sou o mago que causou o desequilíbrio mental atribuído à tua senhora.

— Sim, Profeta!... Isto é o que dizem, e eu não sabia como dizer-te!

— Não temas nada!... Logo os convencerei do contrário.

— Senhor!... Há outra coisa mais!... — murmurou o pequeno pastor.

— Mais ainda? Oh, meu bom Boanerges!... Hoje vieste cheio de novidades —

disse Jhasua rindo dos olhares assustados do adolescente. – Vamos, explica-te de uma vez por todas.

– Encerraram Fatmé em sua alcova, para que não veja mais a senhora, porque dizem que ela também está com demônios no corpo e os passou para a minha ama por ordem tua... Ontem à noite, quando todos dormiam, Fatmé chamou-me pela janela que se abre para o pavimento superior sobre o terraço. Como o mordomo agora guarda consigo todas as chaves, vi-me obrigado a trepar pelo tronco de uma nogueira que toca no muro. Ela me mandou vir hoje escondido no veleiro para pedir que apareças lá. Não quer avisar o seu pai que vive em Tiberias porque ele a levará do castelo e ela estima profundamente à senhora.

– És um homenzinho valente e prestativo, Boarnerges – disse o Mestre colocando em ordem os longos e crespos cabelos escuros que um pequeno casquete de feltro azul impedia que se emaranhassem com o vento.

– Fui tão feliz neste último ano – disse o pastorzinho – e talvez eu tenha que ser mandado embora.

– Por que dizes isto?

– Estou no castelo por causa da senhora! Não sabes disto, Profeta? Se lhe tiram a direção da casa, me mandarão embora, como também à Fatmé e a todas as donzelas deste país. Lá somente querem gregos, Senhor.

– Não temas nada. Já estamos chegando. Desce e avisa a tua senhora que quero falar-lhe.

A castelã saiu seguida de Boanerges. Vestida como uma galiléia, pareceu ao Mestre ver sua própria mãe nos tempos da juventude.

A aia também a seguia a distância. Era uma mulher de 50 anos que coxeava ao andar. Chamavam-na Elhida.

A castelã quis ajoelhar-se quando o Mestre chegou, mas ele a tomou pelas mãos e disse:

– Com o olhar e o rosto para os céus, buscaremos as dádivas de Deus.

"Sob a sombra das nogueiras teremos uma confidência. – E a fez sentar-se no primeiro banco de pedra encontrado à entrada do parque. A aia chegou também e se manteve a quatro passos, examinando o Mestre com olhos receosos e desconfiados.

"Vem, Elhida, sentar-te aqui também, pois minha mensagem diz respeito também a ti – disse o Mestre olhando-a afavelmente. – Tens medo de mim?"

– Vem, Elhida, que com o Profeta chegam também todas as bênçãos – disse a jovem, fazendo um lugar ao seu lado.

Sempre coxeando, a mulher sentou-se, mas se manteve em silêncio. Estava alarmada pelo fato de o Profeta tê-la chamado pelo próprio nome.

– Como podes saber quando uma cereja é silvestre e amarga e quando é de cultivo e tem fruto doce? – perguntou-lhe o Mestre.

– Quem não o sabe? – respondeu a aia. – Conhece-se facilmente pelos frutos, se são doces ou amargos.

– Muito bem. Eu te digo neste instante, em nome de meu Deus que é amor e poder: quero que fiques curada desse tumor maligno que tens nas cadeiras e que te atormenta já há três anos.

"Lá, fruto é doce ou amargo no teu pensar? Desta forma saberás se sou portador dos demônios ou dos anjos do Senhor!"

A mulher sentiu um estranho tremor em todo o seu corpo... Empalideceu pelo medo de haver incorrido no desagrado do Profeta e, sentindo que toda a dor que a molestava havia desaparecido, prostrou-se por terra exclamando:

— Perdoa à tua serva, Senhor, porque os meus pensamentos te ofenderam sem conhecer-te. Curaste o meu mal com apenas uma única palavra!... És acaso a encarnação de Zeus, senhor de todo o poder?

— Sou um enviado do verdadeiro Deus adorado por Israel, e, no Seu Nome, realizo todas as minhas obras em benefício dos meus semelhantes.

"Agora vai em paz contar a teus compatriotas que residem nesta casa o que o Profeta fez por ti e não duvides mais do equilíbrio mental da tua ama, que me reconheceu antes de todos vós."

Elhida correu apressadamente para o castelo para dar conhecimento a todos da sua cura e para abrir a porta do quarto da pobre Fatmé, que já estava encerrada há dois dias.

— Maria!... — disse o Mestre à castelã de Mágdalo quando ficou sozinho com ela. — Levaste vinte e quatro anos para encontrar o teu caminho e, agora que o achaste, procuras enchê-lo de afiados espinhos.

— Por que dizes isto, Senhor?

— Porque espantas a paz do teu lar e do coração de teus servidores.

"Para amar a Deus e ao próximo como a ti mesma julgas necessário mudar tuas vestimentas gregas pelas usadas nesta terra? Julgas necessário enterrar num fosso as obras de arte reveladoras do gênio criador de um homem e que adornam o parque que foi distração e recreio de teus ascendentes?

"Não concebes, pelo menos de forma rudimentar, a idéia infinita do Infinito, que vive e respira em todas as coisas e que foi a chama de inspiração na mente que imaginou todas essas estátuas e lhes deu uma vida de mármore para rememorar vidas de carne e sangue como a tua, a minha e a de outros humanos, que viveram em distantes épocas, neste ou em outros planetas?

"Esse belo Apolo, entre as nove Musas, que significa?

"Representa o nosso sol proporcionando vida, alegria e fulgor a todas as coisas. As rosas da aurora coroam-lhe a cabeça e mil flechas de ouro são derramadas de suas mãos estendidas. Que existe de condenável nisto?

"Aquela estátua de Urânia, coroada de estrelas e levando em suas mãos uma esfera e um compasso, simboliza a Astronomia, ciência que permite que os homens conheçam o mundo sideral.

"A seu lado está Euterpe, com sua lira de ouro preparada para nos fazer sentir as harmonias inefáveis da criação universal.

"Clio, com seu livro monumental e uma pena de águia, escreve para nós a história da Humanidade, desde que a espécie humana apareceu no planeta.

"Se a nossa alma é pura e limpa como o cristal de uma fonte, na qual se espelham as estrelas, não veremos o mal nas coisas inanimadas, mas nas ações pecaminosas dos homens.

"O Deus Criador de tudo quanto existe não repara nas estátuas deste parque, mas nos sentimentos do teu coração para com os teus semelhantes. Não repara se vestes à moda grega ou à galiléia, apenas procura em teu coração o amor com que vestes o desnudo ou proteges o órfão, como também a viúva ou os leprosos expulsos das cidades como animais daninhos, ou ainda os encarcerados que deixaram vazio seu lugar no lar, onde seus filhos choram de fome.

"Compreendes, mulher, como deve sentir e compreender Deus a alma que procura aproximar-se d'Ele através da verdade, da fé e do amor?"

— Senhor!... — disse a castelã. — Compreendo que o teu Deus é o Bem, a Paz, a

Justiça e o Amor; e também que, fora d'Ele, não existe coisa alguma que torne a vida digna de ser vivida.

— Visto que compreendeste, manda esses trabalhadores, que estão abrindo o fosso, cessarem esse serviço e cortarem as árvores secas do bosque transformando-as em lenha para as cabanas dos que não têm fogo nos gélidos invernos, que fazem tremer de frio os anciãos e as crianças. Determina-lhes que semeiem nos campos da tua propriedade, e que haja trigo em abundância, com o qual possas tornar felizes aqueles que vão pelas ruas pedindo um pedaço de pão duro. Não percas tempo nem dispendas esforço humano em destruir essas belezas de mármore que não fazem mal a ninguém, porque a malícia está nos corações impuros e egoístas que buscam o bem e o mal nas coisas mortas, quando ambos estão nos corações vivos e palpitantes.

A castelã chamou o seu mestre, o mordomo e a aia para que ouvissem o Profeta, que se fez conhecer diante deles com suas obras, conforme era o seu hábito.

O velho mestre havia-se tornado surdo como uma pedra, motivo pelo qual dava suas lições às donzelas e a Boanerges por escrito, exigindo também que, desta forma, fossem feitas todas as perguntas motivadas por suas dúvidas. O Mestre curou-o da surdez que já vinha sofrendo há oito anos.

O mordomo tinha as pernas entumecidas pelas varizes, que às vezes se ulceravam, causando-lhe grandes dores. O Mestre curou-o também desse mal e pediu a todos que, a partir desse momento, fossem auxiliares eficazes para a senhora, que iria transformar a sua vida em piedade e misericórdia para com todos os sofredores que chegassem a ela.

O amor triunfante do Cristo agrupou desta maneira a todos naquela casa em sua missão de bem, de amor e de paz na terra que o viu nascer.

Ano Trinta e Dois

Os fatos relatados tiveram grande repercussão em toda a província da Galiléia e ainda chegaram à Samaria pelo sul e à Fenícia e à Síria pelo norte. Em razão disto, o tranqüilo Mar da Galiléia viu-se rodeado de numerosos peregrinos procedentes de cidades e de aldeias em busca do extraordinário Profeta que anulava todas as dores humanas.

Fabulosas lendas foram tecidas ao redor da sua personalidade, incompreensível para as multidões ignorantes dos poderes internos do homem que, por uma avançada evolução espiritual e moral, exerce amplo domínio sobre todas as forças da Natureza.

— Reviveu nele todo o poder de Elias, de Eliseu e de Moisés — diziam as pessoas vendo os paralíticos andarem por seus próprios pés, os leprosos limpos de suas chagas, os cegos de nascimento vendo a luz do sol com seus olhos perfeitos!...

— Ele tem em si toda a sabedoria de Salomão — diziam outros. — Com toda a certeza, este jovem Mestre encontrou o livro perdido que o rei sábio escreveu em três dias de sonho, dando a conhecer aos homens as propriedades curativas das águas, das pedras, das árvores e das ervas dos campos.

Por entre a multidão que dia após dia chegava às margens do Lago, chegavam também rabinos presunçosos e fariseus desconfiados do jovem Profeta que arrastava as massas para escutar os seus ensinamentos.

Chegado o rumor de tal celebridade até os pórticos do Templo, vieram também dois enviados do Sinédrio com a intenção de atrair o taumaturgo para ocupar um lugar sob os dosséis de púrpura e ouro dos doutores do Templo de Jerusalém.

— Fala-nos, Profeta! — clamou a multidão numa tarde em que o sol encoberto por espessas nuvens tornava suave e fresco o vento que soprava do oeste e agitava as águas do Lago, cheio de botes, de barcas e veleiros.

— Tuas palavras nos trazem a paz e a saúde — clamavam outros — e até a miséria se torna suportável depois de haver-te escutado.

O Mestre dormitava sob a tenda dos pescadores e Pedro chegou-se a ele para despertá-lo.

— Senhor!... não ouves o clamor desta gente? Eles cruzaram o Lago e vêm de Gerguesa, de Hippos e de Gadara para ver-te e ouvir-te... A maioria é constituída de doentes, carregados de tamanha dor e miséria que parte o coração só de vê-los!...

— Que queres dizer com isto? — perguntou o Mestre despertando. — Se Deus os deixa padecer, não julgas justo que padeçam?

— É como dizes, Mestre Jhasua!... Porém também é certo que o Altíssimo te revestiu do necessário poder para aliviar todas as dores humanas, e causa grande aflição ver essa gente, que crê em ti, esperando apenas a saúde, a paz e a vida que só tu podes dar, Senhor!

— Está bem, meu amigo. Eu queria ver-te implorando desse modo pelos necessitados e sofredores, e não espantando-os do meu lado como já fizeste outras vezes.

— Porque ontem eu compreendia menos que hoje, Mestre, o que realmente és e temia que te acontecesse algum mal que hoje vejo como imaginário. Que mal alguém poderá causar a ti, Filho de Deus Vivo, com cem legiões de anjos te protegendo?

— Tua fé se engrandece, Pedro, assim como cresce este mar que temos diante de nós quando as neves do Hermon se derretem, fazendo transbordar o Jordão. Chegará um dia em que farás o que hoje me pedes para estas turbas sofredoras e atormentadas.

Tão logo a multidão viu o Profeta do manto branco, aglomerou-se ao seu redor, e ele, contendo-a com um sinal de sua mão, encaminhou-se seguido dos discípulos para uma verde colina, cuja encosta subia da margem do Lago até uma boa altura, em suave aclive.

A multidão começou a subir atrás dele, ficando no plano apenas os enfermos estendidos em padiolas e as mulheres com crianças nos braços.

Na primeira proeminência da elevação, o Mestre se deteve e, sentando-se sobre uma saliência da rocha, estendeu o olhar sobre aquela multidão a quem a dor arrastava até ele com a força que dá o instinto da própria conservação.

— Meu Pai!... — disse em voz apenas perceptível e levantando os olhos para o infinito azul. — Buscam-Te em mim porque padecem horrores.

"Se fossem felizes não Te buscariam.

"O homem terrestre necessita da dor para sentir a Tua Presença, para buscar-Te e amar-Te!

"Amor Infinito que me animas! Faze-Te sentir nestas desventuradas criaturas que ainda não sabem buscar-Te, a não ser por seu próprio interesse!"

Jhasua estendeu as mãos em atitude de pedir calma e silêncio e falou desta maneira:

— Ribeirinhos do Mar da Galiléia e moradores de todas as regiões vizinhas, que haveis caminhado longas distâncias para chegar até aqui.

"Que viestes buscar na solidão destas montanhas que até hoje foram albergue dos pastores e de seus rebanhos?

"Abatidos por dores irremediáveis, pensastes finalmente no Supremo Criador de todas as coisas e também em que, somente d'Ele pode vir o remédio que tendes buscado em vão entre os seres do vosso convívio.

"Como nuvem acinzentada escura, levanta-se de vós mesmos a pesada bruma de vossas angústias e dores, aflições e ansiedades, que não conseguis dominar e chegam até a mente do Profeta, que a lê em vossos corações enchendo-se de piedade e comiseração.

"Bendigo as vossas dores, que desta sorte vos arrastam até a Divina Misericórdia, e vos digo:

"Bem-aventurados vós, os pobres, que não maldizeis a vossa pobreza e tirais dela o tesouro do sofrimento. Vosso é o Reino dos Céus!

"Bem-aventurados vós que chorais em silêncio, oprimidos pela aflição, porque ao vosso lado chega a consolação!

"Bem-aventurados vós, os mansos que amais a paz e a concórdia, porque o amor será na Terra a vossa herança!

"Bem-aventurados os que tendes fome e sede de justiça, porque a vereis resplandecer para vós até a saciedade!

"Bem-aventurados os que tendes o coração misericordioso, porque alcançareis abundância de misericórdia!

"Bem-aventurados os semeadores de paz entre os homens, porque sereis contados entre os filhos de Deus!

"Bem-aventurados os que tendes puro e simples o coração, porque vereis a Deus em tudo quanto vive na Criação Universal!

"Bem-aventurados os que padeceis perseguição por causa da verdade e da justiça, porque vosso é o Reino de Deus, Suprema Verdade e Suprema Justiça!

"Alegrai vossos corações, porque os padecimentos atuais lavam vossos pecados para que, puros e limpos, possais entrar no gozo eterno do Reino de Deus.

"Não se alegra acaso o vosso coração quando saldais uma dívida, quando vestis uma roupa nova e sois convidados para um banquete?

"As dores que vos chegam sem buscá-las são emissárias da Divina Justiça e da própria consciência que vos obriga, assim, a redimir-vos, experimentando na própria carne a dor injusta causada aos vossos semelhantes.

"Bom é analisar a causa e a origem de todos os vossos padecimentos, porque também os há, e muito duros, como conseqüência imediata de vossos desacertos e transgressões às leis da Natureza, sempre zelosa em seus domínios.

"Todos os excessos cometidos pelo homem no decurso da sua vida se manifestam, mais tarde ou mais cedo, no seu organismo sob a forma de enfermidades terríveis, que são transmissíveis a seus descendentes.

"Quem vive entregue à embriaguez do álcool poderá achar estranho padecer de apoplexia e do fogo devorador no fundo de suas entranhas?

"O ser humano entregue à lubricidade poderá assombrar-se de uma velhice prematura e do esgotamento de seu corpo, convertido num fantasma vivente?

"O homem dado aos excessos da gula, que pensa apenas em encher seu ventre como os animais, poderá maravilhar-se de que seu sangue se torne impuro e que os seus órgãos da digestão se tornem ulcerados, causando-lhe dores horríveis?

"Os coléricos e iracundos, que fazem do próprio lar uma contínua borrasca de ódios e de terrores, poderão assombrar-se de trazer para a vida filhos desequilibrados, loucos ou maníacos, que são o seu tormento e o seu castigo?

"Se vos empenhais em passar pelas brasas ardentes, de antemão sabeis que vossos pés serão queimados e vossas roupas ficarão tostadas.

"Se entrais num charco pantanoso, certamente sabeis que vos cobrireis de lodo até a cintura.

"Se vos empenhais em cruzar por um campo de sarçais, podereis estar certos de que os abrolhos ficarão presos às vossas roupas e dilacerarão terrivelmente os vossos pés.

"Então, por que clamais ao Profeta de Deus para que tenha piedade de vós, se não a tendes convosco mesmos?

"Deixai-vos dominar pelas vossas paixões a vos arrastar a todo gênero de excessos, transgredindo as leis da Natureza que vos brinda generosamente com suas dádivas para o vosso uso, mas não para o vosso abuso.

"Todos vós tendes ouvidos para me ouvir e entendimento para compreender as minhas palavras, que vos deixam a descoberto perante os Céus e a Terra.

"Tende piedade de vós mesmos, de vossos filhos e de vossos semelhantes, porque aquilo que o Pai Celestial faz hoje convosco não tornará a fazê-lo em muitos séculos.

"Em nome do Supremo Criador de tudo quanto existe, vos digo: 'Sede curados das enfermidades todos os que as padeceis em vossos corpos e lavai com as águas do arrependimento e da misericórdia as chagas de vossas almas, para que os Anjos do Senhor se aproximem de vós como se aproximaram do nosso pai Abraham, para compartir a doçura da paz, da esperança e do amor.'

"O Profeta Nazareno vos abençoa em nome de Deus. Ide em paz!"

A multidão suplicante, manifestando o júbilo que raiava à loucura, aplaudiu o Profeta, aclamando-o de todos os modos, em todos os idiomas e dialetos falados nas distantes regiões a que pertenciam.

Bastões, muletas, ataduras e padiolas voavam pelos ares, como coisas odiosas e totalmente inúteis para a vida que começava à sombra do manto branco do Profeta... à luz daqueles olhos divinos e daquela palavra austera e suave que os obrigava a pensar num mundo superior àquele que até então os havia rodeado.

Quem era aquele homem formoso como a luz do sol, suave, meigo e bom como o pão e o mel?

Cem lendas começaram a surgir daquele enlouquecido entusiasmo que, sem raciocínio algum, via tudo unicamente sob o prisma do maravilhoso e do sobre-humano.

Ele não podia ser um homem como os demais, muito embora o supusessem dotado de todo o poder dos antigos profetas. Aqueles prediziam o futuro de países, cidades e reis, curavam alguns enfermos desenganados pela ciência, inutilizavam os malefícios dos magos perversos, mas como este... como este que multidões de centenas e de milhares de homens, mulheres e crianças viam e apalpavam, não tinham visto nem ouvido jamais. Quem era, pois?...

Uma voz poderosa saiu da multidão:

– Ele é o Messias anunciado pelos Profetas!... É Moisés que retorna para salvar seu povo do domínio estrangeiro, como o salvou da tirania dos Faraós!...

O Mestre, seguido pelo tio Jaime, tinha descido da colina por um atalho escondido entre arbustos e trepadeiras, e que conduzia à aldeia de Lazarão, onde então só existiam cabanas de pastores.

Entre as ruínas do que fora a antiga cidade, havia um refúgio de anciãos inválidos sob a tutela da Santa Aliança.

Ali foi ocultar-se o Mestre, fugindo do entusiasmo daquela multidão que, esquecendo toda conveniência, exteriorizava em alta voz seu desagrado ao poder dominante.

– Façamo-lo nosso Rei! – continuavam gritando.

– Em Decápolis – disseram os da margem oposta do Jordão – temos Hippos, Gadara e Pella com muralhas e fortalezas sem guarnições. Aclamemo-lo ali nosso Rei Libertador, enquanto o tetrarca Felipe dorme com o vinho de seus banquetes.

Pedro e seus companheiros, depois de alguma dificuldade, conseguiram tranqüilizar a multidão, com a esperança de que talvez mais adiante poderiam ver realizadas as suas aspirações.

– Não deveis comprometer a segurança do Profeta promovendo alarmes entre os poderes públicos – disseram.

"Que fareis se encarcerarem o Profeta por causa do vosso desmedido entusiasmo?"

– Ele não quer nenhuma recompensa material, mas apenas que sejais bons e felizes – disse finalmente Pedro.

"Não ouvistes quando vos disse: 'Ide em paz?' Obedecei, pois, pelo bem que vos fez e... toca a remar, amigos, e não pareis até chegar à outra margem!... Que não seja por causa de vossa desobediência que venham a retornar as doenças das quais vos livrastes agora."

Este último argumento de Pedro foi o mais persuasivo e todos os que tinham vindo da margem oposta, e eram os mais numerosos, soltaram as amarras e vogaram felizes, aclamando o Profeta.

Dois dias depois, o Mestre passou por Cafarnaum, situada sobre a margem norte do Lago, onde ocorreram cenas bastante semelhantes às que acabamos de referir.

Das vizinhas regiões dos gaulonitas e dos itureus trouxeram numerosos cegos, procedentes das minas de carvão que se haviam incendiado dois anos antes. Jovens mulheres histéricas com graves perturbações mentais, crianças retardadas e idiotas desde o nascimento em razão dos terrores sofridos pelas mães quando a nefasta Herodíades assolava aquelas regiões com seus criminosos caprichos.

Essa gente chamava de endemoninhadas àquelas infelizes jovens histéricas, que às vezes emitiam gritos semelhantes a uivos, deixando seus familiares aterrorizados e os vizinhos queixosos. Como essas infelizes eram uma contínua perturbação da tranqüilidade, não permitindo sequer que os demais conciliassem o sono, tinham sido confinadas numa escabrosa montanha onde existiam muitas grutas sepulcrais.

Agindo tão fortemente sobre as naturezas sensitivas, a sugestão acabou por enlouquecê-las, pois, em seus intervalos de lucidez, se viam entre velhos sepulcros semidestruídos, que às vezes deixavam a descoberto esqueletos e ossos humanos.

As mães dessas infelizes revezavam-se para ir todas as semanas levar provisões de pão, queijo e frutas secas; mas logo viu-se que esse trabalho não podia ser executado por débeis mulheres. As histéricas, em seus momentos de furor, voltavam-se contra as portadoras das provisões.

Dois homens, pagos a bom preço, iam durante a noite e deixavam os sacos de comestíveis sem chamar a atenção de ninguém.

A mãe de uma daquelas desequilibradas, que tinha amizade com a família de Felipe, um dos Doze, foi aconselhada a apresentar-se ao Profeta Nazareno para implorar-lhe a piedade.

Foi assim que o Mestre se encontrou em Cafarnaum, defronte às grutas das *endemoninhadas*, para onde se dirigiu acompanhado de Felipe, Thomás, Andrés e Bartolomeu.

Sabendo que as dementes estavam semidesnudas, porque elas mesmas despedaçavam suas vestimentas, levaram um fardo de roupas para as dezessete mulheres confinadas ali.

O quadro oferecido às suas vistas foi o mais horroroso que o leitor possa imaginar.

Aquelas mulheres com seus cabelos emaranhados, semidesnudas e em tal estado de abandono que causava dó só em vê-las, encheram de piedade o coração do Mestre, que se deteve a certa distância durante alguns momentos.

Estavam sentadas na entrada das grutas, quebrando nozes e descascando castanhas que devoravam ansiosamente. Apenas quatro delas se apresentavam em melhores condições que as companheiras. Estas, em grupo à parte, reduziam pedaços de pão a migalhas e os lançavam aos pardais que se aproximavam para comer. Isso parecia diverti-las. De vez em quando, choravam em silêncio, apertando a cabeça com as mãos, como se uma dor aguda as atormentasse.

O Mestre e os seus, escondidos por detrás de um espesso matagal, observavam esta cena sem serem percebidos por elas.

A lucidez espiritual do jovem Profeta permitiu-lhe ver em poucos instantes o que necessitava para compreender o estado mental em que se encontravam as enfermas.

Finalmente, aproximou-se delas.

— Quem és tu para não temeres os demônios que nos mantêm subjugadas? — gritou audaciosamente uma delas.

— Estais doentes e sou um médico que quer curar-vos. Permitis de bom grado a minha aproximação?

— Se ficarmos curadas, nos receberão novamente na cidade? — perguntou outra.

— Imediatamente porque, estando livres do mal que vos atormenta, voltareis a ser a alegria de vossos lares, como éreis antes.

Grande calma foi invadindo a todas.

Algumas, envergonhadas em virtude dos trapos a que se achavam reduzidas as suas vestimentas, fugiram para as grutas.

O Mestre dirigiu-se às quatro que pareciam se encontrar em melhor estado e lhes entregou o fardo de roupas.

— Ides todas juntas ao Lago — disse. — Lavai vossos corpos e vesti estas roupas. Esperaremos atrás dessa colina para levar-vos de volta aos vossos lares.

— Temos demônios no corpo e em nossas casas não nos recebem mais — disse outra.

— Não há demônios no corpo de ninguém — respondeu o Mestre. — Fostes submetidas a sofrimentos que alteraram o vosso sistema nervoso. A sugestão deste horrível lugar fez o restante.

"Tende fé em Deus, que faz justiça com os inocentes e tem misericórdia com os pecadores. Vamos. Fazei o que vos disse e levar-vos-ei a vossos lares."

Algumas horas depois, o Profeta Nazareno entrava na cidade de Cafarnaum seguido de seus quatro discípulos e das dezessete jovens que tinham voltado ao uso normal de suas faculdades mentais.

Este fato despertou a admiração do povo de toda aquela região, pois as infelizes, chamadas *endemoninhadas*, mantinham aterrada a população com seus uivos e gritos.

As crianças retardadas e as idiotas, da mesma maneira como os cegos por causa do incêndio das minas, viram-se remediados em sua situação. Tudo isto produziu tal entusiasmo que chegou a repetir-se o intenso clamor do povo:

"Ele é o Messias esperado por Israel. É o nosso Rei, o nosso Salvador. É o filho de David que devia vir ocupar o trono de seus ancestrais."

Quando, pouco depois, chegaram alguns agentes da tetrarquia para averiguar quem estava sendo aclamado com tanto entusiasmo pelo povo, o Mestre já havia retornado à barca de Pedro na qual realizara a viagem a Cafarnaum, e que agora navegava para o sul do Lago, a grande velocidade.

Jhasua e o Futuro Diácono Felipe

Ano após ano, chegavam as festas religiosas denominadas Páscoa, com a qual terminava a época de jejuns e penitência impostos pelos devotos a si mesmos em cumprimento de rigorosas leis.

Poucos dias antes da Páscoa do trigésimo segundo ano de sua vida, Jhasua encaminhou-se a Jerusalém, acompanhado dos Doze íntimos e também de muitos outros que se uniram ao grupo na qualidade de discípulos.

João, o mais jovem dos Doze, foi um decidido protetor dos entusiasmos da castelã de Mágdalo pelo Profeta Nazareno e convenceu a sua mãe Salomé para que a levasse em sua companhia, bem como a aia e mais três das donzelas que eram hebréias: Fatmé, Raquel e Joana.

Para os ribeirinhos do Mar da Galiléia foi um assombro saber que *a pagã* se juntava aos devotos peregrinos. A própria Salomé assombrou-se grandemente.

— Mas dize-me uma coisa, João — falou a seu filho —, julgas que essa mulher, acostumada a não sair de casa a não ser de liteira, possa resistir andando a pé daqui até Jerusalém?

— Isto já lhe foi dito, mãe, porém ela insiste em andar a pé como anda o Profeta — respondeu João.

Formou-se, pois, numerosa caravana de peregrinos, entre os quais iam também Myriam e o tio Jaime; a viúva de Naim, seu pai e o filho; Matias, o mais velho dos filhos de Joseph, com toda a sua família; Abigail, aquela primeira discípula do jovem Jhasua, casada com Benjamim, filho de Matias e já com dois filhos.

Iam pelo caminho que margeia o Jordão, menos perigoso que o outro que atravessava a Samaria, cujas escarpadas montanhas eram procuradas como refúgio pelos bandidos perseguidos pela justiça.

Na primeira jornada, atravessaram a bela planície de Esdrelon, povoada de mansos rebanhos de ovelhas e cabras. As cabanas dos pastores eram abundantes ali e o pitoresco Collado de More, onde a tradição dizia que Issachar, filho de Jacob, teve sua cabana e ergueu seu altar de adoração a Jehová, ofereceu aos peregrinos o primeiro descanso. A cabana de pedra ali existente, sob a sombra de oliveiras e videiras centenárias, foi o refúgio para as mulheres, enquanto os homens se abrigaram, à sombra das árvores, dos ardores do sol.

O término da primeira jornada era Sevthópolis, que na proximidade da Páscoa ficava abarrotada de peregrinos vindos do norte, motivo esse que levou nossos viajantes a preferir pernoitar na velha aldeia de Beth-sam, a apenas um estádio dessa cidade.

Era, além do mais, uma aldeia formada quase que exclusivamente por famílias essênias que viviam da tecelagem. A proximidade dos grandes rebanhos da planície de Esdrelon havia-os levado a essa forma de vida.

Cada casa possuía um tear ou um conjunto de teares, de acordo com as possibilidades econômicas de cada um.

— Em nenhuma parte encontrei tanta ajuda mútua como nesta aldeia de Beth-sam — disse o Mestre aos seus, ao ver de que modo tão engenhoso e leal se ajudavam mutuamente para tornar a vida mais suave. — Refresca-se o coração — acrescentou — ver aqui tanta união e companheirismo. Quem tem o maior depósito de lã e de fibra vegetal é um ancião que, por causa da idade, já não pode sair para buscá-las, e todos os demais se julgavam obrigados a trazer-lhe para que não careça da matéria-prima necessária para seus tecidos.

Tantas vezes o Mestre mencionou como exemplo em seus ensinamentos a cooperação na aldeia de Beth-sam que, quando seus discípulos viam alguma pessoa solícita em repartir o seu com os demais, costumavam dizer:

— "Parece tratar-se de um bethsamita."

Ali vivia Felipe, aquele menino que Jhasua conheceu numa cabana próxima ao Tabor. Seu pai, de origem grega, a quem, como o leitor recordará, Jhasua afastou do perigoso e nada honrado caminho que seguia, havia contraído segundas núpcias com uma viúva também grega e mãe de um filho menor que Felipe, que então já tinha 25 anos. Ambos os jovens chegaram a se estimar como dois irmãos, e Felipe, dois anos mais velho que o outro e que tinha recebido instrução junto aos Anciãos do Tabor, encaminhou seu amigo Nicanor, filho de sua madrasta, pelo mesmo caminho.

O encontro de Felipe com o Mestre, depois de vários anos sem se verem, foi extremamente emocionante e cheio das mais ternas recordações. A noite que os peregrinos passaram na aldeia de Beth-sam foi para o jovem Felipe uma das mais felizes da sua vida. Ele e Nicanor eram os encarregados de levar para vender todos os tecidos da aldeia, fato esse que tinha proporcionado a ambos muitos conhecimentos na Galiléia, na Samaria e na Judéia. Eram também agentes da Santa Aliança que, a cada seis meses, remetia de Tolemaida um carregamento de provisões e de roupas para os necessitados dessa região.

— Mestre — disse Felipe, que se desmanchou em confidências nessa noite. — Tenho dois segredos muito importantes ou, melhor dizendo, temos, Nicanor e eu.

— E esses segredos estão queimando as tuas entranhas e queres desafogar-te comigo, não é verdade? — respondeu o Mestre sorrindo.

— Naturalmente, porque só tu podes deixar-me satisfeito.

— Vamos ver! De que se trata?

Felipe acendeu uma vela e guiou o Mestre ao estábulo onde três cabras brancas da Pérsia, provedoras do leite para a família, dormitavam ruminando a ração da noite.

Por detrás do palheiro, Jhasua viu abrir-se uma portinha, pela qual ambos passaram.

Era a entrada de uma caverna ou gruta lavrada na própria montanha, segundo o costume; porém daquela passava-se para uma outra imensa caverna, com uma abertura para o norte e outra para o sudoeste, ambas fechadas com pedaços de pedra e madeiras.

O local estava quase totalmente abarrotado de palha de trigo, espigas e sabugos de milho, pedaços de teares desfeitos e armações de bambu que haviam sido secadores de frutas.

Contudo, debaixo de tudo aquilo havia uma enorme quantidade de armas, lanças, flechas, espadas, cimitarras árabes, achas cretenses de fio duplo e punhais damasquinos resplandecendo à luz da tocha que Felipe acendeu quando chegaram à caverna.

– Felipe!... – disse o Mestre. – Que fazes com tudo isto? Creio não ter sido para isto que te nomearam agente da Santa Aliança.

– Mas, Jhasua!... – exclamou Felipe em extremo assombro. – Porventura estás alheio ao que significa tudo isto?

– Completamente!... Se seguiste, embora à distância, o curso da minha vida, deves saber, Felipe, que eu não sou homem de guerra, mas de paz, consolo e esperança para as multidões.

– Então ignoras, Mestre Jhasua, que grandes personagens de Jerusalém, de Antioquia, de Damasco, de Sevthópolis e da Tolemaida preparam mui secretamente um levantamento para libertar o país do domínio estrangeiro e proclamar-te Rei Libertador de Israel?

– Alguns rumores chegaram até mim há *pouco* tempo, no entanto, tratei de destruir essa quimera sem consistência nem possibilidade. Agora vejo com tristeza que minhas palavras nesse sentido caíram no vazio. Posso saber quais as ordens que tens a respeito deste depósito de armas e quem as dá?

– As ordens resumem-se em guardá-las com todo o cuidado, procurando mantê-las em perfeito estado, assim, desta forma, encobertas em pele de búfalo como vieram e entre a palha de trigo e sabugos de milho.

"Agora quem as dá, não posso dizer-te, Mestre Jhasua, porque não o sei. Toda semana chega um pequeno fardo que me é entregue por esta abertura ou por aquela outra."

Ao dizer isto, Felipe abriu as duas aberturas já mencionadas. Apenas abertas, penetrou uma fria rajada de vento e o ruído de forte correnteza de água.

– Esta do norte é o rio Susen, que vem do Monte Tabor, e esta do oeste é o Haroseth, que parte das vertentes do Monte Carmelo, e ambos desembocam no Jordão.

– Queres dizer com isto que do Tabor e do Carmelo chega a cada semana um fardo de armas? Não pode ser, Felipe! ... Não pode ser!

– Os que mandam as armas utilizam estes riachos para fazê-las conduzir numa pequena balsa que, com toda a certeza, é colocada na água muito próximo daqui, visto que chegam sempre na segunda hora da noite ou pouco mais. Julgo que chegam de Pella e de Sevthópolis, e que são trazidas pelas caravanas, pois coincide o dia da chegada delas com o aparecimento à noite da balsa defronte a essas aberturas.

O Mestre conservava-se em silêncio e pensativo. Felipe continuou suas explicações:

– Moro aqui, com meu pai, já há uns dez anos e ninguém sabia da existência desta caverna vizinha ao nosso estábulo.

"Um comerciante muito rico de Sevthópolis veio um dia me buscar para receber os donativos da Santa Aliança e reparti-los entre os anciãos, viúvas e órfãos da região. Nicanor e eu pertencíamos a ela desde dois anos antes.

"Pouco depois, veio um mercador de Pella para encomendar tecidos especiais para tendas de campanha. Perguntou-me se desejava ver o país livre e se esperavam o Messias, Rei e Libertador de Israel.

"– O Messias já está no país, que ele vai conquistando com suas obras maravilhosas – acrescentou.

"– Já sei disto – respondi – e o conheço desde a minha juventude.

"– Como?... Tu o conheces e estás aqui quieto como um morcego numa caverna? – perguntou-me. Logo em seguida, dirigiu-me uma série de explicações que encheram de fogo o meu coração, no final das quais demonstrou conhecer esta velha casa mais do que eu mesmo. E foi ele quem me informou da existência desta caverna, que havia sido utilizada por seu pai como esconderijo para um seu irmão, perseguido pela justiça como cúmplice de um levantamento de libertação.

"Ele deu-me a entender que recebia ordens de Jerusalém e me pediu para ser o recebedor de uns fardos que chegariam todas as semanas pelos dois caminhos já mencionados, Mestre Jhasua, fazendo-me prometer, pela vida do Messias Libertador, que guardaria segredo.

"Nem sequer meu pai sabe disto. Como ele é grego e já está velho, não aceitaria misturar-se com estas coisas. De Nicanor não me foi possível ocultar, porque ele é como a minha sombra e é tão fiel como eu mesmo. Quando ele souber que o Messias está na minha casa, ficará louco de entusiasmo, porque ouviu os Terapeutas falarem de ti, Mestre Jhasua, e não haverá quem o contenha.

"Com isto fica terminada a minha explicação."

– Então estás preparado, Felipe, para ser um guerreiro matador de homens? – perguntou o Mestre olhando-o fixamente. – E eu estava imaginando que serias um missionário dos meus ensinamentos de paz e de amor entre os homens!

– Mestre!... Eu julgava que todo este preparativo estava sendo feito com o teu consentimento!... – exclamou Felipe um tanto desconsolado.

– Sei que tudo isto nada mais é que uma ilusão que vai inflamando, como uma chama, de alma em alma, porque a maioria dos homens não compreendem outra grandeza além daquela dada pelos poderes e pela força material.

"No entanto... logo chegará o dia em que todos os que me amam verão claro no mistério da minha vida e da missão que ela deve cumprir na Terra. Continua guardando o segredo tal como prometeste, mas não mantenhas a ilusão de que virás a ser um guerreiro, mas um pregador de meus ensinamentos de acordo com a Divina Lei.

"Serás muito infeliz, Felipe, se nesta oportunidade da tua vida eterna modificares o caminho que te foi determinado!"

Ambos se haviam sentado sobre os troncos que fechavam as aberturas.

– Que julgas poderia suceder – continuou o Mestre – a um homem de humilde condição, a quem um rei houvesse chamado a seu palácio e, fazendo um acordo com ele, o houvesse alistado entre os seus cortesãos e que esse homem, esquecendo tudo, o abandonasse para tratar de outros negócios?

– Poderia suceder – respondeu Felipe – que o rei haveria de dar-lhe um duro castigo ou o deixasse abandonado às suas próprias forças pelo fato de ter desprezado todo o bem que teve em suas mãos.

– Justamente, Felipe, meu amigo! Falaste bem. Isso mesmo sucederia a ti, se agora, em vez de pregar a fraternidade e o amor entre os homens, te tornasses um guerreiro, um matador de homens.

"Se sabes, com certeza absoluta, que sou o Cristo, condutor da Humanidade terrestre, e que estás entre a grande aliança de meus colaboradores nesta obra, como poderias abandonar o teu lugar voluntariamente, sem atrair grandes males sobre a tua vida atual?

"A Eterna Lei é para toda criatura uma muralha de proteção para o seu espírito e o seu corpo, de tal forma que quem segue por seu próprio caminho, escolhido de acordo com as Inteligências-Guias da evolução humana, não encontrará obstáculos insolúveis em sua vida, que será resguardada dos maiores perigos.

"As correntes da Luz Divina e do Soberano Poder são derramadas com abundância sobre as almas colocadas no lugar que, por Lei, lhes corresponde.

"É este um princípio fundamental sustentado pelas Escolas de Sabedoria Divina, que têm a experiência de séculos. Alma que sai do caminho é alma fracassada na sua missão e atrasa enormemente sua própria evolução, bem como a dos seres que lhe são confiados.

"Isto não significa que o teu lugar ficará vazio se o abandonares. Ele será preenchido imediatamente, mas tardarás muito tempo para reconquistar o que terás perdido em virtude do teu desvio."

— Então, amanhã mesmo me desligarei deste compromisso — disse Felipe desgostoso em extremo do equívoco em que havia incorrido.

— Não te precipites em tomar resoluções irrefletidas. Uma vez comprometido, espera e continua guardando o segredo para não causar danos a ninguém. Basta apenas que mantenhas a firme resolução de não tomar as armas a não ser em defesa de vidas seriamente ameaçadas.

"Conheço os dirigentes desta rede de preparativos bélicos, feitos com a nobre intenção de remediar os males que atormentam o país, e não por ambições pessoais.

"Mas o povo de Israel, desde Moisés até hoje, agiu tão fora da Lei que o devia orientar que, por conseqüência lógica, deve sofrer o que hoje sofre. Foi, em verdade, um povo de dura cerviz, como dizia Moisés, que lhe deixou gravada em pedra a Lei Natural que é a única Lei Divina. Tão logo Moisés fechou os olhos para a vida material, já o povo de Israel pisoteava a sua Lei em seus mais fundamentais mandamentos.

"Ao povo de Israel ocorreu o mesmo que àquele homem do qual fiz comparação há alguns momentos. Esqueceu o pacto com o Eterno Rei e afastou-se loucamente dos caminhos traçados por Moisés, seu Guia e Condutor. Israel atraiu o mal para si mesmo e para os que tomarem dele orientações no futuro. Será desventurado por muitos séculos, até que a dor, chegada ao paroxismo, lhe faça compreender o seu funesto erro.

"Na Civilização Adâmica, ele foi um dos primeiros a ser chamado para a Luz do Divino Conhecimento. Israel esqueceu e desprezou esse apelo e hoje recebe as conseqüências.

"É na verdade uma triste coisa ter o bem, a verdade, a luz e o amor na mão e deixá-los escapar como a criança à mariposa dourada que aprisionou!"

A conversação foi interrompida repentinamente por uns golpes surdos sentidos pelo Mestre sendo dados na rocha situada às suas costas.

— Já está aí a balsa — disse Felipe levantando-se. — Mas... hoje não chega caravana alguma? Elas chegaram há quatro dias!

Juntos retiraram as pedras que fechavam a entrada e uma onda forte de vento apagou a luz.

— Socorro!... Socorro! — gritava debilmente uma voz infantil entre lastimosos soluços.

— É um pequeno bote — disse o Mestre.

— Vem à deriva — acrescentou Felipe —, sem direção e sem remos. A torrente o trouxe até aqui.

Ambos saíram precipitadamente porque a voz infantil continuava gritando:

— Socorro!... O bote está se enchendo de água e estou afundando!...

— O Poder de Deus é mais forte que as tempestades! — exclamou o Mestre lançando-se na água.

— Vou contigo, Senhor!... — disse Felipe, entrando também.

— Vem! — respondeu o Mestre, estendendo seu manto que flutuava como uma asa branca sobre as ondas agitadas pelo vento.

O bote encalhado na costa rochosa havia-se aberto e já estava quase cheio de água.

Felipe jamais pôde explicar como conseguiu andar sem afundar-se sobre o manto do Mestre naquelas braças de água que separavam o bote encalhado da costa.

Quando ele chegou, o Mestre tinha tirado o menino que chorava amargamente, porque seu avô, no fundo do bote, era já um cadáver. Ele havia saído de sua choça num arrabalde de Sevthópolis para recolher juncos e ramos arrastados pelo rio, e o avô sofreu um desmaio com vômito de sangue e caiu morto no fundo do barco. O menino, com apenas nove anos, não pôde lutar contra a correnteza e abandonou-se chorando à sua falta de energia.

Jhasua levantou o menino nos braços e lhe disse:

— Do mesmo modo como na terra, é a sepultura na água. Deixemos esse corpo morto no fundo do rio. Tens aqui dois bons amigos para cuidarem de ti.

O infeliz menino começou a sentir-se consolado. Felipe guiou o Mestre pelo tortuoso caminho que levava até a entrada da caverna.

Quando entraram, esqueceram armamentos, filosofia e, com o menino nos braços, passaram para a cozinha, porque aquela criatura tremia de frio e, provavelmente, de fome.

Sua mísera roupagem, empapada e desfeita, falava muito claro da extrema pobreza em que vivia.

Felipe avivou as brasas semi-apagadas na lareira e um belo fogo iluminou, com reflexos de ouro, a imensa cozinha, em cujos estrados de pedra os moços da casa tinham seus leitos, de acordo com o costume. Ali estava adormecido Nicanor, que despertou com o ruído.

Temos outro hóspede — disse Felipe —, mas este não entrou pela porta da casa, mas por uma das aberturas da caverna. Não tenhas medo — disse ao menino a olhar com olhos arregalados para tudo quanto via.

— O profeta Jonas, conhecedor do fundo das águas, trouxe-te para esta casa — disse Nicanor — porque, embora não sejamos ricos, aqui não terás falta de nada.

O menino foi vestido com roupas improvisadas, e uma grande taça de leite quente com mel e castanhas acabou por tranqüilizá-lo.

O Mestre sentou-se junto dele e tomou-lhe uma das mãos, que estava gelada. Essa simples manifestação de carinho de tal modo o enterneceu que ele se abraçou com Jhasua e começou a chorar em grandes soluços.

Felipe e Nicanor iam intervir para consolá-lo, mas o Mestre fez sinal de silêncio.

Jhasua fechou os olhos e continuou acariciando aquela negra cabecinha de longos cabelos sacudindo-se em soluços sobre seus joelhos. Ali mesmo o menino adormeceu.

Felipe, cujas faculdades espirituais haviam sido bastante desenvolvidas pelos Anciãos do Tabor, percebeu que Jhasua orava pela alma do ancião morto por uma síncope cardíaca há umas poucas horas, e isso o despertou para a lucidez da situação atual.

A cena astral vista por Felipe foi emocionante em extremo. O espírito do ancião abraçou-se ao do seu neto, enquanto seu pensamento dizia: "Meu pobrezinho! Eu era o único amor que encontraste na tua vida de abandonado e deixo-te sozinho no mundo." Felipe olhou para o Mestre, que continuava imóvel com os olhos fechados e as mãos sobre a cabeça do menino adormecido.

A alma radiante de amor e de ternura do Cristo Divino consolava ao mesmo tempo aquelas duas almas unidas nesse instante pela mesma intensa dor.

Profundamente comovido, Felipe chorava silenciosamente, enquanto Nicanor, nada vendo, não podia compreender aquela estranha cena:

Jhasua, como que petrificado; o menino subitamente adormecido e Felipe chorando em silêncio. "Que está acontecendo aqui?", perguntava a si mesmo.

Quando o pequeno hóspede despertou, estava tranqüilo, embora muito triste. Percebia-se o esforço que fazia para não chorar.

— A hora já está avançada — disse o Mestre — e todos precisamos descansar.

"Vem comigo à minha alcova, que compartilharei o meu leito contigo — disse ao menino."

A alcova improvisada para essa noite não era outra coisa senão o amplo local dos teares, rodeado de estrados de pedra e bancos de madeira, onde as esteiras, os tapetes e as mantas preparadas para a venda serviram de leitos aos peregrinos que se hospedavam ali.

Na manhã seguinte, o menino abandonado contou sua breve história: a mãe morreu quando ele tinha apenas quatro anos; seu pai uniu-se a outra mulher e ausentou-se do país. Seu avô materno o associou à sua pobreza e lhe deu em abundância a única coisa que possuía: sua ternura de avô.

Também este ele acabava de perder. Como o pequeno órfão podia consolar-se?

— Felipe — disse o Mestre —, este menino não pode continuar rodando sozinho pelo mundo.

— Não, Mestre, ele será meu filho. Eu o adoto a partir deste instante — continuou Felipe.

— Cuidado para não vir a ser um distúrbio para a família, nem ter de sofrer hostilidades da parte de teu pai ou de tua madrasta!... — observou prudentemente o Mestre. — Pois, nesse caso, eu conseguirei um lar entre os companheiros de viagem. Salomé e Zebedeu... minha própria mãe o acolheriam com amor.

— Não há o que temer. Além do mais, o menino não quer afastar-se deste lugar. Vinde vê-lo — disse Felipe.

Ambos foram até o lugar onde o pequeno bote havia afundado ao encalhar na costa. Não havia vestígios nem do bote nem do avô que havia afundado com ele.

O pequeno órfão, sentado sobre uma rocha da margem, tecia uma grinalda de flores silvestres, entrelaçando-a num grosso ramo de juncos verdes que se sobressaíam das águas do rio. Terminada a grinalda, arrojou-a ao lugar onde afundou o bote e disse: "Vovozinho, esta é pelo cordeirinho que me compraste com as tuas economias de um mês."

Logo em seguida, teceu outra mais e a arrojou ao rio dizendo: "Vovozinho, esta é pela túnica nova que me compraste quando vendemos a última carga de lenha..." Feito isto, levantou um pouco de água na concha de suas mãos e, beijando-a, disse: "Vovozinho, este beijo é para dormires em paz nesta noite."

O Mestre e Felipe sentiram um soluço embargando-lhes a garganta e abraçando ao mesmo tempo o amoroso órfão, disse Jhasua:

— Bem-aventurado és tu, meu filho, que assim dás lugar no teu coração ao amor e à gratidão! Tu, sim, serás um bom seguidor do Cristo do Amor que jamais termina.

Esta frase de Jhasua foi profética, pois esse menino, cujo nome era Adin, foi protegido e amado não só por Felipe, como também por João, o mais jovem dos Doze, todos os quais, no correr dos anos, chegaram a compreender os grandes dotes possuídos pelo órfão.

Por amor reverente ao avô morto naquele dia e cujo nome era Policarpo, originário de Chipre, quis tomar o seu nome, com o qual passou para a história do primeiro século do cristianismo.

Dele voltaremos a nos ocupar mais adiante.

Nessa mesma manhã, todos os peregrinos se inteiraram da tragédia do pequeno Adin, e todos, homens e mulheres, se sentiram como pais e mães para o órfão solitário, que havia perdido nessa noite o único amor que existia na sua vida.

Boanerges, o pastorzinho que já conhecemos, foi quem melhor compreendeu e sentiu a amargura desesperadora do menino, pois também já estivera um dia em igual condição.

— Eu era como tu, e hoje estou cumulado de amor. Não chores mais!... — disse Boanerges ao desconsolado órfão.

Efetivamente aconteceu assim, pois as mulheres que levavam meninos da mesma idade apressaram-se em vesti-lo com boas roupas, calças e sandálias.

A caravana dispôs-se a ficar ali mais um dia, com o fim de deixar o menino provido de tudo quanto fosse necessário. Teriam-no levado a Jerusalém; entretanto, não foi possível afastá-lo por um momento sequer daquele lugar onde "dormia" o avô, como ele dizia.

O tio Jaime, Pedro, Santiago e Tomás dispuseram-se a ir até Sevthópolis, cujos torreões e obeliscos eram vistos da aldeia. A castelã de Mágdalo falou a Salomé, mãe de João, que era quem a havia recebido em sua companhia e, muito em segredo, comunicou o que se passava com ela.

— Sou muito infeliz, mãe Salomé, porque não poderei continuar com os peregrinos. Meus pobres pés não resistem mais — disse, mostrando o estado lastimável em que estavam as plantas de seus pés.

— Tínhamos certeza de que isto iria acontecer, pois as jornadas são longas e duras e não estás acostumada a andar a pé. Mas não te aflijas, pois tudo pode ser devidamente remediado. Meu filho Santiago vai fazer compras com os demais na cidade e pode alugar um jumento para montares.

— Para mim somente, não!... pois é uma vergonha uma jovem montada e as mulheres de idade caminhando.

"Que aluguem jumentos para todas as mulheres e para as crianças. Toma o dinheiro que eu pago tudo, e não deixes que ninguém saiba disto, mãe Salomé, para que eu não me envergonhe ainda mais."

— Está bem, filha... está bem. Fica em paz. Nem é tanto assim.

A boa anciã não demorou em sair em busca dos que iam a Sevthópolis e, com isto, o segredo correu como uma centelha de uns para os outros.

Como poderia ela encarregar-se de alugar uns dez ou quinze jumentos sem dizer quem os pagava?

O segredo chegou logo a Jhasua e a sua Mãe, que foram ver a castelã reclusa desde que chegou na alcova-hospedagem das donzelas.

— Como a mãe Salomé guardou mal o meu segredo! — disse a jovem grandemente mortificada pela humilhação que julgava estar sofrendo.

— Não a culpes, minha filha — disse Myriam —, pois ela quis colocar-nos todos a par do contratempo que te molesta. És de outra raça e de outros costumes, e também ignoras como estas viagens em comum nos tornam todos como irmãos. Eu também já estava muito cansada e um jumentinho vai ajudar-me muito.

— Naturalmente! — disse o Mestre. — Não se deve dar importância às coisas pequenas, quando a vida nos apresenta, a cada instante, coisas grandes e magníficas nas quais podemos ocupar nossas melhores energias.

As três companheiras da castelã e Elhida, sua velha aia, voltavam de uma excursão matutina em busca de ninhos de melros e calhandras que ali havia em abundância.

Pouco depois, entrou Hanani em busca de sua filha Fatmé, a quem falou em segredo. Ele ia também até a cidade e dizia à filha que a sacolinha de dinheiro que a castelã dera à Salomé era suficiente para alugar jumentos para todos. Esclareceu ainda que, se fosse de seu agrado, haveria possibilidade de ficar mais três dias na aldeia, onde ele havia descoberto oportunidades para realizar bons negócios em benefício de todos.

O Mestre interveio no assunto e, como todos estavam de acordo, a coisa foi feita como o bom Hanani havia pensado. Os três dias de descanso em Beth-sam serviriam para o Mestre esclarecer a situação criada com o depósito de armas mantido sob a guarda de Felipe.

Como não queria dar conhecimento desse assunto aos Doze de sua Escola íntima, exclusivamente destinada à obra do Missionário Divino, valer-se-ia de Hanani, homem prudente e profundo conhecedor de todas as alternativas e situações políticas do país.

Duas horas depois de haverem abandonado a aldeia, voltaram os encarregados dos jumentos trazendo vinte e três deles, já ajaezados e prontos para viajar.

No Presídio do Batista

O Mestre anunciou que ia cruzar o Jordão e dirigir-se à cidade de Pella, uma das mais importantes capitais da antiga Decápolis. Achava-se defronte à aldeia de Beth-sam, apenas dividida pelo rio Jordão e pelo labirinto de formosas serranias, no qual se achava como que incrustada.

Pella possuía velhas muralhas, lavradas, em sua maior parte, nas próprias montanhas que a rodeavam.

Com boas cavalgaduras, teriam apenas duas horas de viagem, o que lhes permitiria regressar ao cair da tarde. O Mestre levou em sua companhia Hanani, o tio Jaime, seu meio-irmão Matias e o jovem Felipe, que era o depositário das armas.

Era Pella a mais importante cidade da Peréia, pertencente então à Tetrarquia de Herodes Ântipas.

Ao cruzar o Jordão, inteirou-se o Mestre de que seu primo Johanan, o Solitário do deserto, fora levado alguns dias antes para uma fortaleza de Pella, não como prisioneiro, mas na qualidade de refugiado para permanecer a salvo dos intentos de assassinato por parte de Herodíades que, unida ilegalmente, como sabemos, com Antipas, buscava os necessários meios de exterminar o profeta com o fim de cortar a influência exercida pelo mesmo sobre o tetrarca.

Numa gruta das margens do Jordão, o Mestre encontrou seis dos discípulos de Johanan que, grandemente entristecidos, não faziam outra coisa senão ficar olhando para o torreão da fortaleza, no qual se achava encerrado o seu mestre, a quem não permitiam que fosse visto.

— Vinde comigo — disse Jhasua —, pois pode ser que encontremos uma forma de chegar até ele.

Ao dizer isto, lembrou-se que em Raphana, Dion e Pella, o scheiff Ilderin era muito conhecido e tinha grandes amigos, que o eram, ao mesmo tempo, do rei Hareth, poder supremo da Arábia.

Entretanto, ali mesmo ficou sabendo que entre o rei árabe e Herodes Antipas haviam sido desencadeadas duras hostilidades, porque a esposa legítima de Antipas era filha do rei Hareth, a qual, vendo-se pessimamente tratada por seu marido por causa de Herodíades, havia fugido para refugiar-se nos domínios de seu pai em Bozra, situada entre os montes Bazzan. As hostes do rei Hareth tinham entrado uma noite em Dion, cidade fortificada da Peréia, onde foi morta quase toda a guarnição da fortaleza.

Este incidente não permitia que o Mestre contasse com a influência do scheiff Ilderin perante as autoridades da fortaleza de Pella, onde se encontrava detido seu primo Johanan.

Em face do grave inconveniente, os discípulos do Solitário caíram em profundo desespero.

Os companheiros de viagem do Mestre queriam voltar imediatamente para a tranqüila aldeia de Beth-sam, principalmente Matias, seu meio-irmão que, na sua idade, não se sentia com o necessário ânimo para envolver-se em dificuldades dessa espécie. O tio Jaime permaneceu neutro, disposto a aceitar tudo o que o sobrinho resolvesse fazer.

Os únicos que o animavam eram Hanani, pai de Fatmé, e o jovem Felipe, que cultivara a amizade dos discípulos de Johanan e sofria por vê-los perder toda esperança de salvar seu mestre.

Passados uns momentos de reflexão, o Mestre levantou-se da relva onde se havia sentado à porta da gruta e disse a todos:

— Não pequeis contra a Soberana Majestade, pensando que tem mais poder o ódio dos homens que o seu Amor Infinito. Entremos na cidade e Deus fará o restante.

Dispuseram-se em grupos de dois ou três para não entrar todos juntos. Os cinco que iam montados deixaram seus jumentos na praça das caravanas, permanecendo juntos nos tanques sombreados de árvores, onde os viajantes davam de beber aos animais. A fortaleza-prisão de Johanan ficava a cem passos dali.

O tetrarca, para maior segurança do detido, havia dado aos guardiães uma senha que ele daria a um enviado seu para chegar-se ao prisioneiro. A senha era "César é Rei". No entanto, só conhecia ele mesmo e quem a havia recebido com juramento sob pena de morte se faltasse a ele.

Tal havia sido a resposta dada aos discípulos de Johanan quando foram vê-lo.

— A senha — pediram e, por não poder dá-la, foram rechaçados com uma dura negativa.

— Aguardai um momento — disse o Mestre, retirando-se para um lugar solitário, atrás dos reservatórios de água, onde o arvoredo era mais sombrio. Sentou-se sobre a palha na qual costumavam descansar os pastores que levavam ovelhas ao mercado e mergulhou em profunda concentração mental. Seu luminoso espírito desprendeu-se da matéria e apresentou-se ao prisioneiro, que escrevia suas últimas vontades pois aguardava a morte de um momento para outro.

Desse modo, em estado espiritual, o Mestre viu Johanan escrevendo estas palavras:
"Jhasua, meu irmão,

"Escrevo minha última vontade para saberes que te precedo alegre no caminho do sacrifício à Soberana Vontade que nos enviou juntos a esta Terra, onde o crime é glorificado e a virtude e a verdade perseguidos..."

– Johanan, meu irmão!... – disse o Mestre, que havia materializado sua forma astral para poder ser visto pelo grande prisioneiro.

Como o prisioneiro fizesse menção de abraçá-lo, Jhasua acrescentou:

– Minha matéria dorme junto dos reservatórios de água. Estou ali com seis de teus discípulos, cuja desesperada dor me impulsionou a usar este supremo recurso concedido a nós pela Eterna Lei. Entretanto, conseguirei a senha e viremos visitar-te.

– Eu não conheço a senha – disse Johanan.

– Mas sabes como poderemos consegui-la – insistiu o Mestre.

– Está certo. Então a tomaremos do pensamento de Ariph-Pul, que é o encarregado da guarda desta prisão.

– Façamos assim!... Ajuda-me, Johanan, que vai nisto a fé de todos os teus discípulos. A oculta Sabedoria Divina permite que penetremos no pensamento humano quando é pelo bem de nossos semelhantes.

Aquelas duas poderosas mentes se uniram e, poucos instantes depois, o encarregado da guarda entrou na cela, encontrando como sempre Johanan escrevendo.

– Mas, chamaste! Que desejas, Profeta?

– Queria perguntar se alguém veio me ver – respondeu Johanan.

– Vieram sim, uns que dizem ser teus discípulos, porém não pude deixá-los passar.

– Por quê?

– Porque não trouxeram a senha, sem a qual não posso abrir a tua porta para ninguém, sob pena de morte – respondeu.

– A senha!... Então sou um personagem de tanta importância que o tetrarca dá uma senha para me guardar?

– É exatamente assim e não posso modificar nada. Ele manda e eu apenas obedeço.

– Estás bem, Ariph-Pul! Graças pela notícia. Perdoa-me se te molestei.

– Tenho ordens de servir-te bem – respondeu o encarregado da guarda, e saiu.

A figura astral do Mestre voltou a aparecer diante de Johanan e disse:

– A senha é "*César é Rei*". Dentro de uma hora estarei aqui com os teus discípulos.

Jhasua envolveu o prisioneiro em suaves eflúvios luminosos e desapareceu.

O Mestre despertou no sombreado local junto aos reservatórios de água e disse a seus companheiros:

– O amor é um mago divino que salta todos os abismos. Já tenho a senha, e dentro de uma hora iremos visitar Johanan na prisão.

– Oh, Mestre Jhasua!... És em verdade o Messias Salvador de Israel, como tantas vezes foi dito pelo nosso mestre – disse um dos seis discípulos do prisioneiro.

– A senha é "*César é Rei*" – disse o Mestre –, e com ela podereis entrar para visitá-lo sempre que quiserdes.

Mas os dias do prisioneiro estavam contados e seus discípulos puderam visitá-lo apenas duas vezes mais.

Jhasua chegou à imponente fortaleza de Pella e, da margem do fosso que a rodeava, fez soar a sineta que anunciava a chegada de gente de fora.

A ponte foi estendida e o Mestre com os seis discípulos de Johanan chegou à poterna.

Jhasua respondeu às perguntas usuais, que desejava visitar Johanan, o Profeta, pois era seu parente próximo, e que seus companheiros eram os discípulos do prisioneiro que antes tinham vindo e não haviam conseguido entrar.

Deu a senha e deixaram todos entrar.

Johanan esperava-os e seu semblante austero e formoso parecia ter já essa serenidade do herói que conhece e aceita alegremente o sacrifício sublime.

Seus discípulos caíram de joelhos a seus pés, chorando amargamente.

Com Jhasua, Johanan estreitou-se num abraço longo e mudo.

Não era, porventura, mais eloqüente a linguagem de suas almas, que deviam falar então como as puras Inteligências dos Céus Superiores?

Depois de Johanan ter falado particularmente com cada um dos discípulos, preparando-os para o irremediável que ele sentia chegar, recomendou a todos para seguirem Jhasua, o Messias Ungido do Altíssimo, e que fossem dóceis e fiéis como haviam sido com ele.

Jhasua é aquele que vos recomendei para esperar e amar sem conhecê-lo. Quanto mais o amardes agora, que o tendes ao vosso lado, mais de perto podeis contemplar a grandeza e a glória de Deus que chegou com Ele."

Depois, pediu para lhe trazerem uvas e maçãs, pois desejava manter a energia e a força mental até o último momento da sua vida.

Já que seu corpo estava impedido de agir como quisesse, o faria em espírito, em benefício de todos aqueles que necessitavam da sua palavra. Esse pedido do prisioneiro era feito porque ele desejava ficar a sós com seu primo Jhasua.

– Johanan! – disse o Mestre. – Deus Todo-Poderoso pode salvar-te de teu cativeiro, se Ele assim o quiser. Que é um rei, ou cem reis, diante do Seu poder e da Sua justiça?

– É verdade, Jhasua, mas o Altíssimo não pode querer que eu compre a minha liberdade ao preço que me pedem por ela – respondeu o prisioneiro.

– Que coisa te pedem? – perguntou o Mestre.

– Que eu me cale, depois de haver pronunciado nas praças das principais cidades da tetrarquia de Antipas vários discursos retratando-me das acusações formuladas contra os escândalos, corrupções e crimes da sua corte, desde que se uniu ilegalmente a Herodíades, mulher de seu irmão, o tetrarca Felipe. Acreditas que um Profeta de Deus possa cometer este ato covarde e vil para conseguir a liberdade?

Jhasua calou-se e um profundo suspiro escapou-lhe do peito.

Compreendeu então que o fim de Johanan se aproximava e que, com todo o Poder Divino do qual se achava revestido, nada, absolutamente nada, podia nem devia fazer para salvar o valente prisioneiro.

Essa era a encruzilhada terrível onde são colocados de ordinário os grandes seres que vêm para provar, com o exemplo de sua vida, o que pode a alma chegada aos altos cumes da Sabedoria e do Amor.

O sacrifício de absolutamente tudo e até da própria vida é o brasão divino imposto pela Eterna Lei aos guias condutores de humanidades.

– *A morte por um ideal de redenção humana é a suprema consagração do Amor* – disse Jhasua com acento comovido e solene, depois de alguns momentos de silêncio.

"Também eu serei posto no mesmo cadafalso, Johanan, meu irmão, e talvez não me demorarei muito em seguir-te."

– Que a Eterna Vontade permita a ti e a mim – respondeu Johanan – podermos deixar atrás de nós almas escolhidas e suficientemente fortes que sejam capazes do sacrifício pela causa pela qual seus mestres sacrificaram suas vidas.

Logo em seguida, mencionou ao primo tudo quanto tinha feito Herodíades, a perversa mulher que tinha dominado Herodes com o fim de conquistar a ele, Johanan, para que acedesse em não censurá-la em suas práticas e dissertações os vícios e os crimes da corte.

Ela usava dos piores e mais baixos meios para comprar o silêncio do profeta. Havia-lhe enviado moças audazes e despudoradas, pagas por ela, e disfarçadas em donzelas que procuravam alistar-se entre os seus discípulos, com o perverso fim de seduzir o austero Solitário e quebrantar-lhe a virtude, para deitar por terra toda a sua autoridade moral, fundamentada na acrisolada honestidade do homem de Deus.

Quando todos os seus ardis foram descobertos e vencidos, tiveram início as tentativas de assassinato do profeta, que chegou por fim ao conhecimento de Antipas, motivo pelo qual assegurou, numa fortaleza, a vida de Johanan.

Herodíades, estava já vencida pelo profeta, pois o tetrarca começava a enfastiar-se de suas eternas intrigas e maquinações que perturbavam sua vida de alegres orgias e restringiam sua liberdade de conquistador de belezas exóticas.

Porém ela lutava com o desespero da derrota, com o fim de manter seu prestígio de beleza outonal perante aquele homem depravado e débil, que ela havia levado a todos os desacertos e pusera em ridículo no país e no estrangeiro.

— Ela está contente por me haver reduzido ao silêncio – disse Johanan, terminando a confidência com Jhasua –, entretanto, como sabe que está vencida, busca uma vingança digna da sua perversidade. Se ela a exerce sobre mim, não me interessa, mas temo muito que a exerça sobre meus discípulos, que são numerosos, embora os íntimos não sejam senão os seis que conheceste hoje.

"Suplico-te, pois, Jhasua, meu irmão, que os leves contigo e procedas com eles como se fossem meus filhos, os quais deixo confiados à tua sábia orientação. Que se confundam com os teus e se perca o meu nome em obséquio à tua segurança e à deles.

"Afasta-te o quanto puderes dos lugares onde arde a perseguição contra mim.

"Os meus não demorarão muito em voltar. Toma – disse Johanan tirando de uma pasta junto dele alguns pergaminhos. – Este é o meu testamento – acrescentou – que estava terminando quando chegaste. Nele encontrarás minhas memórias, minhas obras começadas e não terminadas. Tomá-la-ás como tuas e as terminarás em meu nome.

"Teus amigos Judá e Faqui voltaram a ver-me duas vezes e me consultaram sobre o levante preparado para salvar o país da situação atual. Eu os aconselhei a que essa atitude não deve ser encaminhada contra o poder do César, mas para deitar abaixo esses reizinhos de cartão que, com seus vícios e ociosidades, com seus esbanjamentos e luxos, são os que, na verdade, trouxeram a miséria para o nosso povo. O alto clero de Jerusalém e os dois tetrarcas, filhos do funesto Herodes, erroneamente chamado "*o grande*", que formaram alianças para se manterem mutuamente, são os verdadeiros causadores dos males de Israel.

"No meu conceito, esse levante está de acordo com a Lei. Sou da falange dos espíritos de Justiça e compreendo a necessidade de que a mesma seja feita quando as circunstâncias o reclamarem. Que dois ou três procuradores romanos tenham cometido delitos e erros, é verdade, no entanto também houve muitos outros corretos e prudentes que evitaram horríveis matanças ordenadas pelo Sinédrio. Augusto e Tibério não foram cruéis para os povos avassalados, e apenas sem o seu conhecimento é que foram cometidas violências e injustiças. O açoite de Israel tem sido Herodes e seus descendentes... raça de vampiros, incapazes de viver a não ser sugando o suor e o sangue dos povos caídos entre suas garras. Seus latrocínios e sua lascívia chegaram até o Templo do Senhor e corromperam o sacerdócio com o ouro e suas covardes adulações. Do pontífice para baixo, todos se converteram em míseros lacaios dessa raça maldita, semeando a corrupção e o vício onde quer que pisem seus pés.

"Estás pensando, Jhasua... alma de lírios e de seda, nas vítimas e no sangue... Não te envolvas, porque não vieste para isso!... Mas deixai-os fazer! É preciso exterminar as víboras para que não matem com o seu veneno! Envenenar almas é pior que envenenar corpos. É certo que haverá mártires entre os nossos!... Porventura tu e eu também não seremos imolados no altar da nossa idéia de fraternidade humana?

"Derrubar a nefasta dinastia de Herodes é obra santa, Jhasua, e o sangue dos mártires talvez purifique o Templo profanado e o seu sacerdócio, corrompido até a vileza.

"Herodíades já está marcada com a maldição da sua raça: o câncer, e não viverá dois anos mais.

"Ambos os tetrarcas estão marcados da mesma sorte e têm pouca vida, mas, como existem descendentes tão viciosos como eles próprios, a hora é oportuna antes que eles tomem autoridade nas esferas próximas dos palácios.

"Todas estas reflexões foram apresentadas aos teus amigos Judá e Faqui. Espero que não me desprestigies perante eles, mas que os deixes em liberdade para agir, sem interferires na marcha dos acontecimentos.

"Não me respondes nada?"

— Johanan!... Vejo que para a atual Humanidade terrestre és mais hábil piloto que eu — respondeu Jhasua —, e me agrada muito ter chegado a tempo para ouvir-te.

"Eu estava completamente contra esse movimento de libertação, por julgar totalmente impossível conseguir com ele os resultados desejados.

"Agora, dando-lhe o caráter indicado, ou seja, dirigido apenas contra a dinastia de Herodes, já o vejo com mais otimismo."

Johanan continuou:

— Aos teus dois amigos e ao ancião Simônides, da casa de Ithamar, entreguei nomes e locais de residência das pessoas que servirão de testemunha, junto ao César, de toda a espantosa cadeia de crimes que os descendentes de Herodes cometeram e continuam cometendo impunemente amparados no apoio de quem ignora completamente tudo isso.

"As condições do príncipe Judá, de cidadão romano e filho adotivo do duúnviro Quintus Árrius, abrem as portas para chegar até o César. Se, depois de limpar a peçonha dos Herodes, conseguirem do César a autorização para proclamar um soberano em Israel levando em seu peito a seiva de Moisés, que é Justiça, Verdade e Sabedoria, e colocarem, para isto, os olhos em ti..."

Jhasua o interrompeu com grande firmeza:

— Até agora, Johanan, estive de acordo com tudo e o aceito como um programa possível e justo. Mas, quanto a mim, quero manter minha liberdade de Mestre ensinando aos povos a Lei Divina. Estou plenamente convencido de que *o meu Reino não é deste Mundo*.

"Esqueceste a visão do Santuário do Moab? Esqueceste que aceitei plenamente o holocausto, para o qual as Inteligências Superiores pediram o meu consentimento? Não seria uma mancha negra no Ungido do Senhor, aceitar primeiramente e depois negar-se, como fazem os inconscientes e os irresponsáveis nos caminhos de Deus?"

— Fala!... Fala!..., coração de mel, no qual não existe uma só gota de egoísmo! — exclamou Johanan. — Deixaste sem terminar a minha frase, na qual começava a dizer-te:

"Se eles colocarem os olhos em ti, será a hora de explicar claramente a tua missão, e que seja proclamado Judá, filho de Ithamar, da tribo de Judá, quarto filho de Jacob, e cujos antepassados fizeram parte da aliança íntima de Moisés.

"Moisés não teve o irmão Aarão como conselheiro ao seu lado, com o qual repartiu todo o peso do governo de Israel? Não podes ser, ao mesmo tempo, o Mestre, o Profeta e o Conselheiro do rei de Israel?

"Tais são os meus pensamentos e quero que, antes de me entregar à morte, dês ao meu coração de moribundo a alegria e satisfação de propiciar os meus ideais."

O Mestre pensou durante alguns momentos e, desejando amenizar os últimos dias do prisioneiro, disse:

– Abandono-me à tua vontade, Johanan, julgando-a de acordo com a Vontade Divina. Dou-te a minha palavra de que não me oporei aos teus desejos.

Uniram-se ambos num abraço longo e mudo, cheio de emoções profundas e de adeuses silenciosos.

Ambos sabiam que não voltariam a se ver sobre a Terra.

Jhasua retirou-se, para deixar Johanan apenas com seus discípulos.

Seus companheiros de viagem o aguardavam nos reservatórios de água, com os quais empreendeu imediatamente o regresso à aldeia de Beth-sam.

Quando já se dispunham a tomar as cavalgaduras, Felipe aproximou-se receoso, pois via o Mestre silencioso e absorto em seus pensamentos.

– Como? Regressamos sem haver solucionado o problema que tanto te intrigava, Mestre Jhasua?... O das armas guardadas na caverna?

– Tudo está solucionado, Felipe, não te preocupes – respondeu o Mestre, tomando o jumento que Hanani lhe apresentava.

– Em que pé fica o movimento libertador? – perguntou este entregando-lhe as rédeas.

– A prudência e a sabedoria de Johanan resolveu tudo da melhor forma possível. Em Beth-sam te darei mais detalhes e, visto que vamos todos a Jerusalém, é lá onde esclareceremos tudo.

Entretanto, toma cuidado porque não quero ver este assunto chegar ao conhecimento dos íntimos da minha Escola de Sabedoria Divina. As coisas de Deus são de Deus e as humanas são para os humanos. Sede, pois, muito discretos neste particular.

Com grande emoção, Jhasua mencionou parte da sua conversa com Johanan e os predispôs para as grandes revelações que certamente encerravam os pergaminhos do testamento.

Quando chegaram a Beth-sam, não escapou à sensibilidade de Myriam a preocupação do filho. Pedro e João perceberam também; no entanto, só a mãe teve o valor de falar sobre isso:

– Partiste alegre e feliz e retornas com uma nuvem de melancolia nos olhos! Que se passou na outra margem do Jordão?

– Contigo não posso ter nada oculto, mãe, porque percebes logo – respondeu Jhasua sorrindo.

"Nosso parente Johanan está detido na fortaleza de Pella – acrescentou."

– Comecei a esperar isto de um dia para o outro, desde a chegada em Nazareth das notícias de que Johanan havia empreendido uma luta contra os escândalos da corte corrompida por Herodíades.

"Jhasua, meu filho! – acrescentou a amorosa mãe. – Quando entrarmos em Jerusalém, silencia a tua boca!... Não quero que vás fazer companhia ao pobre Johanan. É uma felicidade que, nesta época, a mãe dele já não viva. A pobre Elhisabet houvera chorado tanto!"

– Minha mãe, permite-me insistir em que deves mudar tua maneira de interpretar a vida e a morte. Para a carne, é dolorosa a sua destruição; mas para o espírito, é alegria e felicidade a sua libertação. A carne está destinada pela Lei a perecer e a dispersar-se em moléculas. O espírito tem vida eterna e destinos imortais!

"O Profeta de Deus Deve dizer a verdade aos grandes e aos pequenos, e falha em seus deveres e atraiçoa a sua causa se não procede desta forma.

"Podes estar tranqüila por enquanto, pois não tenho a menor idéia de procurar notoriedade com polêmicas públicas em Jerusalém. Só falaria se circunstâncias especiais me obrigassem a esclarecer um erro no que diz respeito à manifestação da verdade."

Um suave olhar suplicante e um suspiro profundo foi a resposta da terna alma de Myriam, cuja total existência foi um continuado pressentimento do sacrifício do filho.

Aos seus Doze íntimos, informou da prisão de Johanan, efetuada para resguardar-lhe a vida dos intentos assassinos por parte de Herodíades, e ainda anunciou que o Solitário do Jordão esperava ver, dentro em breve, decretada a sua morte e que, nesse caso, seus discípulos se uniriam a eles.

Isso desagradou muito a Judas Iskarioth, a Santiago e a Tomás. Os demais não deixaram transparecer impressões contrárias, porém tampouco mostraram-se inclinados à união com os discípulos de Johanan.

O Mestre percebeu imediatamente essa disposição de ânimo, e seu formoso semblante anuviou-se de tristeza.

– Semeei o amor em vós e a semente secou – disse, depois de alguns momentos de silêncio.

"Em verdade vos digo que, por maiores que chegueis a ser nas ciências mais profundas e nos poderes interiores do espírito, se o amor estiver morto em vós, não vereis o Reino de Deus, a não ser depois de muito tempo."

– Mestre! – disse João. – Se me permites, posso explicar meus sentimentos sobre este ponto, que talvez também seja o de todos estes.

"A notícia que temos dos discípulos do profeta Johanan, nos diz que eles vão por um caminho diferente do nosso. Talvez seja isto que produziu o alarme em todos nós."

– És o menos indicado para falar – disse seu irmão Santiago com certa dureza – porque és o mais moço de todos e a lei diz que "os jovens devem calar diante dos anciãos". Devia ser Pedro ou Felipe quem devesse falar por todos.

O Mestre observava-os em silêncio.

– Mestre! – disse Pedro. – Falarei eu porque tenho dois anos mais que todos os meus companheiros. É verdade que a notícia não foi nada agradável para nós, e principalmente para Tomás, Santiago e Judas, que se sentiam visivelmente desgostosos. Talvez tenha influído em nós o medo de não podermos manter a harmonia e a paz que existe entre os Doze; pois, embora sendo todos conhecidos e amigos, às vezes elas deixam muito a desejar. Tememos que unidos aos discípulos do Profeta Johanan, será mais difícil ainda mantê-las. Julgo que não existe nenhuma outra razão a não ser esta.

– Sim, é isso mesmo! É justamente isso – disseram várias vozes.

– Insisto em dizer-vos – repetiu o Mestre –, que semeei em vós o amor e que a semente secou.

"Ainda não sois capazes de amar vossos irmãos como amais a vós mesmos.

"O egoísmo dormita em vossos corações como uma serpente narcotizada para a qual ainda falta muito para morrer.

"Todos vós sois Essênios dos primeiro, segundo ou terceiro graus, e todos iniciastes o cultivo das faculdades superiores com intenções para o futuro, no qual sereis guias e condutores de almas. Como poderei ensinar-vos o desprendimento, o desinteresse, o esquecimento de si mesmos, se ainda não conseguistes fazê-los germinar em vós mesmos?

"Tivestes, para começar, setenta dias de exercícios espirituais na solidão e em retiro nas grutas do Tabor. Estais há vinte e três luas ao meu lado ouvindo-me ensinar o amor fraterno como o que existe de maior e de mais excelso em todos os mundos entrados no caminho da purificação. E hoje, quando vos anuncio que seis órfãos do espírito buscarão o vosso calor e a vossa ternura quando não estiver na Terra o seu mestre, levanta-se uma sublevação no vosso mundo interior, a rechaçá-los do vosso lado.

"Sabeis qual é a causa íntima e profunda que vós mesmos, talvez, não conseguistes descobrir?

"Eu vos direi: A vida austera de sacrifícios e de privações na qual Johanan desenvolveu seus altos dotes espirituais imprimiu em seus discípulos íntimos o sinal característico do seu ascetismo, despido de toda satisfação terrena. São águias a abarcarem a imensidão! Vosso amor-próprio se nega a efetuar a comparação, na qual acreditais que saireis perdendo no meu conceito. Temeis que a superioridade dos discípulos de Johanan, forjados na dura bigorna do sacrifício diário, vos roube o meu afeto e a minha simpatia; e que eu acabe por julgar-vos demasiado crianças para os meus sonhos de grandeza espiritual futura; e daí a rebelião que se levantou no vosso mundo interior.

"Sede francos e leais para comigo e para convosco mesmos. Não é verdade... a mais completa verdade o que acabo de dizer?"

Pedro foi o primeiro a responder.

— Sim, Mestre!... Essa é toda a verdade! Manifestamos o nosso exagerado amor-próprio e a mesquinhez do nosso amor ao próximo.

— A superioridade deles será uma constante humilhação para nós — argüiu Tomás.

— A humilhação, meu amigo — disse Jhasua — é um remédio altamente benéfico para as almas aprenderem a conhecer a si mesmas, por ser o fundamento do edifício espiritual que cada um deve levantar no seu mundo interior.

"Para vós não serve de acicate e de estímulo o meu ensinamento reforçado com o exemplo, porque dizeis: 'Ele age desse modo porque é o Ungido do Senhor; é o seu Messias, o seu Verbo Eterno' e, com isto, aquietais a vossa consciência que diz: 'Avante com a Luz que levas acesa na tua mão! Avante por esse caminho iluminado de estrelas que se abriu diante de vós!... Avante com o vosso bastão de peregrinos, lavrado em madeira incorruptível!... Avante com a vossa sacola cheia de boa semente e com a vossa ânfora transbordante do elixir da sabedoria!'

"Os discípulos de Johanan não tiveram mais Luz nem mais água clara que vós. Eles servirão de estímulo para que possais alcançá-los no caminho e colocar-vos ombro a ombro com eles.

"Se não sois capazes de fazer silenciar o vosso amor-próprio para abrir-lhes vossos braços e vosso coração quando vierem para o nosso lado, deverei convencer-me de que não soube escolher os meus colaboradores na minha obra de elevação espiritual da Humanidade, e que fracassei no começo de minha tarefa."

Jhasua viu aparecer profunda consternação naqueles tristes semblantes. Em alguns olhos apareceram lágrimas fortemente reprimidas.

O Cristo do amor e da piedade dulcificou a voz e o olhar quando disse, poucos momentos depois:

— Eu vos perdôo de todo o coração esta primeira dor que me proporcionastes e, muito embora sabendo que não será a última, digo: Sois os meus amigos, a minha família espiritual, os herdeiros do meu legado de Amor para a Humanidade; as místicas calhandras que deixarei voando por cima de todos os telhados, nos palácios e nas choças, nas montanhas e nas planícies, para que ensineis, em todas as línguas e em todos os tons, que o Amor é a suprema lei da vida e do triunfo sobre a morte; que no Amor está toda a justiça e toda a santidade, toda a beleza e toda a perfeição, porque *Deus é o Amor*!

O tio Jaime aproximou-se do grupo para anunciar que a refeição da noite tinha sido antecipada para poderem empreender imediatamente a viagem aproveitando o frescor do anoitecer iluminado por uma bela lua em crescente.

A Parábola do Filho Pródigo

Nesta última ceia ao entardecer na aldeia de Beth-sam, ao rumor dos riachos que quase uniam as suas correntes ao se cruzarem roçando pelas rochas da caverna do estábulo, na velha residência de Felipe e de Nicanor, teve início o intenso poema de amor de Maria de Mágdalo, no oculto e secreto cenário do seu coração que, iluminado subitamente, percebeu no Profeta Nazareno o sublime ideal que havia sonhado.

Nas criações magníficas de Homero, de Platão, de Sócrates e de Virgílio, ela havia vislumbrado o Bem e a Beleza levados à perfeição, como um adejar, espargindo aos ventos ondas de frescor suave e deleitável que sugestionava o espírito. Mas esses vislumbres tomaram matizes definitivos e fortes de soberana realidade na augusta personalidade do Mestre Nazareno.

Então compreendeu e amou ainda mais a seus mestres "*pagãos*", segundo o deprimente qualificativo dos rabinos judeus, porque eles fizeram despertar o pressentimento de que o Bem e a Beleza cantados por eles tinha a sua realização na Terra. Onde estariam escondidos? Sob que céu estaria o tálamo de rosas brancas e de lírios dos vales? ... Os esposos eternos, o Bem e a Beleza, com que sonharam vagamente todas as mais antigas religiões que os envolveram nas roupagens sutis da simbologia e do mistério!

A pagã do Castelo de Mágdalo, a idólatra que possuía estátuas dos deuses e das musas em seus jardins de sonho; a grega que espantava suas melancolias entre os véus cor de aurora de exóticas danças, via, a poucos passos de si, a bela e austera personalidade de um homem que encarnava o Bem completo, visto que ele só era feliz quando afastava o mal, quando secava lágrimas, quando anulava a dor e a miséria, quando toda angústia era transformada em alegria e, no meio da desesperação, fazia brotar flores de divina fragrância!

Um homem que encarnava a Beleza perfeita, pois não havia nele o menor rasgo de ambição, de egoísmo ou de interesse; buscando o amor dos humildes, dos deserdados e dos pequenos, porque eles não podiam oferecer-lhe compensação alguma; fazendo brotar as flores divinas do arrependimento e da purificação dos corações pecadores; inundando de paz e de serenidade todas as almas, porque ele mesmo era a paz, a suave quietude, a divina esperança!...

Sentada entre Myriam e Salomé, na longa mesa de rústicas tábuas apoiadas sobre cavaletes de cerejeira, a castelã deixou-se absorver por esses pensamentos, sem ver que sua tijela de vinho, seu prato de lentilhas e a cestinha de uvas estavam sem tocar.

Na cabeceira da mesa, defronte a ela, estava o Homem Excelso conversando com os mais idosos dentre todos os viajantes. Sua voz soava qual melodia distante parecendo mergulhá-la num mundo até então desconhecido. Seu olhar pousava com inefável doçura sobre todos os rostos circundantes da mesa. Esse olhar parecia-lhe os raios de luz de um sereno amanhecer que, iluminando as almas, transformava-as também em luzes diáfanas e puras, embelezando-as e tornando-as semelhantes a ele.

Sua imaginação tecia um mundo de nereidas, de ondinas, de gênios benéficos, que a grandeza sobre-humana do Profeta fazia surgir em torno dela, como por arte de um encantamento divino!

– Mãe! ... – disse repentinamente a voz grave e suave do Profeta. – Tua companheira de mesa não come e a viagem é longa.

Uma sacudidela imperceptível agitou a pagã do castelo, como se essas palavras houvessem tocado num contato oculto em seu coração.

– Come, minha filha! – disse Myriam.
– Estás distraída? – perguntou Salomé.
– Está fatigada – acrescentou Elhida, sua aia.

A jovem ruborizou-se intensamente vendo-se descoberta em seus íntimos pensamentos no meio daquele mundo estranho onde havia penetrado, em seguimento ao Profeta que a fascinava!

O suave olhar do Mestre pousou compassivo sobre ela, pois compreendia perfeitamente tudo quanto se passava no íntimo daquele espírito turbulento que se achava ferido em suas andanças idealistas e procurava, por fim, repouso à sombra da árvore eterna da vida!

– Maria! – disse Jhasua. – Foste a última a chegar, no entanto, chegaste a tempo. Aquieta teus pensamentos porque Deus, nosso Pai, é Deus de paz e não de perturbação.

Tão intensa emoção deu um nó em sua garganta e a jovem permaneceu em silêncio.

A voz do Mestre desfolhou uma terna parábola que ficou ressoando através dos séculos como amorosa cadência perpetuamente renovada e eternamente sentida; e a fez, sem dúvida, para recriminar, sem ferir, a alguns dos presentes que, sendo israelitas de puro sangue, não se achavam à vontade na companhia daquela mulher, contradição viva de seus dogmas, de suas práticas e de seus costumes:

"Houve um homem justo a quem o Senhor enriquecera com abundância de bens materiais, com filhos, servos e amigos, motivo pelo qual sua vida era extremamente feliz e alegre.

"– Meu pai – disse um dos filhos –, dá-me a parte da herança que me pertence, porque quero sair a conhecer o mundo e gozar a vida, pois aqui sou invadido pelo fastio, vendo campos semeados, lavradores colhendo e enfeixando, o gado pastando vigiado pelos pastores ... Comer, dormir e trabalhar é fastio para o meu coração que deseja receber outras impressões, viver outra vida que não conheço, mas sei que existe nas grandes cidades cheias de beleza, onde canta a alegria como a água nos mananciais! ...

"O bom pai fechou os olhos e comprimiu violentamente o coração para não deixar transparecer seu pesar.

"Entregou ao filho o que lhe pedia e, quando o viu partir sem voltar o rosto, o ancião dobrou a cabeça coberta com a neve dos anos e chorou silenciosamente. Era tão amado de seu coração aquele filho que se afastava para talvez nunca mais voltar! ...

"Aquele pai subia todas as tardes à torre mais alta de seu castelo, onde permanecia longas horas olhando o caminho que se perdia ao longe como uma franja cinzenta entre vales e colinas. Entre lágrimas silenciosas, murmurava esta oração: 'Senhor! ... de todos os bens que me deste, o que mais amo são os meus filhos. Um deles me abandonou. Devolve-o para mim, Senhor; e que meus olhos o vejam pela última vez antes de morrer!'

"Neste meio tempo, o filho, de cidade em cidade, embriagava-se de prazeres, de alegria, de músicas, danças e cantos. Sua vida era uma orgia continuada e sentia-se um pequeno soberano entre uma corte de amigos que o deleitavam com todos os obséquios imagináveis.

"Essa vida era a que ele havia imaginado, quando enfraquecia de tédio na aldeia do pai! — Feliz de mim — dizia — que tive o valor de romper com as antigas tradições da família, pois, do contrário, ainda estaria ouvindo eternamente os servos e trabalhadores falar do gado fraco ou gordo; do lobo que atacou este ou aquele outro rebanho de ovelhas; dos sulcos da semeadura que devem ser abertos novamente para que as águas reguem tudo por igual! ...

"Que comparação tem uma vida com a outra!?

"Engalanando-se com vestimentas novas que cingia com cíngulo de prata e prendia com broches de ouro e pedras preciosas, comparecia a um novo banquete que, com a sua esplêndida generosidade, oferecia às suas numerosas amizades.

"Passaram-se sete anos e, por fim, a herança do pai foi esbanjada totalmente, e o filho sonhador, incauto e desprevenido, viu-se envolto na miséria, abandonado pelos amigos e conhecidos que, havendo ajudado a dilapidar sua fortuna em orgias e banquetes, não puderam ajudá-lo sequer a matar a fome que o devorava. Foi vendendo vestimentas e jóias e, quando não possuía nada mais além da simples túnica trazida da casa do pai, cobriu-se com ela e fugiu da dourada cidade na qual dissipou seu patrimônio.

"Sentado num pedra, no caminho trilhado pelas caravanas, aguardou a chegada delas para suplicar que o tomassem como cameleiro e, deste modo, pudesse voltar num mísero jumento para a distante aldeia onde nascera.

"Mas vendo sua pele branca, as mãos e pés delicados como os de uma cortesã, riram dizendo-lhe: 'Com essas mãos de leite e rosas que tens, hás de ser provavelmente um bom cameleiro! Vai dançar nos jardins da corte, pois só serves para isso.'

"A fome e o desespero levaram-no a correr pelos campos onde pastavam varas de porcos sob a sombra de velhos carvalhos. As bolotas caídas daquelas árvores centenárias ao solo foram o único alimento com o qual pôde satisfazer a fome que o acossava.

"Então lhe veio a recordação do pai amoroso, do qual não se lembrou enquanto durou sua prosperidade.

"Quanto lhe teria valido não ter saído jamais do seu lado!

"— Irei, sim, irei a ele — disse finalmente — e, arrojando-me a seus pés, falarei assim: 'Meu pai! Pequei contra o Céu e contra ti. Não sou digno de que me chames teu filho, mas deixa-me no lugar do último de teus criados, que te servirei apenas pela comida e pela roupa que queiras dar-me.'

"Realmente procedeu assim como pensou.

"O velho pai, que nesses sete anos havia envelhecido como se tivessem passados dez, só conseguia subir à torre apoiando-se no braço de um criado e também em seu bastão de carvalho.

"Mas ... como seu coração poderia passar um só dia sem olhar para o caminho cinzento que seus olhos cansados encontravam já como coberto de brumosas névoas?

" 'Senhor! – continuava sua prece de todos os dias. – Devolve-o para mim antes que meus olhos se apaguem e não possam ver-lhe o rosto pela última vez!'

"Numa tarde nebulosa e triste como sua alma próxima já a perder toda esperança, seus olhos cansados perceberam uma pequenina nuvem de pó sendo levantada pelo penoso andar de um viajante, sem camelo nem jumento, que aparecia como um ponto escuro na distância do caminho acinzentado.

"Seu coração deu um salto no peito e ele disse ao seu criado: ajuda-me a descer, porque o viajante visto ao longe é meu filho que retorna a meus braços.

"O criado sorriu compassivo diante do louco delírio do pobre ancião que julgava ver seu filho perdido em toda sombra humana que passava ao longe.

"O amor deu-lhe forças pela última vez e, soltando-se do braço do criado, apressou os passos para encurtar a distância ...

"Tinha certeza de que era o filho amado que voltava para seu pai! Sua oração durante sete anos havia sido finalmente escutada pelo Senhor. Ele tinha vencido pela perseverança em esperar e o Céu devolvia o filho que tanto havia chorado! Até o Eterno Onipotente se deixa vencer pelo amor verdadeiro!

"O feliz pai fez um grande banquete, para o qual vestiu seu filho com as mais preciosas vestimentas, e encheu de presentes seus criados e servidores, amigos e parentes, porque a felicidade transbordava do seu coração e queria ver todos felizes, quando ele o era de verdade.

"Os outros filhos reclamaram deste modo: – Para nós, que permanecemos sempre ao teu lado, jamais fizeste um banquete; e para este filho que te abandonou durante sete anos, fazes um banquete digno das bodas de um rei.

"– É banquete do nascimento de um filho da velhice – respondeu o pai. – Este filho acaba de nascer de novo quando eu já me inclinava para a sepultura! Não hei de recebê-lo como uma dádiva divina ao som de cítaras e alaúdes? ..."

Quando o Mestre terminou a parábola, de todos os rostos rodavam lágrimas e ele acrescentou: – Assim também é o nosso Pai Celestial quando volta para Ele um filho que corria extraviado pelos caminhos poeirentos da vida!

"Abre-lhe seus braços e, sem uma só repreensão, porque lhe basta apenas o arrependimento, o faz entrar em seu Reino vestindo-lhe a túnica nova da purificação e do perdão.

"Se o Pai Celestial, suprema perfeição e excelsa pureza, abraça com infinita ternura os recém-chegados ao seu coração, que devemos fazer nós, suas criaturas, às quais tanto Ele teve que perdoar?"

A castelã de Mágdalo, que se via diretamente aludida na parábola do Profeta, havia-se abraçado a Myriam e chorava convulsivamente.

O Mestre aproximou-se dela e disse:

– Maria! ... Naquele dia em que me ungiste com teus perfumes, eu te disse: *Muito te foi perdoado, porque muito amaste*. Hoje, repito novamente: Não chores mais, porque hoje começa o banquete da tua vida espiritual que não terminará até teres bebido o vinho sagrado no Mundo da Luz, de onde saíste a peregrinar por este desterro.

– Pobrezinha! – exclamou a terna Myriam, secando-lhe o pranto. – Por que chora assim esta mulher, meu filho? – perguntou comovida.

– Não compreendeste, mãe? – interrogou Jhasua também emocionado. – Ela era o filho que se havia ido e que voltou! Eu, Enviado do Pai, a esperava em lugar d'Ele.

"Oxalá venham a mim, como ela, todas as criaturas de Deus que vivem sobre a Terra!"

Anoitecia e as cavalgaduras estavam prontas para continuar a viagem.

Felipe, o guardião de armas, uniu-se também aos viajantes e deixou Nicanor encarregado de receber e guardar secretamente o fardo que chegaria durante a sua ausência. As mulheres da caravana, a quem a parábola do Mestre fez vibrar de compassiva ternura, quiseram acompanhar o pequeno Adin, o órfão solitário, a render uma última homenagem ao seu avô tragado pelo rio, e teceram todas juntas uma imensa coroa de flores que o pobre menino lançou, chorando, na corrente azulada, ao mesmo tempo que dizia com sua voz infantil:

"Vovozinho! Não posso esquecer-te mais, porque eras todo o meu amor ..."

Tomado pela mão de Nicanor, o menino viu os peregrinos se afastarem e quando desapareceu o último, disse a seu companheiro:

– Iremos tu e eu, em outra oportunidade ... quando não me doer tanto o coração em abandonar o vovô que dorme no fundo do rio.

Nicanor abraçou-o enternecido, prometendo levá-lo a Jerusalém, para a festa chamada das Cabanas.

O Sinédrio Busca um Messias

Ainda brilhavam as estrelas no azul sereno dos céus quando nossos peregrinos chegaram a um pequeno e formosíssimo vale, encaixado entre uma verde colina e a margem do Jordão, a cujas águas se podia descer por uma tosca escada de pedra, lavrada nas rochas que amuralhavam a costa.

Tinham caminhado grande parte da noite e, ao esconder-se a lua, as mulheres e as crianças começaram a se sentir atormentadas por essa sensação de perigo que se esboça na mente à vista da escuridão.

Pedro, Hanani e o tio Jaime, que eram os guias da peregrinação, resolveram deter-se para um descanso no tranqüilo vale chamado Canaveral, em virtude de achar-se ali um pequeno bosque de canas de bambu que parecia amuralhar o vale, protegendo-o dos ventos fortes e dos olhares dos viajantes que passavam pelo caminho.

Havia vestígios de que descansaram ali outros viajantes com crianças, pois encontraram algumas roupinhas esquecidas e a fogueira recentemente apagada.

Zebedeu e Matias, que viajavam com suas famílias, quiseram encravar as estacas de um pequeno toldo para repouso das mulheres e das crianças, até que chegasse a luz do dia e pudessem continuar a jornada que terminaria em Arquelais.

O Mestre desceu com os Doze, o tio Jaime e Felipe, a muralha de rochas que formava o leito do Jordão. Ali, numa esplanada de pedras, sentindo as mansas ondas beijarem seus pés, sentaram-se por indicação de Jhasua.

Ele anunciou que examinariam o Testamento de Johanan, prisioneiro na Fortaleza de Pella.

– Vós e eu – disse – somos os herdeiros do Profeta do Jordão, e ele pediu para continuarmos com o que ele começou.

"Vejamos o que podemos fazer em suas obras de salvação das almas."

O Mestre mergulhou em profundo silêncio.

Poucos minutos depois, João, Zebeu, Felipe, o jovem, e Felipe o apóstolo começaram a perceber que a cabeça do Mestre começava a se rodear de uma auréola de luz dourada, a qual foi estendendo-se ao redor de seu corpo, semi-recostado entre a relva e as ervas que cobriam as rochas.

Pouco depois, essa percepção foi estendida pouco a pouco aos demais discípulos, até que, por fIm, se tornou visível para todos.

Em seguida, viram essa radiação adquirir uma força extraordinária, como ondas de água luminosa que iam perder-se ao longe, na penumbra das últimas horas da noite, iluminada vagamente pela suave claridade das estrelas.

Sobressaltados de respeito e de pavor, foram colocando-se de joelhos, como perante uma estupenda manifestação do Infinito, do Eterno Enigma, cuja existência todos pressentiam mas jamais haviam podido perceber através dos sentidos físicos.

A radiação que rodeava o corpo do Mestre foi se condensando na parte superior, do peito e da cabeça, levemente inclinada para o ombro esquerdo, viram levantar-se como uma coluna de névoa luminosa que ia perder-se no éter azul salpicado de estrelas.

Nunca os discípulos puderam precisar o tempo que durou essa muda manifestação do contato da alma do Cristo com a Divindade. Haviam sido tão intensamente felizes enquanto ela durou, que não foram conscientemente capazes de medir o tempo.

Pouco a pouco, as radiações foram se dissolvendo, e o Mestre voltou a si da profunda meditação em que havia mergulhado.

Pedro, com sua eloqüente espontaneidade, foi o primeiro a comunicar ao Mestre o que haviam visto ao seu redor, enquanto permaneceu adormecido.

– Eu não dormia – disse – mas orava. Durante a viagem até aqui não pude fazê-lo em razão da natural preocupação da mente, absorta nos incidentes que vão sucedendo-se no caminho; no entanto, minha alma prisioneira na matéria necessitava tanto que, chegado a este lugar de quietude, me vi obrigado a deixá-la escapar-se momentaneamente para o seio do Pai que é Amor.

"Porém, isto não vos deve causar temor algum, pois, em toda oração intensamente sentida, ocorre o mesmo.

"Os Anjos do Senhor, encarregados de cooperar pela iluminação das almas destinadas a conduzir outras almas à Sabedoria, fazem dentro da Lei quanto é possível realizar, para que as verdades divinas sejam conhecidas daqueles que as buscam e desejam com o coração fervoroso.

"Para ver nossa alma mergulhar em Deus, não necessitamos prostrar nosso rosto em terra, nem encerrar-nos sob as abóbadas de um templo, ou vestir túnica de penitência, e fazer mortifIcações ou jejuns.

"Deixamos simplesmente que ela busque Deus através do Amor e mergulhe n'Ele como um peixinho na água do mar, um passarinho no ar ou um átomo de luz na claridade infInita.

"Tampouco necessitamos de muitas e belas palavras, porque para o nosso Pai, todo Amor e Piedade, é sufIciente que apenas nossa alma lhe diga no mais completo abandono: 'Meu Pai!... Eu Te amo tanto quanto pode amar uma insignifIcante criatura tua'... e nem sequer necessitamos dizer-Lhe isto, mas tão-somente sentir. Ele percebe o nosso sentimento mais íntimo e o recolhe em Seu Amor Soberano, como nós recolhemos uma pequenina flor cujo perfume nos avisa de sua existência!...

"Agora acendei as tochas e vejamos as últimas vontades do irmão prisioneiro."

O manuscrito estava dividido em duas partes.

A primeira era o relato de sua vida de estudo e de meditação no Santuário

Essênio do Monte Quarantana onde, sob a direção dos solitários, foram desenvolvidas suas faculdades psíquicas.

A segunda parte era um estudo biográfico do Messias anunciado pelos Profetas, em relação com a austera Fraternidade Essênia, da qual se considerava um representante saído ao mundo exterior para preparar o caminho na obra do Verbo Encarnado.

Aparte, via-se uma simples folha de pergaminho, na qual estavam assinalados os lugares, cidades e nomes de pessoas submetidas a certos métodos e exercícios de cura dos corpos e das almas enfermas, como os Essênios denominavam os criminosos perseguidos pela justiça humana, que eles escondiam nas grutas das montanhas até conseguir sua regeneração e poder então solicitar seus indultos.

A penhascosa região desértica da Judéia, ao redor do Mar Morto, era o principal refúgio onde Johanan homiziava os enfermos da alma, dispostos em distintos graus e condições, desde os que guardavam ódio e profundo rancor à Humanidade, até os que haviam chegado à lucidez de reconhecer sua culpa e arrepender-se da vida criminosa que levavam.

Os seis discípulos íntimos que acompanharam Jhasua até a Fortaleza de Pella, eram auxiliares para agir junto daqueles criminosos que se aproximavam dele, pagos para assassiná-lo, e que a Divina Lei iluminava de súbito e pediam para ser transformados de assassinos em penitentes. Como não haviam de ser grandes os discípulos de Johanan se estavam temperados a fogo e purificados no crisol do amor, até para com os irmãos criminosos e perversos, daninhos como as víboras que se arrastavam no pó para verter o veneno sem serem percebidas pelas vítimas?

Eram oitenta e seis criminosos submetidos ao método regenerador, que o Profeta chamava de "*purificação*" e cento e vinte enfermos de câncer, de lepra e de afecção pulmonar ou tísica, como se chamava naquele tempo. Seu relato terminava assim:

"Jhasua, meu irmão. Como te incumbo de meus seis discípulos íntimos, que são como eu mesmo, deixo também meus amados criminosos perseguidos pela justiça humana, mais interessada em matar os que não lhe servem, em lugar de transformá-los em plantas úteis para os campos do Senhor. Senti-me impulsionado para os míseros répteis que ninguém ama, que todos odeiam, para ter a infinita alegria de ajudá-los a se levantarem do pó e voar como pássaros livres para a imensa grandeza de Deus."

– Que grande alma é a de Johanan! – exclamou Jhasua quando terminou de examinar o manuscrito do profeta prisioneiro.

Pouco depois, continuavam a viagem até Arquelais, onde alguns antigos amigos se juntaram aos nossos peregrinos. De uns para outros, correu o rumor de que o Messias estava entre o povo de Israel e que talvez todos o veriam nas grandes festas a serem realizadas em Jerusalém.

Pouco depois, em Phasaelis e em Jericó, o vago rumor ressoava mais alto e todos comentavam que jamais foi visto, no país, afluir tanta gente à cidade dos Reis.

Dos rumores, formaram-se comentários e suposições que, pouco a pouco, foram tomando aspecto de realidades.

O Mestre e os seus ouviam e silenciavam em face do torrencial transbordamento do entusiasmo popular. Os israelitas residentes nas cidades e povoações que Jhasua havia percorrido, realizando nelas suas obras portentosas, eram como o eco que ia fazendo ressoar em todas as mentes, despertando novamente a aspiração adormecida pelas continuadas desilusões que, desde a entrada dos três viajantes do distante Oriente em Jerusalém, trinta anos antes, o povo de Israel havia tido, sem que fosse possível comprovar-lhe a realidade.

— Vimo-lo em Naim, onde ressuscitou um morto — disseram os daquela localidade.

"Vimo-lo em Damasco, em Tiro, em Sidon, na Ituréia, nas margens do Mar da Galiléia, onde curou leprosos, paralíticos, cegos de nascimento, cancerosos e tísicos em último grau.

"Com toda a certeza, virá a Jerusalém para ser coroado rei pelo Sumo Sacerdote, e ali poderemos vê-lo e prostrar-nos aos seus pés e pedir-lhe para remediar todas as nossoas dores e exterminar a raça maldita do idumeu, que profanou o nosso Templo, pisoteando nossas leis e roubando as vestimentas pontificais e os vasos sagrados. Que fulmine, com seu poder, os orgulhosos romanos que passeiam com suas águias e seus estandartes por onde só pode flutuar o alento divino de Jehová."

O Mestre deu-se perfeita conta do estado efervescente em que se encontrava o povo amotinado às portas da cidade, cuja amplitude parecia não poder dar guarida àquelas vagas humanas que chegavam em numerosos grupos de peregrinos vindos de todas as regiões do país e ainda de muitos territórios mais além dos limites da Palestina.

O numeroso povo de Israel, incontável como as areias do mar, segundo a promessa divina ao patriarca Abraham, achava-se disseminado pela Síria, pela Arábia, pelo Egito e pela Iduméia, da mesma maneira como nas ilhas e costas do Mediterrâneo. Os rumores da presença do Messias naquela Páscoa de glória atraiu tão numerosa afluência de pessoas, que as praças e ruas da cidade, as encostas dos montes, seus barrancos, vales e colinas viram-se totalmente cobertos de tendas de vistosas cores. Até fora das muralhas os peregrinos se dispunham em escalões, nas partes mais altas, ao longo de todos os caminhos que convergiam para as portas da dourada capital.

Os discípulos do Mestre que tinham parentes ou amigos, dispersaram-se, buscando hospedagem naqueles modestos lares. Quem não tinha ninguém, refugiava-se na sede da Santa Aliança. Jhasua e os seus familiares hospedaram-se, segundo o costume, na casa da viúva Lia, e outros no lar de José de Arimathéia, o grande amigo do justo Joseph.

Na manhã seguinte, o Mestre recebeu a visita dos amigos de Jerusalém, que lhe informaram da presença do príncipe Melchor, de Fílon, o Mestre de Alexandria, do scheiff Ilderin, com os principais homens do deserto da Arábia e do scheiff Buya-Ben, pai de nosso amigo, o Hach-ben Faqui, que vinham representando a rainha Selene, soberana do povo tuaregue, confinado nos penhascos do deserto do Saara desde a destruição de Cartago.

Guardando a severa instrução do segredo mais profundo, todos compareceram àquela Páscoa na dourada Jerusalém dos Reis, "*pelo que pudesse suceder*".

O que, perguntamos nós, poderia *suceder?*

Todos sonhavam com o reinado da justiça predito pelos Profetas! Esse grande sonho, com uma visão magnífica, ia encadeando-se com fulgores de ametista em todas as almas possuidoras do grande segredo: *o Messias está entre o povo de Israel.*

Ninguém sabia a hora da proclamação gloriosa. Todos ignoravam que sol seria aquele que iluminaria Israel de júbilo. Mas chegaria, não podia duvidar-se, porque qualquer dúvida nesse sentido seria o mesmo que pecar contra os Profetas de Jehová.

Os insistentes rumores haviam transpassado as douradas portas dos átrios sagrados, e o alto clero judeu perguntava a si mesmo: "De onde brotou esse fiozinho de água rumorosa que vai crescendo como uma torrente e o Sinédrio nada sabe e as nobres famílias sacerdotais não têm ninguém entre elas que possa dar origem a tais rumores?"

Caifás, que há pouco tempo havia subido ao sólio pontifical, dizia a si mesmo:

"Se porventura tocar a mim a glória de coroar o Messias, Rei de Israel, então, nesse caso, serei seu ministro, seu guia, seu consultor, pois ele será um ingênuo, um adolescente talvez que necessitará de quem lhe ilumine os passos ... E quem melhor senão o Sumo Sacerdote de Jehová, seu representante? ... O legado supremo de sua autoridade e de seus direitos divinos? ...

O ancião Hanan, seu sogro, austero doutor da velha Escola, afiava também suas armas para tirar proveito do advento do Messias, caso se confirmassem os rumores que desde há alguns anos persistiam entre o povo.

Por sua notória habilidade em manejar os entrelaçados fios de ambições que se entrechocavam, havia obtido uma bem merecida superioridade entre seus numerosos colegas. Em virtude disso, o Supremo Pontífice, desde há uns anos, dependia sempre dele ou de um de seus filhos, genros ou parentes próximos, o que dava no mesmo; isto é, o velho Hanan era o verdadeiro Pontífice-Rei, dono das vidas e das propriedades do povo de Israel.

Na proximidade das grandes festas religiosas, propagava-se entre o alto clero o mesmo alarme: "Aparecerá, por fim, o Messias?"

Sem saber por que, tal fato produzia em todos eles um medo e um pânico inexplicável. Os capítulos 2º e 3º do Profeta Malaquias os atemorizava como o rugido de um dragão na obscuridade. "Agora, pois, ó sacerdotes, este mandamento diz respeito a vós: Se não resolverdes dar glória ao meu Nome, enviarei maldição sobre vós e amaldiçoarei vossas bênçãos, porque não me pusestes em vossos corações. Eis que envio o meu Mensageiro, o qual preparará o caminho diante de Mim e, em seguida, virá ao seu Templo o Senhor a quem buscais e o Anjo do acordo a quem desejais; e quem poderá estar presente quando Ele se apresentar? Porque Ele é como fogo purificador e como o sabão dos lavandeiros; e sentar-se-á para afinar e limpar a prata; porque limpará os filhos de Levi e os afinará como ao ouro, para que possam apresentar a Jehová oferenda de justiça."

Estas terríveis palavras do Profeta Malaquias aos sacerdotes de Israel ressoavam como trovões carregados de relâmpagos tanto no Templo como no Sinédrio, cada vez que os rumores populares os obrigavam a pensar no momento em que o Messias de Jehová transpusesse as douradas portas do Templo de Jerusalém.

Nas vésperas das grandes festas, o velho Hanan, astuto como uma serpente que se preparava para devorar um passarinho, colocava sua polícia secreta em todas as portas da cidade para que, dissimuladamente, tomasse nota dos viajantes que entrassem, sem esquecer detalhe de qualquer coisa que chamasse a sua atenção. Deviam ter em conta especial quando se tratasse de aristocratas, pois que o Messias, se havia nascido, devia vir do seio das famílias antigas tradicionalmente aristocratas, que se achavam disseminadas pelo país.

Jhasua e os seus companheiros de viagem, que entraram montados em humildes jumentos, não teriam despertado interesse algum na polícia secreta de Hanan se não tivesse sido por um simples fato ocorrido quando nossos viajantes transpunham a Porta do Sião.

A certa distância fora da muralha, encontrava-se um grupo de seis leprosos cobertos com grossas mantas, segundo o costume e que, na extremidade de um bambu, tinham uma sacola atada para receber as esmolas que os viajantes quisessem dar-lhes.

O Mestre viu-os e, dirigindo para eles sua cavalgadura, disse: "O melhor donativo que vos posso dar é a saúde, se acreditais em Deus Todo-Poderoso."

— Nós cremos, Profeta ... nós cremos! — foi o grito unânime dos infelizes.
— Em nome de Deus, Pai de toda vida, vos digo: sede sãos e louvai ao Senhor em companhia de todos os vossos irmãos.

Tirando as mantas que os cobriam, disse:
— Lavai-vos na piscina de Siloé e colocai vestes limpas para apresentar-vos ao sacerdote, como determina a Lei.

Alguns dos companheiros se aproximaram dos enfermos para deixar dinheiro nas sacolinhas para que pudessem comprar as roupas necessárias.

O policial de Hanan que estava diante da porta observando os viajantes, presenciou esse fato que, naturalmente, chamou a sua atenção.

Quem era aquele homem jovem, belo, cuja austera dignidade o assemelhava a um rei? Devia ser um mago ou um profeta, visto que pretendia curar os leprosos, aos quais viu sair correndo, entre gritos de júbilo, para a piscina de Siloé, ali perto.

Viu que o acompanhavam homens e mulheres vestidos modestamente, e isto fez-lhe dar muito pouca importância ao fato.

Porém, quando mais tarde viu entrar os seis homens declarando, perante a sentinela da porta, serem eles os leprosos que sempre se aproximavam para pedir esmola e os viu com a pele levemente rosada e limpa e também a alegria em seus olhos, perguntou *quem os havia curado*.

— Não sabemos — responderam. — Entre alguns viajantes vindos pelo caminho de Jericó estava um Profeta que nos disse: "Sede curados em nome de Deus." Agora deixa-nos passar pois vamos ao Templo para que o sacerdote nos dê o seu *visto* e possamos celebrar a Páscoa com os demais.

O policial de Hanan anotou em sua caderneta de bolso: "Entre os viajantes chegados de Jericó entrou um Profeta jovem e formoso que curou seis leprosos na Porta do Sião. Ignora-se seu nome e procedência. Vinha, junto com seus companheiros de viagem, montados em jumentos."

Pela Porta de Joppe havia entrado uma brilhante comitiva, acompanhando uma pequena carruagem na qual viajava uma princesa judia, da antiga e nobilíssima casa de Rechab, príncipes da região de Beth-hacceren. Vinha com seus dois filhos varões, um de 13 e outro de 10 anos.

Esta informação também foi levada ao velho Hanan, o qual não tardou em apresentar-se ao palácio que os príncipes de Rechab possuíam desde os tempos da última restauração da cidade e do Templo, edificado numa das encostas da colina chamada *Monte Sião*, em cujo topo se alçava o imponente palácio real de David, reconstruído por Herodes, o Idumeu.

A informação do jovem Profeta que curou os leprosos não o interessou de forma alguma, por tratar-se de gente do povo. Esta outra informação, sim! Valia a pena tratar do assunto pessoalmente.

O pequeno príncipe de 13 anos, descendente de uma das mais nobres e antigas casas da Judéia, cujo fundador havia sido o braço direito de Eliacib, Sumo Sacerdote, na reconstrução da cidade e do Templo nos tempos do Profeta Nehemias, é que podia ser o Messias anunciado pelos Profetas! Hanan providenciou imediatamente que seu genro, Caifás, Sumo Sacerdote, pusesse em movimento o conjunto de escribas a serviço do Sinédrio para pesquisar a genealogia das casas nobres da Judéia, para comprovar se, por algum ramo lateral, paterno ou materno, aquele menino descendia do sangue real de David, conforme havia sido anunciado.

Da busca efetuada pelos escribas, resultou que Rechab, fundador e príncipe de Beth-hacceren, que a adquiriu por herança de seus antepassados, descendia por linha materna do primeiro filho que David teve de sua segunda esposa Abigail, quando, fugindo do rei Saul, se refugiou em Siclag, onde permaneceu sob a proteção do rei Achis Gath.

O Sinédrio não escondia o seu júbilo, pois, de todos os candidatos a "Messias" que se haviam apresentado nos últimos trinta anos, nenhum tinha podido ser aceito por diferentes causas que não puderam ser sanadas.

Mas o júbilo tomou-se em desilusão quando Hanan regressou com a notícia de que o menino que reunia aparentemente as condições era surdo-mudo de nascimento. Chamava-se Josué. Era um belo adolescente de olhar cheio de inteligência e de bondade, porém... era surdo-mudo! Como podia haver encarnado nele o Ungido de Deus para salvar o seu povo? Um astuto e velho escriba deu uma idéia:

– Moisés esteve também durante vários anos semi-impedido de falar por causa de um defeito físico em seus órgãos vocais e, não obstante, foi o homem escolhido por Jehová para salvar seu povo da dura escravidão dos Faraós.

Estas palavras do escriba foram acolhidas como uma vaga esperança.

Hanan lembrou-se nesse instante do outro informe que havia recebido: o jovem Profeta que entrevira na cidade, quase ao mesmo tempo que a princesa com seus dois filhos entravam por outra porta. Esse Profeta havia curado seis leprosos. Não poderia também curar o menino surdo-mudo?

Mas como encontrar o taumaturgo entre a enorme multidão de pessoas chegadas de todo o país e ainda de outros países vizinhos?

Hanan voltou a entrevistar-se com a princesa, mãe do menino, futuro Messias de Israel, para anunciar-lhe a nova esperança acalentada por todos.

– Sabemos – disse – que entrou na cidade, ao mesmo tempo que entravas, um mago ou Profeta que na Porta do Sião curou seis leprosos. Nosso triunfo estará em encontrá-lo.

– Acaba de sair daqui – respondeu Aholibama – um agente comercial de Joppe, de nome Marcos, grande amigo de meu pai. Ele nos induziu a trazer meu filho para que um Profeta, seu parente, o cure. Dizem ter curado leprosos, cegos de nascimento e toda classe de enfermidades conhecidas como incuráveis. Ele o trará à minha casa amanhã, à segunda hora.

– Se permites – respondeu Hanan –, na segunda hora também estarei aqui para presenciar a cura.

Como havia combinado, na manhã seguinte, Marcos, esposo de Ana, que não era outro senão o agente comercial de Joppe, acompanhou Jhasua ao palácio de Rechab, bem alheio, por certo, de que o Sinédrio já estava envolvido nesse assunto.

Hanan levou consigo o policial que lhe deu a informação sobre a cura dos leprosos para comprovar se era o mesmo personagem que curaria o menino surdo-mudo.

A princesa Aholibama, mulher simples e de intensa fé nos poderes divinos concedidos por Deus a determinados seres que as pessoas em geral chamavam de *"profetas"*, saiu em direção ao grande portal da casa para receber o Homem de Deus que lhe trazia a felicidade aguardada há treze anos, sem havê-lo encontrado jamais, mesmo quando havia percorrido meio mundo buscando o dom da palavra para o filho primogênito.

Quando o Mestre chegou acompanhado de Marcos, a pobre mãe arrojou-se a seus pés, cheia de esperança, e a prece brotou-lhe da alma intensa e pura como uma oração de mãe rogando pelo filho atingido pela desgraça.

– Senhor... – disse –, tende piedade de mim, pois há treze anos estou chorando pela desgraça de meu filho. Meu esposo adormeceu com seus ancestrais e eu fiquei sozinha com a minha dor!
Enternecido, o Mestre ajudou-a a levantar-se, ao mesmo tempo que lhe dizia:
– Tem paz em tua alma, mulher, pois o poder de Deus é maior que todas as dores do mundo.

Quando entraram na sala principal, encontraram ali o ancião Hanan vestido com o luxo e a suntuosidade costumèira dos elevados personagens da sua estirpe. Sua liteira estava à porta com quatro escravos negros de grande corpulência.

O grande manto vermelho com franjas de ouro, o turbante crivado de pedras preciosas, da mesma maneira como o cinturão e o broche peitoral preso ao manto, tudo, enfim, resplandecia como brasa ao tênue raio do sol a penetrar por uma das janelas.

Jhasua saudou-o com respeitosa inclinação e dirigiu-se imediatamente ao menino que, a um sinal da mãe, se levantou do assento e aproximou-se do Mestre.

– O Rabi Hanan, presidente do Sinédrio – disse Aholibama, fazendo a apresentação costumeira.

– Jhasua de Nazareth, para servir a todos – respondeu o Mestre.

Hanan olhou para o policial como perguntando se havia sido este quem havia curado os leprosos na Porta do Sião! O policial, com leve inclinação de cabeça, respondeu que sim. O sagaz ancião cravou seus olhinhos negros e vivos no nobre e sereno semblante de Jhasua e não pôde deixar de confessar a si mesmo ter aquele filho do povo, em toda a sua pessoa, a nobre majestade de um grande homem. Tudo nele subjugava e atraía como se de todo o seu ser se desprendesse um indefinível encanto produzindo paz, alegria interior e inefável brandura.

Embora de dura rusticidade fluídica e espiritual, o majestoso Rabi Hanan não foi capaz de subtrair-se à benéfica influência do Mestre.

Observou que suas vestimentas de cachemira branca, sem um único adorno, eram de uma limpeza imaculada, motivo pelo qual não lhe foi difícil calcular aproximadamente a maior ou menor elevação da sua posição social. "Rico não é – pensou –, porque não leva adornos nem jóias em suas roupas que, sem dúvida alguma, não são as de filho da classe baixa. Quem é, pois, este homem?"

– Sou um discípulo dos antigos Profetas de Israel – respondeu Jhasua ao pensamento de Hanan, cujo assombro foi grande em face da prova recebida de que o jovem Nazareno havia lido o seu pensamento. Entretanto, Jhasua falava também com Aholibama, dando a impressão de não ter percebido o assombro de Hanan.

"Como discípulo deles – continuou –, dou muito pouca importância às aparências exteriores, tão fugazes e instáveis. O maior bem apreciado pelos Profetas de Deus é o de poder fazer o bem a seus semelhantes. Não é isto mesmo, Rabi Hanan?"

– É justamente assim – respondeu o interpelado com certa perturbação.

– É essa a minha única aspiração na Terra – continuou o Mestre –, e, se me permitis, usarei o poder divino para curar aqui os que estão enfermos.

– Meu filho surdo-mudo – disse Aholibama, cheia de esperança.

– Sim, mulher; teu filho, o Rabi Hanan, que sofre de úlcera cancerosa nos intestinos, e este policial, que sofre de asma.

Todos se entreolharam sem encontrar palavras para contestar.

"– Pois, se este não é um Profeta de boa lei, que venha Jehová e o diga – pensou o policial."

Jhasua, sem preocupar-se com o que eles pensavam, semicerrou os olhos e concentrou-se profundamente em si mesmo para pôr-se em contato com a Energia Divina que o assistia com inigualável generosidade quando queria fazer o bem a seus semelhantes.

Passaram-se alguns momentos de silêncio solene, durante o qual os corações batiam com inusitada violência.

Em seguida, o Mestre tomou as mãos do menino Josué, aproximou-o suavemente de seu peito e, fazendo-o abrir a boca, exalou nela três poderosos sopros. Beijou ternamente a testa limpa e serena do menino e disse-lhe com infinita brandura:

— Agora beija tua mãe e dize-lhe que a amas muito.

A mãe recebeu-o em seus braços cheia de emoção e logo começou a chorar quando ouviu a voz do filho, nunca ouvida até então, a dizer-lhe:

— Mãe, sempre te amei muito; no entanto, meus lábios não podiam dizer-te isto!

— Jehová Bendito! — gritou Hanan retrocedendo um passo como se tivesse visto um fantasma levantar-se da terra. — És o Profeta Eliseu ressuscitado ...?

O Mestre sorriu sem responder-lhe.

— Rabi Hanan! ... — exclamou depois. — Em nome de Deus Onipotente, quero ver teu corpo são e que Ele encha teu coração de piedade e de misericórdia, de sabedoria e de justiça, para seres em Israel o que Ele quer que sejas.

O ancião caiu lívido em sua poltrona e uma onda de imundície foi arrojada de sua boca, manchando-lhe as luxuosas vestimentas e o tapete que cobria o pavimento.

— Não é nada — disse o Mestre, vendo o espanto de todos em face de tão repugnante acidente. — Trazei uma bacia com água e toalhas limpas.

Aholibama chamou e umas criadas trouxeram o que o Mestre havia pedido.

— A Divina Energia extraiu a imundície que corroía as tuas entranhas, Rabi Hanan — disse enquanto molhava as toalhas e limpava-lhe a barba, o peito e as mãos.

Jhasua pediu xarope de cerejas e deu-lhe de beber. A reação veio imediatamente.

— Ainda estás forte, Rabi — acrescentou Jhasua —, e tens vida longa para fazer o bem em Israel.

"O que pensaste em fazer com este menino não está na sua Lei, porque ele não é quem supões."

— Onde está, pois, o Messias anunciado pelos Profetas, que o povo assegura estar em Israel? — perguntou Hanan, ansioso.

— "Deus dá sua Luz aos humildes e a nega aos soberbos", diz a Sagrada Escritura; e Ele deixará que conheças a verdade quando for chegado o momento.

Em seguida, dirigiu-se ao policial que estava parado como uma estátua por detrás da poltrona do Rabi.

— Deus te curou, amigo, e nunca mais se repetirão as crises de sufocação que tanto te atormentavam — disse, e procurou com o olhar a Marcos, que havia presenciado em silêncio aquele insólito espetáculo.

"Já terminei! Vamos! — disse."

— Profeta! ... — exclamou a princesa. — Não esperas nem uma palavra de agradecimento?

— Não é necessário, visto que sei que estás agradecida. Esperam-me em outra parte. Que a paz seja convosco!

E saiu rapidamente, seguido por Marcos.

A estupefação de todos os impediu de insistir em detê-lo.

— Que homem, Jehová bendito! ... — exclamou Aholibama. — Que homem! Dá a vida a todos e escapa sem esperar sequer um agradecimento!

O Rabi Hanan, taciturno por ver frustrados seus planos de criar um Messias para tirar proveito dele, esqueceu um pouco o imenso benefício que acabara de receber.

– Curou as minhas úlceras, é certo, mas feriu-me no coração! Que faremos sem um Messias, quando já passaram mais de trinta anos do aviso dos astros e ainda não vismos a estrela esperada? Será que a soberba cega realmente os nossos olhos e não vemos a Luz diante de nós?

Esta passagem faz surgir em nosso horizonte mental uma profunda reflexão:

O poderoso Hanan, manejando a nação israelita como uma criança maneja os fios que movem o fantoche, teve o Messias ao seu lado, recebeu seus benefícios e *não O reconheceu*. Ainda mais: pouco tempo depois, ele foi a alma negra e traidora que o fez condenar à morte, porque o Homem Justo que lhe havia feito o bem e que o tinha derramado sobre todo o povo e regiões do Mediterrâneo, respondeu ao seu conjuro satânico:

"Em nome de Deus, eu te conjuro a que nos digas a verdade: És tu o Messias, o Verbo de Deus, ou devemos esperar outro?"

– Eu o sou! – respondeu o Mestre.

Por aquele "EU O SOU" que o forçaram a dizer ele foi condenado à infame crucificação dada somente aos escravos rebeldes.

A soberba cegou os magnatas de Israel e eles não viram a Luz acesa em seu próprio caminho.

Sem preocupar-se mais com este incidente, o Mestre dirigiu-se com Marcos à casa dos amigos, a família de Ithamar, onde era ansiosamente esperado.

Como todas as casas, grandes ou pequenas, na proximidade da Páscoa estavam abarrotadas de peregrinos, foi assim que Jhasua encontrou o velho e severo palácio de Ithamar convertido em verdadeira hospedaria.

O scheiff Byua-Ben, pai de Faqui, o príncipe Melchor de Horeb, o Mestre Fílon de Alexandria, o scheiff Ilderin de Bozra, com três chefes do deserto da Arábia e Marcos, com Ana, sua esposa, formavam um seleto conjunto de viajantes que deixava louco de felicidade o velho Simônides, administrador da colossal fortuna que, segundo ele, estava destinada a estabelecer sobre bases sólidas o novo Reino de Israel. Todos não falavam de outra coisa a não ser da esperança que florescia em todos os corações, de que, naquela Páscoa, deviam ver cumpridas suas aspirações.

Noemi, a virtuosa ama da casa, com sua filha Thirza e Nebai, além de Sabat, mãe desta, preparavam para Jhasua um grande banquete, que ultrapassasse a tudo quanto haviam feito até então para ele.

Simônides, com Judá e Faqui, estavam completamente empenhados na organização dos membros da Santa Aliança que haviam comparecido às centenas de todas as regiões da Palestina e, não obstante muitos deles terem parentes ou amigos na Capital, para todos aqueles que não tinham ninguém, precisaram preparar alojamento, levantando tendas em todos os terrenos baldios encontrados na velha cidade dos Reis. Já dissemos que a superfície de Jerusalém era completamente desigual, pois havia sido edificada sobre colinas, barrancos e vales encaixados em forma tal que eram bem poucas as ruas por onde se poderia caminhar uns duzentos passos sem precisar mudar de direção. Tão logo a rua subia uma empinada ladeira, como descia ao fundo de um barranco ou costeava um promontório cortado a pico, em cujo cimo brilhavam os mármores polidos de alguma grande mansão senhorial.

Nas encostas dos montes e colinas onde não havia edificação, Simônides fizera encravar tendas, armadas como por arte mágica, pois de um dia para o outro apareceram inumeráveis tendas de vistosas cores, dando à venerada cidade de David um aspecto fantástico de inusitada alegria que aumentava durante a noite, com o fulgor de uma fogueira à porta de cada tenda.

Jerusalém era, pois, um formigueiro humano, um formidável concerto de vozes, de cantos ao som de cítaras, alaúdes, flautas e tamborins.

Na noite do banquete a realizar-se no palácio de Ithamar em homenagem ao Profeta Nazareno, dois homens contemplavam a buliçosa alegria da cidade.

Jhasua, sobre o terraço do terceiro piso da casa de Ithamar, que era o pavilhão de verão, e o Rabi Hanan, nos terraços do Templo envolto em penumbras.

Nosso assíduo leitor, seguindo-nos passo a passo no estudo dos acontecimentos e dos personagens que atuaram neles, certamente terá compreendido que o levamos agora a uma comparação entre esses dois homens a contemplarem, calados, a cidade de Jerusalém: Jhasua, encarnação do Bem e do Amor, e Hanan, o egoísmo e a falsidade encarnados.

– Que oportunidade mais brilhante – pensava Hanan – para proclamar o menino Josué Messias de Israel nestes momentos em que o fervor da esperança põe febre em todos os corações! Entretanto esse Profeta, que o é de verdade, assegura que não é esse menino o Messias esperado.

"E se eu insistisse em proclamá-lo Messias para salvar, perante o povo, a honra de nossas Escrituras e dos antigos profetas, que sucederia? ..."

Sobre o terraço do palácio de Ithamar, a trezentos passos do Templo, havia uma poderosa antena a captar as ondas de todos os pensamentos relacionados com ele: O Verbo Encarnado, meditando na triste condição de egoísmo e atraso em que se encontrava a Humanidade.

"Certamente o Rabi Hanan – pensava o Mestre – estará tentado a proclamar o menino Josué Messias de Israel para satisfazer o entusiasmo popular.

"Homem ímpio e soberbo, tendo pisoteado tantas vezes sua consciência e a fé de seus ancestrais, quer agora burlar a fé do povo e sacrificar essa inocente criatura levando-a a uma falsa posição! Não será isto senão acrescentar o qualificativo de *impostor* ao de traidor da pátria e da fé, que conquistou aliando-se ao usurpador idumeu, para entregar manietada a nação ao domínio estrangeiro?"

Seu pensamento, como um poderoso foco de luz, mergulhou cada vez mais no Eterno Enigma. Num profundo suspiro, descarregou a angústia que o embargava e pensou novamente com os olhos fixos no Templo, cujas cúpulas e torres brilhavam à avermelhada chama das fogueiras e das tochas.

"Memphi, mau conselheiro e ministro ímpio do Faraó, tendo enchido de angústia o coração de Moisés, mais uma vez te interpões no caminho da Luz! ... Pereceste como um lagarto afogado sob as ondas do Mar Vermelho ... Teu pecado, cem vezes repetido, endureceu o teu coração ... e desta vez serás um monstro de falsidade e de ingratidão, que te levará a ser arrastado por estas mesmas ruas transbordantes de multidões e por este mesmo povo ao qual olhas como a um rebanho de escravos.

"Alma desventurada, feita de soberba e de ambições! ... Ainda há tempo para te redimires e salvares!

"Não será esta talvez a última oportunidade oferecida pela Bondade Divina para abandonares o teu caminho de crime nas trevas e poderes ver a Luz acesa no teu caminho?"

Seu pensamento ligeiro e audaz como o vôo de uma águia, estendeu-se ao Infinito, cofre gigantesco, depositário das eternas verdades que a incompreensão humana rechaça porque a deslumbra e, com a lente da recordação, viu nas negras profundidades do Mar Sereno (o Pacífico) um chefe pirata afundando o barco de Juno, o salvador de escravos; um potentado de Bombai, comprando assassinos que atravessaram com traiçoeiras flechas o coração de Chrisna; um pontífice-rei da esquecida Atlântida, oferecendo a taça de veneno a Antúlio, o filósofo-luz, o defensor dos humildes, dos órfãos e dos mendigos! ...

— Desventurado! — exclamou Jhasua cerrando os olhos como negando-se a ver mais alguma coisa daquele horrível caminho de crime e de degradação. E ainda queres afundar-me mais! ... Rabi Hanan! — exclamou inpensadamente. — Tem piedade de ti mesmo e não avances nenhum outro passo mais, porque te aguarda o abismo! ...

Marcos subira ao terraço para chamá-lo e, ao ouvir a exclamação de Jhasua, deteve-se detrás das douradas persianas encortinadas do pavilhão de verão.

A tremenda alocução do Cristo Divino chegou ao Rabi Hanan como um último chamado de sua consciência ou *Eu Superior* para deter-se no caminho criminoso por onde corria sem freio desde longas épocas.

— Por que não pensar — perguntou a si mesmo — que possa ser o Messias anunciado pelos Profetas o formoso taumaturgo nazareno que realizou tão estupendos prodígios nesta mesma manhã?

"Ele aparenta ter de 25 a 30 anos, mais ou menos, que é o tempo passado desde a conjunção de Júpiter, de Saturno e de Marte ... Chegaram três sábios do Oriente assegurando o nascimento do Messias no país de Israel ...

"Mas este é Nazareno! ... Pode acaso sair algo bom da Galiléia? ... Deverá ser da Judéia! ... A Judéia é a predileta do Jehová! ... Ademais, o sangue real de David deve correr pelas veias do Messias que Israel espera! ...

"Logo este jovem Profeta não me parece ser facilmente manejável! ... Não teve a audácia de me dizer: *Isso que pensas a respeito deste menino não está na sua Lei, porque ele não é o Messias esperado por Israel.*"

Hanan soltou ao vento um riso forçado e nervoso e acrescentou:

— Profeta Nazareno! ... Continua curando lepra, úlceras, tísica e paralisia ... Ressuscita mortos! ... Faze andar os esqueletos como o Profeta Ezequiel! ... Mas o Messias de Israel eu o terei nas minhas mãos como a um jovem rouxinol, para ensiná-lo a cantar! ...

— Infeliz! ... Mil vezes infeliz! ... — exclamou o Mestre dobrando a cabeça como uma flor murcha sobre suas mãos cruzadas na balaustrada de mármore que circundava o terraço.

Marcos não pôde conter-se mais e aproximou-se precipitadamente.

— Que tens, Jhasua, meu irmão? ... Ocorreu alguma desgraça? Vejo lágrimas correndo de teus olhos. Que acontece? Fala!

"Tua mãe, talvez? ... O tio Jaime? ..."

— Acalma-te Marcos, não é nada disso. Eles devem chegar aqui neste momento.

— Que é então, Jhasua? Fala, por favor, pois fico muito preocupado quando te vejo assim.

— É que acabo de me convencer da minha impossibilidade de arrancar a alma do Rabi Hanan do caminho para o abismo no qual se empenha em se precipitar.

— Hanan! ... O lobo do Sinédrio? ... Jhasua! Alma de cordeiro! ... Se te aproximares dele ele te devora, meu irmão!

"Deixa-o com sua carga de crimes, que a Justiça Divina se encarregará de fazê-los pagar todos juntos!

"Vamos descer, pois já nos aguardam lá embaixo."

– Desçamos se assim o queres – respondeu Jhasua andando atrás dele com a tristeza na alma e uma palidez manifestada em seu formoso semblante.

No último degrau da escada tapetada de azul, Jhasua deteve Marcos para dizer-lhe:

– Não faças alusão alguma ao segredo que surpreendeste lá em cima.

– Quanto a isto, fica descuidado; no entanto, não sei, Jhasua, o que ocorreu para que pudesses preocupar-te com essa serpente venenosa, mais daninha que um escorpião!...

– Ele resiste à sua consciência em razão do incidente desta mesma manhã no palácio de Rechab.

"Ele quer proclamar Messias de Israel o belo menino curado nesta tarde.

"Os pensamentos vão e vêm, bem o sabes, Marcos, porque estudaste com eu, embora sem chegar ao desenvolvimento máximo.

"Ele fará do menino e da mãe suas vítimas, e depois ele mesmo mergulhará no abismo!..."

– Jhasua!... Jhasua!... Podias evitar tudo isto, e não sei que força é essa que te impede! – exclamou Marcos com tristeza.

– A Vontade Suprema se cumprirá acima de todas as coisas – disse o Mestre, já sereno e senhor de si mesmo. – Vamos descer, Marcos.

Ao chegarem ao grande vestíbulo do cenáculo, encontraram-se com o príncipe Judá que entrava trazendo Myriam e o tio Jaime.

– Se não vou buscá-los, eles não vêm. Que dizes, Jhasua? Não havias dito que devíamos aguardá-los no banquete?

– Sim, eu o disse, mas bem sabes que ambos são gotas gêmeas, e se retraem timidamente dos grandes personagens. Tua casa, meu Judá, está cheia de magnatas!...

– Magnatas com alma de andorinhas que pousam tanto nas cornijas de um palácio como no telhado de uma choça.

Myriam e o tio Jaime sorriam.

– Não era por causa dos personagens daqui, mas pelo medo de cruzar a cidade, que está parecendo uma Babilônia – disse Myriam.

"Não me agrada Jerusalém assim - acrescentou a meiga e austera mãe do Homem-Deus. – Ouvem-se expressões grosseiras, disputas de ébrios e são vistas cenas indignas da cidade dos Profetas."

– Estamos na Humanidade terrestre, mãe – disse Jhasua. – Aqui, até as douradas cúpulas do Templo continuam ostentando o infeliz estado de atraso em que se encontra.

Novamente a sombria figura do Rabi Hanan cruzou pela mente de Jhasua com as cores trágicas de um demônio encarnado, do qual, pouco depois, a Justiça Divina se encarregaria para fazer com ele o que o hortelão faz com a figueira estéril: reduzi-la a fragmentos e, em seguida, a cinzas que os ventos espalham em todas as direções.

Jhasua é Aclamado no Templo

O absoluto domínio de si mesmo possuído pelo Mestre permitiu que ele fosse, no banquete preparado pela nobre família de Ithamar, o que sempre fora em toda parte: o astro benéfico que inunda de paz e de alegria todos os corações.

A suave ternura daquele ambiente saturado de fé, de esperança e de amor pelo personagem central sobre quem convergiam todos os olhares, retemperou a alma do Ungido Divino que pôde dizer com profunda verdade: É este um dos momentos mais felizes da minha vida atual.

Sentado entre o príncipe Melchor e o Mestre Fílon, aos quais seguiam José de Arimathéia, Ilderin, Buya-Ben, Nicodemos, Simônides, Gamaliel, Nicolás de Damasco e, à sua frente, Myriam, entre Noemi e Sabad, com Judá, Nebai, Thirza, Faqui, o tio Jaime, Marcos, Ana e todos os seus, o Mestre viu-se submetido a uma prova que as pessoas comuns chamam de *tentação*, talvez mais dura que a passada contemplando com terror os negrumes que envolviam Hanan.

"Todas estas almas – pensou o Mestre – sonham com o meu papel de libertador de Israel, e eu poderia agradá-los, diminuindo-me perante Deus e minha própria consciência.

"Mas que significaria a glória de um povo, se para isso tenho de falhar nos meus grandes pactos para a hora atual da evolução nesta e em outras humanidades gêmeas?

"Com que felicidade suprema eu os enlevaria se dissesse como Moisés na hora da escravidão no Egito:

"*Serei o vosso libertador do jugo estrangeiro, e os levarei para a grandeza e a felicidade que sonhastes.*

"Mas seria esse o primeiro passo em falso que o Ungido de Deus daria para fundamentar com o seu sacrifício heróico a fraternidade humana da Terra!

"Minha herança eterna é toda a Humanidade. Nem este povo, nem aquele outro, nem o de mais além ...

"As almas em missão seguem rotas imutáveis como os astros. A estrela Polar ilumina todos os mares do mundo e sua luz orienta os viajantes de todos os caminhos, tanto no mar como no deserto, nas montanhas como nas planícies! ..."

Esta série de pensamentos foram interrompidos pelo anúncio de Othoniel, o mordomo da casa:

– A princesa Aholibama de Rechab pede para falar com Marcos, o agente comercial de Joppe, e manifesta que tem grande urgência nisto.

A sobremesa foi interrompida e os participantes se dispersaram em grupos pelos pátios e jardins.

– Jhasua – disse Marcos –, parece-me que esta visita diz mais respeito a ti que a mim.

– Anda e verifica – respondeu o Mestre.

A nobre casa dos príncipes de Rechab era por demais conhecida e, deste modo, todos se interessaram pelo motivo que trazia a princesa àquela casa, quando já era entrada a segunda hora da noite.

– Terá vindo em busca de cura do seu primogênito surdo-mudo? – perguntou Gamaliel.

O Mestre mencionou o acontecimento dessa mesma manhã e que o Rabi Hanan queria proclamar esse menino como o Messias de Israel.

– Não pode ser! ... – foi a voz múltipla que se levantou.

– E não será! ... – gritou Simônides. – Não será, ainda que eu deva morrer enforcado! ...

– A princesa Aholibama é uma santa mulher e preferirá morrer antes de se tornar cúmplice de semelhante falsidade – acrescentou Gamaliel, demonstrando conhecer melhor a família do que todos os demais. – Desde a morte do esposo numa Páscoa em Jerusalém, ela não havia vindo mais. Como pode estar aqui?

— Claro que está. Veio com a notícia dada por Marcos de que viria também até aqui um Profeta que poderia curar o filho — acrescentou Simônides.

— Vamos todos até ela! ... Todos! — disse o príncipe Judá, tomando pelo braço Melchor, cujo testemunho lhe parecia o mais importante de todos os demais pelo aviso que ele e seus dois amigos Gaspar e Baltasar tinham recebido do nascimento do Messias, cada qual em seu distante país.

Myriam, toda assustada, retraiu-se, porém Nebai, que era tão corajosa quanto resoluta, tomou-a pelo braço dizendo ternamente:

— Vamos, mãe Myriam, pois a tua voz é a que deve ressoar mais alto!

Desta forma, rodeando-a com seu braço, levou-a, após todos, ao grande salão onde Jhasua e Marcos falavam com Aholibama, que viera com os dois filhos e uma donzela.

Sua grande carruagem estava à porta, com uma pequena escolta de quatro escravos montados em mulas negras, conforme era o antigo costume da casa.

A pobre mãe, com grande sobressalto e temor, viera procurar Marcos para que novamente a pusesse em contato com o poderoso Profeta autor de tão estupendos prodígios. Esperava dele outra coisa mais: livrá-la das garras de Hanan, o qual lhe havia anunciado nessa mesma tarde a sua resolução de encarregar-se do menino Josué, pois o Sinédrio estava convencido de que ele era o Messias aguardado por Israel. Ela solicitou o amparo de seu pai, o velho príncipe de Rechab; no entanto, ele opinou não ser conveniente resistir ao Sinédrio, que, talvez, estivesse no caminho certo.

Aholibama não podia consentir que lhe fosse arrancado o filho, e queria fugir com ele para onde pudesse ver-se livre da influência de Hanan. Ela solicitava de Marcos uma entrevista com o Profeta Nazareno, completamente alheia, com toda certeza, de que iria encontrá-lo naquela mesma casa.

— Senhor! ... — disse arrojando-se a seus pés. — Hoje mesmo deste a meu filho o uso da palavra. Faze agora o prodígio de que o Sinédrio não o arranque do meu lado. Deus, que fez de piedade e ternura o coração das mães, não pode determinar que me seja arrancado o primogênito, agora que estou sozinha e sem o amparo do seu pai.

— Acalma-te, mulher! — disse o Mestre ajudando-a a levantar-se.

"Fizeste bem em vir e, provavelmente, foste guiada por um Anjo do Senhor, que quis consolar o teu sofrimento."

Neste preciso instante entraram no salão todos os participantes do banquete. Gamaliel aproximou-se da família Rechab.

— Quão alheio eu estava de ver-te em Jerusalém, Aholibama — disse.

— Marcos insistiu para que eu viesse em busca da cura de meu filho.

— E estou curado! — disse o menino em voz alta. — Agora falo todo o dia sem parar, para que minha língua aprenda a mover-se, já que esteve tanto tempo parada. Este Profeta curou-me! ... Ele, somente ele ... Ninguém a não ser ele.

Josué, cheio de terna gratidão, abraçou-se a Jhasua, enquanto levantava para ele os olhos úmidos de emoção.

O Mestre estreitou-o sobre o coração, dizendo:

— Que Deus te abençoe, meu filho; tens o coração e o nome de um fiel discípulo de Moisés. Oxalá sejam as tuas obras um claro expoente de ascendência espiritual!

Por vontade unânime, falou o príncipe Melchor para expor sua certeza inquebrantável de que o Messias anunciado pelos Profetas nascera na mesma noite da conjunção dos astros Júpiter, Saturno e Marte, há trinta e dois anos, e como ele e seus dois companheiros, que até então não se conheciam, receberam idêntico aviso e tinham sido guiados por uma luz misteriosa através de montes e desertos, até se encontrarem reunidos numa encruzilhada dos três caminhos: da Pérsia, da Índia e do Egito. Juntos entraram em Jerusalém, onde um sacerdote Essênio, que oficiava no altar dos perfumes, informou-lhes que o Divino Ungido estava em Bethlehem.

A explanação de Melchor, feita com toda a veemência que dá a convicção e o amor, encheu de lágrimas muitos olhos e o silencioso pranto de Myriam fez com que todas as mulheres também chorassem.

— Jhasua de Nazareth, Filho de Deus, Ungido por Ele para esta hora solene da Humanidade pela qual te sacrificaste! ... Declaro aqui, na presença de todos e sob o meu solene juramento, que és o Cristo, Filho de Deus Vivo, o Messias anunciado e aguardado desde há seis séculos, quando o clarim de bronze de Isaías fez estremecer as almas com a sua primeira chamada!

"Senhor Deus dos Céus e da Terra — exclamou o ancião príncipe, levantando os braços e os olhos para o alto —, que se incline Tua Onipotência sobre este punhado de seres ansiosos da Tua Verdade e da Tua Luz!"

As Inteligências Superiores guias do Verbo Encarnado responderam de imediato à formidável evocação de Melchor. O grande salão iluminou-se de um resplendor dourado que deslumbrava a vista e, entre espirais de luzes cor ametista e ouro, todos perceberam as palavras do canto de glória e de paz ouvido pelos pastores de Bethlehem há trinta e dois anos: "GLÓRIA A DEUS NOS CÉUS INFINITOS E PAZ NA TERRA AOS HOMENS DE BOA VONTADE."

Todos haviam caído de joelhos e alguns, com o rosto inclinado para o pavimento, repetiam as misteriosas palavras que continuavam brotando como uma harmoniosa cascata dentre os turbilhões de luz que inundavam o salão.

Só Jhasua e a mãe permaneciam de pé, unidos num suave abraço, como se ela, toda atemorizada, tivesse buscado amparo entre os braços daquele grande filho que tanto amava e pelo qual tanto havia de sofrer.

A princesa Aholibama chorava com indescritível emoção. Quando pôde falar, aproximou-se de Jhasua e, dobrando um joelho em terra, disse:

— Senhor! ... Quando curaste o meu filho, eu te amei como a um Profeta! ... Mas agora, uma adoração interior se juntou ao amor. És o Homem-Deus que todos esperávamos como única salvação!

— É o Rei de Israel! — gritou Simônides. — Apresentem-lhe armas!

— Almas, em vez de armas, é o que busca o Messias de Jehová! — exclamou o Mestre, abrindo os braços na ânsia suprema de abraçar a toda a Humanidade.

Todos se precipitaram para ele, que foi abraçando um a um, envolvido por profunda emoção.

Passado este momento, deliberou-se sobre o que devia ser feito para salvar o menino Josué das garras de Hanan, que, mediante horrorosa fraude, queria tomá-lo como instrumento para os seus fins ambiciosos e egoístas.

O scheiff Buya-Ben, ministro e atual enviado da rainha Selene dos tuaregues, enviou Aholibama com seus dois filhos, acompanhados por seu assistente, ao porto de Gaza, onde tomariam no dia seguinte um veleiro da frota de Ithamar, que devia sair com rumo ao porto de Canope, em Cirene, região de domínio tuaregue, por concessão expressa do imperador Augusto. Ali, sob a proteção da indômita raça de Aníbal, numerosa e ardente como as areias do Saara, Aholibama com os dois filhos estaria segura.

A grande carruagem saiu silenciosamente pela Porta de Joppe, por onde havia entrado dois dias antes e sem que ninguém pusesse obstáculo, pois as prodigalidades da família Rechab tinham ganho a simpatia, desde longa data, dos guardas romanos que guardavam a cidade. Além disso, ninguém poderia estranhar que a princesa voltasse para seus domínios de Beth-hacceren.

Entretanto a carruagem, com a escolta, mudou seu rumo para o sul e, correndo durante toda a noite, chegou ao meio-dia ao porto de Gaza, onde encontraram o veleiro que partiria ao amanhecer.

Dessa maneira, a princesa Aholibama salvou o filho das garras do velho Hanan, para quem sacrificar uma ou mais vidas à sua ambição insaciável era coisa de pouca monta.

A Lei Eterna, que tem caminhos ignorados pelos homens para seus grandes fins, levou esses seres para as montanhas de Cartago, o Penhasco de Corta-Água da Pré-História, onde deviam exercer um apostolado fervoroso pela causa do Cristo em anos posteriores. Almas fiéis à Aliança de Solânia, a grande mulher pré-histórica do país de Aníbal, voltavam ao seu velho solar como retornam as andorinhas migratórias em busca do ruinoso torreão onde, em outra ocasião, penduraram o ninho à sombra das palmeiras e das acácias.

No dia seguinte, tiveram início as grandes solenidades no Templo de Jerusalém

O Mestre e os seus compareceram na segunda hora da manhã, hora em que já haviam terminado a degolação de animais e a cremação das gorduras e vísceras, ordenadas pelo ritual. Os numerosos criados, à serviço do Templo, já haviam lavado o sangue que caía do altar dos holocaustos e o grande recipiente de mármore e bronze estava fechado.

Na segunda hora eram oferecidos perfumes, frutos, flores e cereais, cantavam-se salmos e os oradores sagrados ocupavam por turnos e cátedra para dirigir a palavra ao povo, que permanecia silencioso e reverente enchendo as naves, átrios e pórticos do Templo de Salomão.

Devemos fazer notar que a guarda da Torre Antônia era triplicada nesses dias de grande tumulto, com o fim de manter a ordem sem intrometer-se nas cerimônias religiosas dos judeus. Essa guarda estava sob o comando imediato daquele militar romano que sofreu um acidente mortal no circo de Jericó. Entre seus numerosos subalternos havia uma boa porção de prosélitos, como os israelitas chamavam aos simpatizantes da doutrina do Deus Único, Senhor do Universo. No entanto, o eram secretamente, por veneração ao jovem Profeta salvador da vida de seu chefe.

O procurador Pôncio Pilatos, homem de paz e de letras, não apreciava, de modo algum, as discórdias entre as diferentes seitas nas quais estava dividido o povo de Israel, e permitia que elas se entendessem entre si no que se referia à teologia dogmática. Os rabinos judeus consideravam os samaritanos hereges e os galileus absolutamente nulos em assuntos religiosos e legais.

Como se não fosse pouco, os naturais da Judéia estavam também divididos em fariseus e saduceus. Os primeiros eram puritanos e rígidos em extremo no cumprimento das milhares de determinações do ritual.

Eram justamente aqueles a quem o Divino Mestre dizia que "viam a palha no olho alheio e não percebiam a viga em seu próprio olho", "coavam um mosquito e tragavam um caranguejo".

Os saduceus, entre os quais estava a maioria das famílias judias de antiga nobreza, davam mais importância aos princípios de piedade e de misericórdia para com os inválidos, os miseráveis e os desamparados, baseando-se, para isto, no grande princípio da Lei Mosaica: "*Ama a Deus acima de todas as coisas e ao próximo como a ti mesmo.''* Estes viviam a vida humana com fartura, comodidades e sem fazer ostentação de austeridade religiosa alguma. Os saduceus estavam mais inclinados para a filosofia platônica no que diz respeito ao espírito humano, e não aceitavam a ressurreição dos mortos na modalidade como os fariseus a sustentavam.

Daí a grande aversão que ambas as tendências se prodigalizavam mutuamente.

O povo em geral simpatizava com os saduceus, pois eram generosos em seus donativos e exercitavam a misericórdia e a piedade com os pobres, como a obra principal da sua fé.

Tendo em conta que o ensinamento do Cristo se baseava todo no amor ao próximo, o povo o tomou como um Profeta saído dentre a seita dos nobres saduceus. Os fariseus e seus adeptos viram nele um inimigo em matéria dogmática e religiosa. Feita esta explicação, o leitor está em condições de interpretar e compreender perfeitamente os acontecimentos que depois se desenrolaram.

A seita dos fariseus era em geral odiada pelo povo; no entanto estava no poder desde há vários anos, pois o Rabi Hanan era a alma do farisaísmo israelita daquela época.

Por fim, apareceu na sagrada cátedra um jovem doutor, filho de Hanan, cujo nome era Teófilo.

Abriu o livro chamado Deuteronômio, atribuído a Moisés, que no cap. 32-V.17, começa assim: "Não oferecestes sacrifícios a Deus, mas aos diabos; a deuses alheios que vossos pais não conheceram nem temeram. Vendo isto, Jehová inflamou-se em ira pelo menosprezo de seus filhos e filhas. E disse: esconderei deles o meu rosto e verei então qual será o seu fim. Porque um fogo acenderá a minha ira e arderá até o mais profundo; devorará a terra e seus frutos e abrasará os fundamentos dos montes. Amontoarei males sobre eles. Serão consumidos de fome e comidos de febre ardente e de amarga pestilência. Enviarei sobre eles os dentes das feras e o veneno das serpentes."

Uma prática desenvolvida sobre tão terríveis e maldizentes palavras como tema foi, na verdade, um aluvião de veneno de serpente a aterrar o povo, ignorante em sua maior parte.

Os ouvintes do grupo dos saduceus pensavam e murmuravam entre si:

— É preciso que se levantem de sua tumba o Profeta Jeremias, Esdras, Hillel ou Simeão, para tapar a boca desse energúmeno a vomitar tanto veneno.

Os amigos de Jhasua estendiam de vez em quando seus olhares para ele, imaginando o sofrimento que devia estar tendo em face de tão terrível vocabulário. Mas não supuseram que ele quisesse tomar a palavra, pois sabiam que não desejava enfrentar-se com o predomínio sacerdotal.

Grande foi o assombro de todos quando o ardoroso doutor Teófilo, filho de Hanan, desceu da cátedra e viram Jhasua pedir permissão ao sacerdote da guarda para ocupar a cátedra sagrada, na qual apareceu com aquela sua tão comum e admirável serenidade que parecia coroá-lo com uma auréola de paz e de amor.

Um clamor unânime ressoou sob as naves do Templo: — Deus te salve, Profeta Nazareno! ... Remédio de nossos males! ... Alívio de nossas dores! ...

Uma legião de levitas se precipitou no meio do tumulto para fazer guardar o silêncio.

Os velhos doutores e sacerdotes levantaram-se dos seus assentos para impor silêncio com sua severa presença.

Mas, como o Rabi Hanan cochichou ao ouvido de seu genro Caifás e de outros, que o orador era o Profeta que havia curado o projetado Messias surdo-mudo, olharam-no com certa benevolência, julgando poder continuar obtendo proveitos dos poderes superiores do jovem taumaturgo.

O Mestre abriu o mesmo livro que Teófilo acabava de utilizar e abriu no mesmo capítulo 32 e começou assim:

– O capítulo 32 do Deuteronômio, versículos 1, 2, 3 e 4, servirão de tema às palavras que vos dirijo, amado povo de Israel congregado no Templo de Salomão para ouvir a palavra de Deus.

"'Escutai Céus e falarei, e ouça a Terra as palavras da minha boca' – disse Jehová.

"'Minha doutrina cairá em gotas como a chuva; minha argumentação destilará como o orvalho; como o chuvisco sobre a grama e como as gotas sobre a erva.'

"Assim é Jehová, ao qual invocais. Assim é o nosso Deus ao qual adorais.

"Ele é a rocha inabalável cuja obra é perfeita, porque todos os seus caminhos são de retidão; porque é Deus de Verdade e nenhuma injustiça há n'Ele; é justo e santo, e a corrupção não deve manchar seus filhos.

"Povo de Israel e adoradores do Deus Único, Pai Universal de tudo quanto existe.

"Com horrorizados olhos contemplais os caminhos da vida onde arde em labaredas o egoísmo, o ódio, a ambição, abrasando vossas pradarias em flor, destruindo as dádivas mais formosas de Deus nosso Pai, que vos cumulou deles para levardes vossa vida em paz e alegria, abençoando-o em todos os momentos de vossa existência. Abri novamente o vosso coração à esperança diante das palavras da Escritura Sagrada tomada como tema de minha palestra: '*Minha doutrina cairá em gotas como a chuva; minha argumentação destilará como orvalho.*'

"Todos quantos sentis a Divina Presença em vossos corações sois os trabalhadores do Pai Celestial, que aguardais ansiosamente a chuva doce e suave de Suas leis de amor e de paz que vos foi dita pela boca de Moisés: 'Meus filhos. Amai-Me acima de todas as coisas e ao próximo como a vós mesmos. Não tomeis jamais em vão o Meu Nome para um juramento falso. Santificai, em união espiritual Comigo, o dia de vosso descanso. Honrai com reverente amor ao pai que vos trouxe à vida e à terna mãe que encheu de cantos e de flores de ternura o vosso berço. Não causeis dano a vossos semelhantes nem sequer em pensamento, nem atenteis jamais contra a sua vida, porque somente Eu, que a dei, sou Senhor e Dono da vida dos homens. Não mancheis vossas roupagens de filhos de Deus nos charcos imundos da lascívia, porque vos quero puros e perfeitos como Eu o sou desde a eternidade.

" 'Não cobiceis os bens de vossos irmãos, porque Eu, vosso Pai, dei a todos o poder e as forças necessárias para tirar dos frutos da terra o necessário sustento. Não mancheis vossos lábios com a falsidade e a mentira, com o engano e a fraude, porque Eu, vosso Pai, sou o Deus da Verdade e da Justiça, e não aceito oferenda de corações enganosos e desleais.

" 'Não mancheis com o vosso pensamento nem com o vosso desejo o leito nupcial de vosso irmão porque, se arrastais outros ao pecado, também fica manchado o vosso coração, que é o tabernáculo santo no qual quero ter a Minha morada.

" 'Amai-Me, pois, mais que a todas as coisas, porque sois Meus desde a eternidade, e amai vossos irmãos porque todos sois filhos de Minhas entranhas de Pai, Autor de toda vida, e o Meu Amor Eterno se derrama por igual, como a chuva sobre os campos, sobre todos os seres que respiram com vida sobre a Terra.'

"'*Como o chuvisco sobre a grama e gotas de orvalho sobre a erva, assim é Jehová ao qual invocais; assim é o nosso Deus ao qual adorais*' – nos diz a Sagrada Escritura.

"Por que não havereis de esperar com ilimitada confiança n'Ele, cujo infinito Amor se derrama sobre toda criatura que chega a Ele e lhe diz: Meu Pai! ... Sou Teu filho débil e pequeno que precisa de Ti em todos os momentos da vida! Tenho frio, Senhor, porque o meu lar não tem lume.

"Tenho fome, Senhor, porque na minha mesa falta o pão!

"Não posso ganhar o sustento porque os anos me oprimem, porque a enfermidade me aflige!... porque as guerras fratricidas tiraram a vida dos filhos que me deste! porque a ambição e o egoísmo dos poderosos consumiram o fruto do meu trabalho! Os sulcos de meu arado ficaram vazios, porque eu semeei e outros colheram!... Meu Pai, tem piedade de mim que, como Teu servo Job, estou entre os escombros daquilo que um dia foi a minha felicidade; meu horizonte está em trevas e não acerto para onde dirigir os meus passos.

"Adoradores de Deus, Pai Universal de toda a vida!... Falai assim com Ele, do mais íntimo de vossos corações, deixando correr as lágrimas de vossos olhos e, em nome de Deus, vos digo que, se desta forma for a vossa oração, não precisareis sair de vossa alcova para que Ele faça sentir que ouvi as vossas súplicas e acudiu para remediar-vos.

"Chamastes-me de *Profeta Nazareno* quando apareci nesta cátedra honrada pela palavra de tantos sábios doutores como teve e tem Israel, e eu, servo do Altíssimo, aceitando o nome que me destes, vos digo solenemente em Seu Nome:

"Quero que todos os que estais sob estas abóbadas e ouviram as preces de tantas gerações, saiais daqui curados de vossas enfermidades físicas e consolados nas dores de vossas almas.

"Quero que saiais daqui cheios de fé e de esperança em Deus vosso Pai, que não exige senão a oferenda pura de vosso amor sobre todas as coisas e para o vosso próximo como para vós mesmos.

"Que a paz, a esperança e o amor iluminem os vossos caminhos!"

– Profeta de Deus!... Profeta de Deus!... Bendita seja a tua boca que somente verte o mel e a ambrosia!...

– Bendita seja a mãe que te deu à luz!...

– Bendito o seio que te amamentou!

E um formidável clamor de bênçãos seguiu o Mestre que descia da cátedra sagrada.

O alto clero e os dignatários do Sinédrio e do Templo sofreram com desgosto a ovação popular oferecida a um humilde filho da Galiléia; no entanto, o olhar de águia de Hanan havia feito compreender a seus companheiros a conveniência de tolerar aquela *inconsciência* do *povo ignorante,* porque podiam necessitar mais adiante dos poderes extraordinários do jovem taumaturgo.

Além do mais, a satisfação de ter um Messias, Rei de Israel, dentro de suas conveniências, acalmou o despeito produzido em muitos deles, por causa do entusiasmo do povo pelo Profeta Nazareno.

Tão logo o jovem Mestre chegou aos pórticos do Templo, a ardorosa juventude galiléia precipitou-se sobre ele e, levantando-o ao alto, desceu as escadarias exteriores entre hosanas e aleluias ao Profeta de Deus, ao Ungido de Jehová para salvar o seu povo. As palavras *Messias* e *Rei de Israel* começaram a soar tão altas que seus ecos voltavam ao Templo, causando alarme entre os altos dignitários ali congregados.

Entre aquela fervorosa multidão de jovens galileus estavam os *amigos da montanha* que o Príncipe Judá e o scheiff Ilderin tinham preparado para um momento dado.

O entusiasmo popular ameaçava transformar-se em tumulto e os vigias do Templo correram pela galeria que a unia à Torre Antônia, para pedir à guarda que dispersasse aquele *escandaloso* motim, prendesse os turbulentos e expulsasse para fora dos muros da cidade o Profeta que dessa maneira tomava enlouquecida a população.

Todavia, a guarda respondeu que não tinha ordens para intervir numa manifestação de entusiasmo popular a um *gênio benéfico* que curava todas as enfermidades.

Então saiu todo o Sinédrio com sua corte de doutores, de sacerdotes e de levitas para amedrontar o povo e o Profeta com seus terríveis anátemas.

Ocorreu então o maior estupor e perplexidade com que se defrontaram o Sinédrio, o clero e o povo. A liteira descoberta, na qual a multidão havia levantado ao alto com o Profeta de pé sobre ela, encontrou-se repentinamente vazia; e, sobre ela, uma resplandecente nuvem dourada e purpúrea, como se os matizes de um sol poente se houvessem detido sobre o povo delirante a ovacionar o Mestre.

As mesmas vozes que Bethlehem, adormecida entre a neve, ouvira há trinta e dois anos, ressoaram por entre um concerto de melodias suavíssimas:
"*Glória a Deus no mais alto dos Céus e paz na Terra aos homens de boa vontade.*"

O Mestre em Bethânia

A Divina Presença foi sentida tão profunda, tão suave ... tão inefavelmente saturada de amor, que a multidão fez grande silêncio e muitos caíram de joelhos adorando a Majestade de Deus que se fizera presente ...

O próprio Sinédrio, estarrecido de pavor, voltou precipitadamente para o Templo, cujas portas foram fechadas por dentro com barras de bronze, significando a clausura até que os ânimos se acalmassem.

– É o Messias anunciado! – disseram muitas vozes em tom baixo.

– Uma nuvem de fogo o escondeu para não receber dano algum dos invejosos velhos do Sinédrio.

– É o Profeta Elias – disseram outros – e foi levado para os Céus num carro de fogo.

Os amigos de Jhasua, seus familiares e discípulos, como todos, viram o dourado resplendor que o envolvera e, quando o silêncio se fez, todos eles perceberam a voz de Jhasua dizendo-lhes ao ouvido: "*Espero-vos em Bethânia.*"

Reunindo-se rapidamente, saíram da cidade pela Porta Dourada, que era a mais imediata ao Templo, e se dirigiram para a conhecida granja de Lázaro e Martha, ainda duvidando se era verdade o aviso misterioso que lhes havia sido dado por aquela voz suave e bem conhecida.

Lá, sentado sobre o tronco de uma árvore caída à entrada do bosque de castanheiros que rodeava a velha granja, estava o Mestre debulhando espigas de trigo arrancadas aos punhados do campo vizinho para dar de comer às andorinhas e pardais que revoluteavam ao seu redor. As avezinhas estavam habituadas a receber a essa hora sua ração das mãos da pequena Maria, irmã de Lázaro, que apareceu nesse instante para cumprir seu dever para com as diminutas criaturas de Deus às quais amava tão ternamente.

– Mestre! ... – foi a sua exclamação. – Que fazes aqui sozinho?

– Estás vendo, Maria! Dou de comer aos teus passarinhos.

O séquito formado pelos familiares, amigos e discípulos também chegou, e esta foi a primeira reunião tida pelo Mestre com os seus naquele delicioso rincão que fora, até a sua morte, o amado lugar de seu repouso quando estava em Jerusalém.

Naquele suavíssimo ambiente de amor e de companheirismo, a alma do Ungido Divino transbordou-se como uma cascata que inundava tudo com suas águas límpidas e refrescantes.

Ele mesmo vinha impregnado do amor popular manifestado de maneira tão espontânea e ardente que não era possível subtrair-se à sua poderosa influência.

Suas Alianças Espirituais Superiores tinham-no encoberto com substâncias fluídicas radiantes, com o duplo fim de não só iluminar todas as inteligências ali reunidas, como, em especial, os magnatas do Templo, como um derradeiro chamado do Eterno Amor e, ao mesmo tempo, subtraí-lo ao despeito e ciúme que começava a germinar nas almas carregadas de egoísmos dos dirigentes do povo de Israel.

Não faltou quem houvesse visto que o príncipe Judá, o scheiff Ilderin, José de Arimathéia e Simônides, muito conhecidos por aquela multidão, tinham saído da cidade pela Porta Dourada, em direção ao Vale das Tumbas.

Esse rumor correu de uns aos outros em forma tal que, pouco depois de chegarem os íntimos do jovem Profeta, o caminho da Bethânia transformou-se como num desfilar de formigas que, havendo descoberto um rico favo de mel, correm todos em sua busca.

Ao finalizar sua explanação no Templo, Jhasua curara a todos de suas doenças físicas e, em cada família, houve um ou dois favorecidos com a dádiva divina concedida por intermédio do Profeta. Como seria, pois, possível perdê-lo de vista sem fazer-lhe conhecer o agradecimento e o amor de que estavam transbordantes?

O Templo fora fechado após a saída do Homem Santo, do Homem-Deus vencedor de todos os males do mundo, amando-os com inefável ternura, fazendo florescer, com suas palavras, a esperança em seus corações atormentados pelas incontáveis angústias que traz consigo a vida humana.

Os oradores que falavam no Templo não tinham feito outra coisa senão encher-lhes os corações de terror diante da cólera de Jehová, sempre ameaçador por causa de suas debilidades e negligências.

Não lhes falavam a não ser para pedir cada vez mais donativos, mais oferendas, dizimando-lhes o gado, as aves domésticas, os frutos da terra regada com o suor de seus rostos e cultivada com penosos esforços.

Que haveriam de ir buscar no Templo, onde ninguém os consolava em suas angústias nem os orientava nas milhares de encruzilhadas de sua desgraçada existência?

A comparação surgia de imediato entre os oradores do Templo e o apóstolo desconhecido que nada pedia, a não ser amor para Deus Pai Bondoso e Benfeitor, e ao próximo nosso irmão. E não só nada pedia, como ainda lhes dava mais do que alguém podia esperar ou dar nesta vida.

Dava-lhes amor, consolo e esperança; tornava seus os problemas naturais e justos dos outros; solucionava as graves disputas familiares, orientava-os pelos melhores caminhos, dava-lhes paz, vida e saúde ... Que mais poderia dar-lhes o Homem Santo que não queria nada para si?

O bosque de palmeiras e de nogueiras, os olivares imensos, as avenidas de castanheiros e de amendoeiras, enfim, todo aquele imenso horto foi inundado de gente perguntando pelo Profeta que lhes falara no Templo, e curara todas as suas enfermidades.

O compassivo coração de Jhasua não soube nem pôde negar-se à exigência e subiu com seus amigos ao terraço da velha casa solarenga, cujos muros enegrecidos diziam bem claro que várias gerações haviam se agasalhado sob o seu teto.

O delírio subiu ao máximo quando o viram aparecer junto à balaustrada, quando abrindo os braços como para estreitar a todos, disse:

– Eu vos amo imensamente, muito mais do que podeis imaginar, e sei como estais agradecidos pelas dádivas recebidas de nosso Pai Celestial, que vos ama ainda mais do que eu vos amo.

"Porém, eu vos peço que permaneçais tranqüilos em Jerusalém, engalanada para vós, e não comprometais a segurança do Profeta a quem, por causa de vosso entusiasmo, com toda a certeza, olham com desconfiança os altos dignitários do Templo.

– Fala-nos, Profeta de Deus, aqui, onde nos agasalham os céus radiantes de luz e a terra coberta de árvores e de frutos!...

"Aqui não arde a cólera de Jehová, pois encheis tudo de esperança e de paz!"

Pelo caminho de Jerusalém, continuava a nutrida peregrinação de pessoas em busca do Profeta.

Os amigos de Jhasua que o acompanhavam deliberaram entre si e Melchor aproximou-se dele para dizer:

– Fala-lhes, meu filho, porque julgamos que não é conveniente voltares ao Templo nem tampouco à cidade, onde os fariseus e os adeptos do Sinédrio devem estar bem desgostosos com o ocorrido.

"O fato inusitado de cerrar subitamente as portas do Templo, que jamais permanecem fechadas nos sete dias das festas, dá para compreender o estado de superexcitação no qual o Sinédrio se encontra."

O jovem Mestre voltou-se novamente para o povo congregado a seus pés e falou assim:

– O Soberano Senhor, Criador dos Céus e da Terra, demonstrou-se hoje como um terníssimo Pai para com todos vós, que chegastes a Ele para render a vossa adoração com o coração simples de filhos que acodem confiantes a quem lhes dá a dádiva da vida e de tudo quanto de belo e grande nela se encerra.

" '*Ama-me acima de todas as coisas* – vos disse o Pai Celestial pela boca de Moisés – *e ama teu próximo como a ti mesmo*'. – Nada mais vos pediu, a não ser que façais florescer o amor em vossos corações, como florescem os vossos hortos e jardins com a chegada da primavera.

"E que coisa é o amor? Havereis de perguntar-me ... E onde encontrá-lo? ... Como saberemos quando há amor num coração de homem?

"Eu vos digo que o amor é esse divino sentimento que flui de Deus nosso Pai para todas as almas, enchendo-as de piedade e de ternura para com todos os seres emanados do seu Amor Onipotente.

"Para que este divino incêndio se alastre a todos os corações, a Eterna Sabedoria criou a família, sagrada escola do amor que vai do esposo para a esposa, fazendo florescer ao seu redor os filhos que, atados por uma suave cadeia ao redor daqueles que lhes deram a vida, vai engrandecendo em novas uniões e em perduráveis alianças, por entre as quais segue correndo, como um rio de bênçãos, o mesmo sangue nos corpos físicos e o mesmo sentimento nas almas imortais.

"E onde encontraremos o amor? – perguntais também com o vosso ansioso pensamento.

"O amor flui de Deus e se encontra como uma centelha em todas as almas nascidas do seio do Pai, que é puro amor. Encontra-se, como uma brasa entre cinzas, em todas as almas primitivas e de escassa evolução; e resplandece, como labareda de tocha, nas almas adiantadas que cultivaram em si mesmas a bondade, a misericórdia e a doçura divina do perdão para todas as ofensas, bem como a inefável piedade para todos os que sofrem, no corpo ou na alma, as misérias da vida, as conseqüências de erros próprios ou alheios, as desgarradoras angústias do esquecimento, da ingratidão, do abandono daqueles a quem o coração se prendeu pelos laços do sangue ou por alianças espirituais que não se rompem nem com a morte!

"Ali se encontra o amor, meus amigos... nas almas capazes de sentir em si mesmas a Divina Presença, porque começaram há muitos séculos a tarefa penosa e lenta da purificação.

"A essência puríssima do amor, emanação da Divindade, não é perfume que se obtém num dia; não é flor que se corta num instante e se prende sobre o peito; não é luz de círio que se acende num instante nem tampouco é água de um manancial que, de repente, transborda. É perfume extraído gota a gota do próprio seio de Deus, que o dá na medida do desejo de cada alma; é flor de montanha, para a qual a alma há de chegar passo a passo por escabrosas encostas, nas quais irá deixando o suor de muitas fadigas e rastos de sangue de seus pés feridos!

"É claridade de estrelas, obtidas mediante o triunfo sobre as baixas paixões, que impedem a ascensão triunfante da alma para a Divina Luz.

"É manancial de puras e harmoniosas correntes, que começa qual diminuto veio de água apenas perceptível que o valor, a perseverança e um vigoroso esforço convertem por fim em torrente transbordante de águas de piedade, de misericórdia, de suavidade infinita sobre todos os seres, bons ou maus, justos ou pecadores, grandes ou pequenos, porque todos são filhos do Pai Celestial, de cujo seio saíram como uma centelha e para onde voltarão transformados em chama viva!...

"Tal é, meus amigos, o amor pedido pelo Pai na sua Divina Lei pela boca de Moisés, e vos pede, com sua voz de invisível rouxinol a cantar na selva, quando a noite chegou!...

"AMA-ME ACIMA DE TODAS AS COISAS E A TEU IRMÃO COMO A TI MESMO."

"Ama-Me no mendigo asqueroso e esfarrapado, que estende, a teu passo, sua descamada mão, implorando socorro!...

"Ama-Me no órfão abandonado, a quem o sono surpreende nos caminhos cobertos de neve, sem teto e sem pão!...

"Ama-Me no ancião inválido, cujas mãos tremem apoiadas numa vara de carvalho, por falta de um braço amigo em quem descansar!...

"Ama-Me na viúva sem amparo, cuja solidão de coração se une à incerteza do amanhã e à aflição do inesperado!...

"Ama-Me no presidiário, no condenado à cadeia perpétua, para o qual não existe a família nem a sociedade e que a angústia do irremediável fica unida ao remorso duro e cruel, como picada de corvo numa ferida que ainda sangra!...

"Ama-Me acima de todas as coisas, disse Deus, Nosso Pai, pela boca de Moisés, porque só o amor poderá conquistar a paz, a felicidade, o bem e a justiça que buscais!

"Tal é, meus amigos, a Lei Eterna do Amor, único preço posto por Deus para tornar nossa felicidade perdurável.

"Nada conquistamos vestindo uma túnica de penitente e o cíngulo de cilício, se alimentarmos em nosso coração, como serpente adormecida, o egoísmo e o ódio!

"Nada conquistamos atormentando o corpo físico com jejuns e penitências, se deixarmos vivas no nosso espírito as feras raivosas da malevolência e da inveja, da soberba e da ambição, de onde surgem, como espinhos de um sarsal, as rixas, as discórdias, os antagonismos e as guerras que inundam os campos de sangue, as cidades de ruínas e os corações de angústia.

"Ama-Me acima de todas as coisas, disse o Senhor, e ao próximo como a ti mesmo, e tudo terás conquistado, e terás todos os Céus por herança; e todas as legiões de anjos, arcanjos e serafins de Minhas eternas moradas, serão teus irmãos ... companheiros nas fadigas e no esforço, como também na paz, na glória e na duradoura felicidade da posse eterna do bem.

"A febre ardente do Meu desejo já vê, embora num futuro ainda distante, esta Terra de Meus desvelos, convertida num mundo de paz, de felicidade e de amor, como diversas dessas estrelas radiantes que atraem os nossos olhares, desde as insondáveis distâncias dos espaços infinitos!...

"Mas ... entre a visão do Meu desejo e a gloriosa realidade, muitos séculos passarão na angústia e no pranto, na iniqüidade e no ódio, até soar a hora em que a Eterna Lei cerrará a porta aos espíritos primitivos e aos cristalizados no mal, e esta Terra se transformará por fim no horto fechado a todo egoísmo e tão-só aberto à paz, à esperança, ao bem e ao amor!

" ... Chamastes-me Profeta de Deus, Ungido do Altíssimo, e dissestes a verdade, porque eu o sou, e trago a divina mensagem do Amor do Pai para todos vós.

"Só por causa disto deixei o meu Reino de Luz e de Amor!

"Unicamente por causa disto aprisionei o meu espírito nesta vestimenta de carne que não demorarei em deixar, para retornar à Pátria de onde saí.

"Entretanto, não a deixarei, meus amados, sem antes haver gravado a fogo em vossos corações que Deus nosso Pai é Amor, e que, para tornar-vos grandes e felizes, nada vos pede a não ser *vosso amor acima de todas as coisas e que ameis vossos semelhantes como amais a vós mesmos.*

"Não a deixarei sem fazer-vos compreender que é ofensa à Divina Majestade supô-la capaz de cólera e de vingança, porque esses instintos são baixos e ruins, próprios de seres vis e perversos.

"Não a deixarei sem pôr a descoberto o engano dos falsos mestres, que atordoam as almas com o *suposto furor Divino* que, se pudesse existir, seria para emudecer as palavras de mentira, com a qual arrastam os povos para a separação, a crueldade e o ódio contra os irmãos que não participam de suas funestas elucubrações filosóficas, fruto de errôneos princípios sobre Deus, a natureza e os destinos das almas criadas por Ele.

"Não abandonarei esta vestimenta de carne sem haver repetido mil e uma vezes que o bem, a santidade e a justiça não estão nas cerimônias de um culto, qualquer que ele seja, mas no fundo da alma, santuário da inteligência, do raciocínio e da vontade; da alma, centelha divina e imortal, destinada a aperfeiçoar-se através do amor a seu Pai Criador e ao próximo, e que somente nisto estão reduzidos os dez mandamentos da Mensagem Divina trazida por Moisés.

"Antes de mim, disse outro Profeta do Senhor: '*Quero misericórdia e não sacrifícios de sangue.*'

" '*Não quero oferendas de corações transbordantes de egoísmos e soberbas.*'

" '*Não aceito oferendas de mãos manchadas com o pranto e o sangue de meus filhos oprimidos e humilhados.*'

"Porventura poderá agradar ao Deus da piedade e do amor que um rico criador degole centenas de ovelhas e de touros no altar dos holocaustos, enquanto seus escravos e servidores sofrem fome e desnudez, humilhações e misérias?

"Poderá estar a pureza e a santidade das almas no consumo de cântaros de ceras em luminárias e sacos de incenso queimados no altar dos perfumes, enquanto sob as naves do Templo se arrastam na angústia e na miséria aqueles que carecem de lume em seus lares e de pão em suas mesas?

"Oh, meus irmãos!... Meu Pai, que é Amor acima de todas as coisas, não me deixará abandonar esta vestimenta de carne até que todos vós, e outros tantos como vós, tenhais ouvido estas minhas palavras:

"*Não é com cerimônias, reverências, prostrações, jejuns ou penitências, que se conquista a grandeza e a felicidade do espírito, mas com a renúncia de todo egoísmo, interesse pessoal, soberba, prepotência, crueldade e tirania.*

"E vós que me ouvis, levai minhas palavras por todos os rincões do mundo, pelos desfiladeiros e vales, pela imensidão dos desertos e as profundezas do mar. Quando não haja ficado ninguém sem ouvi-las, sentai-vos para repousar à vossa porta, sob a sombra de vossas videiras enredadas de sarmentos, e dizei, com a suave paz do dever cumprido:

"Fomos mensageiros fiéis do Ungido do Senhor, que trouxe para a Terra a essência pura da única Lei Divina: '*Ama a Deus acima de todas as coisas e ao próximo com a ti mesmo!*'

"Meus amados! ... Digo para terminar:

"Vinde a mim quando vos achardes fatigados com os fardos que não podeis carregar e com as angústias que vos tornam a vida impossível! ... Vinde então a mim com as vossas dores e com os vossos desesperos, que eu vos aliviarei! ...

"Com a minha alma transbordando de amor e com minhas mãos destilando o mel da doçura Divina, sou para vós a dádiva do Pai nesta hora, na qual, mais do que em nenhuma outra, Ele vos quer manifestar, com feitos palpáveis, a imensidão infinita do seu Eterno Amor!

"Que a paz seja convosco! ..."

A multidão prorrompeu num clamor unânime:

– Ele é o nosso libertador! ... É o nosso Rei ... É o anunciado pelos Profetas, e o Templo cerrou-lhe as portas! ...

– Que o fogo do Céu consuma, como erva seca, o Sinédrio que rechaçou o Enviado do Senhor! ...

Com o fim de evitar que continuassem ressoando frases insolentes dirigidas aos altos dignitários do Templo, o príncipe Judá inclinou-se sobre a balaustrada na qual anteriormente o Mestre esteve apoiado e dirigiu-se à multidão:

– Se verdadeiramente amais o Profeta, guardai silêncio e voltai para Jerusalém, levando em vós mesmos o seu amor e a sua bênção para toda a vossa vida. O que quer que seja tenha Deus decretado, assim será. Ide em paz, pois já soará a hora de todos cumprirem com os seus deveres.

Estas palavras tranqüilizaram a multidão, que começou a se dispersar rapidamente.

Mas devemos esclarecer que entre aquela numerosa aglomeração havia duas pessoas animadas com sentimentos bastante diversos com relação ao Homem-Deus.

Um deles era irmão, por parte de pai, do Rabi Hanan, fanático admirador do que ele chamava de "*genial condutor do povo de Israel*". Com grande dissimulação, ele havia seguido um dos grupos que saíram pelo caminho da Bethânia, com a suspeita de que a dispersão do povo pela grande Porta Dourada obedecia, talvez, a uma ordem. Essa pessoa era o chefe da polícia secreta de Hanan.

O outro indivíduo era um mago ou hipnotizador, originário do distante Oriente, residente em Sidon desde há muitos anos, e que havia ido a Jerusalém à procura de alguns negócios que lhe dessem dinheiro e ao mesmo tempo celebridade. Não apenas os devotos israelitas compareciam às solenidades da Páscoa, mas também mercadores de toda espécie, perfeitamente convencidos de que os bons negócios abundam nas aglomerações de gente incauta e simples.

Esse indivíduo, que presenciou o fenômeno psíquico do desaparecimento do jovem Profeta em meio a uma nuvem opala e rubi, compreendeu imediatamente ser aquele um homem-gênio, senhor de grandes poderes e de forças supranormais, e se propôs aproximar-se dele, não com a intenção de causar-lhe dano, pois sabia perfeitamente que ele estava muito acima do seu nível, mas para obter algumas instruções sobre a maneira pela qual ele havia chegado a tão magníficas alturas.

O meio-irmão de Hanan voltou para a cidade confundido com a multidão, cujos comentários tratou de ouvir no que lhe foi possível, e não foi muito o que conseguiu apurar porque as prudentes palavras do príncipe Judá tornaram muito precavidos em palavras os que realmente amavam o Profeta galileu.

O único a se aproximar da casa de Lázaro pedindo hospitalidade foi o mago, com o pretexto de comprar uma quantidade de cera e azeite de oliva.

Lázaro recebeu-o afavelmente e, como já era meio-dia, convidou-o para o almoço, mencionando que depois da refeição falariam do negócio que o trazia ali.

As conversas foram muito animadas durante o ágape, mas sem tratar de assuntos delicados.

Logo Jhasua se sentiu molestado pelo olhar e pelo pensamento daquele desconhecido, e enfrentou esse olhar tão fortemente que o mago desviou a vista para outra direção.

A pequena Maria estava de pé atrás de Jhasua, atenta a servir-lhe em tudo quanto necessitasse. Imediatamente suas pernas enfraqueceram e teve que apoiar-se no divã onde ele estava recostado.

– Maria – disse Jhasua em voz baixa –, vai para a tua alcova e não saias até eu te avisar. A menina obedeceu sem replicar e sem compreender o motivo dessa ordem.

O mago deu-se conta de ter sido descoberto pelo jovem Profeta e que deveria usar de outra tática mais sutil.

A refeição terminou e o fingido comprador de cera e azeite pediu a Lázaro para mostrar-lhe seus produtos.

Jhasua afastou-se com seus íntimos por uma avenida de palmeiras bem distante da casa. Os amigos que o acompanharam encerraram-se no cenáculo para deliberar o modo como deviam proceder para estar alerta e na defensiva, caso o Sinédrio exagerasse em suas medidas restritivas em relação ao povo que aclamava Jhasua e parecendo deixar a descoberto a verdade oculta durante tanto tempo.

Essa foi uma Páscoa de febris atividades entre os familiares e adeptos do Divino Mestre.

Em Jerusalém, as mulheres, ternas e maternais como sempre, agiam como se fossem uma única em torno da mãe do Verbo Encarnado.

A castelã de Mágdalo, a última que despertara para a grande verdade, era quem mais manifestava a veemência do seu temperamento a serviço da causa comum, na qual podia dar livre expansão a seus entusiasmos, por causa dos bens de fortuna que possuía.

Ela conhecia de nome o ancião Simônides, que fora agente comercial e consignatário de seu pai para a venda dos produtos de seus campos e bosques da Galiléia.

Ao chegar a Jerusalém, entrevistou-se imediatamente com ele, e o entusiasmo do ancião pelo Messias anunciado pelos Profetas, pelo futuro Rei, Libertador de

Israel, transmitiu-se com toda a sua força para Maria de Mágdalo que, a partir desse instante, não viveu mais a não ser para o divino sonho do Profeta-Rei e para a bela quimera, que faria dela, *a louca de amor* pelo Cristo, até hoje lembrada após tantos séculos, um símbolo dos grandes amores idealistas que engrandecem e purificam as almas.

Como quisesse ter na cidade uma casa-albergue para todas as mulheres que vinham seguindo o Apóstolo Nazareno, Simônides, que administrava o velho palácio de propriedade do príncipe Henadad de Ceila, com o encargo de vendê-lo, transferiu-o para ela com as escrituras correspondentes. O palácio estava situado na rua do Monte Sião, perto da Porta do Sião, ao sul da cidade, onde hoje existe o Bairro Armênio.

Graças à distância que ficava do Templo, do bairro comercial e do grande Mercado da Porta de Jaffa, este era um lugar ideal para o retiro e a solidão, para a qual a dona se sentia inclinada desde seu despertar para o novo e sublime ideal.

Nem ela nem Simônides, tão cheios de ilusões e de sonhos, puderam supor jamais que, dentro daquelas paredes, carregadas com o peso de vários séculos e com as tragédias humanas de muitas gerações, se encerraria o berço do Cristianismo, salpicado com o sangue do Cristo-Mártir e regado com o pranto silencioso de sua mãe, e dos discípulos, amigos e familiares, quando se abateu sobre eles o terror e o pavor pela morte do Divino Fundador.

O ancião Simônides, que alguns anos antes se havia encarregado de trazer, em seus barcos mercantes, as estátuas de musas e deuses para os jardins de Mágdalo, agora mobiliava e decorava o velho palácio Henadad para albergar as primeiras discípulas do Cristo que puseram a nota delicada de ternura e amor na sublime epopéia cristã então iniciada, e que devia continuar entre gloriosos apostolados e sangrentos martírios nos vinte séculos que se seguiriam.

Enunciadas já as atividades desenvolvidas dias antes em Jerusalém, voltemos aos bosques da Bethânia, onde deixamos nosso genial Jhasua, no final da avenida de palmeiras, onde o terreno começava a acidentar-se em montes e colinas e onde tinha sua nascente o arroio Azriyen que regava a região e ia desembocar no rio Jordão.

Depois das profundas e variadas emoções sofridas, o jovem Mestre sentiu a necessidade da concentração de seu espírito em Deus, seu Pai de Amor e Bondade, junto com aqueles doze filhos de sua escolha que o acompanhavam há três anos de perto.

Ali despejaria da mente o pó pesado das coisas terrenas, e deixaria seu espírito voar para a amplidão soberana do Infinito.

Os doze amados, sem despojar-se ainda do egoísmo de enamorados, disseram todos ao mesmo tempo:

– Graças a Deus que estamos sozinhos com ele! Agora ele volta a ser exclusivamente nosso!

O Divino Mestre olhou para eles sorrindo tristemente e cheio de compaixão.

Jhasua via claro como nesses três anos de intimidade se havia feito intenso neles o fogo daquele amor que devia levá-los à morte por ele.

Via também o ciúme que nascia entre eles e que, nos menos evoluídos, adquiriam aspectos passionais que ele procurava diluir no fluido puríssimo do seu amor sem egoísmos de nenhuma espécie.

Sentiu como nunca seu amor por eles que tão profundamente o amavam e, deixando-se levar nas asas ultrapoderosas da Luz Divina que o acompanhava, viu-se aliado com eles desde outras épocas em que também o seguiram mais de perto ou de longe, conforme as circunstâncias especiais em que tinham vindo para a existência terrestre.

Falou-lhes da solidariedade universal, mediante as alianças eternas das almas que, através dos séculos, vão se tornando cada vez mais fortes.

– No Reino de nosso Pai existem muitas moradas – disse-lhes – e cada um de vós terá o que conquistou com seu esforço e sacrifício em favor dos irmãos mais fracos.

"Será maior, mais glorioso e feliz no seu Céu de Luz e de Amor aquele que haja consolado mais dores humanas, secado mais lágrimas, sofrido cansaço e fadigas em benefício de seus semelhantes. Será maior e mais feliz aquele que, depois de ter aliviado necessidades de ordem material, que são as mais prementes, se consagrar em redobrados esforços em iluminar as almas de seus irmãos, com a divulgação das Verdades Eternas guardadas pelo Pai em suas moradas infinitas, para que seus filhos mais adiantados as dêem discretamente a seus irmãos pequeninos, tanto na evolução como no progresso a que todo ser vivente está destinado.

"Nos espaços infinitos, vemos agrupamentos maiores ou menores de sóis, de estrelas e planetas formando conjuntos harmônicos e marchando por órbitas que se enlaçam umas nas outras e não se afastam jamais do sol central, a não ser por uma ordem especial da suprema lei da atração.

"Da mesma sorte, as almas unidas pela lei das afinidades em conjuntos magníficos, formam alianças imperecedoras e indestrutíveis para levar a verdade, o bem, o amor e a justiça sobre determinados povos, países ou continentes.

"São bandos de pombas mensageiras soltas pelo Pai a voar em determinadas direções, para dar mais rápido impulso ao progresso eterno de todos os seres.

"Nenhuma inteligência é inútil. Nenhum esforço para o bem ou a verdade fica perdido, ainda quando não se obtenha de imediato o êxito desejado.

"Se todos os homens que sustentam ideais elevados de aperfeiçoamento humano anulassem seus egoísmos em favor do bem comum, não seríamos hoje testemunhas da prepotência de umas raças sobre outras avassaladas e oprimidas; não presenciaríamos o horror das guerras, das devastações que semeiam a Terra de desolação e de miséria, de lágrimas e de sangue.

"A lei suprema da solidariedade de todos os mundos e humanidades que os habitam é tão majestosa e sublime como a grandeza do Pai a ordenar e dirigir.

"Do mesmo modo como um planeta ou satélite que se saísse da órbita, fora de sua lei, seria para encontrar a própria destruição, as almas filiadas a uma aliança ordenada pela Vontade Divina descarregariam sobre si mesmas as dolorosas e terríveis conseqüências do seu desvio no caminho escolhido.

"Unidos a mim numa aliança livre e espontânea de amor e de fé, vistes em vossas meditações solitárias o raio da Luz Divina demarcando o caminho que tereis de seguir nos séculos que virão depois a este ponto inicial.

"Na mesma proporção em que corresponderdes todos à mensagem do Pai que levareis às almas, dependerá a grandeza e a glória de vosso Céu futuro."

Quando o Mestre assim falava, chegou um criado arquejante pela violenta corrida que fizera desde a casa que, ao longe, ficava perdida dentro do espesso bosque de oliveiras e castanheiros.

Todos ficaram atentos.

– Morreu o amo! ... Morreu o amo! – gritou. E o angustiado servo não conseguia dizer outra coisa.

Jhasua aproximou-se para acalmá-lo, para que pudesse explicar-se melhor.

Ao cabo de alguns momentos, ele disse que "o amo se havia sentido subitamente mal e que, deitado em seu leito, ficou morto, sem respiração, sem pulsação, mudo

e rígido. – Não posso crer que o amo Simão esteja morto – acrescentou. – Era tão querido dos servidores, para os quais procedia como se fosse um verdadeiro pai!"
– Vamos lá – disse o Mestre como resposta.

Encontraram um grande desconsolo na velha casa na qual ainda não tinham cessado os sentimentos das mortes repetidas dos pais e dos irmãos do único que ficou com a pequena irmã Maria.

Martha e Maria saíram chorando para receber o Profeta e, lamentando-se amargamente, disseram:

– Se houvesses estado aqui, ele não teria morrido! ... Por que te afastaste, Senhor, desta casa que foi açoitada por uma nova desgraça?

– Não choreis com esse desespero – disse às duas mulheres – e lembrai que o poder de Deus sopra como o vento que encrespa as ondas e levanta nuvens de areia dourada no deserto. Não choreis, e levai-me à alcova do bom amigo, escolhido, porventura, para que o Pai seja glorificado nele.

Quando chegou à alcova de Simão, chamou os Doze íntimos, mais os familiares que o haviam acompanhado.

Aproximou-se do leito e examinou o corpo rígido e gelado, no qual não aparecia a mais ligeira palpitação de vida. Sob as pálpebras, os olhos cristalizados já não olhavam.

O Mestre, de pé, sereno, imperturbável e alheio a tudo quanto o rodeava, concentrou-se em si mesmo, e todos os que o rodeavam o imitaram, pois tiveram a intuição de que ia fazê-lo voltar à vida, como fez com o filho da viúva de Naim. O silêncio era solene.

– Simão! ... Simão, meu amigo! – disse o Profeta, em cuja face resplandecia uma estranha luz.

"Ainda não é chegada a hora da tua partida para o Reino das almas livres, e não foi a Vontade Divina quem cortou as atividades de teu corpo.

"Em nome do Deus Onipotente ordeno; levanta-te para que estes a quem amo vejam que o poder recebido de meu Pai é mais forte que as perversidades dos homens."

O corpo rígido deu uma forte sacudidela, suas mãos se crisparam ligeiramente; abriu os lábios em ansiosa aspiração; suas pálpebras moveram-se com rapidez, até que, por fim, se abriram cheias de claridade e como se houvesse estado longo tempo entre as trevas.

O Mestre tomou-o por ambas as mãos, enquanto os espectadores, cheios de pavor, olhavam, vendo levantar-se aquele corpo ao qual retornavam, vigorosos, os aspectos da vida que haviam desaparecido por completo alguns momentos antes.

– Ressuscitou! ... Ele o ressuscitou! – exclamaram.

Martha e Maria se abraçaram a ele e lhe disseram:

– Estavas morto e o Mestre Jhasua te devolveu à vida. Bendito seja Jehová que nos permite ver tais maravilhas!

O Mestre silencioso continuava com suas poderosas atividades mentais que haviam anulado completamente o terrível estado cataléptico em que uma força potente e maléfica o havia submetido.

Quando essa reação se completou em Simão Lázaro, Jhasua sentou-se sobre o divã no qual estava o amigo e deu-lhes ampla explicação do fenômeno psíquico que haviam presenciado.

– A catalepsia – disse – é uma cessação completa de todas as funções do organismo humano, provocada por um poderoso pensamento encaminhado para produzir uma morte real. O autor da catalepsia é um assassino encoberto, pois o nosso amigo, levado para a sepultura, teria verdadeiramente morrido por asfixia.

"Que ocorreu ao comprador de cera e de azeite de olivas? – perguntou a Martha.

– Os criados viram-no tomar o caminho de Jerusalém, e nem bem desapareceu Simão caiu num estado de letargia penosa, até deixar de respirar.

"Não sabíamos onde estavas, Senhor, e a demora em encontrar-te deu lugar a que o corpo se pusesse rígido e gelado."

– Esse homem é um mago de má lei que usa a ciência e o poder em prejuízo dos semelhantes e em benefício próprio – acrescentou o Mestre.

"Coisa grande e bela é cultivar os poderes internos outorgados pela Divina Sabedoria aos homens; mas ai daquele que usa os dons de Deus para causar o mal a seus semelhantes! Mais lhe valeria não ter nascido, ou que as rodas de um moinho o arrastassem para o fundo do mar.

"Da mesma maneira como quem usa os poderes divinos recebidos para dar a saúde, consolar todas as dores, levar a paz, o amor e esperança a todas as almas, adquire numa só vida um caudal de purificação e de felicidade, de paz e de bem-aventurança, ocorre o contrário com aquele que os emprega para o mal, pois esse cria para si um abismo de infelicidade, porque um crime traz outros, até que a medida se enche e, não nesta Terra, mas em mundos inferiores, o infeliz expiará o mau uso feito dos maiores dons que Deus lhe deu.

"Melhor seria chamar-te, a partir de hoje, de Lázaro – disse Jhasua afavelmente ao seu amigo quando o viu no perfeito uso de suas faculdades –, porque te livraste do sepulcro.

– Todavia, que se passou aqui? – perguntou Simão percebendo um grande alarme em todos.

– Morreste, e o Profeta de Deus te fez retornar novamente à vida – disse Simônides, felicíssimo em acrescentar uma glória mais ao seu incomparável Rei de Israel.

"E ainda alguém poderá duvidar que ele seja o Messias anunciado pelos grandes Profetas?

"Julgai-o vós mesmos, que sois doutores de Israel – disse, dirigindo-se a Nicodemos e a José de Arimathéia."

– Já foi julgado e reconhecido por nós desde o berço – respondeu este último.

– A maioria do povo também desperta – acrescentou Nicodemos. – Apenas falta que o alto clero se renda à evidência.

– Acalmai-vos! – disse Melchor, cujos grandes olhos negros, quase apagados pelos longos anos de estudo à luz trêmula de círios, estavam cravados na formosa face do Mestre. – Não vedes esse rosto a resplandecer de divindade e esses olhos que parecem buscar atrás do éter azul toda a beleza do seu Ideal Supremo? Não compreendeis que nada representam para ele as grandezas e as glórias humanas?

O Mestre continuava observando com seus olhos cheios de divinos sonhos a bruma dourada da tarde, que o enchia todo de opalina claridade.

– Meu Reino não é deste mundo! – disse com voz profunda e terníssima. – Minha alma saltaria de felicidade se todos vós chegásseis à compreensão deste meu Reino, que não está sob o domínio dos poderosos da Terra.

Jhasua estava sentado no divã de Simão, do qual este acabava de se levantar. A pequena Maria, sua irmã, sentou-se a seus pés sobre o tapete do pavimento, como se quisesse absorver completamente as palavras do Mestre, a luz do seu olhar e a vibração dulcíssima do amor que transcendia do Profeta de Deus, produzindo-lhe como uma perplexidade suave e terna como jamais havia sentido.

Os mais sensitivos dentre todos os presentes foram caindo nesse mesmo estado psíquico, que podemos chamar de sentimento de adoração e de absoluto abandono perante a Majestade Divina, que parecia flutuar como uma onda intangível de acariciante ternura.

O Mestre compreendeu tudo quanto se passava nos que o rodeavam e disse:

– *"Adorarás ao Senhor, teu Deus, e somente a Ele servirás"* – assim consta no princípio da Lei de Moisés.

"E já que estais sentindo a Majestade Suprema do Pai ao vosso redor, só porque o meu pensamento n'Ele mergulhou por um instante, compreendei, de uma vez por todas, a infinita distância que há entre as efêmeras grandezas terrestres e a infinita grandeza d'Aquele que me enviou e cujo Reino não tem fIm."

Uma hora depois, todos voltavam a Jerusalém, menos o Mestre, para cuja segurança ficou resolvido que deveria permanecer em Bethânia, na velha casa de Simão, que acreditava dever-lhe a saúde e a vida.

O tio Jaime tranqüilizou a tema mãe do Ungido, que estava sob o efeito de uma forte inquietação desde a manhã em que sucedera o incidente já conhecido pelo leitor.

No dia seguinte, voltaram os Doze íntimos a reunir-se com o Mestre, acompanhados de Myriam e das mulheres galiléias que os haviam seguido.

Foi assim que a granja da Bethânia mereceu ser chamada de o repouso do Mestre e foi, ao mesmo tempo, uma Escola de Divina Sabedoria, onde, num ambiente de cálida ternura e de amizades que não deviam romper-se jamais, o Verho de Deus desfolhou as flores imarcescíveis da sua luminosa doutrina.

Ano Trinta e Três - Morte do Batista

O procurador romano, representante da autoridade do César nas províncias da Judéia e da Samaria, era Pôncio Pilatos, homem amigo da justiça e da paz, motivo pelo qual deixava passar, como se não visse, as desavenças político-religiosas nas quais sempre estavam envolvidos os judeus com os samaritanos, os saduceus com os fariseus, alguns a favor e outros contra Roma, de acordo com os interesses particulares de cada qual.

Os que se viam beneficiados pela autoridade romana estavam do seu lado, como era uma boa parte do alto clero que manejava os assuntos de Israel. Estes procuravam manter a cordialidade com o procurador Pilatos.

Os que, em razão de seus interesses, eram dependentes do tetrarca Herodes Antipas eram herodianos, embora apenas na aparência.

Os independentes formavam a grande maioria, e estes não estavam com Pilatos nem com Herodes, e suspiravam ansiosamente por alguém que os livrasse do opróbrio e da opressão que recaíra sobre a nação israelita.

Na tranqüila e aprazível Bethânia, achava-se o Divino Mestre com os Doze discípulos íntimos, mais sua mãe e o tio Jaime, com algumas mulheres galiléias que haviam feito parte da caravana nas vésperas da Páscoa.

Eles esperavam que Jerusalém se esvaziasse dos milhares de peregrinos que haviam obstruído materialmente as praças, ruas, subúrbios, e que os caminhos adjacentes fossem também desobstruídos, para poderem empreender o regresso à Galiléia, sem sofrer os inconvenientes da aglomeração de gente no trajeto e nas hospedarias.

Uma das antigas donzelas, companheira da castelã de Mágdalo, havia se casado um ano antes com o mestre de cerimônias do palácio de Herodes, em Tiberias.

Este fato ocasionara certas ligações sociais entre o Castelo de Mágdalo e a real residência das margens do Lago.

Num aniversário do tetrarca, Maria e suas companheiras gregas haviam comparecido ao banquete, durante o qual foi promovida uma cena de péssimo gosto entre Antipas e sua esposa, filha de Hareth, rei de Edon, na Arábia Desértica. As danças clássicas gregas da castelã e das companheiras entusiasmaram de tal modo o tetrarca, que este deixou de lado não só as regras mais primordiais da etiqueta, como também as mais rudimentares da boa educação. Esse desastroso banquete terminara com o repúdio da princesa árabe, por querer impor-se aos abusos reais, que, entre a ebriedade dos licores e de suas veemências passionais, havia chegado até ao ridículo, envergonhando a filha de Hareth, já enojada há tempos de seu vicioso consorte.

A castelã e suas companheiras, defendidas dos abusos do tetrarca por oficiais romanos que participavam do banquete, tinham-se retirado subitamente, deixando o sátiro real entregue à sua fúria genuinamente *herodiana*.

Este fato, ao que parece de tão escassa importância, teve conseqüências bastante graves, pois ocasionou choques entre o tetrarca Herodes Antipas e o procurador Pôncio Pilatos, chefe supremo das guarnições romanas da Palestina.

Antipas fizera encarcerar nessa noite os oficiais romanos que participavam do banquete e Pilatos encarcerou em represália diversos oficiais e altos chefes da corte do tetrarca quando se inteirou do ocorrido e, entre eles, o mestre de cerimônias Chucza, marido de Joana, a antiga donzela da castelã de Mágdalo.

Essa situação tensa entre o procurador romano e o tetrarca estava no auge quando chegou a Páscoa, de cujos detalhes demos conhecimento ao leitor. O tetrarca mudou-se para Jerusalém, onde tinha como residência habitual o palácio asmoneu, antiga propriedade usurpada aos descendentes dos nobres macabeus. Fez isto para demonstrar ao procurador que não o temia, pois se punha frente a ele na própria capital da Judéia. Herodíades aproveitou a fuga da filha de Hareth para unir-se descaradamente com o cunhado, ressaltando bem a verdade dos murmúrios que há tempos corriam referentes às pecaminosas relações entre o tetrarca e a esposa de seu irmão Felipe.

Contudo, Pôncio Pilatos não era homem de se deixar vencer por esse fantasma de governante, vil rebento de um reizinho usurpador e vassalo de Roma, e o intimou a que saísse da Judéia, se não quisesse ser humilhado com medidas extremas.

Todas essas notícias chegaram à tranqüilidade de Bethânia, e consideraram prudente aguardar o fim da borrasca para regressar à Galiléia, até então sob o domínio do irado e furibundo tetrarca.

Poucos dias depois, Antipas empreendia viagem à região mais afastada de seus domínios, à Peréia, na outra margem do Jordão, e instalou-se com toda sua corte na Fortaleza de Machecus, mais conhecida por Maqueronte, na margem oriental do Mar Morto.

Para maior defesa, como previsão de um possível ataque de Hareth, seu sogro, transladou a maior parte da guarnição de Pella, com a qual também foi levado Johanan, o Batista, detido naquela fortaleza como o leitor deve estar lembrado.

Quando o Mestre soube da transferência de Johanan, compreendeu que os dias de seu primo estavam contados. Viu, além do mais, a sinistra figura de Herodíades por trás dessa ordem de transferência, afastando o solitário das multidões que o amavam e que haviam feito sentir, em diversas ocasiões, a resolução de defender a vida de Johanan, mesmo à custa de suas próprias vidas. Naquelas escabrosas montanhas, na parte mais profunda da Peréia, do outro lado do Mar Morto, quem defenderia o profeta?

A amarga angústia dos discípulos fez com que buscassem imediatamente a piedade de Jhasua, como último refúgio em face do inevitável que se aproximava.

O tio Jaime foi o fio condutor dos órfãos de Johanan para a aprazível Bethânia, onde temporariamente descansava o Mestre. Imediatamente Jhasua ordenou uma profunda concentração mental entre os que ali se encontravam, para ajudar o mártir na prova final a que seria submetida a sua fé no Ideal Supremo e a sua firmeza em defender o bem e a justiça perante os Céus e a Terra.

Cinco anos durara o apostolado ardente de Johanan na Palestina, e nas cercanias ribeirinhas do Jordão, como também nas áridas montanhas do deserto da Judéia, onde pareciam estar ainda ressoando suas vigorosas advertências condenatórias da corrupção dos poderosos que, qual torrente de imunda baba, corria sobre as multidões, corrompendo os costumes e agravando a miséria.

Para intensificar ainda mais essa grande força espiritual, com a qual o Cristo Divino queria apoiar a heróica firmeza de Johanan, abriu o pergaminho no qual este deixava o seu testamento e o leu diante das quarenta pessoas que se albergavam então em Bethânia.

Aquela silenciosa e consternada assembléia ouviu dos lábios de Jhasua esta simples declaração:

"Eu, Johanan de Hebron, servo do Altíssimo, declaro perante Deus e os homens, que morro mantendo os divinos ideais em que nasci e fui formado por meus pais na infância, e por minha mãe espiritual, a Fraternidade Essênia, no meio da qual passei a juventude e a primeira idade viril e onde fui favorecido com tão grandes dádivas de Deus que nenhuma força da Terra ou do Inferno será capaz de me afastar da fé na qual vivi e das convicções que me mantiveram até o fim.

"Entre essas convicções profundas, está, em primeira linha, o divino mistério da encarnação do Verbo de Deus na personalidade humana de Jhasua de Nazareth, no qual tiveram cumprimento os vaticínios de nossos grandes Profetas.

"Ele é o Ungido de Deus enviado a este mundo para endireitar os caminhos dos homens e levá-los ao Reino de Deus.

"Ele é o Cristo Mensageiro do Amor Divino, que será posto na balança da Eterna Justiça como contrapeso aos ódios e egoísmos humanos chegados ao paroxismo do crime e da iniquidade.

"Segui-o, vós que tendes a Luz de Deus para reconhecê-lo!

"Segui-o, vós que tendes acesa na alma a centelha divina do Eterno Ideal!

"Segui-o, vós que anelais por uma vida superior à das multidões inconscientes!

"Segui-o, vós que sofreis injustiças humanas; vós que semeais flores de amor e colheis ingratidões; vós que vedes perder-se e morrer todas as esperanças humanas e que levais um sepulcro no peito, em lugar de um coração! ...

"Amai-o até o opróbrio e até a morte, vós que buscais o Amor sem encontrá-lo na Terra, porque ele é o divino tesouro do Amor inefável do Pai sobre a Humanidade terrestre.

"Este é o meu primeiro legado.

"E eis aqui o segundo:

"Nas grutas de refúgio, conhecidas por meus seis discípulos mais íntimos, deixo muitos filhos amados do meu espírito que foram arrancados da morte, do crime e do vício, para serem encaminhados para a honradez e para o bem.

"Entre o Monte das Oliveiras, Bethphagé e Gethsêmani, encontram-se os refúgios de meus arrependidos, de cuja localização só têm conhecimento os dois Anciãos

Terapeutas que vivem na gruta de Jeremias, fora das muralhas de Jerusalém, um estádio a oriente da Porta de Damasco, próxima das pedreiras.

"Tanto eles como elas estão condenados pelas leis humanas ao calabouço perpétuo ou à morte, sendo que destes, alguns estão condenados à crucificação, por serem escravos fugidos de seus amos por causa de maus-tratos recebidos; outros a apedrejamento, por haverem cometido adultério; outros à fogueira, por terem sido julgados feiticeiros e magos que anunciaram aos poderosos a justiça divina que cairia sobre suas maldades.

"São todos eles a minha herança para o Ungido que vem depois de mim e para os meus seguidores na obra divina de salvação e de perdão.

"Que o Altíssimo Senhor de toda a criação receba o meu espírito quando este abandonar a vida carnal que tomou a seu serviço e em cumprimento da Sua Vontade Soberana.

"Assim seja."

O leitor bem poderá compreender que a leitura do testamento de Johanan fez transbordar nas almas a simpatia e o amor para ele, em forma tal que uma torrente de forças uniformes e afins envolveu nesse instante o valoroso prisioneiro na Fortaleza de Maqueronte. Um êxtase sublime de amor e de fé absorveu seus pensamentos, suas aspirações e até suas manifestações de vida durante três dias consecutivos.

As atividades poderosas desse grande espírito em planos muito superiores ao terrestre pareciam haver anulado quase completamente a matéria a tal ponto que o guardião, ao levar-lhe o alimento, encontrava-o imóvel, sentado sobre o leito e apoiado na negra parede da prisão.

Antipas soube disto, e, sentindo-se acovardado em razão da superioridade da sua vítima, sobressaltou-se de medo.

Herodes tinha a convicção de que Johanan era um Profeta de Deus e temia arcar com a responsabilidade da sua morte.

Menos perverso que Herodíades, pensou em dar liberdade ao prisioneiro e manifestou essa intenção ao guardião. No entanto a perversa mulher se interpôs, pois queria a todo custo vingar-se do apóstolo que teve a ousadia de condenar em público sua vida escandalosa.

Ela queria matá-lo, tinha fome e sede de sangue; queria vê-lo pendurado num patíbulo de infâmia e, depois, arrojar-lhe o cadáver aos cães famintos e aos corvos vorazes! ...

Subornado, e obedecendo a ela, o guardião convenceu o débil e indolente tetrarca que seria conveniente aguardar a passagem da caravana que vinha de Madian, destinada a Hesbon, para unir-se à de Filadelfia que atravessava o Jordão, com a qual o Profeta poderia chegar até junto dos seus.

Alguns dias depois, repetia-se a data magna dos herodianos, o aniversário do tetrarca, que anualmente era festejado com escandalosa orgia, durante as quais os esbanjamentos deixavam exaustas as arcas reais e mais uma vez esses esbanjadores exigiam urgentemente do povo faminto novos e mais pesados tributos.

Herodíades que, desde há muito tempo planejava sua vingança contra Johanan, o Solitário, fizera vir de Sidon meia dúzia de jovens bailarinas, das mais despudoradas e impudicas que essa cidade possuía. Sidon, nessa época, era tristemente célebre pela corrupção e pelas viciosidades da juventude.

Essas bailarinas eram as professoras de bailado de sua filha Salomé, que vinha sendo utilizada como instrumento para prolongar seu domínio sobre o tetrarca. Herodíades reconhecia sua decadência como mulher e tinha conhecimento das violentas paixões de Antipas, ao qual queria manietar novamente com os juvenis encantos da filha. Horrenda depravação que só podia germinar num coração como o de Herodíades!

O aniversário do tetrarca seria motivo oportuno para o debute da bela e agraciada Salomé, na dança "*A serpente de ouro*", na qual aparecia com uma exótica vestimenta de pequenas escamas de ouro aderidas ao corpo, mediante uma invisível e ajustada malha de finíssima seda cor de carne. Era em verdade uma serpente de ouro da cabeça aos pés pois seus dourados cabelos combinavam com toda a sua indumentária.

Vestida dessa forma, alguns momentos antes do bailado, Herodíades levou-a, ela mesma, até a prisão de Johanan, julgando que o enlouqueceria com os encantos da filha, para tornar sua morte muito mais cruel, depois de haver contemplado aquela beleza juvenil.

A fúria da mulher fatal atingiu o auge quando o prisioneiro se aferrou, com toda a sua hercúlea força, aos anéis da parede nos quais estava atada sua cadeia e afundou a cabeça na clarabóia aberta na parede. Johanan nem sequer se dignou pousar os olhos por um só momento em nenhuma das duas, e muito menos respondeu com uma única palavra a todas as sugestões e ameaças que Herodíades lhe dirigiu.

Ela esbofeteou-o, deu-lhe pontapés e, com um agudo alfinete que lhe segurava o penteado, espetou-o raivosamente nas costas para obrigá-lo a voltar o eu olhar ...

Johanan era um estátua de pedra, de rosto contra a muralha, não dando o menor sinal de se sentir molestado pelas iracundas manifestações daquela mulher.

Num último acesso de furor impotente, ela levantou o cântaro de água e o estatelou sobre Johanan, que recebeu, impassível, o tremendo golpe.

Deitando faíscas dos olhos e horríveis insultos pela boca, saiu levando a princesa encantada, para a qual foi como um esporão de fogo a afronta feita à sua beleza de 15 primaveras pelo único homem que havia ousado desprezá-la.

A história foi fiel ao narrar este fato final da vida santamente heróica de Johanan, o Batista. Ocorreu o que a perversa Herodíades havia planejado: o tetrarca, ébrio, enlouqueceu de paixão pela *serpente de ouro* e, quando terminou a lúbrica dança, sentou a jovem em seus joelhos e lhe disse: "Pede-me o que quiseres, divina Salomé, pois, mesmo que seja a metade de meu tetrarcado, eu o darei a ti. Juro-o por todos os deuses de Roma, pelo próprio César e pelo Jehová do povo de Israel."

O aplauso dos cortesãos ressoou pelo salão como se fosse um terremoto.

A jovem foi para junto de sua mãe e esta apenas disse: – Pede-lhe a cabeça de Johanan, o profeta, colocada sobre uma bandeja de ouro.

Alguns momentos depois entrava pela porta do grande salão o mordomo do castelo levando a bela cabeça do profeta ainda destilando sangue.

A jovem não pôde recebê-la, porque caiu desmaiada de horror e pavor.

Então Herodíades tomou pelos negros cabelos a lívida cabeça de Johanan e, abrindo-lhe os olhos, disse:

– Olha-me agora, já que com vida não quiseste fazê-lo.

Aterrados pela perversidade dessa mulher, os cortesãos não ousaram dizer uma única palavra.

Antipas, completamente bêbado, achava-se estirado entre a púrpura e o ouro do seu divã e chamava Salomé aos gritos.

Herodíades desafogou sua fúria, vazando com seu alfinete de ouro os olhos e a língua do homem justo, que condenara sua vida escandalosa. Depois arrojou a cabeça por uma janela, gritando: "Que se banqueteie a matilha de cães do tetrarca!"

Dirigiu-se em seguida para seu aposento no castelo e encerrou-se lá por três dias com a filha. Profunda crise de nervos esteve quase a ponto de enlouquecer a infeliz donzela, vítima de sua perversa mãe.

Uma escrava iduméia recolheu a cabeça e o resto do corpo do profeta quando este foi arrojado ao monturo. Johanan havia salvo de morrer crucificado a seu pai, escravo também, e que, por força dos maus-tratos, se rebelara contra o chicote do amo, ao qual atirou por terra com graves contusões. O profeta mantinha-o recluso em suas grutas no Mar Morto, para onde ela também esperava fugir algum dia. Viu então chegada a oportunidade; e, tarde da noite, quando todos dormiam em virtude da embriaguez da orgia, colocou os restos sangrentos do apóstolo sobre um jumento e se encaminhou para as grutas junto à desembocadura do Jordão. Depois de ter envolvido o cadáver no pobre pano de seu manto, a escrava o estendeu no fundo da primeira gruta que encontrou em seu caminho.

Junto da entrada da gruta, viu uma enorme mata de cactos vermelhos, cujas grandes flores pareciam corações sangrentos esculpidos nas rochas. Alguns espinheiros ostentavam suas pequeninas flores como uma delgada e aveludada camada de ouro. A jovem escrava, dilacerando suas mãos morenas, recolheu essas flores silvestres e coroou com elas a mutilada cabeça de Johanan.

— Não tenho nada mais para te oferecer, profeta de Deus — disse, entre soluços, a humilde mulher que nascera escrava e tinha na alma grandezas de arcanjo.

Cobriu com pedras a abertura da entrada e, sozinha no deserto, como outra Agar, seguiu em busca das grutas onde o profeta escondia seus protegidos.

Tudo isso havia ocorrido no dia seguinte da concentração mental ordenada pelo Divino Mestre aos que o rodeavam em Bethânia.

Um dos discípulos de Johanan teve a visão mental do ocorrido na Fortaleza de Maqueronte.

Zebeu, um dos Doze íntimos de Jhasua, recebeu aviso espiritual através da psicografia, de que uma escrava do castelo havia recolhido o cadáver do mártir e o sepultara numa gruta junto ao Mar Morto.

Os desolados discípulos de Johanan puseram-se em viagem para esse lugar e, passados vários dias, encontraram a infeliz escrava estirada sobre a areia, desfalecida de fome e sede.

Quando a jovem pôde falar, fez-lhes o relato do ocorrido e os guiou até a sepultura do profeta.

Numa grande caverna, a um estádio dali, encontrava-se o refúgio dos condenados à morte que o apóstolo havia escondido. Os discípulos, com os vinte e dois penitentes, construíram ali mesmo, entre as áridas montanhas do deserto da Judéia, um pequeno santuário de rochas e continuaram a vida austera na qual seu Mestre os havia iniciado.

Herodíades morreu quatorze meses depois, devorada por um câncer no peito que lhe subia até a garganta e a língua, que caiu em pedaços.

Salomé, casada um ano depois com um meio-irmão de seu pai, filho da última mulher de Herodes, o Grande, a samaritana Malthace, sobreviveu cinco anos mais que a mãe Herodíades, e morreu envenenada pelo seu próprio marido.

Dois dos discípulos de Johanan voltaram para Bethânia quando o Mestre já se dispunha a regressar à Galiléia com todos os seus companheiros de viagem.

A consternação de Jhasua foi visível para todos quando teve a informação da morte de Johanan.

— Morreu decapitado no fundo de um calabouço — pensou — enquanto eu morrerei à vista de todos, pendurado num patíbulo de infâmia.

E voltou a repetir a sua frase:

"A morte por um ideal de redenção humana é a suprema consagração do amor."

Em Jerusalém, os amigos do Profeta Nazareno tinham iniciado grandes atividades como preparação secreta para os acontecimentos que eram esperados.

No que fora anos atrás o palácio Henadad, adquirido pela castelã de Mágdalo para refúgio de viúvas, foram celebradas reuniões secretas entre o príncipe Melchor e os príncipes judeus Sallum de Lohes, Jesuá e Judá, filho de Ithamar.

José de Arimathéia e Nicodemos haviam comparecido também. Estudavam o plano de libertação proposto por Johanan, o profeta mártir.

Comprovaram, ainda, que todos os dados deixados em seu testamento eram exatos e todas as testemunhas que corroborariam nas denúncias perante o Delegado Imperial da Síria viviam e estavam dispostas a testemunhar a verdade, com a única condição de que suas vidas fossem poupadas.

A virtuosa Helena, irmã de Noemi e mãe do jovem rei Izate Adiabenes, das margens do Eufrates, havia comparecido a Jerusalém naquela Páscoa, e decidiu fixar residência na capital do mundo israelita.

Inteirada por sua irmã do que se projetava, colocou metade de seus bens à disposição dos dirigentes dessa cruzada libertadora.

Comprou terras fora da muralha norte de Jerusalém. Nessas áreas estavam compreendidas as antigas pedreiras da gruta de Jeremias, bem como o velho panteão chamado dos Reis, porque em suas imensas criptas estavam sepultados muitos dos últimos reis da Judéia.

Essas terras limitavam-se ao norte com o imenso bosque de oliveiras que pertencia ao príncipe Jesuá. Pelo lado ocidental das muralhas, desde o caminho de Jaffa até juntar-se com as posses do príncipe Jesuá, Simônides havia comprado para o príncipe Judá, enquanto que Hach-ben Faqui fizera o mesmo nos arredores da muralha sul, ficando no dito solar a antiquíssima tumba de David, já conhecida do leitor, e parte de um dos aquedutos que abasteciam de água a cidade.

A maior parte dessas propriedades havia sido confiscada pelos procuradores romanos que, sem escrúpulo algum, as reduziam a ouro, vendendo-as a quem desse mais por elas.

Pelo lado oriental das muralhas, estavam o Monte das Oliveiras, Bethphagé, o Horto de Getsêmani, Bethânia e um campo semeado de antigas tumbas, pertencentes, em sua totalidade, a famílias essênias que, desde muitos anos, as possuíam por herança ininterrupta de seus antepassados distantes.

O leitor compreenderá por esta descrição que os que sonhavam com a libertação de Israel estavam perfeitamente situados para estacionar suas legiões de defesa em torno da Cidade dos Reis.

Nesse meio tempo, Jhasua, alheio a todo esse movimento preparatório, visitou com os Doze as antigas Sinagogas de Nehemias e de Zorobabel, onde encontrara, em outra ocasião, tesouros históricos de grande interesse para os Santuários Essênios dedicados a conservar a verdade em seus arquivos de rochas.

— Se algum dia — disse — quando eu tiver voltado para junto daquele que me enviou, vos sentirdes animados a escrever o que vos seja dado do alto, vinde depositá-los nestas arcas de carvalho guardadas pela honradez legendária dos fundadores destas duas Sinagogas, únicos Santuários da Sabedoria Divina ainda restantes na cidade dos profetas.

"Nehemias e Zorobabel, os dois grandes homens que levantaram, com sua fé, o Templo e as muralhas da devastada Jerusalém, parecem velar pelos tesouros históricos da raça duas vezes escolhida pela Eterna Lei para abrigo da Divina Sabedoria em contato com a Humanidade terrestre."

Em face desta alusão a uma separação definitiva, Pedro, reflexo da impressão de todos, perguntou:

— Senhor! ... Que faremos sem ti, se apenas sabemos andar às tontas pelos caminhos de Deus? Fica certo de que tudo será levado pelo vento.

— E para que julgais que vos tenho comigo há mais de dois anos? — perguntou afavelmente o Mestre, seguindo com eles até a porta chamada *dos Rebanhos*, para retornarem a Bethânia, onde o esperariam para regressarem todos juntos à Galiléia.

Enquanto caminhavam, disse-lhes:

— Eu sou para vós como o dono de uma propriedade que quer cultivá-la e, como deve empreender uma longa viagem, deixa-a aos cuidados de seus doze filhos maiores.

"Cada qual se torna depositário de certa porção de suas riquezas, para poder trabalhar e fazer produzir a sua propriedade.

"A uns dá cinco talentos de ouro, a outros quatro, a outros três, dois, um, conforme avalia suas capacidades e vontade.

"Terminada a viagem, o dono volta e chama para que prestem contas todos os seus filhos que receberam a mesma propriedade dada para cultivar. Alguns se aproximam e dizem: Pai! ... semeei, lutei com as tempestades, a seca, as geadas, as pragas de insetos malignos, porém consegui colher alguma coisa, o suficiente para devolver o dobro do capital que me deste.

"Os outros dizem por sua vez: — Semeamos, mas a cizânia sufocou muitas vezes a semente e a peste matou os animais de lavoura, e foi tão mesquinha a colheita que, temendo perder tudo, guardamos em lugar seguro o teu ouro e aqui o tens. Apenas pudemos conservá-lo para devolver-te.

"O pai então disse a seus filhos:

"— Vós que não vos acovardastes diante das duras contingências da luta, da qual saístes triunfantes, passai para tomar posse de um Reino que não tem limites nem conhece fim, no qual desempenhareis novas atividades, visto que demonstrastes saber perseverar na luta até vencer.

"— E vós que vos deixastes vencer, começai novamente a semeadura na mesma herdade, até que, como vossos irmãos, sejais capazes de vencer todas as dificuldades e apresentar-me os frutos recolhidos do vosso trabalho.

"Que vos parece a minha parábola? O dono da propriedade agiu com justiça e eqüidade?"

— O dono da herdade és tu, Mestre — disse prontamente Matheus — e somos nós que devemos semeá-la. Muitos dentre nós haverão de fracassar e poucos serão, talvez, os que triunfarão.

— Fracassaremos todos! ... — acrescentou Andrés —, se tu, Senhor, não estiveres conosco! ... Por que falas em afastar-te e deixar-nos, e isto depois que nos fizeste provar a doce água da tua companhia? ...

— Iremos a todos os lugares aonde desejares ir, Senhor! ... — disse João, em cujos cândidos olhos já tremulava uma lágrima ...

O Mestre enterneceu-se visivelmente.

— Está bem! ... Está bem! — disse. — Fazei de conta que eu disse isso para provar vossa força de vontade e o grau de consciência que tendes com as vossas responsabilidades.

— Responsabilidade?! Por quê? — perguntou Tomás.

— Meus amigos: a cada um de vós eu dei uma lâmpada acesa. As lâmpadas são para alumiar nas vivendas e nos caminhos, nas aldeias e nas cidades.

"Se esconderdes vossa luz sob um alqueire, sereis culpados pelos que tropeçarem e caírem por causa das trevas."

— Tuas palavras, Senhor, têm um sentido oculto — observou Nathaniel —, e parece referir-se ao futuro. Conheces o futuro e não queres revelá-lo.

— E para que revelá-lo? — mencionou Zebeu tristemente. — Haveria de causar-nos desespero muito antes de iniciar a tarefa. Não é mesmo assim, Mestre?

— A Divina Sabedoria reserva o futuro para si mesma, porque a pequena e débil criatura humana quase sempre é incapaz de examinar na treva do porvir sem sofrer calafrios de medo.

"Acaso o bom médico não esconde a marcha e o fim de certas enfermidades para não alterar a tranqüilidade do paciente?

"Nosso Pai Celestial é, acima de tudo, Pai e Médico de seus filhos, e quando se torna necessário fazer dolorosas amputações para curá-los, de ordinário não anuncia o que vai fazer até que eles mesmos vejam o que ocorreu."

— Senhor! — exclamou desolado o bom Pedro. — Tu não podes tornar todos vencedores! No entanto, se for possível, faça-os, Senhor!

— Enganas-te, Pedro! Não sou em quem vos tornará triunfadores, mas vós mesmos. Por determinação do Pai, dou-vos a luz e ensino o caminho do triunfo. Como Enviado do Pai, digo em seu nome: "Eu sou o caminho, a verdade e a vida que escolhestes."

"Não me chamais de Mestre? Estais certos, porque eu o sou. Fazei, pois, aquilo que virdes no vosso Mestre e estareis na verdade e não errareis o caminho. Vossa vida eterna será então uma coroa de triunfos."

Quando chegaram aos bosques de Bethânia, encontraram o jovem Felipe que, ajudado pelos criados de Lázaro, tinha todos os jumentos ajaezados e prontos para partir.

Antes do Mestre e de seus Doze, havia chegado a família de Ithamar com Helena de Adiabenes e Melchor de Horeb para despedir-se dos viajantes, entre os quais iria o príncipe Judá e Simônides.

Os quatro doutores amigos de Jhasua, que ocupavam a cátedra no Grande Colégio, extraíam para os seus alunos do obscuro seio das sagradas profecias, a verdade que já não podia mais ser ocultada: "O Messias prometido pelos Profetas estava entre o povo de Israel."

Suas obras proclamavam bem alto a sua identidade! O povo corria atrás dele! Por que os seus altos dirigentes mantinham fechados os olhos para não vê-lo?

Hanan, o astuto ancião que conhecemos, havia-se apresentado ao Grande Colégio para ouvir as lições desses quatro doutores que se haviam constituído *agentes*, segundo ele dizia, do *mestrinho* galileu.

— Estais mudando o rumo de nossa juventude — disse.

"Quereis ver ser mantida a ordem e a disciplina entre o povo, com um homem que ensina a igualdade da plebe com a nobreza e até a do escravo para com seus amos? Não significa isto incitar o povo à rebelião? Se tanto o amais, mudai de linguagem, a não ser que queirais ajudá-lo a decretar a sua própria sentença.

"Está escrito que o Messias sairá de Bethlehem, da tribo de Judá e da própria descendência do rei David.

"Sabeis isto tão bem quanto eu e vos atreveis a sustentar o insustentável, afirmando ser um galileu, Jhasua de Nazareth, o Messias anunciado pelos Profetas?"

– Nobre Hanan – respondeu imediatamente José de Arimathéia. – Se te deres ao trabalho de procurar no livro dos nascimentos guardado na Sinagoga pública de Bethlehem, encontrarás, registrado ali, há trinta e dois anos atrás, o nome de Jhasua, filho de Joseph e de Myriam, ambos da tribo de Judá e ambos da estirpe de David.

– Por que então chamam de "o galileu" ao Profeta Nazareno?

– Porque Jacob, pai de Joseph, herdou de seus avós maternos terras em Caná e em Nazareth, e se mudou para lá para cultivá-las, motivo por que o seu lar e os seus meios de vida estão nessa província. Não obstante isto, a maioria de seus parentes reside em Jericó e em Bethlehem, onde Jhasua nasceu na casa de Elcana e de Sara, tios de Myriam, para onde se havia dirigido, por motivo de negócios familiares. De todas essas ocorrências há muito bons israelitas que delas são testemunhas e ainda vivem e viram o menino recém-nascido na mesma noite da conjunção de Júpiter, de Saturno e de Marte, tal como os astrólogos caldeus, persas e hindus vinham anunciando desde épocas distantes.

"Nicodemos e eu o vimos no dia da purificação de sua mãe, aos quarenta dias do seu nascimento em Bethlehem.

"Éramos então jovens, com apenas 22 anos. Atuava o ancião Simeão como sacerdote oficiante, o qual foi testemunha de que Ana, a profetisa paralítica que se achava no Templo, viu uma grande Luz sobre o menino e ficou curada de sua paralisia de trinta anos ..."

– Se ambos estáveis tão inteirados de tudo isto, por que não dissestes isto naquela época?

– Nobre Hanan, demonstras ter falta de lembrança quando esqueces que o próprio Sinédrio mandou silenciar todas estas coisas, como precaução pela cólera de Herodes, que ordenou a degolação de todos os meninos bethlehemitas nascidos nesse tempo, para exterminar dessa forma aquele que os sábios vindos do distante Oriente buscavam como o Ungido de Deus. A salvação do menino estava no ocultamento e no silêncio.

– E vós, que dizeis? – perguntou o velho Hanan aos três companheiros de José.

– Havendo sido testemunhas dos fatos, tal como José os referiu, não podemos deixar de reconhecer que tudo quanto ele disse é toda a verdade.

– Está bem – disse Hanan um tanto perturbado. – Advirto-vos que se sois filhos de Israel e quereis conservar a vossa boa posição, continuai silenciando como silenciastes até agora, pois não deveis ser vós, mas apenas o Sinédrio, quem deve dizer a primeira palavra.

E retirou-se em seguida.

Os quatro doutores amigos foram apresentando, uns após outros, a renúncia aos cargos que desempenhavam no Grande Colégio e se retiraram para a vida privada.

Muitos alunos deixaram também as aulas por solidariedade com seus Mestres e houve, então, uma triste emigração de estudantes para as Escolas de Alexandria, de Siracusa, de Atenas e de Tharsis.

Eles foram como pombas mensageiras da *boa nova* para esses países, onde ainda não se tinha notícia do grande acontecimento que devia mudar a face moral da Humanidade.

Apenas em Alexandria o Mestre Fílon deixou transparecer que, para a cultura humana, havia iniciado uma nova era, que seria estabelecida também por novos caminhos de paz, de fraternidade e de elevação moral e social.

Jhasua em Jericó

Enquanto isto ocorria em Jerusalém, Jhasua, com sua pequena caravana de discípulos e familiares, chegava ao cair da tarde diante das muralhas de Jericó, onde devia pernoitar em atenção às mulheres e crianças que viajavam na comitiva.

Nessa cidade residia parte dos parentes de Myriam, como o leitor recordará facilmente.

Além disso, situava-se aí o extremo Norte da *linha oblíqua*, segundo a frase enigmática usada em epístolas secretas pelos dirigentes do movimento libertador de Israel. Na caravana, o príncipe Judá, Simônides, Hanani e Matias eram conhecedores da importância dessa *linha oblíqua*, formada pelas três únicas cidades da Judéia, consideradas como praças fortes para as legiões libertadoras.

Hebron, Bethlehem e Jericó seriam os pontos de concentração e a previsão do ancião Simônides as havia dotado de imensos depósitos de cereais, de legumes e de carnes salgadas, provenientes dos ricos países vizinhos: o Egito e a Arábia.

Ricos mercadores haviam-se instalado da noite para o dia, segundo a frase vulgar, com moinhos, prensas e lagares, que produziam aos milhares sacos de farinha, cântaros de azeite e odres de vinho. A população das três cidades se julgavam, com isto, privilegiados filhos de Abraham, apartados da miséria que acossava Israel.

Se Jericó sempre foi bela graças à fertilidade do seu solo, regado por cem arroios afluentes do Jordão, então o era muito mais pelo bem-estar de seus moradores e pela alegria saudável de suas mulheres, rivalizando em garbosidade com as *rosas de Jericó*, celebradas pelos poetas daquele tempo.

Na grande Praça do Circo, achava-se um dos armazéns-depósitos já mencionados e ali se hospedaram os peregrinos. Para as mulheres, foi designado um aposento nos terraços.

Logo correu a notícia de que o Profeta que espantava as enfermidades e a morte estava em Jericó, e antes de chegar a noite, uma multidão que crescia a cada momento encheu a Praça do Circo, numa das esquinas onde se encontrava a hospedaria do Mestre.

Pediam aos gritos a sua presença em favor de uma porção de inválidos, velhos, reumáticos ou cegos, e de algumas crianças cobertas de erisipela. Quem mais forte clamava por ele era uma mulher anciã, cuja única filha, possuída por espíritos do mal, uivava sempre com o uivo do lobo, causando o terror aos vizinhos no subúrbio onde a infeliz habitava.

Dentre o surdo rumor da multidão, destacava-se claramente os uivos de um lobo, que iam tornando-se cada vez mais roucos, até assemelhar-se a um estertor. Finalmente, a horrível voz articulou algumas sílabas, logo palavras e a multidão compreendeu o que ela dizia: "Filho do Altíssimo! ... só a ti entregarei a minha presa!"

O Mestre saiu apressadamente e a multidão abriu passagem até a mãe da *mulher-lobo*, como a chamavam comumente. Vestida com um saco de couro de cabra e com as mãos atadas por um cordel, a moça era conduzida por dois criados que a seguravam com uma corrente pendente da cintura. Sua mãe chorava desconsoladamente.

Com seus cabelos emaranhados, o olhar extraviado e a cor citrina do rosto extenuado e sujo, o aspecto da infeliz possessa inspirava medo.

O Mestre deteve-se diante dela e disse à mãe:

— O amor do Pai Celestial é imensamente superior à força maligna que domina a tua filha.

"Mulher! ... Deus ouve o clamor da tua fé."

Jhasua estendeu a mão direita sobre a cabeça da jovem, que caiu ao solo como ferida por um raio, e um silêncio de morte se fez na multidão.

– Desatai-lhe as mãos – ordenou o Mestre –, e retirai a corrente.

Quando terminaram de libertá-la, tomou a jovem pela mão direita e disse em voz alta:

– Agradece a Deus, Jhaphia, porque já és livre.

A mãe e a filha arrojaram-se a seus pés abençoando-o pelo bem recebido.

O clamor da multidão subiu de tom e alguns escribas e fariseus, mestres na cidade, chegaram para saber a causa daquele tumulto.

– Que acontece aqui que estais tão alvoroçados quando já se aproxima a noite? – perguntou um deles.

– Quem pensa na noite quando estamos vendo um homem de Deus fazer maravilhas em Seu Nome? – respondeu um moço robusto, um dos mais entusiasmados adeptos da Santa Aliança.

– Os cegos vêem, os paralíticos arrojam suas muletas e os possessos ficam livres dos demônios – acrescentou outro! – Quem já viu algo semelhante?

– Ainda não terminou o sábado! Como se atreve esse homem a curar enfermos? Não diz a Lei: "Santificarás o meu dia de festa com descanso e oração?" acrescentou um arrogante e intratável fariseu, cuja indumentária indicava ser pessoa de boa posição.

– Amigo – disse Jhasua, que o ouviu. – Se cai um de teus animais num poço num dia de sábado, acaso o deixas perecer com prejuízo para as tuas finanças?

"Valem mais os seres humanos que adoram a Deus que todos os animais de teus rebanhos. Não diz também a Lei: 'Ama a teu próximo como a ti mesmo'?"

E o Mestre continuou abrindo passagem por entre a multidão, até que não ficou um único doente sem ser curado.

O fariseu, vendo-se humilhado em público e principalmente com as sátiras ouvidas dentre a multidão, retirou-se desgostoso e, concluindo ser uma grande ousadia daquele rabi desconhecido se atrever a dar lições a ele, homem de 50 anos e Doutor da Lei.

Ia levantar um furibundo protesto perante a guarnição romana residente naquela praça, quando sentiu atrás de si um vozerio aclamando o Profeta Nazareno. Era a multidão de enfermos curados por ele.

Alguns conheciam o fariseu e eram seus conhecidos, por vê-los há anos, cegos ou paralíticos, sentados à porta das Sinagogas ou nos mercados, aguardando que alguém lhes desse esmolas.

– Rabi Sedechias!... – disseram loucos de felicidade. – Examinai nossas pernas e braços, pois estão como os de donzelas que vão à dança.

– Rabi Sedechias!... Agora posso ver o teu rosto venerável, porque o homem de Deus abriu os meus olhos para a luz ... Não bendizes comigo a Jehová?

E continuava a procissão de enfermos curados, alegres e felizes em fazer-se ver pelo mais ilustre rabino no que honrava Jericó.

Quando passou a mãe com a filha obsecada por espíritos malignos e já libertada pelo jovem Profeta Nazareno, o Rabi Sedechias não pôde fazer outra coisa senão declarar-se vencido, pois ele e outros colegas seus haviam lutado em vão para libertar a infeliz Jhaphia da maligna força que a subjugava.

A moça caminhava envolta no manto branco do Profeta, e sua mãe disse ao fariseu:

– Repara, Rabi Sedechias, como está mudada a minha pobrezinha!...

"Dizem por aí que esse Homem é mais que Profeta; ele é o Messias esperado por Israel. Sem dúvida alguma, deves saber disto! É verdade mesmo?"

Aturdido pelo que estava vendo, Sedechias viu-se forçado a responder:

– Deve ser verdade, mulher!... Deve ser verdade!...

Juntando as mãos sobre o peito, como os fariseus costumavam fazer em plena rua, orou assim:

– Altíssimo Senhor dos Céus! Se é chegada a hora da tua Luz sobre Israel, não deixes nas trevas este teu servo que praticou a tua Lei para merecer a claridade deste dia!...

Voltou seus passos em direção à Praça do Circo com o desejo de ver de perto o Profeta, mas a praça já estava deserta e a noite caía serena sobre a brancura do Circo, destacando-o mais das palmeiras circundantes e das obscuras ruelas que se perdiam nas trevas. Apenas via-se uma luz no grande armazém-depósito já mencionado.

– Eu... penetrar num armazém-depósito de vinhos e comestíveis, a esta hora? – disse para si mesmo. – Mas defronte a esta casa fez-se o tumulto e aqui havia homens galileus...

Quando ele estava nestas observações na escuridão apenas iluminada pelo reflexo da luz que saía dos armazéns, chegou o Mestre com três dos companheiros que retomava de fora das muralhas, onde sua piedade o levou a curar alguns leprosos que se viam impossibilitados de aproximar-se dele.

O Mestre, vestido apenas com sua túnica branca, cingida na cintura com o cíngulo violeta dos Mestres Essênios, parecia mais gracioso e juvenil na sua delicada silhueta. Com seu manto havia coberto a jovem possessa e, sem esperar prover-se de outro na pousada, correu aos arredores da cidade, porque o clamor dos leprosos fazia transbordar a piedade no seu coração.

– Profeta de Deus!... Não nos deixam aproximar-nos de ti, porque estamos condenados pela Lei como imundos!... Senhor!... apieda-te de seis infelizes leprosos que clamam por ti junto à porta da cidade!"

– Meu filho, tua palidez me assusta! Estás cansado! – observou sua mãe olhando os círculos violetas a rodearem aqueles olhos amados.

– Senhor – disse Pedro –, minha idade me autoriza a avisar-te quando te excedes em tuas tarefas junto dos enfermos. Agora já é hora de descansar.

– A noite já chegou, meu filho – disse tio Jaime. – O orvalho começa a cair como uma garoa, e daqui até a muralha há uns quinhentos passos...

– Mas estais tão surdos a ponto de não ouvir esses clamores?... – perguntou o Mestre com o pesar retratado em seu semblante.

– Não ouvimos nada!... – responderam. – É o cansaço, Mestre. É o estado nervoso no qual te deixa a fadiga, fazendo-te ouvir clamores em todas as partes!...

– Voltai à pousada, pois irei sozinho até a porta – disse, e, sem esperar mais, começou a andar com grande pressa.

Os de mais idade voltaram com Myriam e as outras mulheres à pousada, mas João, Zebeu e Felipe seguiram o Mestre.

Os leprosos estavam ali, a vinte passos da porta, e continuavam com seus lamentosos clamores.

– Vossa fé é maior que a distância percorrida para chegar até aqui – disse.

"Sede salvos!... Sede limpos e sede curados em nome de Deus! – exclamou com tal vibração de amor e piedade que até os três discípulos que o acompanhavam se sentiram envolvidos nela, e caíram de joelhos, adorando a Majestade Divina que tão profundamente se fazia sentir.

"Ide lavar-vos no arroio – disse –, vesti roupas limpas e apresentai-vos ao sacerdote do plantão, para que vos declare curados e possais voltar para junto de vossas famílias."

– Senhor – objetou um dos leprosos –, devemos queimar estes farrapos e não temos um sestércio para comprar roupas novas.

– Não duvideis ... Não temais ... Que é mais importante: as roupas ou a saúde e a vida? Se o Pai Celestial vos deu num instante a vida e a saúde, não vos pode cobrir também com uma túnica limpa? ...

"Ide e fazei o que vos digo, pois meu Pai tem milhares de anjos que lhe obedecem e o servem."

Os discípulos se entreolharam com assombro e quando os leprosos começaram a andar, despojaram-se de seus mantos, partiram-nos pelo meio e lhes entregaram.

O jovem Felipe, embora não pertencendo à vida comum dos Doze, e que levava dinheiro consigo, deu dois denários a cada um dos enfermos, para que no dia seguinte completassem suas vestimentas.

Nossos quatro personagens estavam voltando da pequena excursão até a porta da cidade quando encontraram o Rabi Sedechias, atento, olhando pelo portão para o interior do armazém.

– A paz seja contigo, rabi – disse o Mestre –, reconhecendo imediatamente o fariseu que o havia censurado pelas curas efetuadas naquela tarde, quando ainda não havia terminado o dia de sábado.

– E contigo, Profeta! Eu vinha à tua procura – acrescentou.

– Ele vem muito cansado – interveio Zebeu – e ainda não fez sua refeição. Se pudesses voltar amanhã ...

– Entra, rabi – disse Jhasua amavelmente, colocando a mão em seu ombro. – Entra e, se não tomares a mal, repartirei meu pão e meu vinho contigo ...

Entraram.

– Simônides – disse o Mestre –, o Rabi Sedechias honra esta casa com a sua presença. Repartirei com ele minha porção da ceia.

Simônides, para quem era uma verdadeira glória um ato de confiança do Mestre para com ele, aproximou-se cheio de alegria e disse:

– Meu Senhor ... só tu mandas nesta casa e em todas as demais que dependem de mim.

"Sê bem-vindo, Rabi Sedechias, a estes rústicos armazéns transformados em hospedaria por esta noite."

Sentaram todos ao redor de uma grande mesa.

O fariseu admirou-se grandemente de que também as mulheres tomassem suas refeições ali, visto que, na rigidez tirânica de seus costumes, usava-se comerem em separado.

À direita de Jhasua estava sua mãe e à esquerda o Rabi Sedechias.

– Na mesa de um Profeta de Deus podem sentar-se as mulheres? – perguntou sem rispidez, porém com bastante curiosidade, que não pôde dissimular.

– Rabi Sedechias – disse o Mestre, enchendo-lhe a taça com o vinho da ânfora posta diante dele. – Tua mãe não é uma mulher?

– Claro que é!

– Não diz a Lei dada por Deus a Moisés: "Honra a teu pai e a tua mãe?"

– Sim, diz – respondeu o interpelado.

– E julgas que honra a própria mãe o filho que se nega a sentá-la ao seu lado na mesa, como se fosse indigna de tal honra?

"Não foi ela que o trouxe em suas entranhas e o alimentou em seu seio? Será algo melhor ou diverso ou ainda diferente quando cresceu, do que era quando pequenino e dormia no seu regraço? ..."

– Raciocinas muito diferente de nós, Profeta! ... mas não posso tampouco deixar de reconhecer a Luz de Deus no teu raciocínio – respondeu o rabi.

– Alegra-me que estejamos de acordo, e isto me faz compreender que és fariseu por hábito e porque teus antepassados o foram. Estás preparado, rabi, para ser Mestre da Lei Divina e não das leis dos homens ...

– Que outra coisa são, dize-me, os doutores de Israel, senão Mestres da Lei Divina? – perguntou Sedechias.

– Não! – disse secamente Jhasua. – Tenho observado que a maioria dos doutores de Israel são destruidores da Lei Divina.

– Profeta! ... Mede a conseqüência do que estás dizendo! ... – exclamou, quase espantado, o fariseu.

– Se estou dizendo isto é porque posso afirmar, Rabi Sedechias – insistiu o Mestre. "Convido-te para comentarmos juntos a Santa Lei e logo me dirás se tenho ou não razão. Não tenhas receio em falar na presença de todos estes que são verdadeiros israelitas, de consciência formada na Lei de Deus, e não na lei dos homens.

"*Amarás a Deus sobre todas as coisas e ao próximo como a ti mesmo*, é o primeiro mandamento da Lei – disse Jhasua."

– É assim realmente esse mandamento, e os doutores de Israel o cumprem ao pé da letra.

– Perdoa-me Rabi Sedechias, mas não o cumprem. Não sustentais o direito do amo em açoitar barbaramente seus escravos e ainda condená-los à morte? Não mandais que o escravo vitalício seja furado em sua orelha esquerda com uma agulha, cravando-a na porta de vossa casa para deixá-lo eternamente marcado em sua vil condição? Não sustentais e determinais que o amo tem o direito de vender seus escravos como vende suas ovelhas ou seus jumentos, separando os filhos de sua mãe, os maridos de suas esposas e os irmãos entre si?

– Justamente ... assim é a lei.

– A vossa lei, mas não a Lei de Deus! Dize-me: isto significa *amar ao próximo como a vós mesmos*?

– Porém são escravos, Profeta, e não próximos! ... – argüiu o fariseu.

– Ah! ... é sutil a tua saída, rabi, no entanto, a Lei Divina não faz diferença alguma entre o escravo e o que não o é, e tanto saiu da Onipotência Divina a alma do amo como a do escravo; e a Natureza, obra de Deus, forma da mesma maneira o corpo dos reis como o dos vassalos, o dos nobres como o dos plebeus, o dos amos como o dos escravos. Não é verdade isto, Rabi Sedechias?

– Sim, é verdade, Profeta ...

– Bem. Então isto significa que os promulgadores e sustentadores dessas leis agem contra o primeiro mandamento da Lei de Deus.

– Mas como? ...

– É realmente assim, porque os sábios de Israel, ao promulgarem suas leis, apenas levaram em conta sua conveniências e esqueceram completamente a Lei Divina. Na legislação dos doutores e príncipes do Sinédrio, o amor ao próximo é desalojado por uma cruel rigidez de tolerância para os débeis e pequenos.

"Em compensação, tem um manto de tolerância para os fortes e poderosos.

"O quinto mandamento da Lei diz: *Não matarás*, e os legisladores de Israel ordenam matar a pedradas a mulher que for encontrada em adultério. Por que o Sinédrio não aplica essa Lei a Herodíades; e, para maior escândalo, se alia com Antipas e deixa assassinar Johanan, única voz que repreendeu a adúltera?

"Por que essa lei é aplicada somente à mulher e não ao homem adúltero como ela?

"O sétimo mandamento divino diz: *Não furtarás*. Os legisladores que acrescentaram *olho por olho, dente por dente*, cometem impunemente horrendos latrocínios com as viúvas e os órfãos. O Templo, que nos antigos tempos foi refúgio de viúvas e de órfãos desamparados, é hoje refúgio de viúvas e de órfãos *despojados* pelos altos dignitários do Templo, que encontram hábeis combinações financeiras para que os bens das viúvas e dos órfãos sejam transferidos para suas arcas particulares ... Acaso ignoras isto, Rabi Sedechias? ..."

O interpelado guardava silêncio, porque se via envergonhado pela lógica de aço do Profeta Nazareno, que continuou dizendo:

"A exigência de novos e custosos holocaustos é outra forma do furto condenado pela Lei Divina. Não vês nisto o comércio ilícito dos sacerdotes?

"Todo o comércio de Israel está açambarcado pelas grandes famílias sacerdotais, os Boethos, os Phabilos Kantaros e os Hanan, que reinam na atualidade mediante o ouro do Templo, com o qual compram o seu triunfo. Só conseguiram livrar-se de suas garras duas ou três fortunas, cujos administradores tiveram o talento necessário para se esquivarem."

Ao falar deste modo, o olhar do Profeta cruzou-se com o de Simônides, e o bom ancião agradeceu a alusão.

– Profeta de Jehová! – exclamou o Rabi Sedechias. – Não continues mais, eu te peço, porque em verdade posso garantir que estou ferido de morte em meus ideais e convicções.

"Que será do povo de Israel? ..."

– O povo de Israel salvar-se-á ou perecerá, conforme se inclinar para a verdade ou para a mentira – respondeu o Mestre.

– Como és o homem vencedor do impossível, não podes salvar Israel? – perguntou Sedechias com angustiado acento.

– *Deus me deu o poder de salvar aquele que quer ser salvo* – disse o Mestre solenemente. – A Lei Eterna é imutável. Não varia nem muda jamais. Nenhum Profeta, nenhum Enviado, nenhum Mestre jamais será autorizado a violentar o livre-arbítrio dos seres. Perde-se aquele que quer perder-se e salva-se quem quer salvar-se. Eu, como Seu Enviado, digo ao povo de Israel e a todos os povos da Terra:

"Eu sou o Caminho, a Verdade, a Vida ... Vinde a mim todos os que queiram ser salvos, e que o Reino de Deus seja aberto para vós."

– O Reino de Deus! ... – exclamou o fariseu como esperando ver imediatamente uma visão magnífica ... – E onde está o Reino de Deus?

– Como Doutor em Israel não sabes onde está o Reino de Deus?

– Até agora julguei achar-se no Sagrado Templo, onde está guardada a Thora e a Arca da Aliança, bem como os tesouros que o povo tem oferecido a Jehová desde séculos remotos ...

– Não e mil vezes não! ... – afirmou com esmagadora energia o Mestre. – O Templo é um amontoamento de pedras, de mármores, de madeiras finíssimas e de ouro polido, onde o homem deixou sua arte e esvaziou o suor do seu rosto; entretanto, tudo isso é coisa morta, fria, sem palpitações de vida.

"O Reino de Deus é a Energia Eterna posta em ação permanente; é a Luz Divina da Inteligência que acende milhares de lâmpadas da Fé para os que procuram ser iluminados por ela; é a suave vibração de Esperança nas Promessas Divinas para todos os que mereceram ver nelas o seu cumprimento; é, enfim, a Potência Suprema do Amor a emanar incessantemente do Pai como inesgotável torrente, para todos os que querem saciar-se em suas águas de vida eterna...

"O Reino de Deus está, pois, em todos os mundos povoados de almas capazes de ter Fé, Esperança e Amor! Está em todos os lugares deste pequeno mundo de expiações dolorosas, ali onde está um punhado de almas ou uma alma apenas desperta para a Verdade Divina, e que seja, portanto, capaz de Crer, de Esperar e de Amar!...

"Crer... em quê? Na Onipotência do Amor Divino a encerrar em Si mesmo tudo quanto respira com vida no vasto Universo!

"Esperar... o quê? A hora suprema da libertação e do merecimento, que, na imensidão infinita, ressoa para cada alma como um clarim de triunfo, cuja melodia traduzida em palavras lhe dirá: Entra na tua morada, para tomar posse do Reino que conquistaste.

"Amar!... A quem há de amar? Ao Ideal Supremo sonhado desde o primeiro despertar da inteligência, buscado durante séculos e séculos e, finalmente, encontrado palpitando na sua própria vida, voejando como pássaro cativo em seus próprios anelos ..., derramando-se de seu próprio coração em vagas de piedade incontível para todos os que sofrem misérias físicas e morais...; para os que suportam o açoite da injustiça humana, para os que o crime aprisiona e a sociedade escraviza... para todas as vítimas voluntárias ou forçadas da monstruosa ignorância humana, que, tendo diante de si a infinita grandeza de Deus e a Onipotência do seu Amor soberano, empenham-se em encerrar-se num invólucro de barro como o escaravelho, símbolo egípcio da alma escravizada na matéria, sem querer convencer-se da grandeza do seu destino: a posse eterna de Deus.

"Compreendeste, rabi Sedechias?...

"O Reino de Deus está em ti mesmo, se quiseres abrir tua alma à Verdade Divina. Em ti mesmo está o teu Soberano Rei, o teu Divino Senhor, que te diz:

"Porque amas como eu te amo, fiz minha morada no teu coração."

O rabino inclinou sua altiva cabeça sobre a borda da mesa, onde sua taça ainda estava cheia... e chorou silenciosamente durante longo tempo.

A oração interior das almas encheu de silêncio o improvisado cenáculo, enquanto o Homem-Luz pousava sua mão cheia de bênçãos sobre aquela cabeça que se dobrava ao peso do deslumbramento da alma, colocada frente a frente à claridade divina...

– Quando a Luz se acende para mim, tua ausência a apaga novamente... Profeta – disse o fariseu, quando a emoção lhe permitiu falar.

A ceia havia terminado e; primeiramente as mulheres e depois os demais comensais, foram retirando-se para seus alojamentos, ficando apenas junto à mesa o Mestre, Sedechias, Pedro, Nathaniel, Zebeu, João e Felipe, o jovem.

– Disseste que a minha ausência apaga a tua Luz? Não, meu amigo. Quando o Pai Celestial acende a sua claridade numa alma, nenhuma ausência pode apagá-la se tu mesmo não a apagares.

– Duas palavras mais, Profeta, para que eu compreenda com perfeição os teus caminhos:

"Contradizes ou reafirmas Moisés?..."

O genial olhar de Jhasua envolveu como uma labareda a face de Sedechias e, achando-o sincero, esclareceu desta maneira:

— A Suprema Inteligência, meu amigo, de tempos em tempos, manda seus enviados ao seio da Humanidade para desbravar novamente o mato dos caminhos e limpar o pó que a incompreensão e a ignorância dos homens arroja aos montões sobre eles.

"Esses enviados, não importa se são chamados Profetas, Mestres, Filósofos ou Sábios, jamais destroem as obras dos outros; antes, pelo contrário, as completam e esclarecem, tendo em conta a maior capacidade intelectual, moral e espiritual das porções da Humanidade para as quais vai dirigida a mensagem.

"A Verdade Divina é uma só; é imutável e inalterável, porque é eterna como a Causa Suprema da qual procede.

"Eu não posso contradizer Moisés, nem a nenhum dos Profetas, Mestres ou Filósofos que, enviados pela Eterna Sabedoria, vieram em épocas anteriores a esta Humanidade. No entanto, posso dizer à Humanidade que foi adulterada a doutrina ensinada por eles; que foram destruídos, na face da Terra, os caminhos abertos por eles que, em vez de dar de beber o vinho envelhecido e puro da Verdade Divina trazida por eles, o sepultaram em suas adegas, de onde o deixam sair em odres pequenos e, ainda por cima, misturado com resina aromática, que embriaga os sentidos e deslumbra a imaginação. Não é isto, dize-me, o que ocorreu com os ensinamentos de todos os nossos Profetas e também com os do próprio Moisés, de cujo nome e glória Israel está tão zeloso?

"Onde pode ser encontrada, neste povo, a honradez acrisolada do patriarca Abraham, a fidelidade de Isaac, a nobre lealdade de Jacob, o perdão heróico de José? ...

"Quais os vestígios que encontras deles na vida dos altos dignitários e dirigentes de Israel?

"Tu e eu vimos, nesta noite, que, dos dez mandamentos de Moisés, somente vivem na consciência do povo aqueles que permitem a criação de práticas e fórmulas puramente exteriores, como é o terceiro, que prescreve *Santificar os sábados com descanso e oração*, ampliado até o mais ridículo exagero, servindo assim de obstáculo ao verdadeiro espírito da Lei que é o amor fraterno e a ajuda mútua. Do sexto, *não fornicar*, surgiu uma dura cadeia, sequer sonhada por Moisés, indo diretamente contra a unificação de todos os povos e raças, que têm a mesma origem e idêntico fim.

"Esta cadeia é a proibição, sob pena de morte, de contrair matrimônio com pessoas de outras raças e de outras crenças.

"Da Lei de Moisés, cujos fundamentos são o amor a Deus e ao próximo, devia ter surgido, como um pequeno arroio de sua fonte, o amor universal a todos os homens que povoam a Terra; e esse foi o pensamento divino interpretado por Moisés e traduzido em palavras gravadas em tábuas de pedra, para torná-las indestrutíveis! ...

"A clara visão de Moisés sobre o Amor de Deus como Pai Universal de todo ser vivente na criação, inspirou-lhe a idéia sublime de uma aliança eterna do Criador com suas criaturas. Essa aliança foi rodeada de cânticos de amor e de alegria, de festas de concórdia entre as famílias, entre os senhores e os seus servos que, com palmas floridas e espirais de incenso, davam mutuamente os ósculos da paz, da amizade e do perdão de todas as ofensas.

"Entretanto, os homens, mais matéria que espírito, mais carne que inteligência, mais egoísmo que amor, encontraram imediatamente o caminho para chegar à mais grosseira e repugnante materialidade da idéia original, toda baseada no amor de Deus às suas criaturas e delas entre si; eles encontraram o selo daquela aliança na cerimônia brutal da circuncisão, que em nada modifica nem muda a alma do homem, que continua sendo um criminoso ou um justo, porque os ritos, as fórmulas e as práticas exteriores não têm nem terão poder sobre as condições morais e espirituais do homem.

"Quinze séculos se passaram desde Moisés e sabes tão bem quanto eu, como também todos os letrados de Israel, que essa longa cadeia, maior ainda com as ordens e leis que foram promulgadas muito tempo depois do Legislador, destruiu quase por completo essa grande obra de elevação humana. Sou, pois, um restaurador da obra de Moisés, não obstante saber perfeitamente que serei condenado em nome dessa mesma Lei de Moisés, como serão condenados no futuro e em meu nome, aqueles que, fiéis intérpretes da Verdade Divina, pretendam limpar dos sarçais e do pó o caminho aberto por mim na hora presente.

"O que a incompreensão e a ignorância fez ontem, fará hoje e tornará a fazer amanhã, até que haja soado a hora em que a Justiça Divina detenha a torrente transbordante do mal, abrindo-lhe caminho para mundos inferiores em busca de uma possível transformação."

– Tudo quanto disseste, Profeta – mencionou o fariseu –, pensei mais de uma vez; e, do fundo do meu espírito vi levantar-se, como uma espantosa visão, a futura desgraça de Israel, a quem sua dura teimosia acabará arrastando até o fundo do abismo.

"Mas dize: a Justiça Divina responsabilizará o povo pela prevaricação de seus dirigentes?

"Pedirá contas ao povo ignorante e indefeso, que aceita o que lhe dão e obedece às cegas o que lhe mandam fazer?"

– Nem todas as responsabilidades são medidas pela Eterna Justiça com a mesma vara – respondeu o Mestre. – Àquele a quem mais foi dado, dele mais será exigido.

"Às quatro grandes famílias sacerdotais que desde várias gerações vêm formando o Sinédrio, transmitindo uns aos outros, como por herança, os mais altos postos nesse supremo tribunal, a Justiça Divina tornará responsáveis por toda a dor, miséria e degradação suportada por Israel.

"Não escolheu Moisés dentre todo o seu povo os setenta Anciãos mais honoráveis e justos que pôde encontrar, e os encarregou da guarda da Divina Lei e da pureza dos costumes, *de acordo com ela*?

"Como se explica que, ao pôr os pés na Terra prometida, e ainda antes de vadear o Jordão, Israel conseguiu esquecer o inexorável: *Não matarás*, e se entregou à matança e à devastação com furor horripilante?

"São eles os filhos de Abraham, que ficou sem sepultar a sua amada Sara até poder pagar quatrocentos ciclos de prata pelo campo no qual estava a gruta que seria a sua tumba?

"São eles os fariseus de Jacob, cuja honradez acrisolada e nobre desinteresse desarmou a cólera de Esaú e de Laban, aos quais nada devia e, não obstante, os encheu de oferendas e de dádivas.

"Quem foi o iniciador dos erros de Israel?

"Quando toda uma cesta de frutas fica estragada, podes saber qual foi a primeira?

"O que os homens não sabem nem podem averiguar sabe-o Deus, Luz Infinita e Eterna, e não tanto aos povos, como aos seus dirigentes, príncipes, pontífices, sacerdotes ou doutores, haverá de perguntar no tremendo dia da sua justiça: 'Que fizestes da minha Lei? Por que a arrancastes do caminho de Israel, que devia transmiti-la a toda a Humanidade?"

Houve um penoso silêncio, durante o qual os olhares dos cinco discípulos presentes iam do Mestre ao fariseu, pois estavam compreendendo perfeitamente que a conversa havia chegado a um ponto decisivo, do qual devia restar um vencedor e um vencido.

A lógica do Mestre era esmagadora, e já pressentiam que Sedechias nada mais podia fazer senão reconhecer a verdade.
— Profeta! — disse finalmente. — A Verdade Divina está nas tuas palavras.
"Negá-lo, seria negar a luz do sol e o brilho das estrelas. Minha situação é bastante difícil, porque estou aparentado, através de minha esposa, com Schammai, cuja fama de lutador intransigente deve ser do teu conhecimento. Ele está à frente do nosso partido e sua palavra é ouvida como a de um Mestre."
— És livre, rabino, para continuar mantendo a mentira ou abraçar a Verdade. Nada exijo de ti.
"O caminho da sabedoria está semeado de espinhos, e nada têm em comum as elevadas posições e os poderes terrenos com a Verdade Divina.
"Essa mesma Verdade Divina não resplandeceu um dia sob as tendas de nossos patriarcas nômades?"
— Profeta! ... Serias capaz de falar da mesma maneira como tens falado até hoje na presença de Schammai?
— Chamaste-me de Profeta e pensas que um profeta teria medo de dizer a Verdade na presença de um homem que, conhecendo-a, empenha-se em ocultá-la?
"Schammai já tem notícias a meu respeito e recusou encontrar-se frente a frente comigo.
"Seu coração não está disposto como o teu, Rabi Sedechias, e ele não se abrirá para a Verdade Divina, embora sinta que ela abrasa-lhe as entranhas.
"Além do mais, tem fama de ser um dos grandes sábios de Israel. Dignar-se-á ouvir um visionário galileu, nascido nas oficinas de um artesão?"
— Deus dá sua Luz aos humildes e a nega aos soberbos — disse Pedro. — Causa-me mal-estar, Mestre, ouvir que deves confrontar-te com esse orgulhoso Schammai, que anda pela rua no meio de uma corte de aduladores que o incentivam a julgar-se um Moisés.
— São teus discípulos estes que te rodeiam? — perguntou Sedechias.
— Sim, são os que continuarão a minha obra quando eu tiver voltado para junto do Pai.
— Demasiado poucos para a grandiosidade da doutrina.
— Os que me seguem a todas as partes e levam uma vida em comum comigo são doze. Os que me seguem de mais longe, são inúmeros. Ainda há os amantes da Verdade em Israel, muito embora a amem em segredo enquanto não chegar a hora de se manifestar perante a face do mundo.
— Dá-me a tua mão, Profeta — disse o fariseu estendendo sua direita para Jhasua. — Eu sou dos que te seguirão em segredo, até os acontecimentos permitirem que eu abandone a Judéia.
O Mestre estreitou com efusão aquela mão leal estendida para ele, enquanto seus olhos, cheios de indizível ternura, se fixavam nos do fariseu que estavam cheios de lágrimas.
— Amanhã sairei de Jericó com destino à Galiléia, onde poderás me encontrar sempre que quiseres, em Nazareth ou nas margens do Lago.
— Basta que perguntes pela casa de Simão Barjonne ou pela de Zebedeu, à margem do Mar da Galiléia, que até os peixes te informarão onde fica, rabino — disse Pedro — e ali saberás onde achar o Mestre.
— Obrigado, amigos — disse Sedechias levantando-se.
— Que a paz seja contigo — disse Jhasua, quando o viu dirigir-se à porta.
— Profeta! ... Se quiseres, voltarei para o teu lado! ... — disse novamente o fariseu. — Dize uma só palavra e voltarei.

– Eu quero, Sedechias! ... Vem!
A alta figura branca do rabino perdeu-se na escuridão da rua e o Mestre continuou olhando para o negro espaço da porta por onde ele acabava de desaparecer.
– É um nobre coração – disse. – Apenas falta-lhe força de vontade para desligar-se dos obstáculos da seita que o aprisionam.

Em Phasaelis

No dia seguinte, a pequena caravana pôs-se em marcha para pernoitar em Phasaelis, aproximando-se cada vez mais da margem do Jordão, cuja proximidade se via claro na exuberante vegetação por entre a qual passavam os nossos viajantes.

O ancião Simônides e o príncipe Judá adiantavam-se sempre dos demais, quando se aproximavam do fim de cada jornada.

Ao Mestre não passava despercebido este detalhe relacionado com o que lhe havia dito o mártir Johanan em sua prisão da Fortaleza de Pella: "Enquanto ensinava no Jordão, vieram ver-me três amigos teus: o príncipe Judá, filho de Ithamar, da casa de Hur, Hach-ben Faqui, de Cirene, e Simônides, de Antioquia, para averiguar se estavam agindo com justiça ao pretenderem a libertação de Israel. Aconselhei-os a não se rebelarem contra o César, mas contra a dinastia dos Herodes."

Ao se adiantarem em relação aos outros viajantes, punham como pretexto a preparação da hospedagem para todos.

O Mestre sofria ao compreender a tenaz ilusão que punha uma venda nos olhos daquelas pessoas, que eram tão suas, através da amizade e do amor que as unia, como unido está o ramo à árvore que lhe dá vida.

"Seria o mesmo que matá-las de um só golpe – pensou Jhasua –, se lhes dissesse que está muito próxima a hora em que será descarregada sobre mim a espada da justiça que devia aniquilar esta Humanidade.

"São crianças ainda no caminho oculto das renúncias heróicas e das completas imolações.

"Os cânticos de Bethlehem, anunciando a paz aos homens de boa vontade, despertaram em muitos o Amor que descia à Terra feito carne.

"O canto dos Céus coberto de sombras e a agitação convulsiva da Terra no dia que vai chegar, despertará estes amorosos seres iludidos em ver o Mestre Nazareno convertido em Rei de Israel.

"*Eu sou a ressurreição e a vida*! A morte alcança apenas a matéria, porém é impotente diante da grandeza do espírito.

"Eu sou a ressurreição e a vida! É o que direi às turbas aterradas no preciso momento da minha libertação como espírito missionário da Vontade Suprema."

– Mestre! ... – disse-lhe João de repente, voltando-se para trás. – Tua cavalgadura afrouxa o passo e vais ficando só.

Como despertando de seus pensamentos, o Mestre respondeu assim:
– Quando um homem empreende uma viagem, pensa muitas vezes no dia e na

hora da chegada ao seu destino. Naturalmente, absorvia-me o pensamento de que *nos aproximamos do fim*.

João não compreendeu o sentido oculto dessas palavras.

– Oh! A nossa Galiléia, Mestre ... o nosso lago ... os nossos barquinhos embalando-se nas ondas, e os nossos hortos cheios do perfume das flores e dos cantos dos pássaros! ... A Judéia assemelha-se para mim a um enterro ... e a nossa Galiléia às bodas! ...

– A comparação está muito boa, Joãozinho, contemplada do teu ponto de vista – respondeu sorrindo o Mestre.

– E de que outra forma posso olhá-la? ...

– Um enterro significa a libertação de um espírito, ou seja, *a ressurreição e a vida*, e as bodas representam a entrada num pequenino bosque onde não se sabe, com certeza, o que se encontrará: se diminutos arroios cristalinos ou lamaçais turvos ... Se flores ou sarçais ... Se avezinhas canoras ou serpentes venenosas ...

"Não é verdade, mesmo?"

– É certo, Mestre! ... E eu jamais havia pensado desta forma.

"Mas isso de que a morte é *a ressurreição e a vida* não me está parecendo muito claro ..."

Alguns viajantes aproximaram suas cavalgaduras da do Mestre para tomar parte em sua palestra com João.

– Os saduceus afirmam – disse Tomás – que os corpos dos mortos ressuscitarão num determinado dia.

– Quando ouvis o grilo cantar – disse o Mestre –, não sabeis precisamente o lugar de onde sai nem o que anuncia a sua voz: se uma próxima chuva ou um sol de estio. Assim também são, muitas vezes, as doutrinas ensinadas pelos homens. Em todas elas há algo certo: a voz do grilo que canta. A sabedoria está em encontrar toda a verdade que se esconde ao redor de uma pequenina voz perdida entre a folhagem dos campos.

"Deus, nosso Pai e Senhor, é o único Autor do espírito e da matéria. Ao primeiro, o espírito, deu *vida eterna*, e ele jamais poderá perecer ou desagregar-se ou ainda dissolver-se. Sua perfeita simplicidade exclui, em absoluto, toda dissolução. À outra, a matéria, deu vida precária, fugaz, efêmera, fácil de destruir, de reduzir a pó.

"As leis divinas são invariáveis e imutáveis como o próprio Deus. O que Ele pensou e ordenou desde toda a eternidade, continua da mesma maneira, ainda quando as humanidades tardem séculos e milhares de séculos para ir compreendendo as leis divinas. E os homens se empolam quando conseguem descobrir um *segredinho* do Pai na infinidade dos tempos ... como se as manifestações múltiplas da Energia Eterna não houvessem estado em permanente atividade desde que vive de Si Mesmo Aquele que não teve princípio nem terá fim! ...

"Pois bem. O filósofo judeu Sadoc, fundador da Escola Sanducéia, julgou ter descoberto os fundamentos do mundo quando um seu distante antepassado lhe escreveu psicograficamente num pergaminho a indicação do lugar preciso em que estava escondido um antiqüíssimo documento, que restabelecia os direitos de sua família nas terras designadas por Josué à tribo de Dan, à qual pertencia.

"Psicografou-a num pergaminho e a localização foi comprovada; logo um seu distante antepassado, que havia morrido dois séculos antes, *havia ressuscitado dentre os mortos*.

"E vivia! ... Quem poderia negar que ele está vivendo?

"Pensai durante alguns momentos:

"O Supremo Criador não corrige suas obras, porque todas elas *são perfeitas*. A matéria, destinada por ele a perecer, não retorna à vida, *se todo princípio de vida* a abandonou por completo. Os casos inusitados de retorno à vida devem ser explicados por um reatamento das funções orgânicas em corpos onde ainda não tinham sido aniquilados *completamente* os princípios vitais.

"O que ocorreu ao filósofo Sadoc ocorreu também de diferentes maneiras aos filósofos gregos Sócrates e Platão, a Mizraim e a Menes, egípcios, a Confúcio e a Lao-Tshe, chineses, como também a Zoroastro, o persa.

"A volta da alma humana à sua verdadeira existência de liberdade, de luz e de amor é a única e real ressurreição que se opera em todos os seres quando se produz a morte ou o aniquilamento completo da matéria, cessação absoluta da vida orgânica, destruição completa de todo o princípio de vida.

"Eu sou a ressurreição e a vida, vos dirão os Céus e a Terra em todos os tons, na hora precisa em que o meu espírito abandonar esta matéria que levo comigo.

"E em verdade vos digo que, ao alvorecer do terceiro dia da libertação do meu espírito, havereis de ver-me e ouvireis a minha voz como agora.

"Consumado o grande holocausto, vereis a minha entrada triunfal como Filho de Deus no Reino de seu Pai.

"A morte é, pois, a libertação! Morrer é viver! Não tenhais, pois, horror à morte, que é a grande amiga da alma!

"Estou sentindo os vossos pensamentos de recusa e dúvida a este respeito, porque o instinto da própria conservação, concedido por Deus como força oculta em todo ser que vive, vos impulsiona a esquivar-se do perigo.

"Mas eu vos digo que, quando o espírito tiver despertado plenamente para a realidade da sua vida eterna, aparece nele uma força superior ao instinto, levando-o a agir de acordo com ela sem que nenhum perigo de morte que se interponha ao seu passo o detenha em sua impetuosa carreira.

"Que são os apóstolos, os mártires e os heróis? Consagrados voluntariamente a um ideal superior, eles silenciam todas as vozes da matéria e não ouvem senão a voz do espírito, buscador eterno de sua perfeição mediante a renúncia e o sacrifício em benefício dos seus semelhantes."

— Meu filho! — disse repentinamente Myriam, que, com o tio Jaime e as demais mulheres, acompanhavam de perto o Mestre. — Neste remanso sombreado por formosas árvores, podíamos deter-nos para tomar algum alimento. Parece-me que falar da morte te alimenta tanto quanto o pão!

— Tens razão, mãe — respondeu Jhasua, detendo sua cavalgadura e saltando por terra. O Mestre ajudou-a a descer e, estendendo sobre a relva os pelegos e os mandis, fê-la sentar-se ao seu lado para compensar o esquecimento em que a havia deixado desde a saída de Jericó.

— Agora toca a vez das donzelas — disse a anciã Salomé, a quem Zebedeu acabava de sentar junto a Myriam.

— Ai de mim! ... — exclamou Elhida, deixando-se cair sobre a relva. — A Galiléia foge diante de nós e não chegamos nunca!

— Pobre Elhida! — disse junto a ela Maria de Mágdalo. — Seguindo-me, impuseste a ti mesma este sacrifício demasiado grande para a tua idade.

— O sacrifício é a prova do amor verdadeiro — disse o Mestre, enquanto oferecia à sua mãe uma cesta com pasteizinhos e formosas tâmaras de Bethânia.

— Oh, meu herói! ... — exclamou Myriam, olhando com infinita ternura para Jhasua. — Sempre pensando no sacrifício e na imolação! ... Quando pensarás na tua felicidade e na dos teus?

— Agora mesmo, mãe, estou pensando na tua felicidade e na minha, que é, ao mesmo tempo, a de todos estes bons companheiros que nos rodeiam.

"Não é uma felicidade o frescor deste remanso, em cuja polida superfície se refletem os céus?

"Não é uma felicidade este alimento ganho com o suor do rosto ou extraído dos frutos da terra, semeados ou recolhidos pelas nossas próprias mãos?"

— Nada disto semeei ou colhi — disse com tristeza a castelã de Mágdalo, indicando a cesta de delicados manjares preparados por Elhida, sua velha aia.

— Mas é muito tua, minha menina — disse esta prontamente. — Comprei eu mesma no mercado de Jericó com o teu dinheiro! ...

— Certamente, boa mulher — disse o Mestre —, no entanto Maria quisera conhecer a felicidade a que acabo de aludir, ou seja, alimentar-se do próprio esforço.

A fiel mulher estreitou-se mais à jovem, como se sentisse a necessidade de protegê-la desse novo modo de olhar as coisas da vida a que a via inclinada.

— Ela deve alimentar-se do que seu pai ganhou honradamente para ela — disse, tirando da cesta e oferecendo para todos pedaços de aves e de cabritos assados ao forno, tortas de amêndoas e pasteizinhos de nozes, vinhos delicados e frutas escolhidas.

— Parece-me que és a mãe de todos — disse a castelã — olhando com ternura para Myriam, que também a observava compadecida da sua tristeza. — Jamais conheci a ternura de uma mãe! ... Procedes como se o fosses e me dás sempre a porção que devo tomar! ... Não és, verdadeiramente, a mãe de todos?

O olhar sereno do Mestre fixou-se nas duas mulheres e compreendeu imediatamente a grandeza do amor que ia de uma para a outra, como torrente sutil de íntima simpatia e afinidade. Era o amor por ele que enlaçava as duas com uma forte cadeia ...

— Alimentar os corpos enquanto as almas se amam é comida celestial — disse o Mestre. — Dá-me, mãe, dos manjares de Maria, pois também quero comer o que não semeei nem colhi.

— Ela teve uma feliz idéia. Agora sei que sou a mãe de todos e, na verdade, isso é muito agradável.

A meiga mulher do amor e do silêncio começou a repartir os manjares entre todos os presentes.

Ao cair da tarde, chegavam a Phasaelis, onde não ocorreu nada de extraordinário, a não ser a cura de alguns enfermos na praça das caravanas.

Entre estes, os mais notáveis foram dois jovens irmãos tuberculosos em estado avançado, que saíam da cidade para ir morar numa choça que seus pais possuíam no alto de um monte vizinho. Os moços apoiavam-se nos braços do pai, enquanto a pobre mãe caminhava atrás, chorando em silêncio, enquanto pensava:

— *Levamo-los para morrer lá em cima*. — Absorta neste triste pensamento, não percebeu os viajantes desmontando junto à porta por onde eles saíam.

O Mestre, que viu e sentiu a dor daqueles quatro seres e, provavelmente, o triste pensamento da mãe, segurando ainda o seu jumento pelo bridão, aproximou-se deles.

— Aonde ides com esses moços doentes e a pé? — perguntou com toda a simplicidade.

— Acaso pretendes emprestar-nos o teu jumento? — perguntou o pai, estranhando a pergunta feita por um desconhecido.

— Antes disto, é necessário fazer outra coisa — acrescentou, colocando as mãos sobre o peito dos doentes.

— Acreditais em Deus Todo-Poderoso? — voltou a perguntar. Foi a mulher que respondeu no ato:

— Cremos, sim, cremos, e és um Seu Profeta, que pode curar os meus filhos.

— Disseste muito bem, mulher! ... A Vontade Divina e a tua fé curaram os teus filhos.

A face dos rapazes havia-se colorido de um suave carmim e faziam aspirações profundas, como se quisessem absorver todo o ar num único momento. Suas vozes surdas e afônicas de repente tornaram-se claras e ambos começaram a gritar:

— Ele nos curou! ... Ele nos curou! ... — Continuaram gritando sem tomar consciência da presença do Mestre e dos seus. Os viajantes já haviam entregue suas cavalgaduras aos guardiães e se dirigiam à pousada.

Quando a voz dos moços atraiu a atenção dos vizinhos, já o príncipe Judá e Simônides tinham feito com que todos os viajantes entrassem na pousada.

— Ide para a vossa casa — disse o Mestre aos dois jovens —, e não vos esqueçais de agradecer a Deus pelo benefício que acabastes de receber.

A mãe estava chegando arquejante e exclamou:

— Senhor! ... Senhor! ... Mas é certo que estão curados? ...

— Sim, mulher! Por que duvidas?

— Temo que o mal volte quando te afastares daqui! ... Senhor! ... Deixa-nos ir contigo e não morreremos nunca! ...

— Não temas! ... — disse o Mestre pondo sua mão sobre a cabeça da mulher ajoelhada diante dele.

"Volta tranqüila para a tua casa com o teu marido e com os teus filhos, que eu seguirei viagem para a Galiléia. Se eles foram curados pela Vontade Divina, como podes pensar que tornarão a adoecer?

"Breve voltarei a passar por aqui e prometo que nesse dia comerei na tua mesa. Onde moras?"

— Na entrada da ruela da Torre Pequena, da qual meu marido é o porteiro. Basta perguntar pela casa de Santiaguinho, o porteiro. Lá todos o conhecem. Vem até a nossa morada, Senhor.

"Abençoa-nos, Senhor, e afugenta todos os males do nosso lar."

Sorrindo dos grandes temores da mulher, o Mestre disse:

— Abençôo-os a todos! Santiaguinho, há prisioneiros na tua torre? — perguntou ao pai dos rapazes.

— Não, Senhor, porque houve um intento de evasão na lua passada, e dos que havia alguns foram enforcados e outros encerrados na Torre Maior.

O rosto do Mestre anuviou-se de tristeza.

— Sempre matando! ... Sempre matando! ... — disse com voz semelhante a um queixume.

— É que eram maus, Senhor, e mataram dois guardiães ...

— Fazei sempre o bem e sede misericordiosos com todos, para que Deus, nosso Pai, o seja convosco. Ide em paz que eu voltarei.

Jhasua entrou em seguida na pousada, acompanhado de Simônides, que tinha vindo buscá-lo ...

— Ó meu Senhor! — disse o bom velho. — És como o mel ... e não há quem te livre das formigas e das moscas! ...

— É tanta a dor humana, meu amigo, que por todos os caminhos saem ao meu encalço. Que queres que eu faça?

— Sim, meu Senhor! ... Todos parecem adivinhar quem és e te seguem como se fossem a tua sombra! ...

167

Pouco depois, estavam todos ao redor da mesa numa grande sala, que era o recinto no qual se reuniam, de tempos em tempos, os protegidos da Santa Aliança para receber socorros. Também se hospedavam ali os Terapeutas Essênios, em suas penosas tarefas de médicos e enfermeiros gratuitos dos que precisavam da sua ajuda.

Para as pessoas em geral essa casa era isso e nada mais. Mas, para Simônides e para o príncipe Judá, era ainda algo mais, pois entre os enormes fardos de roupas, sacos de legumes e talhas de azeite, abria-se uma porta bem dissimulada que dava para um horto de velhas figueiras e parreiras, entre as quais existia um ruinoso castelo abandonado em decorrência de uma tragédia já quase esquecida pelas pessoas do lugar.

Tão horripilantes eram as lendas relacionadas com esse castelo que todos evitavam transitar por suas imediações quando se aproximava a noite.

Bem sabemos que Simônides era um grande oportunista quando se tratava de adquirir imóveis que ninguém queria, com o fim de ressarcir a família Ithamar dos despojos sofridos pelo confisco de grande parte de seus bens, feito por Valério Graco.

Dessa forma, o hábil comerciante tinha comprado essa propriedade pela metade do seu valor, pois, para dizer a verdade, era para todos como um terreno baldio.

Para ele, que conhecia palmo a palmo a Judéia, esse vetusto solar era de inestimável valor. Ocupava o espaço que, no nosso modo de medir, equivaleria a três quartos de uma maça; o quarto restante havia sido destinado às obras piedosas da Santa Aliança. Com isso o leitor compreenderá que o príncipe Judá, filho de Ithamar, era o único possuidor de um vasto solar de terra no ponto mais estratégico da cidade.

A propriedade tocava na parte traseira da muralha da Torre Maior por um lado e, por outro, confinava com os estábulos da imensa praça das caravanas, junto a uma das portas da cidade. As pessoas que por lá passavam viam que estavam sendo amontoados materiais de construção nos bosques solarengos do castelo e sabiam que aos trabalhadores eram prometidos bons salários quando fossem iniciadas as obras. Dizia-se que ele havia sido comprado por um romano ilustre: *Quintus Árrius Filho*, para uma academia de esgrima, ginástica e exercícios atléticos, a que eram tão inclinados os romanos. Quintus Árrius Filho era o nome romano do príncipe Judá, como recordará o leitor.

Esse velho castelo que, aparentemente, não era senão uma ruína, tinha, na realidade, a consistência de uma fortaleza. Chamavam-na Aridatha e a seu respeito existia a tradição de que havia sido construído por ordem de Aman, primeiro ministro do rei Assuero, cujos domínios abarcavam desde a Etiópia até o Indo. Essa fortaleza estava destinada a calabouço de torturas, quando o ministro obteve o decreto de extermínio para os filhos de Israel, decreto esse que não foi cumprido, graças à intervenção da rainha Esther.

Aridatha era o nome do servidor de Aman que morava ali. Cabe pensar aqui que o ódio dos judeus torturados e mortos nesse lugar tornou depois impossível a vida para os habitantes que o ocuparam em épocas sucessivas.

Era esse o melancólico e quase tétrico cenário que rodeava a modesta sala improvisada como cenáculo para os nossos peregrinos.

O príncipe Judá foi o último a sentar-se à mesa e o Mestre percebeu que ele estava bastante agitado.

— Trazes muitas preocupações, Judá, meu amigo — disse, indicando um assento próximo dele. — "Basta ao dia o seu próprio afã", diz o ditado popular. Não fizeste hoje tudo quanto devias fazer?

— Acabo agora de terminar o meu dia, Jhasua! — respondeu Judá sorridente. — Enquanto curavas os doentes, eu me ocupava em fazer com que os sãos trabalhassem. Não é esta também uma obra de justiça?
— Conforme o trabalho que esteja sendo executado — respondeu o Mestre.
— Reedificar o Castelo Aridatha, que está atrás desta casa, o instalar nele uma academia de ginástica, de esgrima e de exercícios atléticos para a nossa juventude israelita, exclusivamente. Quero combater, deste modo, a anemia e o raquitismo que está sendo uma praga na Judéia. É notável a diferença entre a juventude da Judéia e a juventude da Galiléia e da Samaria.
"Não há nobreza nesses propósitos?"
— Poderás dizer-me quem sustentará os enormes gastos exigidos por uma instituição semelhante? — perguntou o Mestre.
— Aí tens o banqueiro de Israel, que responde por tudo — disse alegremente Judá, indicando Simônides, que estava na mesa defronte a eles.
— Também coopera o Hach-ben Faqui e os príncipes Jesuá e Sallum de Lohes — acrescentou o ancião, satisfeito com sua obra. — Não sabemos todos que o Reino de Israel se restabelecerá muito em breve, de acordo com o que foi anunciado pelos nossos Profetas?
"O Rei que vem desejará ter súditos fortes e sadios, não frangalhos de Humanidade, tristes frutos da miséria e da fome.
"Já estão contratadas, e com a metade pagas adiantadamente, as próximas colheitas do Nilo e do Eufrates para os protegidos da Santa Aliança e os alunos da Academia. Esta obra não é digna de teus sonhos de amor fraterno, meu Senhor?"
Jhasua pensou na triste cena dos tuberculosos que acabara de curar e respondeu no mesmo instante:
— Na verdade, é uma grande obra a vossa, embora tenhais de lutar contra os rígidos e fanáticos fariseus que, em tudo o que não seja o Templo e a Sinagoga, vêem abominação de pagãos.
— No entanto, sou dos que estão convencidos de que, sem lutas nem sacrifícios, nenhuma reforma é possível, quer seja de ordem intelectual, moral ou social.
— Amanhã, uma centena de trabalhadores inicia a reconstrução do castelo que já não se chamará Aridatha, nome infame para Israel — acrescentou o príncipe Judá —, mas *Turris-Davidica*, para que não soe mal aos ouvidos do procurador romano e, ao mesmo tempo, seja agradável aos nossos compatriotas.
— Mestre — perguntou Matheus —, se o rei David e todos os nossos ilustres antepassados vivem no seio de Abraham, segundo a frase habitual, verão esta obra que o príncipe Judá quer realizar ... e, em geral, todas as obras boas feitas no que foi o seu país?
— O Seio de Abraham — respondeu Jhasua —, é um nome alegórico dado à região do plano espiritual habitado pelas almas dos justos. Como os justos vivem na claridade divina, não só percebem e conhecem as obras boas que os encarnados realizam, como também cooperam invisivelmente nelas.
"Estão equivocados todos quantos pensam que nas moradas do Reino de Deus não há senão a extática contemplação da Divindade."
— O que existe, então, a mais além disto, se é que se pode saber? — perguntou o príncipe Judá. — Tenho vivo interesse em saber se os nossos grandes homens do passado aprovarão ou não as nossas atuais obras em favor de Israel.
— É o que acabei de dizer: eles não só aprovarão como também cooperarão com

elas. "Assim como é abaixo assim é acima", diz um dos antigos princípios do Ensinamento Secreto. Isto significa que, nas infinitas moradas que o Pai tem para corrigir ou premiar seus filhos, são realizadas obras e trabalhos semelhantes aos do plano físico e sempre com fins de aprendizado, de cultivo e de aperfeiçoamento das almas.

"Há mestres e discípulos para os quais existem aulas de graduação infinita de conhecimentos, de acordo com a ciência ou a arte que cada espírito quer cultivar em si mesmo.

"Dessas moradas de Luz e de eterno progresso, os músicos, os poetas e os pintores trazem suas geniais inspirações.

"Dali trazem seus conhecimentos siderais aqueles que se dedicam, com incansável esforço, a seguir da Terra a rota das estrelas, suas dimensões, as enormes distâncias que as separam.

"A alquimia, a astrologia e o cálculo, nos quais tanto se sobressaíram os caldeus e os egípcios, foram trazidas das eternas moradas do Pai, para benefício da Humanidade terrestre.

"Se das artes e das ciências passamos para o espiritual e o moral, a amplidão das atividades chega quase ao inverossímil. Não existe uma única obra de misericórdia e de piedade na qual não se encontre, às centenas e aos milhares, as almas de nossos irmãos, amigos e parentes prestando invisivelmente, na maioria dos casos, seu concurso e, visivelmente, em outros. Que outra coisa significam as aparições de anjos a que se refere a Sagrada Escritura, a Abraham, a Jacob, a Moisés e ainda a Adamu e Evana nas origens da Civilização Adâmica?

"Eles são a manifestação das grandes atividades das almas dos justos em benefício de seus irmãos encarnados nos planos físicos.

"Agora, no que diz respeito à tua pergunta, Matheus, se nossos homens justos do passado verão ou não esta obra que o príncipe Judá acaba de mencionar, não existe a menor dúvida que sim. Eles não só a vêem como aprovam, porque é boa e nobre em seus princípios e em seus fins. Ainda por cima, eles a verão de mais perto ou de mais distante, de acordo com a situação atual em que se encontram. As almas vão e vêm com essa santa liberdade, dádiva de Deus para orientar-lhes os caminhos para onde compreendem que podem purificar-se mais e realizar maiores avanços na senda eterna do progresso.

"Para se ter uma idéia mais exata do reino das almas, podeis imaginar um infinito campo povoado de estâncias ou moradas, vivendo em cada uma delas as inteligências desencarnadas realizando as obras que as leva ao auge de seus afetos, de suas convicções e de seus anelos."

– E os maus, Mestre... Onde viverão depois do sepulcro?... – perguntou Pedro.

– O maus!... Os maus!... – disse pensativo o Mestre. – É essa uma palavra que nem sempre expressa a realidade no que diz respeito ao reino das almas. Ali a escala começa naqueles que ignoram tudo e cujo atraso intelectual e moral é completo: são, pois, ignorantes e atrasados. Lá existem abnegados Mestres, Círios da Piedade, ensinando-lhes o caminho do bem e da justiça.

"Os verdadeiramente maus são os espíritos conscientes do que são e querem continuar sendo, porque assim satisfazem suas aspirações de riqueza, de poder e de domínio sobre os seus semelhantes. Para esses, o Pai tem moradas correcionais severíssimas, onde as almas permanecem em padecimentos iguais aos que causaram a seus semelhantes, até que tenham compreendido o erro e, espontaneamente, decidam mudar de caminho. Nesses casos, o arrependimento e o desejo do bem é a chave de ouro que lhes abre imediatamente as portas.

"O Pai não tem prisões nem sofrimentos perpétuos, e por isso está errado que os juízes da terra venham a impô-las a alguém. O castigo, para ser justo, deve durar enquanto dura o desejo do mal.

"Cessado esse desejo, deve cessar a correção para dar lugar à santa expiação que redime, sob a luz serena da esperança num futuro de paz e de amor."

– Quando será, Senhor, que esta Humanidade verá pelos mesmos cristais por onde olhas todas as coisas? – perguntou Simônides.

– Se eu vos disser qual será o tempo que demorará, segundo julgo, temo que todos sentar-se-ão sobre uma pedra e ficarão petrificados como ela está.

"É melhor dizermos de acordo com o nosso desejo: esse tempo chegará breve!"

Ao terminar a ceia, o Mestre fez a ação de graças costumeira e todos se retiraram para descansar.

Na madrugada seguinte, saíram para Archelais, primeira jornada da Samaria.

Durante o trajeto não ocorreu nenhum incidente digno de ser mencionado; entretanto, ao chegarem à cidade, encontraram as portas cerradas.

Os guardas disseram que havia um motim popular e só era permitida a entrada, sem dificuldade alguma, das mulheres e crianças. Contudo, para dar entrada aos homens, era necessário o salvo-conduto do centurião.

– Meu filho – disse Simônides ao príncipe Judá –, faze valer o teu nome romano, pois a noite chegará logo e não podemos passá-la aqui.

O leitor deve recordar que Samaria e Judéia estavam sob a jurisdição do procurador romano Pôncio Pilatos.

"E se o teu nome não bastar – acrescentou – ver-me-ei obrigado a apresentar a permissão firmada pelo César para que as minhas caravanas transitem livremente por todos os seus domínios."

Tão severas eram as ordens recebidas pelo guarda que não bastou o nome romano de Quintus Arrius Filho, dado pelo príncipe Judá, e foi necessário o documento secreto de Simônides.

Jhasua havia-se atrasado com seus discípulos e familiares e chegou no momento em que lhes era franqueada a entrada.

O centurião apresentou-lhes toda classe de excusas e se ofereceu para qualquer coisa de que pudessem necessitar.

– Eu gostaria de aconselhar-vos – acrescentou olhando para as mulheres e as crianças – a, não passar pela praça das caravanas. As pedras voam como pássaros e eu ficaria muito desgostoso se dois amigos do César que viajam com a família sofressem contratempos.

– Que está acontecendo? – perguntou o Mestre.

– Há um motim na cidade e o centurião acha perigoso seguirmos por lá – respondeu Judá.

– Somos pessoas de boa paz, centurião – disse o Mestre.

– Sei perfeitamente disso, mas esses demônios herodianos estão lançando pedras das árvores.

– Pode-se saber a causa desse distúrbio? – perguntou novamente o Mestre.

– Como posso saber, meus senhores, das confusões e rivalidades que existem entre os judeus, galileus e samaritanos! Estou aqui há apenas três semanas e já fiquei louco varrido ...

Um dos guardas disse:

– Vieram aqui dois viajantes dizendo que eram discípulos de um profeta que foi degolado por ordem do rei Herodes Antipas. O povo fez-lhes uma demonstração de simpatia e os herodianos uma demonstração de ódio e, se não fosse pela nossa intervenção, tinham sido eliminados a pedradas.

Jhasua ia protestar imediatamente, porém Judá fez-lhe sinal de silêncio.

– O profeta sacrificado – disse – era amigo do César e, na minha qualidade de cidadão romano, reclamo esses dois viajantes maltratados para tê-los comigo.

– Também eu os reclamo em nome do César – acrescentou Simônides.

– Estão aqui na enfermaria desta torre – disse. – Tende a bondade de seguir-me.

O Mestre acompanhou Simônides e Judá, enquanto os demais viajantes desmontavam na praça das caravanas e aguardavam no depósito de carregamentos.

Myriam e as outras mulheres apertavam-se umas contra as outras como cordeirinhas assustadas.

– Desde que Herodes pôs os pés na Galiléia, não temos paz nem sossego – disse a castelã de Mágdalo. – Pelo fato de minha mãe ter sido romana, tenho em minha casa todas as garantias que o governo de Roma concedeu a meu pai.

"Caberemos todos no castelo! Vinde comigo, se não estiverdes seguros em vossas casas."

– Muito obrigada, minha filha – disseram Myriam e Salomé a uma só voz. – Que podem querer Herodes ou Herodíades de tão humildes pessoas como somos nós?

Enquanto ocorriam estes comentários femininos, os homens estavam se aproximando da torre para averiguar o que ocorria.

Estirados sobre um pequeno colchão de crina animal, havia dois corpos humanos vestidos de lã escura cujas cabeças vendadas faziam compreender que haviam sido gravemente feridos.

O sangue havia empapado as ataduras, e aqueles rostos lívidos deixavam ver claramente que haviam perdido muito sangue.

– Sou médico – disse o Mestre ao centurião. – Mandai buscar água, vinho e azeite.

Jhasua ajoelhou-se junto a eles e viu que ambos respiravam e que sua pulsação, ainda que débil, deixava-se sentir em seu ritmo normal.

O príncipe Judá e Simônides, que se haviam apresentado com direitos sobre os feridos, pediram padiolas e uma escolta para levá-los à pousada, antecipando que pagariam o que fosse necessário.

Enquanto faziam todo esse preparativo, o Mestre com seus doze rodeava os feridos, ao mesmo tempo que lhes retiravam as ataduras manchadas de sangue.

O pensamento terníssimo de Jhasua voou para Johanan e lhe disse:

– Meu irmão! ... És feliz porque estás no Reino de Deus, enquanto os que te seguiram suportam ainda o duro cativeiro a que são submetidos por seus irmãos inconscientes e cegos.

"Olha para estes dois passarinhos feridos só porque eram teus discípulos! ..."

Os dois jovens se sentaram como movidos por uma corrente poderosa e, olhando para um canto da sala, disseram: "Já vem! ... Já vem até nós! ..."

– Ainda não é chegada a hora! ... – disse a voz dulcíssima de Jhasua, que também percebera a aparição radiante do Profeta Mártir. Estendia Ele suas mãos cheias de bênçãos sobre aquele grupo de seres deixado como herdeiros e continuadores de sua obra de precursor do Verbo de Deus.

Essas duas grandes almas, Cristo e seu Precursor, haviam vindo à Terra unidos por uma indestrutível aliança que a morte de um representava muito pouca coisa para romper. De antemão, ambos haviam aceito sua imolação em benefício da Humanidade.

A presença divina fez-se sentir em todos naqueles momentos, se bem que só o Mestre e os dois feridos tivessem percebido a radiante aparição de Johanan.

Quando o criado chegou trazendo o que lhe havia sido pedido para a cura, as feridas estavam fechadas e apenas se percebia uma cor levemente rosada no lugar onde as mesmas se encontravam.

As contusões, os golpes e o esgotamento físico, tudo enfim tinha desaparecido, e os ex-feridos mencionaram, com a maior tranqüilidade possível, como se havia produzido o tumulto.

O criado deixou tudo e correu para o centurião.

– Vem e olha – disse – pois os que estavam meio mortos estão mais fortes e sãos do que nós.

"A magia anda por aqui, senhor, e o medo aperta a minha garganta como a corda de um enforcado."

– Pouca coisa és, se te assustas com isso. Sabes que estamos num país de profetas maravilhosos. Nós temos os nossos deuses; eles têm os seus.

Quando ia certificar-se do ocorrido, encontrou todos saindo da sala.

– Centurião – disse Judá –, as padiolas e a escolta não são mais necessárias, porque os enfermos estão andando pelos próprios pés.

– Tendes um bom médico, para conseguir em tão breve tempo fazer andar dois corpos desfeitos a pedradas.

"Ainda bem que ocorreu isto, pois, do contrário, nesta mesma noite eu mandaria preparar pelo menos cinqüenta forcas para esses amotinados que insistem em não descer das árvores, pois sabem o que os espera."

– Centurião – perguntou o Mestre –, o que queres de mim pela vida e pela liberdade de todos eles?

– E quem és tu, para pretender comprar a vida de cinqüenta fascínoras? E para quê? Não vês que são feras daninhas que precisam ser exterminadas?

– Deixa-me provar o contrário com eles e depois farás o que te parecer melhor – insistiu o Mestre.

– Está bem. Vejo que estou diante de um desses profetas que abundam nesta terra. Concedo-te isto, até que chegue a noite. Atormenta-me a curiosidade de ver o que farás com eles. Aí os tens, no mais alto desses cedros.

– Obrigado, centurião. Que a paz seja contigo – respondeu o Mestre, saindo seguido dos seus, que olhavam para as árvores, de onde pedras continuavam a ser lançadas.

– Ficai quietos aqui – disse aos seus –, e faze-me o favor, centurião, de não sair do pórtico da torre.

Jhasua encaminhou-se sozinho para junto do grupo de árvores situadas ao redor de uma fonte de mármore.

Na penumbra do entardecer, a silhueta branca do Mestre destacava-se com nitidez da sombra projetada pelas árvores e do escuro verdor da erva que tapetava o solo. Todos os olhares estavam fixos nele.

– Baixai das árvores eu vos peço, meus amigos – disse aos rebeldes, cujas cabeças assomavam, curiosas, ao ver aquele homem jovem e belo aproximando-se desarmado para parlamentar com eles.

– O romano está se rendendo, não é? ... E escuda-se atrás do rabino porque tem medo – disse em voz alta um deles.

– É o Profeta Nazareno que curou os enfermos no Lago – acrescentou outro. – Certamente, pediu o nosso indulto.

– Justamente – respondeu o Mestre – pedi e consegui, com a condição de que abandoneis vossa atitude agressiva e saiais da jurisdição do procurador romano. Do contrário, nesta mesma noite serão levantadas forcas para vós.

"Sois herodianos? Ide com ele e deixai as pessoas em paz."

— Quem nos assegura que isto não é uma armadilha desses lobos romanos para caçar-nos como moscas? — perguntou o primeiro que havia falado. — Olha, Profeta, nós sabemos que és bom como o pão, não o duvidamos; mas, atrás de ti está a guarnição da Torre. Não desceremos! À meia-noite teremos resolvido o nosso problema.

O Mestre ficou em silêncio, e não haviam passado dois minutos quando os cinqüenta e três homens caíram como pesados fardos que um poderoso vendaval houvesse atirado por terra.

Nenhum deles se movia.

— Desobedeceram ao Profeta e ele os matou! — gritou um soldado começando a correr seguido por toda a guarnição.

Os companheiros do Mestre correram também, e as pessoas que transitavam pela praça da Torre se detiveram a contemplar o inusitado espetáculo.

O centurião chegou também, e imediatamente dirigiu-se a Jhasua que examinava os corpos inermes dos insurrectos.

— Ficaste convencido, Profeta, de que estas feras humanas não devem ser conduzidas com fios de seda?

— Sim, centurião, estou convencido, porém tampouco pode-se corrigi-los com a forca. Que ganharias matando cinqüenta e três homens, talvez pais de família, se, depois de mortos, outros tantos se levantarão impulsionados pelo ódio e vingar-se-ão de ti quando menos esperares ou pensares?

"Bem vês o que são agora! Um inerme montão de carne e ossos que podes destroçar como quiseres. Mas, como és um oficial da Roma educadora de povos, vais deleitar-te em fazer o maior mal possível a este punhado de homens que já não está em condições de se defender e a quem essa indigna Herodíades fanatizou, como se já não bastasse sua escandalosa vida, semeando o ódio entre irmãos da mesma raça e fé?

— Será como dizes, Profeta, no entanto, estou aqui para manter a ordem e serei castigado severamente se deixar impune a rebeldia destes miseráveis — respondeu o centurião. — Desde a madrugada que estão mantendo alvoroçada a povoação.

— Dou-te a minha palavra de que, nem bem despertem, cruzarão o Jordão e não voltarão mais a Archelais. Eles entregarão suas armas e bem podes ver que não se trata somente de um surrão com pedras, mas também de punhais e de alfanges com a figura de Herodíades no punho o que levam estes infelizes. — Ao dizer isto, o Mestre indicou ao centurião o punho dos alfanges dos homens estendidos por terra.

— Concedido — disse o oficial romano. — Embora não seja para outra coisa senão para ver até onde chegam os estupendos poderes de que estás dotado.

Mentalmente, o Mestre determinou que os caídos despertassem, e todos se levantaram sonolentos como se houvessem dormido longas horas.

— Não me obedecestes — disse o Mestre com severidade — e piorastes a vossa situação. Que fareis agora?

Todos eles deitaram mão em suas armas e as deixaram diante do centurião que parecia uma estátua. Esvaziaram os saquinhos de pedras e aquele que parecia ser o chefe aproximou-se de Jhasua e disse:

— Profeta! ... Quisestes salvar a vida de todos nós e fui eu quem se opôs. Só eu devo morrer. Assim, pagarei o dano causado a todos servindo a essa maldita mulher.

"Centurião! ... aqui me tens. Peço que tenhas piedade de meus companheiros, que não fizeram outra coisa senão me obedecer."

E estendeu as mãos para que o oficial o atasse à corrente.

Uma mulher com as vestimentas rasgadas e os cabelos brancos destrançados em desordem, chegou correndo seguida por três crianças pobremente vestidas e com o terror pintado em seus semblantes.

— Um Profeta de Deus acabou de me avisar que vão enforcar o meu filho! ... — gritava a anciã.

"Perdão! ... Perdão para ele! — e a infeliz anciã abraçou-se aos joelhos do centurião.

— Pai! ... Pai! ... — exclamaram as crianças. — Que fizeste para que te enforquem? — e penduraram-se em seus braços, roupas e pescoço.

O insensível oficial romano mordeu os lábios até fazer sangue e cravou as unhas nas próprias mãos fortemente fechadas.

O Mestre continuava olhando-o com imensa ternura, irradiando sobre ele toda a piedade do seu coração.

Alguns soldados da guarnição voltaram as costas para essa cena que lhes causava dano. Também tinham mãe idosa e filhos pequenos!

As mulheres e os filhos de alguns outros rebeldes chegaram também, como se um mesmo mensageiro houvesse avisado a todos. A cena de dor e de pranto que ali se produziu poderá ser facilmente imaginada pelo leitor, porque é difícil pintá-la de acordo com a realidade.

O Mestre aproximou-se do oficial e perguntou:

— Mandarás levantar esta noite as forcas?

— Não, Profeta, porque te interpuseste entre a morte e eles. Se és suficientemente poderoso para salvar suas vidas, o serás também para deter o castigo que mereço por esta debilidade.

— Fica despreocupado! ... Quando Deus, meu Pai, faz alguma coisa, a faz perfeita.

O príncipe Judá aproximou-se do centurião e lhe disse: — Se ouviste falar da glória conquistada para Roma pelo duúnviro Quintus Árrius, eu, que sou seu filho, te faço a doação de um solar de terra ou de um navio mercante, conforme desejares trabalhar na terra ou no mar, para o caso de este fato te induzir a renunciar a teu cargo e libertar-te da vida militar.

— Obrigada, amigo — disse o centurião em extremo emocionado. — Na verdade, esta vida de espada e chicote não foi feita para mim. Aceito a tua doação, que pagarei algum dia com o meu trabalho.

— Tudo está pago com a ação que acabas de realizar — respondeu o príncipe Judá. — Simônides e eu ficaremos em Archelais por doze dias e daremos uma forma legal a essa doação.

O centurião disse aos líderes do motim:

— Fazei o possível para sair nesta mesma noite para fora dos muros da cidade. Ficai atentos — disse aos guardiães — e deixai-lhes passagem livre até a alvorada.

"O que fiz hoje talvez não possa repeti-lo amanhã."

— Ide em paz — disse o Mestre — e recordai sempre este dia em que Deus, nosso Pai, teve piedade e vos concedeu a liberdade e a vida para que, novamente, possais viver de acordo com a sua Lei.

Os homens começaram a dispersar-se com seus familiares e se perderam nas ruelas já mergulhadas nas primeiras sombras do anoitecer. O Mestre seguiu-os com os olhos até perdê-los de vista.

Logo viu dois jovens voltando apressadamente.

— Senhor — disse um deles ao Mestre. — Nós não temos ninguém no mundo.

Este é órfão e completamente só! Eu também! ... A necessidade nos uniu ao grupo de Herodíades; porém queremos trabalhar livres dela. Já que nos salvaste a todos da forca, dá-nos, por piedade, um trabalho honrado para podermos ganhar o nosso pão.

– Hanani! – chamou o Mestre, ao pai de Fatmé. – Não haveria na tua oficina de tapeçaria trabalho para estes dois moços?

– Sempre existe trabalho, desde que me prometam ser ajuizados e honrados – respondeu com boa vontade.

– Encarregas-te deles?

– Sim, Senhor, a partir deste momento.

– Vinde, pois, conosco até a pousada – acrescentou o Mestre – e esquecei-vos de tudo quanto se passou. Hoje começareis uma vida nova.

A guarnição voltou para a Torre e os viajantes para a praça das caravanas, onde as mulheres, cheias de preocupação, aguardavam o regresso do Mestre e dos seus.

Quando todos estavam sentados à mesa, Pedro perguntou:

– Por que será, Mestre, que todas as desgraças saem no teu encalço para que as remedies?

– Não somente a mim, Pedro. As oportunidades de fazer o bem se apresentam a todos os homens, mas nem todos as percebem.

"Na maioria dos casos, dizemos egoisticamente: por que devo me preocupar com o que não me diz respeito? Que cada qual se arranje com os seus problemas e faça como lhe parecer melhor.

"Proceder deste modo não é cumprir de acordo com a Divina Lei do amor fraterno: "*Ama a teu próximo como a ti mesmo*" – que significa, em outras palavras: *Faze por ele o que queres que seja feito por ti*. A correção àquele que necessita também é uma forma de amor e de justiça.

"As oportunidades de fazer o bem são apresentadas pelo Pai a todos os seus filhos e isso durante muitas vezes na vida, a fim de que nenhum possa excusar-se de não tê-lo feito por falta de oportunidade. Digo-vos hoje que se pode ver claramente o grau de adiantamento espiritual e moral de cada um na vontade e decisão com que as almas aproveitam as oportunidades de fazer o bem.

"Há os que fazem o bem procurando tirar disso um pequeno ou grande benefício. Há os que fazem o bem pela satisfação causada pelo amor e pela gratidão que os beneficiados lhes prodigam.

"Há, finalmente, os que não esperam nem querem uma coisa nem outra, e fazem o bem só porque uma força interior os impulsiona a praticá-lo, porque o fogo do amor os obriga a manifestá-lo com obras, e a vida lhes é enfadonha e pesada se não estão a serviço de todas as dores humanas. Entre estes últimos estareis vós! ... Deveis estar vós, porque o discípulo deverá seguir pisando as pegadas do Mestre, se quiser ser fiel ao seu ensinamento de amor desinteressado e puro.

"Por isso eu vos disse e repito: Se vos anima o amor que vive em mim, meu Pai e eu faremos a nossa morada em vossos corações."

Fez-se um tranqüilo rumor de comentários entre os presentes, e o Mestre compreendeu que alguns se sentiam muito fracos para subir tão alto.

– Virá um dia – disse – em que a claridade e a força divinas tomarão posse de tal forma de vosso corpo que desconhecereis a vós mesmos.

– Quando ocorrerá isso, Mestre – perguntaram várias vozes ao mesmo tempo.

– Quando eu tiver subido ao Pai, nessa ascensão da qual não se retorna para a carne – respondeu.

"Mais ainda que agora, poderei vigiar os vossos passos e aplainar o vosso caminho – acrescentou –, mas será necessário que mo digais em vossa oração, porque, do contato de vosso anelo vivo e profundo com o meu, surgirá essa força divina que vos fará vencer os obstáculos e sair vitoriosos de todas as provas a que fordes submetidos, em confirmação das eternas verdades que receberdes de mim."

Algo assim como um silêncio de meditação se fez e dos olhos serenos de Myriam deslizaram duas lágrimas mudas que a jovem Maria sentiu cair em suas próprias mãos cruzadas sobre os joelhos daquela a cujos pés estava sentada.

– Pensas o mesmo que eu – disse – e por isso choras! Quando ele subir ao Pai, com quem nos socorreremos?

A meiga Myriam olhou-a assombrada diante dessa espécie de percepção de seus pensamentos.

– Guardemos tudo isto em nossos corações, minha filha, e que a Vontade de Deus seja cumprida – respondeu levantando-se, pois todos começavam a se retirar para descansar.

Quando o sol do novo dia se levantava no horizonte, nossos viajantes continuaram a viagem a Sevthópolis, onde a pequena caravana se dividiu em duas: os que iam para Nazareth, Nain e Caná e os que, tomando o rumo da direita, seguiriam pelo caminho que os levaria ao Lago de Tiberíades. O jovem Felipe ficou na aldeia de Beth-sam.

Estavam finalmente na terra natal, na graciosa Galiléia, onde as brisas lhes pareciam mais suaves, o céu mais azul e as flores mais perfumadas.

O Mestre e os Doze, com a família de Zebedeu, de Hanani e as mulheres do Castelo de Mágdalo, tomaram o caminho de Tiberias, prometendo encontrar-se novamente com Myriam e com o tio Jaime na próxima lua cheia no Monte Tabor, época na qual havia promoção de graus depois de três dias de silêncio e de oração.

A Apoteose do Ungido

Chegamos, leitor amigo, à parte final do nosso relato sobre a vida excelsa de Jhasua de Nazareth, encarnação do Verbo Divino na Terra.

Entramos num campo de ouro e safira, resplandecente de manifestações supranormais, no qual a grandeza de Deus parece derramar-se sobre a personalidade augusta do Cristo encarnado.

Faltam apenas oito luas para a entrada triunfante no Reino de seu Pai e sua alma sente cada vez com maior intensidade a ânsia suprema da Divina União.

Ele se projeta para além das brancas nuvens do céu galileu, para além das estrelas que, dos vales terrestres, são percebidas como pontos de luz, e retorna com pena para as insignificantes infelicidades do nosso mundo, onde semeou o amor e de onde se ausentará sem vê-lo ainda florescer.

Ele sabe que muito em breve deixará tudo isso e seu coração transborda de amor sobre todos aqueles que o rodeiam e que apenas chegaram a compreendê-lo; sobre aqueles que amou e os que o amaram, tanto quanto pode amar a débil criatura humana terrestre.

Surgem na sua memória os seus nomes, seus vínculos com eles, suas distantes rotas passadas e o obscuro enigma do porvir.

Duas poderosas correntes de amor o atraem com força irresistível: as elevadas alianças espirituais deixadas nas radiantes moradas dos Céus superiores para descer à Terra, e os afetos terrestres profundos, que enchem de emoções terníssimas seu coração de homem.

Seus discípulos e amigos viam-no pensativo, sentado à beira do Mar da Galiléia ou sobre uma barca embalada pelas ondas, enquanto seu olhar se perdia ao longe como uma luz que se difundia na imensidão.

Jhasua buscava a solidão com mais freqüência que antes e, em prolongados retiros nos recôncavos da montanha, ou na mata cerrada, deixava-se levar pelas asas radiantes da contemplação interior, na qual, sem dúvida, amenizava a amarga desolação dos que deixava com a divina alegria dos que ia encontrar.

Mas esse estado extraordinário na psique do Grande Mestre não o retinha em suas tarefas de Missionário.

Não passava um só dia sem que a Energia Eterna deixasse de fazer sentir seu soberano poder sobre todas as dores humanas que cruzavam no caminho do Ungido. Seu coração, flor divina de ternura e de piedade, eterno enamorado da dor, parecia sentir a ausência das angústias humanas quando, passado o meio-dia, não havia escutado o pedido de ajuda: "Senhor! ... Salva-me! ..."

Então pedia a seus amigos íntimos que o acompanhassem numa oração, para que o Pai, Piedade e Misericórdia Infinitas, fizesse sentir a todos os sofredores da Terra o alívio, o consolo e a esperança, enquanto estava na matéria na qual havia vindo para salvá-los.

Alguns de seus amigos íntimos confiaram a outros ou anotaram em pergaminhos os comovedores relatos desta epopéia final da alma do Cristo, em íntima união com a Divindade.

Enchemos páginas e páginas, relatando dia por dia a vida do Cristo em relação com a Humanidade que esteve em contato com ele.

Encantador como criança na ternura íntima do lar e da família; afável e dócil na adolescência, iluminada já com fulgurantes centelhas de sua inteligência superior; nimbado com uma aura de amor e de piedade, de ânsias supremas de sabedoria na sua juventude de apóstolo que se inicia; e a culminação da sua grandeza como Enviado Divino na idade viril, tudo isso em relação com os que haviam tido a felicidade de conhecê-lo, que fossem de altas posições como da ralé que chorou junto a ele suas dores e penúrias e pediu saúde, vida, pão e lume para fazer calar os gritos da miséria! ...

Vimos, pois, o Cristo entre os homens, o bastante para compreender que ninguém como ele soube tornar suas as dores dos seus semelhantes; que ninguém como ele soube tocar, sem ferir, as íntimas fibras do coração humano, lacerado por toda sorte de desesperos e de angústias; que ninguém como ele teve a suave e delicada tolerância para aqueles cujo despertar para a verdade divina ainda não havia soado nos Eternos desígnios ...

Julgamos conhecer o Cristo divino em suas relações humanas.

Justo é dedicar este capítulo final, para que junto contigo, leitor, ensaiemos o conhecimento do Cristo em relação com a Divindade.

Seremos capazes de subir tão alto?

Seremos capazes de seguir os vôos gigantescos de seu espírito, senhor de si mesmo, porque escalou os cumes da pureza no amor da perfeição, nas obras e da força da sua vontade?

Saberemos sentir a melodia do Amor Divino, quando ele ora a seu Pai, Amor Universal, para que o derrame por seu intermédio como uma chuva de bálsamo sobre todas as criaturas da Terra?

Poderemos compreender a Soberana Onipotência a esvaziar-se como uma torrente transbordante de saúde, consolo e esperança sobre todos os desesperos humanos, quando o Cristo, retirado na solidão dos montes, mergulha na Divindade através da oração intensa e em profundos pensamentos sem palavras, roga-Lhe com a simplicidade de sua alma feita totalmente de amor e de fé?

"Meu Pai! ... A humanidade terrestre é a minha herança ... Tu a deste para mim! ... Ela está cega e não vê! ... Está leprosa e coberta de chagas! ... Eu a amo como Tu me amas! ... Quero torná-la feliz! ... Feliz, iluminada de sabedoria ... coroada de paz e de esperança! ... A grandeza infinita dos Céus é Tua! ... Milhares de seres de Luz obedecem ao teu Eterno Pensamento! ... Pensas e está feito! ... Que eles cubram a pequenez desta Terra como um bando de aves canoras e cantem aos homens palavras de paz, de amor e de esperança ... que apaguem todos os ódios, viganças ... e rancores! ...

"Que acendam uma lâmpada de amor em cada coração humano ... Que a estrela polar da fé ilumine todos os caminhos dos homens! ... Que rasguem as trevas em todas as consciências ... Que nem uma só alma fique envolta na obscuridade ..."

E a alma radiante do Cristo, fragmento da Divindade unido à carne ... labareda de amor feita coração de homem, continuava despetalando rosas brancas de paz e de consolo ... rosas vermelhas de amor e de esperança sobre todos os seus semelhantes, a maioria dos quais sequer tinha notícias de que, numa ignorada região da Palestina avassalada pela Roma dos Césares, nas montanhas da Galiléia ou sobre as ondas azuis do lago, um homem ... um único homem, o Cristo Ungido de Deus, inundava a Terra de amor, paralisava os ódios, continha as fúrias da cólera nos poderosos, desatava as cadeias de muitos escravos ... anulava sentenças de morte ... acalmava tempestades nos mares e epidemias nas cidades ... aquietava as legiões guerreiras em sonolência de paz e de sossego. "Paz aos homens de boa vontade", haviam cantado os Céus a sua chegada à Terra. A longa paz romana, atribuída à política de Augusto, foi a resposta ao mandato divino, porque o Ungido assim o pedia ao Autor Supremo da Verdade e da Vida!

Não tinha seu Pai Amor Universal imensas legiões de seres de luz para verter em cada coração humano uma gota de mel que amenizasse todas as suas angústias e uma taça de água refrescante para a sua sede?

Entremos sem temor, leitor amigo, nos caminhos silenciosos e encantados reservados pelo Eterno ao pensamento humano.

Tomemos a clâmide branca dessa maga divina que chamamos de *meditação*, que leva uma tocha acesa pela Divina Sabedoria para iluminar os caminhos de todas as almas que buscam claridade.

Junto a ela, a ignorância foge espavorida, a inconsciência se dilui na luz, a incompreensão se desvanece e dá passagem a essa suave tolerância que aguarda indefinidamente ...

Tão-somente nos jardins iluminados da Meditação poderemos aproximar-nos um passo, não mais, da grandiosa obra apostólica do Ungido em união com a Divindade.

Está Ele sobre o Monte Tabor, para onde subiu sozinho, porque sente sua alma febril de amor. A Divindade o atrai como se fosse um poderoso ímã. Atrás dele está toda a Humanidade sofredora gemendo esmagada por todos os egoísmos que fazem de cada vida um desgarramento contínuo.

Ele sabe disso! Ele vê isso! Sente-o nas íntimas fibras do seu coração de homem e sofre angústias de morte em cada tragédia humana que sua clarividência percebe, embora esteja a imensas distâncias ...

As leis imutáveis a que está sujeita a matéria impedem a sua de correr atrás de todas as dores para pôr sua mão em todas as feridas e em todas as deformidades e degenerações da humanidade reduzida a frangalhos! ... Mas a santa e divina liberdade, concedida pelo Altíssimo ao espírito humano, permite que ele estenda suas asas famintas de imensidão sobre cada palhoça, sobre cada mísera cabana, sobre cada ruinosa choça, como sobre os trágicos palácios, torreões e castelos, onde os poderosos também arrastam cadeias e gemem pela inutilidade de seu ouro, que não pode dar-lhes sequer uma simples migalha de felicidade! ...

Cristo esquece tudo! ... Já não vê nem percebe senão a infinita grandeza de seu Pai-Amor Eterno e a Humanidade infeliz que se arrasta no pó da sua própria miséria!

Que a tocha radiante da nossa *maga divina*, a Meditação, nos ilumine, por uma pequenina fenda que seja, o mundo interior do Ungido, asfixiado por tão diferentes visões.

Seu Pai Amor Universal e Infinito lhe dá tudo sem limites nem medidas! ... Tudo é seu nesses instantes de união suprema e divina! Tudo é seu! ... Absolutamente seu! ...

A Humanidade terrestre necessita de tudo! ... Faminta, desnuda, leprosa, cega, coberta de chagas mais morais que físicas, arrasta-se como um farrapo em lamaçais que ela mesma criou para o seu próprio mal.

Nossa *maga divina*, se conseguirmos ver a sua luz e ouvir as suas vozes sem ruído, nos dirá que o Cristo da piedade e do amor recolhe, com ânsia indescritível, os tesouros de Deus Pai Universal, que, se os dá sem limite nem medida, derrama-os em torrentes sobre esta Humanidade infeliz, que recebeu todas as dádivas para ser boa e sadia e, no entanto, se empenha em continuar miserável e desventurada! ...

Os discípulos e familiares que também haviam ficado em piedosos exercícios no humilde santuário de rochas ou em suas grutas particulares, começaram a estranhar a demora do Mestre. Haviam-no visto subir ao cume do monte como um cordeirinho branco a se perder por entre a verde folhagem.

Pedro, Santiago e João subiram à sua procura.

Ao vê-lo envolto em radiantes claridades, imóvel, com os olhos fechados e as mãos cruzadas sobre o peito, caíram de joelhos, porque o quadro que se apresentava às suas vistas não era da Terra, e julgaram que os Céus se tivessem aberto e que Jehová, convertido num milhar de sóis, estava levando o seu Mestre, numa carruagem de fogo, como a outro Elias Profeta. Pouco a pouco foi fazendo-se neles a Luz e perceberam claramente imagens vivas, luminosas, transparentes, em torno do Mestre, sobre o qual derramavam cada vez mais, como arroios caudalosos, uma água maravilhosa que refulgia como fogo e espargia um frescor de neve branca e sutil!

Que é aquilo? Não conseguem definir nem precisar! Uma felicidade inefável inunda-os, absorve-lhes os sentidos, a vida, paralisa-lhes todos os movimentos e caem na suave letargia extática que é como um fragmento do Céu aberto sobre a Terra!

Abismados diante daquele mar de luz, algo como uma inundação de ternuras infinitas, murmuram palavras incoerentes, soluçam, riem, estendem os braços para o Mestre, ao qual vêem como um astro soberano que estivesse suspenso entre o Céu e a Terra.

Quão excelso! ... Quão grande aparece perante eles o Filho de Deus vivo anunciado pelos Profetas tantos séculos atrás e ao qual vêem agora em todo o seu esplendor e tão próximo deles!

A visão diluiu-se lentamente nas últimas claridades da tarde que morre, e o Mestre aproxima-se para tirá-los do estupor em que se encontram. Roga-lhes para que guardem silêncio à respeito da radiante manifestação espiritual que haviam presenciado, e os quatro descem naquele silencioso recolhimento que embarga o espírito, quando percebeu, por um momento, a infinita doçura do Deus-Amor.

Em silêncio, o Mestre entra no Santuário de rochas, iluminado por trêmulos círios, onde os Solitários que foram seus Mestres durante a primeira juventude, já bem idosos, cantavam o Salmo 146, cujas ardentes notas de adoração ao Deus da piedade e da misericórdia enterneceram até o âmago as almas dos três discípulos favorecidos com a esplêndida visão. Sem saber como nem por que, os três se abraçaram estreitamente e romperam a chorar em grandes soluços.

Mas ninguém se assombrou por isso, pois era comum que emoções terníssimas durante o canto solene dos salmos arrancassem soluços e lágrimas dos mais sensitivos.

A castelã de Mágdalo e suas companheiras iniciaram-se nessa tarde no primeiro grau da Fraternidade Essênia. Deixaram de lado todos os trajes solenes com os quais as mulheres gregas eram adornadas e cobriram-se com o manto branco das donzelas essênias, que fazia com que se sentissem mais próximas do Homem Justo que irradiava santidade de toda a sua pessoa.

Era costume que, nessa cerimônia cheia de terna simplicidade, as donzelas fossem apresentadas perante os Mestres Anciãos por uma viúva respeitável e de reconhecida virtude, à qual chamavam de madrinha, derivado de "madre" (mãe); e foi Myriam a escolhida para essa solenidade.

O Mestre dos Mestres estava sentado entre os Anciãos porque acedia a seus desejos de que fosse ele quem cobriria com um véu a cabeça das donzelas, fazendo-as tirar por sorte a cédula com o conselho de Sabedoria, que devia orientar aquelas almas até o final de suas vidas.

Ressoavam as notas suavíssimas com as quais, entre os essênios, era acompanhado o canto dos versos do poema dos Cantares, quando a formosa mãe de Jhasua, venerável no ocaso de sua vida, entrava na grande gruta-santuário acompanhada das dez donzelas para receberem o véu branco da iniciação.

Quando se aproximavam do centro, reconheceu seu filho entre os Anciãos sentados ao redor do pedestal de rocha onde eram veneradas as Tábuas da Lei.

Intensa emoção embargou-a repentinamente, pois compreendeu que seria ele quem receberia a oferenda de almas que ela trazia para Jehová.

Ditosas almas aquelas que, entre a Mãe Santa e o Filho Excelso, eram introduzidas no jardim encantado da verdade, da sabedoria e do amor!

O Mestre compreendeu que a castelã de Mágdalo se deixava ficar atrás de todas com o manifesto propósito de ser a última a se aproximar.

Será que ainda vacilava? Será que seu espírito ainda não havia despertado completamente para a Lei Divina que a aceitava nesse instante?

Quando chegou sua vez, aproximou-se tremendo e caiu de joelhos entre convulsivos soluços.

A doce e suave Myriam inclinou-se sobre ela para dar-lhe consolo e alento, para silenciar aqueles soluços que ressoavam dolorosamente no âmbito severo do Santuário de rochas.

Viu-se esvaziar sobre os pés de Jhasua uma redoma de essências e que, inclinando a cabeça sobre eles, secava-os com seus ruivos cabelos destrançados.

– Ele vai morrer, mãe! – disse a jovem entre soluços. – Eu o vejo morrer tragicamente! ...

Myriam olhou para o filho com olhos angustiados e viu sua face resplandecente entre um nimbo de ouro e de safira, no meio do qual, e como no fundo de um quadro, destacava-se uma cruz formada de estrelas.

O Mestre compreendeu tudo, e antes que sua mãe pudesse abraçar-se a ele, uniu as duas cabeças veladas de branco e, pondo suas mãos sobre elas, disse com palavras que a emoção tornava trêmulas:

– Benditas sejais vós que vistes a Vontade Suprema antes que os demais! ...

O augúrio tremendo começou a flutuar desde então no Santuário Essênio do Monte Tabor, e voou dali para o Monte Hermon e para os cumes nevados do Monte Carmelo, na margem do Mediterrâneo, para o Monte Ebat, na Samaria, para o Monte Quarantana, nas margens do Mar Morto, e para as alturas inacessíveis dos Montes do Moab.

Uma forte cadeia de pensamentos afins começou a ser tecida entre os Anciãos de todos os Santuários Essênios, aos quais se uniram as três Escolas de Divina Sabedoria, fundadas por aqueles três ilustres viajantes do Oriente que, trinta e dois anos antes, haviam chegado a Jerusalém em busca do Verbo Divino anunciado pelos videntes de todos os países e confirmado, com muda solenidade, pela conjunção dos astros.

Era uma cadeia de diamantes em torno do Ungido cuja grandeza espiritual se manifestava de modo quase contínuo, como se o Eterno Amor quisesse obrigar a Humanidade terrestre a despertar finalmente para a Verdade Divina.

Em todas as Sinagogas da Galiléia, nas margens do Lago Tiberíades, nas montanhas da Samaria e da Peréia, em Bethânia e no Aurão, via-se flutuar o manto branco do Mestre Nazareno como uma carícia para os fracos e os oprimidos, vítimas sempre da prepotência e da injustiça. E como um açoite de fogo para os déspotas poderosos, para os falsos profetas encobridores da Verdade, para os devotos hipócritas – "*sepulcros caiados por fora, porém cheios de podridão por dentro* – os quais coavam um mosquito e tragavam um caranguejo, viam a palha no olho do outro e não enxergavam a viga em seu próprio olho".

Sua voz ressoava como um clarim de bronze, fazendo emudecer os velhos doutores da lei, os escribas e os sacerdotes, que despojavam os povos do fruto de seu trabalho, ordenando-lhes oferendas e sacrifícios a Jehová, que eles subtraíam com insaciável avareza do Templo do Senhor.

Como uma matilha de lebréus acovardados pelo rugido do majestoso leão da selva, fugiam das praças e das sinagogas todos aqueles que se viam diretamente mencionados nas vibrantes palestras que o grande Mestre fazia no meio de numerosas multidões.

Seus familiares sofriam angustiosos temores. Seus discípulos tremiam, esperando ver aparecer a qualquer momento um pelotão de soldados romanos ou os esbirros de Herodes para prender o Mestre, cuja palavra era como um chicote fustigando os vícios e iniqüidades dos poderosos das cortes reais ou dos magnatas que resplandeciam de ouro sob os átrios do Templo.

Quando seus íntimos lhe rogavam para suavizar as suas palavras, ele apenas respondia:

– Já é chegada a hora! ... Durante tantos anos fui rouxinol-cantor ... vaso de doçura e de piedade ... pano de lágrimas para todas as dores humanas! ... Chegou por fim a hora! ... Não temais! ... É a hora de meu Pai! ... É a hora da sua Justiça! ... É a hora do triunfo e da liberdade! Não vedes já espargindo-se nos Céus a glória do Pai, cantada por seus anjos e santos, porque se aproxima o triunfo do Escolhido?

"Que tem o Cristo, Filho de Deus Vivo, a temer dos potentados da Terra? ..."

Ao ouvi-lo falar desta maneira, todos os seus amigos, discípulos e familiares cobravam ânimo e se enchiam de entusiasmo e de alegria, interpretando-lhes as palavras no sentido de que logo o veriam proclamado rei, mais poderoso ainda que David e Salomão.

A irradiação emanada da sua pessoa e da sua palavra chegou a tão extraordinária potencialidade que bastava vê-lo ou ouvi-lo quando falava às multidões para sentir sua influência benéfica sobre as enfermidades físicas e morais.

Ainda mais, tão-somente a sua presença dava a satisfação aos desejos justos e nobres daqueles que o amavam e acreditavam nele.

Era véspera do dia em que os Doze de sua intimidade costumavam fazer uma grande distribuição de pescado entre todas as famílias indigentes dos arredores do Lago Tiberíades. Os mais experimentados em matéria de pesca tinham passado a noite estendendo as redes em diversas direções e, à madrugada, defrontaram-se com as redes quase vazias.

Na tarde anterior houve desfile de gôndolas iluminadas, corridas de botes no lago, conforme era o costume quando o tetrarca Antipas estava em seu palácio de Tiberias, e os peixes haviam fugido para as profundezas tranqüilas da parte norte do lago.

A verdade é que Pedro e seus companheiros estavam cheios de angústias, preocupados porque logo começariam a chegar as famílias que nesse dia recebiam a importante doação, de cuja venda tiravam o pão necessário para toda a semana.

Que lhes diriam como excusa? Por que se haviam comprometido para faltar assim com a promessa, como vulgares embusteiros que prometiam e não cumpriam?

O Mestre desceu a colina, para onde havia subido de madrugada para orar, e aproximou-se dos discípulos que imediatamente lhes comunicaram sua angústia.

Ele se aproximou do lago até quase tocar a água com os pés. Contou com o olhar as barcas pescadoras que haviam passado a noite esperando a pesca. Examinou durante alguns instantes a polida superfície daquele pequeno mar galileu onde tantas horas felizes havia passado; e, na sua mente, avivaram-se recordações de cenas terníssimas de amor e de gratidão dos seres sobre os quais sua piedade se derramava como um manancial ...

Viu-se criança ao lado de seu pai e de Jhosuelin, seu irmão, assando um peixe sobre a praia enquanto descarregavam de uma barcaça a madeira vinda da Ituréia para a oficina de Joseph.

Viu-se também menino ao lado de sua mãe, vogando para Cafarnaum, onde tinham parentes e amigos muito idosos que haviam reclamado sua presença antes de morrer.

Sobre esse lago curara os pulmões arruinados de Fatmé, a filha de Hanani e curara a alma agonizante de fastio da castelã de Mágdalo; fizera voltar a paz e a felicidade às mães desesperadas, ao verem morrer lentamente seus filhos consumidos pela febre ...

Algo assim como uma forte labareda de amor iluminou-lhe a face e enterneceu seu coração até o pranto ...

– Pedro! ... – gritou –, manda deitar as redes de todas essas barcas que balançam ociosas sobre as ondas.

A ordem foi obedecida com presteza e segurança de êxito.

Uma hora depois, a praia estava povoada de gente esperando a doação.

Era a Humanidade faminta e mísera de toda a região vizinha que aguardava do lago o alimento para toda a semana.

As redes ainda não haviam sido tiradas, e as pobres famílias começavam a acender suas pequenas fogueiras para assar o pescado que seria o seu desjejum e, talvez, a única refeição do dia.

Aproximando-se de todas aquelas fogueiras, acariciando as crianças, animando os anciãos, consolando as mães carregadas com tão numerosas famílias, dizia o Mestre com sua voz musical que ninguém que a houvesse escutado poderia esquecê-la jamais:

— Aumentai o fogo; colocai um tronco mais grosso, porque hoje o Pai Celestial vos traz uma tríplice ração de pescado, e para levá-lo limpo ao mercado ficareis aqui até bem tarde.

As pessoas olhavam para ele e sorriam felizes com a promessa do homem santo, que jamais falava aos humildes a não ser para encher seus corações de amor e de esperança! ...

As crônicas desse tempo informam que as redes dos barcos de pescadores quase se rompiam pela extraordinária abundância de pesca naquele dia, e disseram a verdade ... Toda a verdade! Zebedeu, e outros velhos como ele, que haviam passado a vida nas margens do Mar da Galiléia, asseguravam jamais terem visto pesca semelhante.

Esta foi chamada a *pesca milagrosa*, e o fato correu, como se tivesse sido levado pelas asas do vento, por toda a Palestina e até fora dela ...

Os magnatas do Templo ardiam de cólera e de despeito. Quem era aquele homem que escurecia de todas as maneiras a sua magnificência; que lançava terra sobre a sua sabedoria de doutores de Israel, de juízes, de mestres, de legisladores, pontífices e sacerdotes?

A pestilência incurável da lepra o obedecia, e um imenso desfile de leprosos ia diariamente ao Templo para serem examinados e reconhecidos como sãos e devolvidos a seus familiares.

Os possuídos de espíritos do mal, os cegos, os paralíticos, os tuberculosos, os cancerosos, os aleijados, os surdos-mudos, os condenados à prisão perpétua, os condenados à forca, enfim, todos ... eram salvos por ele! ... Quem era aquele homem e com que autoridade fazia tão estupendos prodígios?

Agora, até os peixes do mar galileu o obedeciam e se entregavam às redes para alimentar as turbas famintas e miseráveis! ...

O Sinédrio estava em conciliábulo permanente para elucidar o enigma. Os escribas queimavam as pestanas à trêmula luz dos círios, procurando nas velhas escrituras um rastro perdido na escuridão dos séculos, onde encontrar a chave daqueles estupendos poderes que, desde Moisés até o presente, não havia sido visto nada semelhante!

Foi necessário fazer comparecer às assembléias os três maiores personagens da sabedoria judaica da época: Hanan, Schammai e Hillel, que só eram chamados para as sentenças solenes e inapeláveis. Dos três, o único verdadeiramente sábio era Hillel que, afastando de si todo fanatismo, toda premeditação, toda idéia de engrandecimento pessoal, procurava colocar cada coisa no seu devido lugar, fazendo com que a verdade brilhasse acima de tudo, mesmo sendo em prejuízo próprio.

Schammai foi de opinião a não se molestar por enquanto o Profeta Nazareno, já que ele apenas atendia às necessidades físicas e morais do povo e não tocava diretamente no Templo nem na lei ou no alto tribunal de Israel. Tampouco ele tinha pretendido proclamar-se rei, ou apresentar-se como Messias. É verdade que não havia demonstrado jamais o menor desejo de se aproximar das primeiras autoridades religiosas que governavam Israel, e essa falta de acatamento podia ser interpretada como rebeldia; no entanto todo o povo estava com ele e, não havendo ato algum condenável pela Lei, seria grave imprudência acender a cólera do povo atacando diretamente o seu benfeitor.

Hanan, há conhecido do leitor por sua hábil astúcia, opinou da mesma maneira que Schammai e apenas acrescentou que se nomeasse três doutores e três escribas dos mais hábeis e sutis na observação, para que estudassem de perto e mui secretamente a vida e os ensinamentos de Jhasua de Nazareth. Dessa observação podia surgir um motivo legal para condená-lo, ou uma comprovação evidente de que era um enviado de Jehová para salvar o seu povo do jugo do estrangeiro.

Hillel, cuja modéstia o fazia falar sempre em último lugar, tratou o assunto de uma altura digna dele, digna também de seus dois parentes sacrificados anos antes pelo fanatismo sacerdotal: Hillel, seu tio, e Judas de Galaad, seu cunhado; digna também de seu amigo íntimo Fílon de Alexandria, em cujo lado bebera em grandes sorvos o precioso elixir da mais antiga sabedoria de todos os países, recolhido como em ânfora de ouro por Ptolomeu I no Serapeum e no Museu de Alexandria.

Hillel fez uma breve resenha de todos os profetas e homens ilustres sacrificados pelas autoridades religiosas de Israel, que caíam sempre no mesmo erro de julgar-se senhoras absolutas da verdade, sem levar em consideração que *o absoluto* pertence unicamente a Deus; e o que o homem, qualquer que seja a sua posição e altura, está sempre sujeito a erros, máxime quando, em seu foro interior, sustém a ensoberbecida frase: *a verdade sou eu.*

Fez alusões brilhantes à esperança de Israel de um Messias Salvador, que seus grandes profetas vinham anunciando desde há seis séculos. Fazia mais de trinta anos que se produzira a conjunção dos astros a qual, segundo os astrólogos hindus, caldeus e persas, devia coincidir com a encarnação do Avatara Divino na Terra. Eles deveriam crer ou rechaçar todos esses avisos e profecias?

Até então eles foram aceitos como verdadeiros e justos.

Por que não pensar então que Israel estava diante da realidade feliz dos vaticínios proféticos?

Que inconvenientes haveria em reconhecer nesse jovem Profeta o Messias esperado, se ele era dotado de tão extraordinários poderes, só comparáveis aos de Moisés?

Opinou, pois, o ancião Hillel, que o Sinédrio realizasse orações solenes em conjunto para pedir a Luz Divina no presente caso, cuja importância reclamava de todos o verdadeiro desejo de conhecer a verdade para impô-la sobre a Nação Israelita.

O fato de que o Messias devia ser Pontífice e Rei de Israel, era, a seu juízo, o que todos aguardavam desde há séculos; e os atuais dirigentes demonstrariam estar escravizados pelo *bezerro de ouro* se, pelo fato de não quererem descer das altas posições conquistadas, negavam-se a reconhecer a verdade.

O nobre e velho Hillel compreendeu que sua exposição não era do agrado do pontífice Caifás nem de seu sogro Hanan, que tinham entronizado sua própria família na alta esfera diretriz da religião e da política.

Saiu do Templo pensando: "O Deus de Abraham, de Isaac e de Jacob já não está no Templo de Jerusalém, onde se adora outra vez o *bezerro de ouro* causador da indignação de Moisés quando descia do Sinai.

"Desventurada raça de Israel, iluminada por tantas lâmpadas e afundando-se cada vez mais nas trevas! ..."

Com o que acabou de ser dito, fica descerrado o véu para que o leitor veja claramente as forças contrárias que atuaram na condenação do homem santo, do Homem-Deus, que *passou pela Terra fazendo o bem*, e os mais altos dignitários do Templo de Jerusalém o condenaram à morte.

As grandes fontes de riqueza do país eram o gado, o vinho e o azeite, e essas fontes estavam em poder das quatro grandes famílias sacerdotais, manejadoras dos destinos e do ouro de Israel.

O ouro que entrava no Templo com a venda do gado, do azeite e do vinho para os sacrifícios, dava para comprar os ministros do César, o procurador romano e o fantoche-rei Herodes Antipas.

O tesouro do Templo mantinha unidos os três poderes que sacrificariam o Cristo Salvador da Humanidade, sem pensar, talvez, nem por um momento, que aquele espantoso crime mergulharia os três num abismo de dor, de destruição, e os converteria em pó e cinza ... em nada!

Que restou do Império Romano? Apenas as grandiosas ruínas de seus coliseus e palácios, que hoje enchem de tristeza os viajantes que conhecem a sua história.

O que aconteceu com o soberbo Sinédrio judeu, único responsável pela morte do justo? A maioria de seus membros foi assassinada pela plebe enfurecida poucos anos depois. Eles desapareceram, junto com os magnatas da sua raça, entre as chamas do incêndio e da devastação levada a cabo por Tito, fazendo cumprir assim as palavras do Cristo, cuja clarividência viu próxima a destruição de Jerusalém e do Templo: "*Não ficará pedra sobre pedra.*"

A raça dos Herodes, *raça de víboras*, segundo a frase de Johanan, o Profeta, só é lembrada para fazer comparações com tudo o que de infame, de corrompido e de maldito costuma aparecer de tempos em tempos na face da Terra para tormento da espécie humana.

Última Estada em Nazareth

O Castelo do Mágdalo, como uma sentinela de pedra guardando ao mesmo tempo a aldeia, os bosques e o lago, sofrera grande transformação.

Já não ressoavam ali as músicas profanas das danças e dos banquetes.

Sua dona tinha vestido a túnica parda e o véu branco das mulheres essênias e havia-se rodeado de todas as viúvas e anciãos desamparados que viviam nas povoações vizinhas.

Seu mestre Jhepone viajara para Corinto, sua terra natal, porque se aborreceu enormemente com a transformação da filha de seu grande amigo, e seu coração não suportava ver aquele palácio de beleza, ciência e arte convertido em albergue de vagabundos e asilo de velhos escravos e escravas despedidas pelos seus amos por serem inúteis para o trabalho.

Nos formosos jardins cheios de fontes e chafarizes, já não se viam as donzelas gregas dançando envoltas em véus cor da aurora nem se ouviam seus alaúdes e suas harpas.

Apenas eram vistos tomando banhos de sol umas quantas dezenas de velhinhas paralíticas, anciãos com muletas e débeis corcundas que dava pena ver.

Até que um dia passando o Profeta Nazareno pelo caminho ainda hoje existente entre o monte no qual se levantava o castelo e o Lago Tiberíades, Boanerges, o pastorzinho, o viu de longe e correu para avisar sua senhora.

Esta desceu como um raio, saiu para o caminho e, prostrando-se aos pés do homem santo, que não via desde o dia do Tabor, disse:

– Senhor! ... Minha casa, que é tua, está cheia das dores humanas que somente tu sabes e podes aliviar. Seguindo o teu ensinamento, cheguei a amá-los como a mim mesma. Nada lhes falta sob o meu teto, a não ser a saúde, a força e a vitalidade ... Senhor, sê para eles o que foste para todos os sofredores que se aproximaram de ti! ...

O Mestre deixou-a falar e manteve-se em silêncio como se quisesse provar até onde chegava a fé daquela mulher em seu poder divino.

Viu-a próxima às lágrimas por compaixão aos protegidos e, tomando-a pelas mãos, levantou-a do solo.

– Mulher! ... Seja como queiras – disse, encaminhando-se com os seus Doze íntimos ao Castelo de Mágdalo, cujas pequenas torres, povoadas de pombas e de andorinhas, resplandeciam à luz radiante da manhã.

Suas mãos caíam como ramos de jacintos sobre as cabeças encanecidas, sobre os membros retorcidos e secos, sobre as corcundas monstruosas dos adolescentes defeituosos ...

Que glorioso banquete o daquele dia no velho castelo, refúgio da ancianidade inválida e da infância doentia!

Jhasua concordou em ficar para a refeição do meio-dia, com a condição de que fosse servida sob as parreiras do horto e que estivessem sentados em torno da mesa todos os anciãos, mulheres e crianças que haviam sido curados.

A alegria resplandecia em todos os rostos e todos os olhos buscavam os do Profeta, que apareciam cheios de promessas e de bênçãos!

Seus discípulos, que conheciam já há vários anos todos aqueles seres atrofiados pela enfermidade e a miséria, distribuíram-se entre eles e os repreenderam por não haverem procurado antes o Mestre para serem curados. Porém, quem havia de levá-los se seus pés não permitiam andar, se não tinham parentes nem amigos, porque todos eles se haviam cansado de suas longas enfermidades e misérias?

Cada qual mencionava o seu drama, sua tragédia íntima, vivida durante tantos anos e que, num momento de fé e de amor, havia desaparecido como ao sopro misterioso de um enfeitiçamento divino!

– Todos estão risonhos, mulher! ... – disse o Mestre sentado junto dela. – Somente tu padeces.

– Esta é a verdade, Mestre – disse ela –, porque eu vi o que os demais não viram: a tua morte trágica, que eu quisera evitar e que sei que é inevitável.

– Procedes mal, Maria, em contemplar a morte com medo e horror, qualquer que seja a forma pela qual ela se apresenta.

"*A morte por um ideal de redenção humana, é a suprema consagração do amor*!

"Eu vim para acender o fogo do amor na Terra.

"O que pode existir de estranho no fato de que o primeiro a ser abrasado por essa chama divina seja eu mesmo?

"Desci do Infinito despindo minha vestimenta de Luz para cobrir-me com a pesada matéria terrestre a predispor-me para as humilhações e dores humanas.

"Que é, pois, para mim a morte? Pensa bem, mulher! Que é a morte? É a volta ao Reino de Amor e de Luz de onde saí para ensinar a Lei Divina do Amor, contra a qual esta Humanidade resiste desde imensas idades.

"É a volta à minha verdadeira pátria, depois de alguns anos de desterro voluntário, no qual recolhi flores preciosas de afetos indestrutíveis de minhas alianças terrestres, que me esperavam e ver-me-ão partir com amargura ...

"Todos vós que me amais podeis medir, porventura, o enorme sacrifício que significa para um espírito que escalou os cumes do Divino Conhecimento, que foi dono de toda a beleza, de toda a sabedoria e de todo o amor dos Céus superiores, mergulhar repentinamente no lamaçal de todas as misérias e baixezas da Terra?

"Mundo novo, cuja lei atual é o pecado e a dor, é um horrendo calabouço para quem já passou longas épocas na luz e no amor.

"Tudo isto significará para mim a morte que tanto temes, mulher. É a minha glória, é a minha liberdade, é o meu triunfo final, é a minha grandeza e a minha felicidade perene, engrandecida imensamente até onde não podeis compreender, pois este derradeiro sacrifício, que me torna dono dos segredos do Pai, com o qual começarei a ser uma mesma essência, uma mesma luz, mesmo pensar ... um mesmo amor!

"A união suprema com a Eterna Potência! ... Vida divina de Amor, no Eterno Amor! ... Ele e eu! ... todo uno! ... Como uma gota de água num mar imenso de cristalinas correntes! ... Como um foco de luz numa claridade infinita! ...

"Com um batismo de sangue inocente batizarei esta Terra e conquistarei o direito da eterna posse das almas que nela se redimiram e se redimirão, até a consumação dos tempos! ..."

Vários dos discípulos se aproximaram para escutá-lo.

Pelo pálido rosto da castelã corriam dois fios de lágrimas silenciosas, que ela não se preocupava em enxugar.

– Mestre – disse por fim –, creio compreender vagamente essa eterna beleza que será tua posse dentro em pouco ... Talvez na minha pobre imaginação eu possa entrever como numa bruma a tua glória e a tua felicidade no Infinito ... Mas ... e nós, Mestre? ... e a tua mãe, para a qual és tudo na vida? E eu? ... pobre de mim! ... A última andorinha que se abrigou sob o teu telhado com as asas feridas, morrendo de cansaço, voejando ansiosamente rente à terra, lutando entre o lamaçal que a rodeia e a luz que pressente?! ...

"Ó Mestre! ... Tudo submergirá atrás de ti, e nem bem hajas alçado o teu vôo para a imensidão, todos pereceremos como avezinhas privadas do ar ... como peixes tirados fora da água ... como plantas raquíticas para as quais falta a rega de um jardineiro! ...

"Não vês tudo isso, Mestre, não vês? ... Terás a tua felicidade inefável! ... Terás a tua glória imperecedora! ... Entrarás como um soberano no teu Reino de amor e de luz! ... Mas, para nós, será o abismo! ... será o esquecimento! ... Cinzas mortas de uma fogueira apagada para sempre! ... Ânforas destruídas de um elixir maravilhoso que não brotará novamente, porque secou como a fonte no deserto!

"Círios que bruxulearão um dia com exangue claridade e que a tua eterna ausência converterá em fagulhas negras arrebatadas pelo vendaval!"

A infeliz mulher caiu de joelhos sobre o pavimento, chorando convulsivamente.

Os discípulos estavam visivelmente consternados, e João, que amava a castelã com a qual havia brincado às margens do lago, chorava em silêncio perto dela, sentindo que suas amargas queixas encerravam toda a verdade.

O Mestre, visivelmente emocionado diante da intensidade daquela dor que não esperava, inclinou-se sobre a desconsolada jovem e, pondo suas mãos sobre ela, disse quase em segredo:
— Maria! ... Não chores mais e dorme! ... No sono receberás consolação.
Maria levantou-se e, tomando Fatmé pelo braço, que também chorava junto dela, encaminhou-se em silêncio para a sua alcova.
O Mestre retirou-se sozinho para um afastado recanto do parque, onde as glicínias desbotadas e as murtas douradas haviam formado uma florida cobertura.
Deixou-se cair sobre um banco e cobriu o rosto com ambas as mãos.
Quando, passado um momento, se descobriu novamente, em sua face havia vestígios de lágrimas, mas com a aparência de uma grande serenidade.
— Meu Pai! — exclamou com voz entristecida. — Sou uma débil criatura! Salva-me do meu coração de carne! ... Vim de Ti e para junto de Ti voltarei triunfante! ...
"Não quero nem sequer a sombra de um pensamento de vacilação ou de dúvida! Sou Teu Filho! ... Sou o Teu Ungido! ... O Teu Cristo! ... O Teu Verbo Eterno! ... Cumpra-se em mim a Tua Vontade Soberana! ..."
Jhasua apoiou sua formosa cabeça no encosto do banco e deixou seu olhar no azul infinito resplandecente com a luz do meio-dia.
Suas alianças espirituais espargiram seus fluidos sobre ele, como o sol do amanhecer esparge seus raios de luz, e um êxtase divino apoderou-se do seu espírito, transportando-o às luminosas moradas eternas, para onde logo voltaria coroado como um vencedor. Daqueles cumes serenos observou a dor que deixaria nos seus e naqueles que tão profundamente o amavam.
Sua alma extática, ébria de amor e de fé, clamou ao Eterno Consolador:
— Meu Pai! ... Que o seu pranto seja transformado em alegria, porque serão salvas tantas almas quantas flores há em teus campos! ... quantas areias há em teus mares! ... quantas avezinhas voando pelos teus espaços! ...
Pedro, Zebeu e Nathaniel, que cautelosamente o haviam seguido, ouviram essas palavras suaves como o murmúrio de uma fonte e choraram de profunda emoção ao verem que o Mestre sofria pelo que eles iam sofrer.
Os três prometeram mentalmente ao Ungido que continuariam na sua mesma senda, ainda que devessem morrer também sacrificados como ele ...
Numa noite de lua cheia, o Mestre estava sentado no alto de um monte, do qual dominava a cidade de Tiberias, adormecida em seus esplendores e na sua faustosidade de sultã engalanada para um eterno festim.
Ao pé do monte, dormia também, em plácida serenidade, o Mar da Galiléia, também chamado de Lago Tiberíades.
O fulgor prateado da lua estendia sobre ambos os seus véus de nácar, e Jhasua deixou que sua ardente imaginação de oriental corresse a toda velocidade tecendo divinos poemas de amor e de fé, que ele sonhava para um futuro próximo.
Era a primeira hora da noite e os doze haviam entrado na cidade pagã, como a chamavam, para realizar, por ordem sua, uma grande obra de misericórdia.
Uma das donzelas do Castelo de Mágdalo, recordará o leitor, estava casada há pouco tempo com o administrador do palácio de Herodes, de nome Chucza. Sua esposa, Joana, fizera chegar às suas antigas companheiras a notícia de que nessa noite seriam enforcados nos fossos do palácio real catorze escravos gauleses escolhidos por Herodíades por sua beleza física para seduzir as filhas do rei Hareth da Arábia, sogro de Herodes, em vingança do edito que o rei árabe promulgara, impondo pena de morte para todo príncipe, princesa ou guerreiro de sua raça que se unisse em matrimônio com pessoa da raça de Herodes, à qual chamava de imunda e maldita.

Os infelizes escravos gauleses haviam voltado sem terem podido cumprir as ordens de sua senhora. Tinham sido até então os mais mimados nas orgias da corrompida mulher, e ainda não a conheciam nos aspectos terríveis de sua cólera quando se via frustrada em seus desejos. Ela acariciara a horrível idéia de ter em seu poder as belas filhas do rei Hareth, ou suas noras, ou as jovens esposas dos mais galhardos chefes de guerra, para desonrá-las e humilhá-las, casando-as com escravos do seu serviço. Enquanto esteve na Fortaleza de Maqueronte, planejou o perverso propósito, do qual teve de desistir quando retornou para Tiberias.

Desses acessos de fúria diabólica que a acometiam quando não via satisfeitos os seus desejos surgiam imediatamente as sentenças de morte para os infelizes que não haviam podido satisfazê-la, da mesma forma como antes tinham sido os privilegiados de seus caprichos.

Os profundos fossos do palácio real tinham comportas para o lago, por onde eram arrojados os cadáveres dos que morriam sem julgamento público e cuja morte convinha ocultar do povo governado por aquele reizinho de papelão, joguete de uma mulher perversa.

Tal era o fim que iam ter nessa noite os catorze escravos gauleses, jovens que não chegavam aos 22 anos e que amaldiçoavam sua sorte, sua pouca perspicácia e que não haviam conseguido escapar das garras de Herodíades.

Sob o próprio teto dourado que cobria Herodíades, estava uma fervorosa discípula do Cristo: Joana de Cafarnaum, esposa do administrador Chucza que, com todo o risco que significava a morte para ela levara a triste notícia ao castelo, de onde, por sua vez, Boanerges a retransmitia ao Mestre.

Enquanto os discípulos realizam prodígios de cautela e de engenho para realizar a empresa de acordo com Joana e seu marido, detenhamo-nos, leitor amigo, junto ao Cristo, entregue a seus pensamentos, e ouçamos o comovido monólogo no qual aquela grande alma exterioriza seus anelos e suas ansiedades:

"Meu Pai! ... Sei que muito breve voltarei a Ti ... Voltarei com a pena imensa de não ter podido arrastar para junto de Ti todas as almas encarnadas na Terra!

"Até aqueles que me seguem são ainda débeis e indecisos ...

"As cem encruzilhadas da vida têm surpresas terríveis e inesperadas, desfiladeiros inacessíveis ... precipícios como abismos!

"Dispersos como ovelhas sem pastor, tomarão talvez sendas equivocadas ... em desacordo com as que foram demarcadas pela Tua Vontade Soberana ...

"Meu Pai! ... Feliz de retornar para junto de Ti, sinto no meu coração os milhares de espinhos pungentes das avezinhas da minha bandada, que deverão levar a toda a Humanidade terrestre as águas claras de Tua imutável e Eterna Verdade.

"Não quero somente para mim a glória de vencedor! ... Meu Pai! ... Eu a peço também para eles! ... para todos os que me amam ... para todos os que acreditaram no Teu Enviado ... no Teu Ungido ... no Teu Filho!

"Vinte séculos correrão diante deles, com cansadora lentidão, durante os quais procederá a Humanidade com eles da mesma forma que procederá comigo!

"Sei muito bem que o discípulo não receberá melhor tratamento que seu Mestre!

"Meu Pai! Serão firmes na sua fé em Ti? ... Renegarão talvez os ensinamentos do seu Mestre, pelo qual serão perseguidos? ...

"Voltarão o olhar para trás, deixando tua herdade sem terminar de semear? ... Deixarão perecer a Humanidade de fome e de sede? ... Deixarão apagar suas lâmpadas acesas por mim, quando eu tenha voltado para junto de Ti, meu Pai? ...

"Estremece-me a dúvida! ... Asfixia-me o temor! ... Que eu veja a Tua Luz iluminando os Seus caminhos ... Meu Pai! ... Tem piedade de mim! ... Tem piedade deles! ... Tem piedade de toda esta Humanidade que me deste como preciosa herança, que hei de devolver-te multiplicada em seus méritos aos mil por mil! ..."

Jhasua dobrou sua cabeça sobre o peito, como curvada pelo enorme peso de seus pensamentos, e um mar de luz dourada começou a ondular ao seu redor, cobrindo-o completamente.

Essa era a resposta do Pai às ansiosas perguntas do seu espírito.

Nesse sublime êxtase, viu a glória que o esperava, e viu os caminhos dos discípulos e seguidores, sacrificados nos altares da sua fé nele, da sua firmeza em defendê-la, da sua tenacidade heróica em segui-lo!

Viu os escravos gauleses, cujas vidas salvara naquele instante, levando como um estandarte de glória sua doutrina de amor fraterno à sua terra natal, sobre cujo formoso céu foram gravadas primeiramente, como esculpidas em ouro, as palavras que sintetizavam todo o seu ensinamento: *Fraternidade, Liberdade, Igualdade!* Era a Gália o primeiro vergel que floresceria na herdade do seu Pai! ...

Viu os seus, dispersos, sim, por todos os continentes, por todos os países, cidades e aldeias, mas não como ovelhas sem pastor nem como bandos de aves errantes que haviam perdido o rumo, mas como pilotos de grandes ou de pequenas naves a vogar entre bravias tormentas, sem, porém, naufragarem jamais! ...

Viu-os encarcerados e perseguidos; viu-os morrer entre os milhares de suplícios e torturas que é capaz de inventar a ignorância e o fanatismo dos que acreditam que, matando os corpos, conseguem matar a idéia ... a idéia divina do Cristo que dizia: "Sois irmãos. Ama a teu próximo como a ti mesmo."

Desde os trópicos até os pólos, viu os seus levando o branco pendão da paz, que os anjos de Deus haviam cantado na noite do seu nascimento ...

Quando voltou a si, Jhasua viu-se rodeado pelos seus Doze discípulos íntimos, mais os catorze escravos gauleses. Todos, de joelhos, a seu redor, olhando absortos para a divina claridade que o rodeava.

– O Profeta está se queimando! ... – haviam gritado os jovens escravos, e esse grito o havia tirado do êxtase em que se encontrava.

– Adormeci aguardando o vosso regresso – disse – e sonhei com tantas maravilhas que me sinto inundado de felicidade e de paz.

Encaminharam-se em seguida para pedir albergue no Castelo de Mágdalo, situado a um estádio de distância.

Já era muito avançada a noite e não convinha chamar demasiado a atenção formando um grupo tão numeroso.

Os escravos gauleses foram enviados a Tolemaida com a primeira caravana que passou, para que um barco da frota de Ithamar, que ainda era administrada por Simônides, os devolvesse para Lutécia, sua terra natal.

Alguns dias depois, o Mestre estava em Nazareth, na casa paterna.

Era o aniversário da morte de seu pai e quis acompanhar sua mãe na comemoração que, nesse dia, se fazia todos os anos.

Era um dia de recolhimento em oração e canto dos salmos, rogando ao Altíssimo pela paz, luz e glória daquele cuja memória lhes era tão profundamente querida.

Todos os filhos de Joseph tinham comparecido à velha casa, morada do justo, onde tudo recordava sua abnegação, seus esforços pelo bem comum, a solicitude e a prudência com que soube encaminhar todos os filhos pelos caminhos da honradez e da justiça, que o tornou grande perante Deus e os homens.

Estava presente Marcos, que havia comparecido acompanhado de Ana, a menor dos filhos de Joseph.

Era a nona hora e faziam a oração da tarde.

Reunida toda a família no grande cenáculo, as mulheres tocavam o alaúde acompanhando a letra do Salmo 133, em que o Rei-poeta canta a beleza do amor familiar, ao qual compara com o óleo perfumado que unge os cabelos e com o orvalho que, descendo desde o Hermon, refresca a terra e faz florescer os campos.

A alma do Cristo transbordava de ternura ao suave calor da família, sentindo a seu lado a doce voz da mãe que parecia flutuar entre o Céu e a Terra naqueles momentos solenes quando recordava o amado companheiro de sua vida com Jhasua ao seu lado e com todos os familiares que tão ternamente a amavam.

No silêncio da tarde, soou repentinamente o galope de um cavalo vindo pelo caminho do sul. Nem sequer reteve a carreira ao entrar na cidade e foi deter-se diante do portal do horto de Joseph, cuja aldrava fez ressoar com força, repetidas vezes.

Marcos saiu precipitadamente e o alarme fez silenciar as vozes e os alaúdes.

— Nada temas, mãe! — disse Jhasua colocando sua mão sobre as de Myriam. — O justo Joseph está entre nós, e cuida de ti mais ainda do que o fazia durante sua vida física. Ignoras acaso, mãe, o poder que têm as almas dos justos para proteger aqueles que amam?

— Apenas temo por ti, meu filho! — foi a resposta daquela amorosa mãe, esquecendo-se de si mesma para só pensar em seu filho.

Marcos entrou nesse instante seguido de um mensageiro.

Era um criado do velho tio Benjamin de Jericó, da família de Myriam, como recordará o leitor nas passagens anteriores já mencionadas.

Trazia uma carta para o tio Jaime, na qual relatava este fato:

"Num tumulto nas ruas, promovido pelos soldados herodianos que iam até Hesbon e que se encontraram ao sair da cidade com um grupo de jinetes árabes que entravam, foram feridos de morte dois soldados romanos da guarnição que desde a Fortaleza de Kipros vigiava Jericó e cuidava de manter a ordem. Os herodianos, açulados por Herodíades, haviam guardado ódio contra os súditos do rei Hareth, e não perdiam oportunidade de provocar pendências com eles em cada encontro que tinham.

"O centurião da guarnição romana, que perdera dois de sua centúria, encarcerou na Fortaleza todos os que se encontravam próximos ao lugar do tumulto. Nesse grupo de jinetes árabes vinha o filho mais velho do Scheiff Ilderin e, entre os que saíram em sua defesa, quando foram atacados pelos herodianos, estavam dois netos do velho tio Benjamin e o jovem filho daquela princesa árabe, à qual Jhasua fizera voltar à vida alguns anos antes, quando o menino de apenas 11 anos se achava já moribundo, consumido pela febre.

"O filho do scheiff Ilderin ia a Jerusalém para entrevistar-se, por ordem de seu pai, com o príncipe Judá. Injustamente atacados pelos herodianos ao entrarem em Jericó para ali passar a noite, haviam-se defendido valorosamente, apoiados por grupos de transeuntes, entre os quais estavam os netos do ancião tio Benjamin e o filho da princesa árabe.

"Corria o rumor de que, ao amanhecer do dia seguinte, seria feita, na Fortaleza de Kipros, a execução de todos os detidos, se nessa noite morressem os dois soldados feridos gravemente."

O caso era tão extremo e tão sem solução possível que os parentes de Myriam pensaram que tão-só seu filho, o grande Profeta que tinha poderes sobre a morte, poderia salvar os que estavam ameaçados sem serem culpados.

A consternação foi grande entre os que se achavam presentes no cenáculo da velha casa de Joseph ao inteirar-se de tais notícias. Todos os olhares se cravaram em Jhasua e, em todos eles, ele viu esta súplica: Salva-os, tu que tudo podes.

– Orai ao Pai Criador e Senhor de todas as vidas humanas que eu farei o que Ele me permitir fazer – disse o Mestre, retirando-se para sua alcova, pedindo simultaneamente que não o molestassem até que voltasse.

Sozinho em sua alcova, rogou intensamente às suas alianças espirituais que o ajudassem a salvar aquelas vidas ameaçadas de morte, pela injustiça e barbárie entronizadas naquele país, e recostou-se no leito para provocar a emancipação de seu espírito mediante o sono.

Realizado o desprendimento, sua alma poderosa e lúcida transportou-se para a bela dos roseirais, penetrou na Fortaleza de Kipros e encontrou os detidos na parte baixa da torre principal, os quais, absortos em louco desespero, aferravam-se às vigas das grades e aos ferrolhos, davam golpes contra os muros querendo derrubar aquela fortaleza de pedra que os detia.

Todos viram a branca figura do Profeta Nazareno que lhes era tão conhecido. Ele fez-lhes sinal de silêncio e, abrindo sem chaves as portas e correntes, fê-los sair, recomendando a todos que também saíssem de Jericó. Era meia-noite e as portas da cidade estavam fechadas. A branca figura astral acompanhou-os até o muro e, junto à casinha do guardião adormecido, franqueou-lhes também a saída, e se encontraram no meio dos caminhos que se dividiam para diversas cidades. Tomaram todos o caminho de Jerusalém, onde contavam com pessoas que poderiam protegê-los. Na porta aberta da cidade de Jericó, viram diluir-se a branca figura do Profeta que salvara suas vidas de uma forma tão maravilhosa.

Os dois soldados gravemente feridos sentaram-se rapidamente sobre suas camas e um perguntou ao outro o que havia ocorrido. Um deles caíra com o ventre atravessado pela espada de um herodiano. O outro recebeu uma punhalada nas costas. Não se lembravam de nada mais.

As portas da fortaleza estavam abertas. A torre dianteira estava vazia. As sentinelas e guardas dormiam profundamente.

– Ou a guarnição toda foi passada pela espada ou somos nós dois almas do outro mundo – disseram ambos.

– Eu não me sinto ferido – disse um.

– Nem eu tampouco – disse o outro. – Que aconteceu aqui?

Ao amanhecer, apresentaram-se ao centurião que julgou estar tendo visões, pois os contava já entre os mortos.

Os soldados herodianos foram postos em liberdade, mas com ordem severa de não mais passar pela Judéia, onde seriam presos se fossem vistos novamente por ali.

O centurião era um daqueles dois soldados romanos que vários anos antes fora curado por Jhasua dos graves ferimentos no acidente do circo de Jericó, que quase custou a vida ao chefe da Torre Antônia e a de seus dois acompanhantes. Ele pensou imediatamente:

– Conheço apenas um homem capaz de realizar o portento que aqui foi produzido nesta noite.

"O Profeta Nazareno! Que os deuses lhe sejam propícios, pois ele é um deus com vestimenta de homem." E pediu aos seus que guardassem silêncio sobre o fato, do qual nenhum informe legal podiam dar, porque nada nem ninguém sabia coisa alguma.

Quando o Mestre voltou ao cenáculo, ainda encontrou sua mãe e os familiares entregues à mais fervorosa oração.

Bendigamos todos juntos ao Pai – disse-lhes –, porque me foi permitido fazer o que todos vós pedistes.

Os Segredos do Pai

Durante duas semanas permaneceu o Mestre ao lado da mãe em Nazareth, e seus diálogos íntimos com ela e com o tio Jaime, como seus ensinamentos aos discípulos, deixam transparecer nele uma intensidade de amor a Deus e à Humanidade quase levada ao delírio.

– A alma que ama a Deus – disse –, de tal maneira se une com Ele que O sente viver em si mesma com um vigor e plenitude que chega a absorvê-lo completamente.

"Esquece por momentos que é um desterrado num mundo de pecado e de dor e estende o vôo às eternas claridades que são o seu plano habitual."

Respondendo à pergunta de um de seus íntimos sobre a enorme diferença de umas almas em relação às outras, considerando que todas têm a mesma origem divina e idênticos destinos eternos, o Mestre explicou assim:

"Não existem nas línguas faladas pelos homens palavras capazes de refletir os segredos do Pai, que são como labaredas de luz percebidas em momentos determinados pelos espíritos de avançada evolução.

"Mas como, por alianças de muitos séculos, quisestes ser nesta hora aqueles que iluminarão o caminho aberto por mim ante a Humanidade, o Pai porá em meus lábios o seu Verbo Eterno, e em vossas mentes a lucidez necessária para compreender-me.

"Acendei uma fogueira com a folhagem seca dos campos e das árvores do bosque. O vento sacudirá uma imensa cabeleira de chamas que arrojará uma chuva de chispas radiantes em todas as direções. Observai que, daquelas milhares de milhões de faíscas, nem todas acendem novas fogueiras; entretanto, a maioria cai em terra onde a umidade da relva ou o lodo dos campos as mantém inermes e semi-apagadas, até que as fagulhas irmãs as removam dentre as cinzas e as alimentem com bons combustíveis.

"Desde a eternidade sem medida e antes que existisse o tempo, a Energia Suprema, como uma fogueira imensa de amor, emanava, aos milhares de milhões, partículas radiantes de si mesma, que se aglomeravam umas com as outras numa vasta imensidão esférica, apropriada à sua natureza incorpórea, mais sutil que o gás e o éter.

"Ali deviam desenvolver-se, crescer e expandir-se em vida própria, individual e inteligente, como partículas que eram da Eterna Inteligência Criadora, da mesma forma como o germe da vida física se desenvolve, vive e cresce no seio materno.

"Todas as manifestações da vida nos planos físicos são como uma cópia do que sucede nas moradas eternas onde o Criador guarda os seus segredos, quase incompreensíveis para a mente humana.

"As épocas e idades que, segundo nossas medidas de tempo, são necessárias para desenvolver e crescer essas centelhas vivas, partículas da Divindade, não podem ser aquilatadas pela inteligência humana. Mas, como nada permanece imóvel ou estacionário na Criação Universal, chega a hora em que as chispas são um Eu *pen-*

sante, e então começa a sua tarefa marcada a fogo pela eterna Lei da Evolução e do Progresso. O Eu *pensante ou Ego*, como o chamam as Escolas secretas da Divina Sabedoria, imita seu Soberano Criador e envia para um plano físico, ou mundo já em condições de albergar vidas orgânicas, uma partícula ou emanação de si mesmo, para começar a escala progressiva de sua própria evolução.

"O momento decisivo e solene em que o Eu *pensante* envia para um plano físico sua primeira emanação, pode ser comparado, para melhor entendimento do assunto, com o momento em que um ser nasce para a vida material.

"Dessa forma, o Ego, ou Eu *pensante*, desempenha o papel de um pai da antiga era, que trazia para a vida física numerosa prole. São as personalidades que se sucedem umas às outras, como se sucedem os filhos na natureza humana.

"Do mesmo modo como os filhos se distanciam enormemente do pensamento do pai, desviam-se do caminho, encontram-no de novo, cometem desacertos, caem e se levantam, ocorre também o mesmo com as emanações inteligentes do Ego ou Eu pensante, o qual, como nascido da Eterna Potência, tem sua própria inalterável paciência com as irresponsabilidades, loucuras e desatinos de suas personalidades físicas, que são criações suas, imagens suas e filhos seus. As idades passam e os séculos correm como poeira de terra que os ventos levam.

"O Eterno Absoluto não tem pressa alguma. O Ego ou Eu pensante criado por ele não a tem tampouco. A evolução não se realiza aos saltos, mas passo a passo, como os viajantes no deserto.

"Casos há, não obstante, em que alguns viajantes vislumbram o perigo de uma próxima tempestade, ou o avanço de uma manada de elefantes furiosos, ou a proximidade de uma selva povoada de feras, e então procuram apressar a marcha enquanto podem e antes que a noite os surpreenda. Essa *noite* dos viajantes pelo deserto equivale à terminação de um ciclo de evolução, na eterna viagem das almas ...

"Essa tempestade, essa manada de elefantes enfurecidos e a selva povoada de feras são as diversas situações em que se encontram as Inteligências Encarnadas no correr de suas vidas físicas, com tudo o que pode causar-lhes grandes entorpecimentos se, por ociosidade ou por falta de previsão, não evitaram os perigos postos como barreiras à sua evolução. Tudo é comparativo, como podeis ver. *Como é acima assim, é também embaixo*, diz o velho princípio cabalístico.

"Acabamos de levantar uma ponta do véu que encobre os segredos do Pai, e creio que é o bastante para que compreendais o por quê da diferença entre umas almas e outras. Elas não nasceram ao mesmo tempo, nem cresceram com igual presteza, nem andaram em igual velocidade nem viveram num mesmo meio-ambiente, nem em idênticas circunstâncias ou sob a pressão de forças e correntes iguais."

Imenso silêncio seguiu-se a essa dissertação do Mestre. Percebia que todos meditavam e Jhasua compreendeu que ainda ficavam outras dúvidas na mente de seus íntimos.

— Basta ao dia o seu próprio afã — disse levantando-se do lugar que havia ocupado no divã do cenáculo junto a sua mãe. — Outro novo dia pode revelar-nos um novo segredo.

"Guardai, pois, para amanhã, isso que se agita no vosso pensamento."

Jhasua, sua mãe e o tio Jaime retiraram-se para suas alcovas para o descanso da noite, deixando os Doze, senhores do grande cenáculo da casa de Nazareth, onde eles dormiam quando ali se hospedavam.

"*Outro novo dia pode revelar-nos um novo segredo*", dissera o Mestre ao terminar a confidência da noite anterior. E havia acrescentado mais: "*Guardai para amanhã isso que se agita no vosso pensamento.*"

Por longo tempo deviam permanecer vivas na mente as lembranças dessas inolvidáveis palestras à noite no cenáculo da casa de Nazareth em torno do Mestre e na presença de sua mãe que, como uma estátua viva da piedade, imprimia em todas aquelas reuniões as suaves tonalidades de sua bondade e ternura.

Durante o dia, os discípulos disseminavam-se às vezes em grupos ou isoladamente, conforme as ocupações que lhes eram impostas como discípulos do Divino Ungido: ensinar uma nova senda à Humanidade.

Mas, chegada a noite, a pequena Escola reunia-se em torno do Mestre, para ouvir os ensinamentos profundos que ele reservava sempre para os seus amigos mais íntimos que estavam preparados para compreendê-los.

O *novo segredo do Pai* que devia ser descerrado era o seguinte:

– Ontem à noite pensastes – começou o Mestre – que quando o Eu pensante ou Ego emite para um plano físico sua primeira emanação inteligente, como e onde se coloca esse pequeno sopro ou hálito vivo para iniciar a vida de uma personalidade?

"Tende a certeza de que a Eterna Sabedoria não esqueceu o menor detalhe nas necessidades presentes e futuras de cada centelha divina que deve desenvolver-se, atuar e crescer nos milhões de mundos destinados a essa evolução primitiva.

"Entre os milhões de espíritos de luz que povoam as moradas do Pai estão os condutores, mestres e guias dessas faíscas divinas, ou emanações inteligentes, a cujo desenvolvimento e evolução atendem solicitamente, sem abandoná-los jamais, até vê-las entrar no augusto santuário do Divino Conhecimento, onde inicia a evolução sem tutela imediata. Esses seres agem da mesma forma como agiria um bom pai até que os filhos atinjam a maioridade.

"Quando nessa centelha divina e inteligente chegou a despertar o conhecimento de si mesma, seu EU superior ou Ego se transforma imediatamente no seu primeiro tutor, no seu guia e mestre íntimo, o qual evoluiu, por sua vez, até ser senhor de si mesmo e poder marcar ou imprimir em suas personalidades a orientação e modalidade que seu livre-arbítrio lhe sugere.

"A solidariedade e harmonia do Universo é tão forte para unir em perfeito equilíbrio a marcha dos mundos como a marcha das almas encarnadas neles. A nenhuma falta nem sobra o necessário para realizar sua evolução e seu progresso eterno. Cada qual tem o justo.

"Desse admirável equilíbrio, harmonia e solidariedade, nascem as eternas alianças das almas, de umas com as outras. Não se estabelece uma forte aliança entre os pais e os filhos, os irmãos entre si, entre os mestres e seus discípulos, entre os lavradores de um mesmo campo ou entre os pastores de um mesmo rebanho? Se assim ocorre de ordinário na matéria que tanto obscurece o espírito com maior facilidade ocorre entre as almas, nos intervalos mais ou menos longos de suas liberdades nos planos espirituais.

"Nas imensas legiões de espíritos adiantados estão os que governam os elementos da Natureza: a água, o ar, o fogo, o éter e a terra; estão os que dirigem a evolução dos reinos mineral, vegetal e animal. Para o olho prévior da Eterna Potência Criadora, não passa despercebido nem um penhasco que se desprende de uma montanha, nem um fio de água que surge de improviso da fenda de uma rocha, nem a pequenina relva que cobre um escondido vale ou o musgo que cresce nas lousas quebradas de uma sepultura esquecida!

"Existem inteligências aos milhões que regem e governam todas essas múltiplas manifestações da vida, cuja pequenez e insignificância aparente não atrai, de forma alguma, a atenção das pessoas, que ignoram a grandeza encerrada nas humildes origens de uma evolução futura.

"Tão-somente os espíritos de grande evolução detêm sua atenção num casal de andorinhas que aninham em seu telhado, ou num enxame de abelhas que, sem pedir nada a ninguém, elaboram silenciosamente o mel num cantinho do seu jardim; no cãozinho caseiro que segue o amo como sua sombra durante toda a sua vida, e até vai gemer sobre a terra removida da sua sepultura.

"Se para uma alma adiantada não passam despercebidos esses pequeninos detalhes nas vidas dos seres de espécies inferiores que a rodeiam, de que maneira tão diáfana e clara, tão real e precisa estarão na Suprema Inteligência, cuja vibração permanente anima toda vida, por mais pequena que seja?

"Parece-vos impossível que a infinita grandeza de Deus se ocupe assim, deste modo, daquilo que, aparentemente, é de pouca ou de nenhuma importância?

"Não pensaríeis assim se contemplásseis o Supremo Criador como a *Causa Única* de toda manifestação de vida no vasto universo.

"Ele está impulsionando a marcha dos mundos, o rodar das esferas, a dança gigantesca das estrelas na enorme imensidão! Está no andar lento dos pesados animais da Terra, como no vôo dos pássaros, no aletear das mariposas, nas vagas dos mares e dos rios e até nas pétalas delicadas da flor que atrai vossos olhares!

"Tudo é Ele e tudo está n'Ele, Causa Suprema e única de toda vida, da mesma forma no maior e mais formoso como no menor e até no desprezível.

"Com a maior solicitude que um lavrador cuida de suas semeaduras, um pastor de seu rebanho e um pai de seus filhos, a Eterna Providência do Pai cuida de todas as suas obras, suas imensas criações, ilimitadas, sem fim nem medida, e cujos alcances infinitos não podem ser abrangidos nem compreendidos pela inteligência humana enquanto se mantém obscurecida pelo envoltório físico do qual fica revestida neste planeta.

"Agora compreendeis como e por que caminhos encontra o lugar de sua evolução primitiva o primeiro sopro ou hálito vivo e inteligente emanado do *Eu pensante*, ou Ego, princípio de todo ser.

"Que a vossa oração seja para isto: para conhecer a grandeza de Deus, seu Amor infinito e eterno, todas as suas obras, às quais submete à invariável lei da renovação e transformação permanente, até chegar à suprema perfeição.

"Preparo-vos para serdes mestres de vossos irmãos, e vossa oração não há de ser sempre para pedir o pão de cada dia e o alívio de uma dor. Já chegou a hora em que deveis esquecer por momentos vossa matéria física para pensar na inefável beleza da Essência Divina que anima tudo quanto foi criado.

"Quando houverdes conseguido dar esse grande passo no vosso caminho para o Infinito, ou seja, o esquecimento próprio para absorver-nos n'Ele, será quando mais bem cuidados e vigiados estareis por Ele, até o ponto de que, sem nada pedir para vossa vida material, tereis tudo com generosa abundância. É assim, generoso e excelso, o Divino Amor, quando as almas se tenham entregado completamente a Ele.

"Eu vos preparo ainda para serdes os continuadores do meu ensinamento salvador da Humanidade terrestre.

"Muitas vezes me ouvistes dizer: 'Eu sou o caminho, a verdade e a vida. Eu sou a Luz para este mundo, e quem me segue não anda nas trevas.'

"Da mesma maneira como para entrar, a fim de participar do banquete das bodas do filho de um rei, necessitais de convite e traje especiais, afirmo: O convite eu vos trago, no entanto, o traje deverá ser preparado por vós. Falo de uma forma simbólica, que tem perfeita aplicação neste caso. Com o meu ensinamento íntimo, abro para vós a porta do Divino Conhecimento, que é o banquete do filho do rei. O traje especial é a purificação da vossa alma, mediante a recusa enérgica e firme de todo pensamento e ato contrários à Lei Divina e, depois, mediante o amor de Deus e do próximo manifestado, não com palavras, mas com fatos dignos do verdadeiro servidor de Deus, que ama n'Ele e por Ele todas as suas criaturas.

"Algumas dentre vós iniciastes esta purificação no começo de vossa vida. Outros a iniciastes depois e, para torná-la eficiente em alto grau, vos enviei por setenta dias ao Santuário do Tabor, quando vos reunistes ao meu redor. Lá os Anciãos Mestres vos ensinaram, da forma mais profunda, o modo de tecer a túnica especial para comparecer ao banquete simbólico, representação da união da alma com a Divina Sabedoria.

"Realizada esta união pela purificação do espírito, Ela começa a entregar-nos um a um seus eternos segredos, para que possamos usá-los em benefício de nossos irmãos menores.

"Vistes-me curar todas as enfermidades e aliviar todas as dores humanas. Vistes-me acalmar as tempestades no mar e na terra, paralisar a ação pecaminosa dos seres perversos, desaparecer imediatamente do meio de uma multidão, chamar para a vida os que a deixavam antes da hora.

"Devereis fazer o mesmo quando eu tenha retornado ao Pai e seguir pelo meu caminho sem a minha presença material."

Um murmúrio de vozes interrompeu suavemente o Mestre que sorria com sua habitual bondade, vendo os olhos arregalados de espanto dos presentes.

– Mestre!... É sonho!... É ilusão pensar que possamos realizar as tuas obras!...
– Sonhos!... Ilusões!... Quimeras que não chegarão a efetuar-se jamais!...

Quando se calaram todos os murmúrios pessimistas e desesperançosos, o Mestre continuou seu ensinamento íntimo:

"Eu disse que já é chegada a hora de que a vossa oração faça algo mais do que pedir o pão de cada dia e que, elevando-se por cima de todo interesse pessoal, procureis obter a união com a Divindade, a eterna senhora de todos os poderes que conheceis e também dos que não conheceis.

"Entre as infinitas moradas do Pai existem mansões radiantes que, se pudésseis vê-las de perto, deixar-vos-iam deslumbrados ou talvez cegos. Não são habitações de humanidades, porém imensos depósitos ou fontes de essência elementar viva ou energia latente, que aguarda indefinidamente sua evolução futura.

"À proporção que vai chegando parcialmente essa hora, essa energia latente ou essência viva pode ser utilizada e chamada a atuar pelos pensamentos e desejos veementes das inteligências humanas, encarnadas ou desencarnadas. Utilizei-me dela para realizar as obras que bem conheceis, em benefício dos sofredores e dos enfermos desta Terra.

"Vistes que, para mim, a oração ocupa mais tempo que a refeição, e que, várias vezes ao dia, me afasto de vós para orar.

"Que pedirá o Mestre?", perguntastes mais de uma vez a vós mesmos.

"Não peço nada! Minha oração é como aquele que acode ansioso e anelante a uma entrevista de amor, na qual sabe que é ardentemente esperado. A Divindade e eu somos então dois enamorados veementes, que nos desejamos com uma ânsia incontível! Ela é sempre a que dá e eu quem sempre recebe os inesgotáveis dons que emanam como se fosse o sangue vivo de um coração que não se esgota jamais!... Meu pensamento se converte, ali, numa força tão grande e tão poderosa como um vendaval que vai de pólo a pólo, roçando a Terra e levando em si mesmo o bem, a saúde, a paz e a infinita doçura de sua fonte de origem na medida do meu desejo.

"Ele arrasta então consigo uma imensa quantidade dessa essência elementar viva, ou energia latente, tão dócil ao pensamento que age nela que se torna em vitalidade para os organismos debilitados, gastos e desfeitos; em força moral para os enfermos da alma; em vida nova para os que acabam de deixá-la antes da hora; em invisível freio para as correntes atmosféricas que produzem as tempestades; em sutil corrente etérea que pode transportar-me num instante para impedir um acidente desgraçado que afeta seres inocentes.

"Tudo isso e muito mais recebe o ser que mergulha, através do amor, na Divindade, mediante esse ato tão silencioso e sutil que chamamos de *oração*. É o pensamento unido à Divindade, com a qual chegam como num magnífico cortejo nupcial as grandes alianças espirituais que todo ser vai criando no correr dos séculos e das idades, com as quais chega a formar um só pensamento, um só sentir, um só amor.

"Nunca é uma única Inteligência quem realiza as obras que o vulgo chama de *maravilhosas*. É a união de Inteligências afins, a união de pensamentos e de vontades, é a união soberana no amor quem realiza nos planos físicos as formosas criações do desejo puro, santo e nobilíssimo germinado numa alma enamorada de Deus e de seus semelhantes.

"É evidente que a capacidade de pôr em movimento benéfico essas energias latentes, ou essência viva de que vos falo, está em relação com a evolução e o progresso espiritual e moral de cada ser.

"Por isso fiz iniciar a vossa senda de meus cooperadores com aquela purificação de setenta dias entre os Mestres Anciãos do Tabor.

"Por isso Johanan, o Profeta-Mártir, esvaziou essas energias latentes, ou essência viva, nas águas do Jordão, e mergulhava nelas todos os que compareciam perante ele em demanda de saúde, consolo, paz e esperança.

"A água e o vinho que bebestes entre os Anciãos do Tabor, bem como o pão e os frutos da terra que saciaram vossas necessidades, estavam impregnados por essa força viva que é fluido no éter, essência no líquido, átomo nos corpos, gás na atmosfera, bruma acariciante e tíbia no resplendor dourado do fogo da lareira. Tudo isso foi a vossa purificação inicial e, em face dela, vos sentis renovados, como *se tivésseis sido feitos de novo*, segundo o que vós mesmos dissestes quando cheguei para vos tirar daquele retiro."

Um murmúrio cheio de recordações e de ternuras se estendeu pelo grande cenáculo da casa de Nazareth. Todos afirmavam que tudo isso era verdade.

Myriam, como num êxtase, olhava para o filho cuja grandeza começava a deslumbrá-la, tal como se olhasse para uma luz demasiado intensa e viva.

O tio Jaime, Ana e Marcos sentiam-se igualmente sobressaltados por um religioso pavor, como se pressentissem a proximidade de um grande acontecimento no qual deviam unir-se os Céus e a Terra.

— Perdão, Mestre! — disse repentinamente Judas de Iskarioth, que quase nunca falava diante dos demais. — Não sei o que ocorreu aos meus companheiros no Tabor durante a nossa permanência ali; entretanto, posso dizer algo de meus pensamentos, preocupações e inquietações, que haviam adormecido para despertar há pouco tempo mais tenazes e profundos.

"Quisera saber, Mestre, a que se deve isso, se a uma má disposição minha ou aos meus problemas íntimos que não têm solução possível nesta minha existência atual."

Todos os presentes olharam para ele com estranheza, pois ninguém o jamais havia ouvido abrir-se com tanta franqueza e, ainda mais, diante de todos.

O Mestre olhou para ele durante alguns momentos com tão indefinível ternura que Judas baixou os olhos úmidos de lágrimas.

— Judas, meu amigo — disse o Mestre. — Respondi à tua pergunta sem falar. Compreendeste a minha resposta?

— Sim, Mestre — respondeu o aludido e, sem chamar a atenção, saiu logo do cenáculo porque se sentia asfixiar pelas violentas pulsações do próprio coração.

Os ciúmes não o deixavam encontrar a paz. Parecia que todos os seus companheiros lhe faziam sombra. Por uma estranha lucidez desse momento, julgou ver todos como superiores a ele. Uma angústia surda comprimiu violentamente o seu coração. Pensou que o Mestre tinha pena dele justamente por causa de sua inferioridade.

Diversas tarefas apostólicas de ensinamento e de obras de misericórdia ocuparam a atenção do Mestre e da sua pequena Escola de Sabedoria Divina.

Uma epidemia que grassou em Séphoris e alcançou várias aldeias ao norte da planície de Esdrelon absorveu seus cuidados por cerca de quarenta dias, durante os quais os discípulos começaram a perceber que quase todos iam adquirindo lentamente poderes e forças até então não percebidas por eles mesmos.

Observaram que, quando seus desejos benéficos para com os semelhantes iam unidos, como numa ordem expressa, *ao poder e ao amor do Cristo, Filho do Deus Vivo*, tinham efeitos surpreendentes sobre os atacados da peste e, em geral, sobre os atormentados por outras dores e dificuldades.

Essa eficiência extraordinária em favor dos sofredores animou-os de tal maneira no misericordioso apostolado que até altas horas da noite eram vistos em grupos de dois ou três percorrendo choças e choupanas, aldeias e cabanas, levantando os enfermos de suas prostrações e acalmando o desespero daqueles a quem a morte dos seus haviam deixado sozinhos no mundo.

Como a dor tem, às vezes, claridades de lâmpada maravilhosa, dessa epidemia que açoitou Séphoris e as aldeias vizinhas surgiu um considerável número de novos seguidores do Profeta Nazareno. Somente ele sabia consolar!... Só ele compreendia todas as dores humanas!... Apenas ele tinha um remédio eficaz para cada uma das tremendas angústias que os atormentavam.

Já não eram apenas *Doze* os que o seguiam. Eram setenta, que haviam ficado sem famílias, sem parentes nem amigos. Nenhum deles tinha para onde voltar o olhar sem encontrar a indiferença, a cruel indiferença que, diante da desgraça do semelhante, faz encolher os ombros e dizer friamente: A mim?... O quê?... Não me interessa nem quero saber!...

Na negra noite de suas angústias, apenas ouviram uma voz amiga, doce como uma canção de amor a lhes dizer:

— Vinde a mim todos que tendes sobre vós os pesares e os fardos que não podeis carregar. Eu vos aliviarei.

E correram a segui-lo.

Seguido de todos eles, encaminhou-se ao Monte Carmelo, para buscar entre os Solitários daquele santuário de grutas, onde esteve em sua adolescência, abrigo e cultivo espiritual para os novos discípulos.

Todos eram de famílias pertencentes à Fraternidade Essênia e do primeiro grau, ao qual pertencia a grande maioria dos bons israelitas adoradores sinceros do Deus de Moisés.

Não eram, pois, alheios completamente ao que significavam os austeros Solitários que, no célebre monte de Elias e de Eliseu, continuavam sua vida de oração, trabalho e estudo. Tudo isso os tornava capazes de serem como uma providência vivente para aquela região.

Jhasua havia-lhes prometido uma última visita *antes de voltar ao Pai*, segundo sua frase habitual.

Essa circunstância imprevista antecipou, talvez, o cumprimento de sua promessa, pois Séphoris se encontrava a uma escassa jornada do Monte Carmelo.

As grutas, asilo de refugiados, haviam sido aumentadas enormemente nos últimos dez anos. No labirinto quase impenetrável daquela formosíssima montanha, toda coberta de frondosa ramagem, cada abertura no penhasco era como um ninho de águia, onde um ou mais refugiados viviam do trabalho, preferindo sua tranqüila pobreza às turbulentas agitações das povoações, onde os ódios de partidos e de seitas tornavam a vida quase impossível.

As mulheres albergavam-se nas proximidades da Gruta das Avós, de que o leitor se lembrará, às quais ajudavam em suas tarefas de fiação e tecelagem, preparação do pão, queijos e na secagem de frutas para todos os habitantes da montanha, que vinham a ser como uma povoação silenciosa, na qual todos os seus residentes dedicavam seu melhor esforço no sentido de que aquela ignorada colméia humana não carecesse do necessário. Os homens refugiados ali, por diversas situações e necessidades, eram orientados de imediato pelos Terapeutas Peregrinos, cuja missão, já conhecida do leitor, era como o vínculo que unia os grandes Mestres dos Santuários com os irmãos na fé que se achavam disseminados por todo o país.

Os setenta novos discípulos do grande Profeta Galileu foram engrossar essa oculta povoação de seres desesperançados da vida, nos quais somente ele podia despertar esperanças novas para o porvir.

Em suas almas, profundamente feridas pelas dores e misérias humanas, o Verbo encarnado soube encontrar a centelha divina semi-apagada que apenas aguardava um alento vigoroso para acender-se novamente.

Com esse pensamento fixo, cheio do ardente fogo de sua fé e de seu amor, apresentou-se aos Mestres Anciãos com estas simples e ternas palavras:

"Tudo quanto fizerdes por estas almas que gemem como o pequenino órfão de sua mãe, estareis fazendo por mim, e o Pai vos recompensará grandemente ainda nesta mesma vida."

Excusado será dizer que os Solitários os receberam com ternuras de pais.

Essas suas palavras: "O que fizerdes por eles, *estareis fazendo por mim*", de tal forma penetraram em seu íntimo, que os vinte e três Solitários que viviam então na histórica montanha prometeram a Deus, a seus antigos Pais, os Profetas, e ao Messias anunciado por eles, que aqueles setenta órfãos das tempestades da vida seriam como seus filhos a partir daquele momento.

Nos dez dias que o Mestre permaneceu ali, teve lugar uma das mais grandiosas manifestações de sua potencialidade de espírito superior, justamente chamado de *Filho de Deus Vivo*.

Convidado por seus velhos Mestres para ocupar a tribuna sagrada, feita de troncos de árvores e coberta com os rústicos tecidos das Avós, Jhasua quis continuar ali os ensinamentos profundos iniciados no cenáculo da casa paterna em Nazareth.

A radiação espiritual intensa acumulada durante séculos naquele humilde Santuário entre as rochas formaria um precioso cenário à sua palavra vibrante de fé, de esperança e de amor, tendo já quase à vista a glória de seu Reino ao qual logo deveria voltar.

Os vinte e três Solitários Anciãos já estavam sentados ao seu redor, mais os seus íntimos, com exceção de Judas de Iskarioth que, de Nazareth se havia ausentado por uns dias para dirigir-se a Gadara, em cumprimento de um encargo familiar. Tinha ali um tio materno que administrava o seu patrimônio.

O Mestre começou a dissertação desta maneira:

– Eu disse, na minha última confidência, que, para a vossa oração na hora presente deveis chegar como aquele que comparece a uma entrevista de amor, onde sabe que é ardentemente esperado.

"Quem vos espera?... A Amada acima de todas as coisas: A Divindade, diante da qual compareceis com a ânsia suprema do pequenino cervo à fonte, do pequenino perante sua mãe, do pássaro ao seu ninho.

"Ali vos aguarda a água fresca para a vossa sede, o seio materno para a vossa fome e o calor do ninho aquecido para a vossa desolação.

"Ides como o peregrino perdido numa selva escura, procurando encontrar uma estrela nova que ilumine a direção a seguir, ou como o viajante que caminha deixando entre os espinhos do atalho sua roupa feita em pedaços, e vai adquirir uma roupagem nova feita de preciosos tecidos que lhe permita apresentar-se quando chegar ao fim de sua jornada.

"A Divindade, vossa excelsa *Amada acima de todas as coisas*, sabe de tudo quanto necessitais e vos dá tudo e ainda o que não chegastes a pensar, nada querendo em troca, a não ser o amor submisso e ardente que vos deixa despreocupados de tudo o que não é Ela e para Ela, no momento solene de vossa entrega absoluta...

"Vossa fé vive n'Ela!... Tudo esperais d'Ela!... Amais a tudo quanto existe n'Ela e por Ela!

"Ela é a Amiga Eterna!... A Mãe Eterna!... A Eterna Esposa das almas que se vestiram com a túnica santa da purificação, que é o altruísmo, o desinteresse absoluto, o amor compassivo para todos os seres, vontade permanente de se sacrificar pelos semelhantes e de buscar e seguir a Verdade, onde quer que ela se encontre.

"O cortejo nupcial da Amada Eterna vos rodeia por todas as partes.

"São as alianças espirituais que criastes no decorrer das sucessivas vidas, através dos séculos, e elas vos introduzem no palácio de nácar e ouro onde, segundo a visão do Bhuda, o meigo Profeta da Índia, 'entrareis numa região de luz soberanamente bela, mais além dos muitos milhões de miríades de mundos, onde estareis acobertados de todo engano, de toda dor, de toda miséria, atrás de sete fileiras de balaustradas de nácar e de âmbar, de sete fileiras de véus de luz impenetrável, de sete linhas de árvores musicais e movíveis, como o resplendor permanente de miríades de esmeraldas vivas...'

"Neste elevado assunto, o Profeta das renúncias heróicas não faz mais do que confirmar as visões do filósofo atlante Antúlio, de Manha-Ethel, cuja leitura ouvireis em alguma destas noites, se o Mestre Arquivista dignar-se desdobrar para vós os velhos pergaminhos com a sabedoria dos Dácthylos, continuadores de Antúlio.

"A esse reino de amor, de luz e de felicidade inefável tenho me referido sempre quando vos digo: '*Meu Reino não é deste mundo.*'

"Só através da meditação, na forma e no modo pelo qual vos ensino, pode o homem penetrar nesses Santuários da Luz Divina, ainda estando mergulhado nas obscuridades frias e dolorosas do plano físico terrestre.

"Perante semelhante visão, o que são todos os reinos e grandezas da Terra, a não ser pó e escória?

"O que são os impérios de Assuero, de Dario e de Alexandre, dos quais apenas restam imponentes ruínas?... Que significará a glória dos Césares? Que significa o novo reino de Israel, com o qual sonham muitos amigos que me amam de verdade, porém que ainda não chegaram a compreender que muito além de seus sonhos materiais se estendem até o infinito as moradas radiantes de felicidade e glória que a Divindade, a Eterna Esposa, guarda para aqueles que a buscam e amam?

"Alguns dentre vós viveis aterrados com a visão da minha próxima partida para as moradas de Luz e de Amor que trato de fazer-vos compreender, e esse espanto gera e mantém vosso maior ou menor desconhecimento acerca do que é a vida do ser naquelas sublimes regiões. Julgais, sem dúvida, QUE É a separação completa! É a ausência – direis –, é o esquecimento, é o rompimento dos laços terníssimos que unem na vida física aqueles que se compreendem e se amam; é a anulação de todo afeto, de toda reciprocidade entre os que ficam na matéria e os que partiram para o reino da Luz.

"Em verdade afirmo que aqueles que alimentam tais pensamentos estão completamente equivocados.

"Os seres que vestiram na Terra a túnica da purificação com seus nobres pensamentos e suas santas obras de misericórdia para com o próximo carregado de sofrimento e de miséria entram, ao deixar a matéria, naquele divino Reino do amor e da felicidade, e permanecem continuamente presentes para todos os seres que lhes são queridos e que os amaram com amor puro e desinteressado.

"Isto vos parecerá difícil e talvez até impossível de suceder, porque desconheceis a força poderosa que o pensamento humano adquire naquelas sublimes regiões, onde as atividades mentais e o amor puro é *tudo*, e nenhum obstáculo ou barreira pode opor-se ao seu formidável poder.

"Os seres que residem nessas regiões de inefável felicidade exercem a ação benéfica de seus pensamentos, de seu amor e terna dedicação aos que lhe são queridos de uma forma muito maior que poderiam fazê-lo na vida material, na qual estariam sujeitos a todas as dificuldades, obstáculos e contingências adversas, próprias dos planos físicos.

"Além do mais, têm o poder de atraí-los para aquelas felizes regiões, seja pelo desprendimento natural do espírito encarnado durante o sono físico, ou nas horas de meditação profunda, durante as quais a alma encarnada se afasta voluntariamente de tudo o que é grosseiro e vil para buscar, na Divindade, os amados submergidos n'Ela.

"Esses encontros nas moradas de Luz, bem além da atmosfera e do éter, são a glória mais pura, a felicidade mais inebriante que a alma humana, ainda encarnada num plano físico, pode sonhar ou conceber.

"Imaginai, pois, que me libertei das cadeias da matéria na qual me vedes aprisionado e que já estou nas moradas do Amor Eterno e da Eterna Claridade. Julgais, acaso, que possa caber em mim o esquecimento da vossa amizade e desta suave aliança iniciada em épocas distantes, e que será revigorada imensamente nesta hora do meu derradeiro holocausto em favor da Humanidade?

"Estou certo de que nenhum dentre vós me julga capaz de semelhante esquecimento, mas, muito pelo contrário, acreditais com toda a firmeza que o meu amor continuará envolvendo-vos como um imenso manto branco, estendido desde o infinito. Algumas vezes esse manto parecer-vos-á ondulante e suave como uma carícia materna; noutras, como um teto de aço para proteger vossa evolução confiada à minha tutela, sempre que não rechaçardes voluntariamente essa amorosa vigilância.

"Quando a Justiça e o Amor do Pai me tiverem levantado para aquelas alturas, poderei atrair-vos para mim, de um modo tão real e verdadeiro, como agora vos chameis para ouvir a minha palavra.

"Surge em vossas mentes, neste instante, esta pergunta: 'Poderemos recordar aqui na Terra, Mestre, que estivemos ao teu lado apenas alguns momentos em teus Céus de felicidade e amor?'

" 'Poderemos recordar tudo quanto chegarmos a ver e a ouvir naquelas radiantes mansões?'

"Em verdade vos digo que isso será o fruto da vossa oração profunda e sincera; oração da alma, não dos lábios; oração de sentimentos e de fé, não de frases aprendidas de memória e pronunciadas mecanicamente como o rodar sempre igual das engrenagens de um moinho. Isso não é oração. É um encadeamento de palavras mais ou menos bem combinadas e belas que podem pôr a alma num certo grau de tranqüilidade, sem elevá-la sequer a um ponto mais elevado em direção às mansões luminosas da fé viva, da esperança justa, pura e, sobretudo, do amor intenso como uma labareda ardente que se dilata até o infinito!

"A meditação ou oração, nesta forma que ensino, colocar-vos-á lentamente em condições de recordar no plano físico nossos encontros gloriosos e dulcíssimos nas moradas de Luz. Sobre este assunto devo uma explicação ainda:

"Quando eu estiver novamente de posse do meu Reino de Amor e de Luz, e vos atrair durante a vossa meditação, não deveis julgar que podereis fazê-lo de um salto formidável da Terra onde viveis à região em que eu estarei, mas ireis passando de uma região a outra em graduações quase imperceptíveis, para que a vossa mente não sofra as tremendas impressões de uma mudança tão brusca e tão completa.

"Este plano físico está nas trevas, comparado com o imediatamente superior e, à medida que a vossa alma ascenda nesse glorioso caminho, irá entrando em regiões cada vez mais luminosas e radiantes, até encontrar-se comigo, que sou quem vos atraiu ao meu Reino.

"Prestai, portanto, bastante atenção: À medida que fordes subindo através das diversas regiões que formam a passagem obrigatória, ides despojando-vos dos fluidos grosseiros próprios dos planos inferiores, e vossa alma irá se envolvendo nos sutilíssimos fluidos mais puros e mais diáfanos que o gás e o éter, porque são vibrações de luz, de cores e de sons próprios daquelas puríssimas regiões.

"Quando se tiver realizado o nosso amoroso encontro, a nossa mística entrevista de amor, será necessário que a vossa alma regresse pelo mesmo caminho para o seu plano próprio: a Terra onde está encarnada.

"Da mesma forma como, ao subir, foi cobrindo-se com os sutis véus fluídicos necessários para penetrar naquelas divinas moradas, ao baixar, deverá ir deixando-os para tomar novamente as roupagens fluídicas das regiões por onde vai passando, até chegar à pesada envoltura própria deste plano físico. Neste processo de rigorosa lei, de ir deixando as sutis vestimentas fluídicas das moradas de luz, a alma vai deixando também grande parte das impressões e recordações de tudo quanto viu e ouviu naquelas excelsas alturas, ficando apenas algo assim como uma imensa sensação de paz, de amor e de quietude; um grande desejo de voltar novamente à oração, à solidão, ao esquecimento de todos os gozos e alegrias terrestres.

"Contudo, afirmo em verdade que a continuação na prática desta forma de oração ou meditação despertará de tal modo as faculdades superiores que, pouco a pouco, vossa mente irá retendo cada vez mais as impressões e as recordações do que viu e ouviu nestes divinos encontros nos Céus ou Reinos da Luz e do Amor.

"Nesta hora solene, quase véspera da minha partida para o Pai, faço um pacto convosco e com todos os que de perto me seguiram nesta última etapa da minha vida messiânica; e, neste pacto, sou aquele que promete e vós os que esperais: Da minha morada de Luz e de Amor, atrair-vos-ei na forma anteriormente dita e estarei com todos vós até o final dos tempos, ou seja, quando o Eterno Juízo do Pai promover a separação dos justos e dos réprobos: os primeiros para as moradas de felicidade e paz; e os segundos para os mundos inferiores, onde a dor de longas e tremendas expiações despertará suas consciências para o que realmente são.

"Selo meu pacto eterno com todos vós dizendo que as forças do mal, postas em ação contra vós, jamais vencerão se vos mantiverdes unidos a mim como estais neste instante.

"Ao consagrar assim a minha nova aliança de amor, dou-vos entrada no meu Reino e afirmo que todo amor puro e desinteressado que florescer na vossa vida terrestre, quer seja junto à família, aos amigos, aos companheiros de ideal, aos Mestres ou Guias que vos ensinam os caminhos do bem e da justiça, dar-vos-ão direito a penetrar ainda encarnados neste plano terrestre no meu Reino, e a compartilhar de suas indizíveis belezas, de seus elevados conhecimentos, bastante superiores, em verdade, a todos os que podem ser adquiridos através dos meios materiais no plano físico.

"Nada permanece oculto naquelas divinas claridades, motivo pelo qual, quem penetra nelas pode ler nos anais eternos da Luz os imperecedores arquivos do Absoluto, onde foi gravada a fogo a história da evolução de cada mundo e da Humanidade que a habitou desde distantes épocas.

"Quando, depois desta jornada, chegardes ao meu Reino, podereis buscar, entre os vossos íntimos amigos da Terra, alguns deles que, com as suas consciências despertadas para a Verdade, para o Amor e para a Justiça Eterna, possam perceber em estado de vigília as verdades divinas que quiserdes sugerir-lhes, para cooperar desse modo, do vosso feliz céu, pela evolução espiritual e moral desta Humanidade.

"Até esse ponto pode chegar a inteligência e a união íntima de um morador dessas elevadas regiões com os seres afins e queridos que deixou no mundo terrestre, sempre que eles se disponham voluntariamente e sem interesses pessoais de nenhuma espécie, a servir como instrumentos e cooperadores das Inteligências desencarnadas, moradoras daqueles céus de luz, de amor e de felicidade perdurável.

"Poder-se-á dar uma maior e mais íntima unificação? Podeis pensar, com justiça, que sereis esquecidos pelos felizes moradores do Reino de Deus?

"Suponde que já estais naquelas divinas regiões de conhecimento superior e de inefável felicidade, donos dos arquivos da Luz Eterna, nos quais encontrais gravados nitidamente, em forma de panoramas vivos, toda a história da evolução de cada mundo com a Humanidade que o habitou desde que pôde abrigar vidas orgânicas, e que observais também que esses panoramas vivos não concordam completamente e em muitos pontos com os relatos *chamados históricos* que conhecestes em vossas vidas físicas.

"É então, quando o amor à verdade vos abrasará como uma labareda ardente e buscareis com ânsia indizível alguns dos vossos amigos íntimos da Terra, companheiros de ideais que, pelo seu grau de evolução e afinidade convosco, sirvam como instrumentos para perceber, em estado de vigília, vossas inspirações, relatos ou poemas que observais, claros e vívidos, nas divinas moradas do Reino de Deus.

"Podeis medir e compreender a sublime grandeza deste apostolado da Eterna Verdade, que realizareis do alto de vossos Céus de Luz, de felicidade e de amor, em benefício da Humanidade que conhece, tristemente deformados, os acontecimentos mais notáveis de sua própria história?

"Os atuais filiados das ignoradas Escolas de Sabedoria Divina conhecem grande parte da história da evolução humana terrestre desde os seus começos, em face dos relatos de muitos irmãos moradores daqueles Céus felizes onde impera a verdade absoluta.

"As evoluções promovidas pelos Flâmines na desaparecida Lemúria, pelos Profetas Brancos na Atlântida, também adormecida sob as águas, pelos Dácthylos da Ática pré-histórica e pelos Kobdas do Nilo, antes das dinastias faraônicas, se tornaram conhecidas justamente através do meio que acabo de mencionar.

"Essa mesma evolução atual, promovida pela Fraternidade Essênia continuadora de Moisés, será referida um dia à Humanidade, sendo extraída dos Arquivos eternos da Luz as verdades que escapam de ordinário aos relatores terrestres, mais ou menos informados, mais ou menos parciais ao referir os acontecimentos, quer seja em assuntos políticos, campanhas militares ou desenvolvimentos filosóficos ou religiosos das porções de Humanidade, países ou cidades afetadas por eles.

"Tal é, meus amigos, a comunhão dos santos, a comunhão das almas com a Divindade, para a qual sobe a nossa oração profunda e sincera, grito da alma desterrada nos planos físicos, palpitação da nossa própria vida, saudosa de sua origem divina.

"A oração!... Vôo sublime do pensamento para o Absoluto!

"Força desconhecida da maioria das almas encarnadas nesta Terra que, enlouquecidas pelos desejos materiais, não conseguem compreender que, quanto mais se afastam do seu centro original, mais, mais e mais desventuradas se tornam!...

"A oração!... Suave entrevista de amor da alma encarnada na Terra com os moradores do Reino de Deus!

"Orai quando eu tiver voltado para o meu Pai e Ele me enviará a vós tão real e verdadeiramente como o estou neste instante.

"Quando, reunidos em meu nome, me chamardes com o vosso pensamento, estarei no meio de vós para dizer: A morte não é a separação para aqueles que verdadeiramente se amam! A morte é a libertação da alma da pesada envoltura material que coloca travas penosas em seus grandes anelos!...

"A fé e o amor dão-se as mãos para abrir, diante das almas ébrias de Luz e através da oração profunda, toda a magnificência do Reino de Deus!...

"Orai!... Orai, e os Céus infinitos abrir-se-ão para vós como ao sopro divino de um poderoso 'fiat'."

A voz vibrante do Mestre foi diluindo-se numa divina ressonância que parecia vir de muito distante, enchendo a penumbra do humilde Santuário de rochas de tão suave ternura que estremecia as almas e arrancava lágrimas de emoção.

A claridade opalina de um suave entardecer começou a espargir-se qual bruma de ouro que escurecia a trêmula chama dos círios, e todos pressentiram os esplendores divinos que iam presenciar.

O Mestre havia deitado sua cabeça para trás, apoiada no encosto do tosco banco de troncos em que estava sentado, e seus olhos semicerrados faziam compreender esse elevado estado espiritual que, na linguagem humana, chamamos *êxtase*.

Uma ronda majestosa de seres extraterrestres começou a esboçar-se claramente na penumbra do sagrado recinto.

As formas fluídicas foram condensando-se cada vez mais, até tornar-se quase palpáveis, e todos os presentes julgaram ouvir a repetição das últimas palavras do Mestre:

"A fé e o amor dão-se as mãos para abrir diante das almas ébrias de luz, através da oração profunda, toda a magnificência do Reino de Deus!...

"Orai!... Orai, e os Céus infinitos abrir-se-ão para vós como ao sopro divino de um poderoso 'fiat'."

Os excelsos visitantes foram esboçando-se na atmosfera tão claramente que puderam ser identificados aqueles que haviam desencarnado há pouco tempo, como Johanan, o Profeta-Mártir, Joseph, o justo, esposo de Myriam; Jhosuelin, seu filho; Baltasar, o ancião astrólogo persa, a cuja morte Jhasua esteve presente em Tiphsa, às margens do Eufrates; e o ancião sacerdote Simeão, que ofereceu Jhasua menino ao Senhor, aos quarenta dias do seu nascimento.

Vozes suavíssimas, como emanadas deles mesmos, continuavam repetindo as palavras que o Mestre havia dito alguns momentos antes:

"A morte não é a separação para aqueles que verdadeiramente se amam! É a libertação da alma da pesada envoltura material que coloca travas penosas a seus grandes anelos!"

As moradas do Pai haviam-se aberto!... Tinham sido descerrados os véus de seus segredos impenetráveis aos profanos, para que os amigos do Homem-Deus, continuadores de sua semeadura de amor sobre a Terra, se embebessem da sublime e eterna realidade, de sua existência mais além de onde alcança a inteligência humana, encerrada como uma crisálida no seu casulo, no conceito puramente material da vida.

O corpo físico do Mestre havia se tornado resplandecente, e parecia formar parte do magnífico cortejo de sóis humanos, cujo número não era possível contar.

As paredes rochosas haviam desaparecido entre aquele desfile interminável de formas belíssimas, radiantes e etéreas, de tão suaves tonalidades que se assemelhavam às cores do arco-íris elevadas a uma intensidade de vibrações que não só deslumbravam, mas também as melodias emanadas deles, como se os seus pensamentos fossem musicais, anulavam completamente a sensação de vida material em todos os que presenciavam aquela magnificência de luz, de cores e de harmonia.

A poderosa irradiação venceu finalmente a resistência física e todos caíram na suave inconsciência do sono extático.

Apenas o Mestre e os Anciãos presenciaram, em estado de plena consciência, aquela estupenda manifestação com a qual as alianças espirituais do Ungido quiseram corroborar seus últimos e mais profundos ensinamentos.

Quando tudo havia passado, o Mestre despertou os seus com estas palavras:

— Levantai-vos e não duvideis nunca mais! Agora sois homens novos que, iluminados pela Verdade Divina, entrais nos caminhos da Terra como missionários do Cristo para a conquista da Humanidade.

Quando, depois do refrigério da noite, ficaram sozinhos para descansar, disseram uns aos outros em íntimo e secreto comentário:

— Estou achando estranho observar que ainda vivemos nestes corpos de carne. Julgava-me no outro mundo.

— Julguei que a vida havia terminado e que éramos habitantes do Reino de Deus — disse outro.

— Depois do que vimos, nenhum prazer da Terra pode excitar o nosso desejo — acrescentou um terceiro.

E ficaram adormecidos nos estrados de pedra cobertos de esteiras de junco e peles de ovelhas na *sala do fogo*, como chamavam a gruta maior, onde ardia a fogueira na qual eram preparados os alimentos e também onde todos se reuniam nas horas da refeição.

– Na morada do Pai nos encontraremos novamente! – disse o jovem Mestre aos Anciãos à saída do Santuário, abrindo seus braços numa suprema despedida.

Os Anciãos Solitários se arrojaram entre seus braços, afogando os soluços de seus corações, pois todos sabiam que era a última vez que o viam sobre a Terra. Em seguida, Jhasua desceu do Monte Carmelo pensativo e sereno, seguido dos seus, também embargados pela emoção dos Anciãos.

Seus discípulos começavam a compreender que para eles se aproximava a hora tremenda, e confessavam mutuamente estar ainda muito longe da lúcida serenidade com que o Mestre queria que aguardassem a chegada dessa hora.

Muito longe estavam de imaginar a terrível tragédia que poria fim àquela formosíssima vida, que havia passado como uma estrela benéfica por cima de todas as dores humanas. Imaginavam uma série de belíssimos panoramas extraterrestres, entre os quais o Ungido de Deus desapareceria da Terra.

– Uma legião esplendorosa de anjos descerá dos Céus para levar o nosso Mestre ao seu Reino Eterno – disse Pedro com sua habitual espontaneidade.

– Ou talvez os nossos grandes Profetas que anunciaram a sua vinda descerão como num cortejo real para transportá-lo para as montanhas eternas – acrescentou João, cheio de ardente fervor.

– Eu julguei – disse Matheus – que nos esplendores daquela noite das visões o Mestre iria subir para o seu Reino.

"Do cume do Monte Carmelo seria, em verdade, uma gloriosa subida. O fogo da palavra de Elias ainda parece resplandecer sobre a montanha santa."

– Quem sabe!... – disse Tomás. – Talvez será no Tabor.

– Eu penso que a subida ocorrerá em Jerusalém, para que o Sinédrio, que se nega a reconhecê-lo, veja a evidência por seus próprios olhos – acrescentou Zebeu.

– Ouvi o Mestre dizer – mencionou Santiago – que iremos em breve a Jerusalém, pois se aproxima a Páscoa. A despedida dos Anciãos me faz pensar que a hora está próxima.

O Mestre havia ficado alguns passos para trás e conversava afavelmente com Andrés, Felipe e Nathaniel, aos quais recomendava que, ao chegar a Séphoris, tratassem de verificar se os encarregados da Santa Aliança estavam remediando as necessidades mais prementes dos convalescentes da cruel epidemia.

Nessa cidade esperava-os Judas de Iskarioth, e todos juntos seguiram para Nazareth.

Ali o Mestre teve uma reunião com as mulheres que desenvolviam grande atividade em torno de sua mãe.

Estavam lá também seus parentes de Caná e de Naim, as jovens do Castelo de Mágdalo, Salomé com a família de Hanani, o tapeceiro de Tiberias, pai de Fatmé, que o leitor já conhece.

Sua mãe comunicou-lhe que esperavam para o dia seguinte uma porção de jumentos que haviam contratado para ir a Jerusalém.

Ainda faltavam uns sessenta dias para o início das festas religiosas da Páscoa; no entanto, a castelã de Mágdalo queria preparar, na sua casa daquela cidade, uma boa hospedagem para o Mestre, como também para os seus discípulos e familiares.

O ancião Simônides o havia instado para que antecipassem a viagem, *pois havia perspectivas de grandes acontecimentos que não podia revelar numa carta*, conforme dizia na que Maria recebeu dois dias antes.

— Sim, em verdade — disse o Mestre ao inteirar-se disso — haverá grandes acontecimentos.

"Melchor e Gaspar, meus velhos amigos, comparecerão também. Preciso ver todos reunidos lá. Nunca se terá reunido tanta gente em Jerusalém como nesta Páscoa final."

— Por que *final*, meu filho? — perguntou sua mãe com certa preocupação interior.

— Digo final porque nela terminará o meu apostolado para ter início o meu reinado.

Ouvir estas palavras e prorromper todos em hosanas e aplausos foi como um estrondo de júbilo e de entusiasmo.

Um murmúrio surdo de comentários teve início entre todos, motivo pelo qual ninguém ali conseguiu se entender.

Apenas sua mãe e Maria de Mágdalo não pronunciaram palavra alguma, limitando-se a cravar seus olhares ansiosos na face do Mestre, que não deixava transparecer inquietação alguma. Um vago temor havia sobressaltado a ambas; entretanto, ao verem a suave serenidade do Mestre, continuaram com os seus preparativos de viagem.

— Daqui a uns dez dias eu também estarei ali convosco — disse Ele — pois ainda tenho que visitar as cidades das margens de nosso Mar da Galiléia.

As viajantes saíram de Nazareth dois dias depois acompanhadas de Zebedeu e de Hanani, enquanto que o Mestre com o tio Jaime e seus Doze percorriam pela última vez as cidades e aldeias da amada Galiléia.

Infinita ternura parecia transbordar-se de seu coração ao visitar aqueles amados lugares, onde tão feliz havia sido e aos quais sabia que não veria mais com seus olhos de carne.

Mais uma vez as recordações mais ternas e emotivas se levantaram em seu espírito como um rumor de pétalas que o vento do entardecer arrancava das flores e as impulsionava a rodar tristonhas pelas areias da praia e sobre as ondas mansas daquele lago que refletia, pela última vez, sua imagem na serenidade de suas águas opalinas.

Sentindo que uma profunda melancolia embargava um soluço em sua garganta, aconselhou os seus que fossem pescar e preparar a ceia na tenda da margem do lago, onde pensava passar essa noite.

Eles aceitaram contentes e felizes a ordem e o Mestre subiu a uma pequena colina, de onde dominava o lago tingido de ouro e rosa, com os últimos resplendores do ocaso.

Nada elevava mais docemente sua alma às alturas infinitas que a contemplação das belezas da natureza, *o grande Templo de seu Pai*, segundo sua frase habitual.

A solitária e profunda oração do Filho de Deus durou até que uma formosa lua crescente se levantou como um fanal de prata no azul sereno do céu galileu.

Quando seus discípulos o viram regressar de volta à tenda, observaram nele tal plenitude de felicidade e paz que se sentiram envolvidos por ela que, simultaneamente, os inundava de uma doçura infinita.

— Mestre — disse João cheio de fervor. — Eu daria com gosto a metade dos anos que ainda me restam de vida para saber o que se passou no teu encontro com o Pai nessa longa oração.

O Mestre olhou sorridente para ele e disse, como a um menino a quem se repreende pelo excesso de curiosidade:

— Joãozinho!... entraste demasiado jovem no Santuário dos Anciãos; porém, se entraste, é porque és ancião de espírito como eles e, portanto, não deves fazer perguntas sobre a intimidade secreta da alma com Deus.

— Perdão, Mestre... mas vejo e sinto tanta grandeza e tantas maravilhas em ti e ao teu redor que, forçosamente, me vejo convertido num contínuo interrogador.

— Sei perfeitamente disto, João, e entendo. O Supremo Criador dotou-te de tão delicada sensibilidade apenas porque um dia serás o intermediário, nesta mesma existência, entre o Céu e a Terra — respondeu o Mestre.

— Não compreendo isso, Mestre. *Intermediário entre o Céu e a Terra?* Que significa?... Que queres dizer?

— Homem!... Que farás profecias como as fizeram os nossos Profetas — respondeu Pedro. — Eles não foram chamados de intermediários de Jehová junto ao seu povo? Estou certo, Mestre?

— Sim, Pedro, estás certo; e para que tenhais uma idéia mais precisa e clara das belezas do Reino até onde me seguireis um dia, mencionarei o que o amor do Pai me permitiu ver na oração desta tarde.

Todos prestaram atenção.

— Nos setenta dias de instrução espiritual que recebestes no retiro do Tabor, compreendestes o que é o homem encarnado na Terra, ou seja, um admirável conjunto de espírito e de matéria. Esta última conheceis apenas pelas sensações que experimentais nela e, ainda com esse escasso conhecimento, pressentis que é uma maravilhosa máquina viva, cujos órgãos, músculos e fibras parecem ter inteligência própria, de acordo com a precisão e o acerto com que todos cuidam de suas funções para as quais foram feitos.

"Desta forma, o pobre corpo maltratado do mais infeliz escravo é uma das grandes maravilhas criadas pelo Supremo Criador.

"Se é assim a matéria que constitui o corpo do homem, que não será a parte mais nobre de seu ser, a alma, emanação direta de Deus, a qual foi dotada, em princípio, de seus poderes e faculdades? Não sentiu Moisés numa de suas visões o Divino Pensamento que dizia: 'Façamos o homem à nossa imagem e semelhança?'

"Falei algo sobre a alma numa de minhas confidências anteriores, e já que a curiosidade de nosso pequeno João faz com que eu fale da minha oração desta tarde, ouvi, pois, o que percebi nela.

"Eu orava com fervor e lágrimas pedindo ao Pai que me permitisse vislumbrar os caminhos seguidos por todos os que amo, no interminável correr dos séculos e das idades futuras. Eu precisava de paz e sossego para terminar com serena alegria esta etapa final da minha existência terrestre.

"Que eu possa levar comigo a certeza plena de que todos aqueles que me foram dados nesta hora suprema, através do amor e da afinidade, continuarão fiéis à minha mensagem até a distante hora de tomar posse do Reino Eterno que lhes terei preparado."

Nos olhos de todos o Mestre viu esta pergunta:

— Qual foi a resposta?

— Ouvi — continuou, dando ao tom de sua voz uma comovedora solenidade.

"Foi-me permitido ver vossos *Egos*, ou o vosso *Eu Superior*, como vos disse num ensinamento anterior, que é a verdadeira emanação de Deus e sua semelhança, residentes todos eles na morada de luz que lhes é própria e como seu berço eterno até a glorificação derradeira.

"O grau de progresso a que o vosso Eu Superior chegou no correr das idades passadas encheu de íntima felicidade o meu espírito e, embora haja diferenças de graus de adiantamento entre uns e outros, pude chegar à convicção de que, ao finalizar este ciclo de evolução, terei reunidos ao meu redor todos os que me amaram nesta hora solene da minha existência eterna.

"Vi-me num Céu formosíssimo, cujos esplendores coloridos de luz e de harmonias nenhuma linguagem humana pode descrever. Povoado de seres gloriosos da mais elevada perfeição, mantinham entre eles sublimes conversações sobre a evolução dos sistemas de mundos que lhes estão confiados. Se podeis imaginar o que será uma linguagem de pensamentos luminosos de cambiantes cores e tons, de acordo com a idéia que representam, e tudo isso flutuando numa onda interminável de harmonias dulcíssimas, podereis ter uma idéia aproximada da beleza e da felicidade daquela morada celestial.

"Com o pensamento, que é ali a sua forma de expressão, um daqueles elevados seres me disse:

"– Agora chegam os teus para formar a tua coroa eterna.

"Compreendi imediatamente essa linguagem de pensamentos e, antes que eu pudesse responder, vi que um enorme cortinado de véus de ouro se abria e todos os que amei nesta vida estavam diante de mim, resplandecentes de felicidade.

"Era uma enorme multidão, pois cada Ego ou Eu Superior vosso vinha seguido de um enorme cortejo que identifiquei de imediato.

"Eram todas as personalidades criadas e vivificadas pelos vossos Egos desde este momento até o final dos tempos. *Nem uma só personalidade se havia perdido*, pois em todas as vossas existências tivestes em conta o meu ensinamento de amor fraterno desta época atual. Podeis imaginar a felicidade inefável que esta visão causou em mim?

"Podeis avaliar agora o poder supremo da oração, quando ela sobe da alma para a Divindade e da Divindade se transborda de amor e de luz sobre a alma encarnada, que reclama, com ânsia infinita, esta sublime comunhão?

"Quereis felicidade maior? Eu vos vi entrar no meu Reino com todo o caudal de merecimentos, progresso, faculdades e poderes que conquistastes durante os séculos que devem vir até o final deste ciclo!"

– Mestre – disse Tomás, que era o mais analítico e observador. – Dissestes que, na vossa visão, percebeste que *nem uma única personalidade havíamos perdido*. Como devemos entender isso?

– É bem simples, Tomás. Já vos disse, noutra oportunidade, que o Ego ou Eu Superior, que é a verdadeira alma, emanação de Deus, cria suas personalidades para realizar as existências sucessivas mediante as quais se engrandece e aperfeiçoa. Alguma vez pode ocorrer, ainda que mui raramente, que seja tão grande o desvio moral de uma personalidade que o Ego a afaste de si, como o bom jardineiro que corta, de uma árvore, os ramos estéreis e daninhos, cujo crescimento prejudica a própria árvore. Eu não quis dizer outra coisa quando falei um dia da figueira estéril, que era cortada e arrojada ao fogo para convertê-la em cinza.

"O Eu Superior ou Alma, emanação divina, sofre angústias de morte quando o seu *eu inferior* se torna rebelde e se enreda nos planos físicos com toda sorte de crimes contra seus semelhantes.

"Não sentis uma imensa tristeza depois de haver cometido uma injustiça contra algum dos vossos irmãos?

"Essa tristeza que chamais remorso é como o clamor interno e intenso de vosso Eu Superior, que vos faz sentir seu descontentamento pela falta cometida.

"Compreendestes agora?"

– Sim, Mestre, e mui claramente – responderam todos a uma só voz.

Em Jerusalém

O Mestre encaminhou-se por fim a Jerusalém.
Estava decidido a expor seus princípios de fraternidade humana perante todo Israel reunido, sem que a presença dos grandes magnatas do templo restringisse a sua liberdade.
Devia levantar, antes de voltar ao Pai, a pesada cortina de trevas com que havia sido coberta a Divina Lei promulgada por Moisés.
Aqueles dez mandamentos sublimes, alicerce e coroa da perfeição humana, jaziam sepultados sob um enorme amontoado de prescrições e ordens, a cujo cumprimento estava obrigado todo israelita, sob as mais severas penas.
A Lei de Deus havia sido esquecida para dar lugar à vontade triunfante do mais alto tribunal religioso do país.
Como poderia ele silenciar nessa hora suprema em que, pela última vez, veria toda a nação reunida? Como poderia permitir que o engano e a má fé continuassem desviando as consciências e afastando as almas do caminho da verdade?
Quando os viajantes estavam chegando a Jericó, encontraram-se com o príncipe Judá e com Hach-ben Faqui, que os esperavam.
— Eu não vos mandei aviso da minha chegada — disse alegremente o Mestre ao abraçá-los de novo.
— Jhasua!... Qual é o súdito que ignora o caminho do seu Rei? — respondeu Judá. — Todo Israel te aguarda com ansiedade.
— Jamais houve uma afluência de gente com tanta antecipação — acrescentou Faqui.
— Se estiveres de acordo, Jhasua, tua residência será na Bethânia. Dali poderás ir à Cidade Real quando te agradar.
Depois de minuciosos detalhes sobre a extraordinária chegada de peregrinos dos portos do Mediterrâneo, entraram em Jericó para descansar.
A cidade das roseiras e das brancas torres apresentava-se completamente inundada de estrangeiros, principalmente árabes, cujas briosas cavalgaduras cruzavam fazendo ressoar os cascos nas pedras das ruas. Eram os ginetes do scheiff Ilderin que começavam a chegar de Bozra em grupos de cinqüenta e que iam alojando-se nas cidades vizinhas de Jerusalém: Rama Pethed, Emaús, Nicópolis e Bethlehem.
Essa afluência não era uma novidade, pois os filhos da Arábia desde há muitos séculos costumavam atravessar o Jordão para adorar a Deus no Templo de Salomão, ao qual dedicavam profunda admiração e respeito em virtude de sua extraordinária sabedoria. Sabá, a bela rainha africana de puro sangue árabe, não havia sido amada intensamente pelo grande rei hebreu do Cantar dos Cantares?
Além do mais, nessa época, a Judéia estava sob a autoridade imediata de Roma, e os ginetes árabes não apontavam suas lanças contra Roma, mas contra a dinastia de Herodes, com a qual tinham uma grande conta para saldar.
Ali o Mestre ficou sabendo que o príncipe Hartath de Damasco, com sua esposa e o filho curado por ele, compareceriam também às festas para participar da sua glória quando fosse elevado ao trono de David.
Nessa formosa cidade do norte, não esqueciam o Profeta Nazareno que havia passado como uma estrela polar, abrindo horizontes novos para todas as classes sociais e ainda para os incendiários do Penhasco de Raman.

Jhasua ia ser proclamado Rei desde a Iduméia até a Fenícia, e desde o Mar Mediterrâneo até a fronteira da Arábia. Todos os países vizinhos seriam grandemente favorecidos pelos extraordinários poderes supranormais daquele Profeta maravilhoso, que era obedecido pelos elementos, pelas enfermidades e até pela morte.

Grandes haviam sido Assuero, Dario e Alexandre, Hirão de Tiro, David e Salomão, contudo, nenhum deles havia mandado sobre os ventos e as tempestades, sobre as enfermidades mais incuráveis e sobre a própria morte. Se tudo isto havia sido feito por ele não sendo nada, que não poderiam esperar dele sendo Rei?

Todos os reis da Terra pediriam sua amizade, e talvez o próprio César se convertesse em seu súdito para merecer a proteção daquele gênio estupendo, como não havia sido visto outro igual sobre a Terra.

Não havia dúvida possível. O mundo ia ser transformado num paraíso de prosperidade, de felicidade e de paz, sob a mão poderosa e benéfica daquele justo, no qual o Altíssimo Deus dos Céus e da Terra havia depositado todos os seus maravilhosos poderes.

O mar lhe obedecia. Ele andava sobre as águas quando era necessário salvar vidas humanas.

Transportava-se como um raio de luz, de uma parte para outra, transpassava muralhas, continha a fúria dos perversos, a horrível lepra fugia diante da sua presença e até a própria morte era dócil a sua voz.

Que seria, pois, deste mundo governado por ele? Nenhum mal seria possível ao seu lado. Havia, pois, chegado o homem que tornaria a Humanidade feliz.

Tal era o rumor surdo, bastante discreto para não retardar os acontecimentos, no entanto, circulava a meia-voz de uns para outros naquelas populações cansadas de padecer a tirania despótica dos homens do ouro e do poder.

Na Terra não havia outra coisa que dor e miséria. Os poucos triunfadores da vida desempenhavam, segundo o costume, o triste papel de amos e verdugos das multidões, que não tinham outro dilema senão este: suportar ou morrer.

Como não haveriam de sonhar com um libertador? Como não haveriam de esperar uma mão poderosa e um grande coração capazes de modificar de repente o desventurado caminho por onde a Humanidade se precipitava no abismo? O Mestre não ignorava esses sentimentos e modos de ver das multidões sofredoras com relação a ele.

As confidências e comentários privados de seus familiares e amigos íntimos eram como o eco desses murmúrios de ansiedade e desejo.

Sua grande alma de sensitivo percebia profundamente todas essas intensas vibrações, que o fizeram sofrer um verdadeiro martírio durante os últimos dias que precederam a sua morte.

Esperavam vê-lo subir a um trono, e ele subiria a um patíbulo de infâmia. Esperavam que ele os salvasse do domínio estrangeiro, dos onerosos tributos do César, do rei do Sinédrio judeu, e ele mesmo cairia imolado como uma vítima daqueles três poderes arbitrários, injustos e despóticos.

Ia enfrentar-se com essas três forças que formavam a tríplice cadeia opressora daqueles países avassalados, e sua firme resolução de lançar em seus rostos seus iníquos procedimentos, fora de toda lei e de toda justiça, traria necessariamente para ele uma condenação que terminaria com a sua vida física.

Ele havia aceito assim de antemão, e esse era o preço de sua entrada triunfal no Reino de seu Pai.

Desde Jericó viu-se acompanhado por uma multidão de peregrinos que vinham de Huran, da Bethânia, da Peréia e dos Montes Jebel.

Em todos os rostos pairava a esperança!... Em todos os corações florescia a ilusão!...

Uma aspiração de suprema justiça e eqüidade vibrava em todas as almas como num único concerto, cujas notas vibrantes pareciam dizer: liberdade, fraternidade, igualdade.

O Mestre sentia-se como o ponto central de todas aquelas ilusões, anelos e esperanças!

"Eles não podem compreender – dizia a si mesmo – que o beijo do meu sangue inocente à Terra lavará seus crimes e arrastará a Humanidade para um novo caminho, ainda que esse caminho seja tão longo de percorrer como a passagem lenta de vinte séculos de lutas e de martírios.

"Eles não podem compreender o valor infinito que tem a oferenda da vida em holocausto do Ideal Supremo do Amor Universal que é o próprio Deus em todos os seres e em todas as coisas.

"Tampouco conseguem compreender que a Eterna Lei da Justiça, nesta hora solene da evolução humana, fará a separação dos réprobos dos justos, segundo tenham aceito ou não a Vontade Divina manifestada pelo Verbo Eterno Encarnado.

"Ai daqueles que fecharem seus corações à palavra divina, mensageira da Verdade e do Amor!

"Ai daqueles que pronunciarem a sentença de morte para o Verbo de Deus!

"A maldição e o ódio dos homens segui-los-á por toda parte e em todos os pontos da Terra serão estrangeiros, e até o pão, a água e o lume serão como usurpados daqueles cujas maldições os seguirão como o eco terrível de milhares de vozes hostis:

"Desventurados!...

"Meu Pai!... Perdoai-os, porque não sabem o mal que fazem a si mesmos.

"Não conhecem a profundidade do abismo para onde voluntariamente se arrojam por imensas idades, cuja extensão não se pode medir!

"Meu coração estremece de horror diante da tremenda visão da dor que os aguarda por milhares de séculos, em mundos de trevas, destinados, por Tua Eterna Justiça, para expiação daqueles que derramam sangue inocente, com plena consciência de que cortam a vida de um mensageiro Teu!"

Haviam chegado às primeiras colinas daquele agrupamento de montanhas cobertas de bosques, conhecidas como o "Monte das Oliveiras", em virtude dos grandes olivares que se estendiam por toda aquela região.

O Mestre quis descansar ali, não tanto pelo cansaço físico mas pelo desejo de se afastar para a solidão, para que o seu espírito, sacudido fortemente pelas dores humanas que previa, pudesse tomar novo alento na íntima comunhão com a Divindade.

Enquanto os viajantes se entregavam à contemplação do formoso panorama que se oferecia ao longe, a cidade dos Reis, com seus brancos palácios sobre o Monte Sião, as cúpulas douradas do Templo sobre o Monte Moriá, as almeias das torres e muralhas, o Mestre, na solidão de uma caverna natural na montanha, sob a sombra de imensas oliveiras, entregou-se à mais profunda meditação.

Um dia quis saber se, ao término daquele ciclo de evolução, veria todos os amados do seu coração entrar no Reino de Deus e se Ele havia sido concedido com infinita generosidade.

Agora queria ver o que faria a Eterna Justiça de seu Pai com aqueles que levassem sua rebeldia contra o Amor Universal, até afogar em sangue e morte a voz do Seu Verbo Encarnado.

Suas grandes alianças espirituais descerraram o véu dos arcanos divinos.

Com seu corpo físico recostado sobre pedras cobertas de musgo e seu espírito desprendido no êxtase, viu sua morte como já a tinha visto na visão do Moab na véspera de ser consagrado Mestre da Divina Sabedoria; e pôde ver aqueles que o condenaram à morte, bem como a ralé judia comprada com ouro para pedir aos gritos sua execução sobre o madeiro em cruz, tal como se fazia com os escravos rebeldes. Viu sua entrada triunfal no Reino do seu Pai, acolhido com indizível amor por milhares de espíritos luminosos que o aclamavam como a um vencedor.

Daquelas supremas alturas, viu rodando, num tenebroso abismo, um mundo mais tenebroso ainda que, envolto numa nebulosa de chamas e de fumo, girava vertiginosamente, ao mesmo tempo que corria em grande velocidade pela imensidão de um espaço vazio, como se fugisse apavorado em busca da saída daquele infinito campo de escuridão.

Como a visão se aproximava cada vez mais do vidente, percebeu com nitidez a superfície árida de terras vulcânicas daquele mundo em formação, onde águas cálidas e lamacentas serviam de morada e de leito a monstruosas feras marinhas, cujas fauces avermelhadas sobressaíam à flor da água, esperando presas para devorar.

Viu escassos grupos de habitantes humanos que, nas partes mais elevadas das áridas rochas, escavavam com as unhas para arrancar larvas e moluscos que devoravam famintos.

Outros saltavam pelos penhascos tratando de apanhar uns feios animalejos semelhantes a morcegos, que devoravam crus com dentadas selvagens.

Viu, finalmente, com espanto e horror que outros esquartejavam o cadáver de um semelhante recentemente morto e devoravam suas carnes e vísceras ensangüentadas e ainda mornas.

As contínuas erupções vulcânicas faziam-nos correr de um lado para o outro, sem conseguir encontrar um lugar seguro onde levantar uma mísera choça de pedras e ramos.

Viu-os gemer desesperados, porque uma torrente de lava fervente se derramou sobre uma vertente de água fresca que brotava da fenda de um penhasco, e ficariam sem água até que, depois de muito andar entre aqueles intermináveis penhascos, encontrassem outro fio de água para aplacar a sede.

"Desventurados!... Infelizes!...

"Que fizestes para que a Justiça de Deus vos trate desta maneira?", interrogou o vidente horrorizado pelo que via.

Algo como um vendaval de fumo negro e pesado levou para longe aquele mundo mergulhado em trevas e a visão do Gólgota apareceu de novo clara e vívida e, numa cruz, um homem jovem e formoso, porém exausto e agonizante que ainda teve forças para clamar:

"Pai, perdoai-os, porque não sabem o que fazem!"

Percebeu diversas vezes o vidente que diziam:

"– Aí tens o que fizeram aqueles habitantes do tenebroso mundo que contemplaste!

"– Eu também os perdôo! Quero salvá-los!... Quem me impedirá de salvá-los? – perguntou o vidente com suprema angústia.

"– Ninguém te impedirá – responderam as vozes divinas – mas toda expiação tem seu tempo fixado na eternidade e, enquanto essa hora não tiver soado, ninguém pode salvá-los.

"– Que hora é essa que o meu amor não pode rompê-la? – insistiu a alma piedosa do vidente.

"– É a hora do arrependimento dos culpados – responderam as vozes celestiais que mantinham com o Cristo este diálogo no Infinito.

" 'E como são livres para arrepender-se ou não, a hora da liberdade é marcada por eles mesmos e, se eles não têm pressa, menos ainda tem Deus, que é eterno.'

Uma bruma de ouro e rosa envolveu o corpo do vidente para fortalecê-lo com suaves eflúvios, para que não sentisse na matéria os terríveis efeitos das angústias que havia sofrido.

Quando Judá e Faqui chegaram ao seu lado, encontraram-no ainda semi-adormecido; contudo, a divina irradiação que o envolvia permitiu-lhes compreender que Jhasua, o meigo Jhasua de sua primeira juventude, havia subido muito alto em sua meditação nessa tarde.

– Perdoa Jhasua – disse o príncipe Judá –, no entanto deves tomar algo para que possamos continuar a viagem e entrar na Bethânia antes do anoitecer.

– Vamos – respondeu o Mestre, sem ter voltado ainda ao seu estado normal.

Esperavam o Mestre na Bethânia. Lá estavam todos os amigos de Jerusalém, os mais íntimos e os que o seguiam com o pensamento a todas as partes onde iam os seus passos.

Aumentavam esse núcleo escolhido os da Galiléia, que haviam chegado uns dias antes junto com Myriam, sua mãe.

Os donos da casa, ou seja, Lázaro, Martha e a pequena Maria, regozijavam de felicidade. A esperança, a alegria e o amor floresciam, como risonha primavera, naquela tranqüila morada de trabalho e honradez.

Aquela era a residência escolhida para o Messias de Israel e nenhuma glória podia lhe ser comparada.

Os amigos de Bethlehem haviam chegado também nessa manhã. Anciãos veneráveis que receberam o Cristo na noite do seu nascimento não podiam faltar naquele glorioso encontro, no final do qual devia brotar, como um florão de luz, o triunfo definitivo de todos os seus ideais políticos e religiosos.

Ao redor de Myriam estreitavam-se as mulheres anciãs como aves viajantes cansadas de um longo vôo. Lia, Salomé e Sara, as mais idosas, formavam o grupo escolhido das *Avós*, para as quais Myriam olhava como se fossem suas mães em virtude da delicada ternura com que elas a preferiam.

Noemi, mãe de Thirza e do príncipe Judá, Susana, esposa de José de Arimathéia, Ana de Nicodemos e Verônica de Eleázar, mães já de muitos filhos, se estreitavam também junto a Myriam, a feliz mãe do maior Profeta de Israel, porque n'Ele estava encarnado o Verbo de Deus, o Ungido do Altíssimo, para levantar Israel sobre todos os povos da Terra, com o fim de transformá-la num jardim de paz, de justiça e de prosperidade.

Jamais viu o Mestre tanto amor florescendo ao seu redor, como naquela tarde de sua entrada na Bethânia que, sob o suave resplendor do ocaso, parecia envolta numa bruma de ouro, diáfana e sutil, que tornava mais serena e profunda sua placidez habitual.

O amor verdadeiro embeleza tudo. Como parecia formosa ao Mestre aquela Bethânia iluminada pelo amor!

Seus hortos e jardins, perfumados de flores e frutos, eram como um vergel de fadas cheio de todos os encantos imagináveis.

– Jhasua! – disse repentinamente o príncipe Judá, enquanto o Mestre saudava a todos. – Faltam os velhos mais formosos e valentes que existem entre os teus amigos. Consegues descobrir quem são?

O Mestre estendeu o olhar a todos aqueles rostos voltados para ele e, depois dessa observação, disse com grande firmeza:

– De Jerusalém faltam Simônides, Sallum de Lohes e Jesuá de Mizpa. De fora faltam Melchor de Horeb, Gaspar de Srinaghar e Fílon de Alexandria.

– Perfeitamente! – disseram muitas vozes ao mesmo tempo.

– Tens uma assombrosa memória – disse Nicodemos, aproximando-se para abraçá-lo, pois ainda não havia conseguido fazê-lo por causa da multidão.

– Pois desses valentes velhos que já entraram na década das 90 primaveras, nesta mesma tarde chegarão os de perto, sendo que os demais virão nestes poucos dias, segundo fomos avisados – acrescentou o príncipe Judá, que parecia ser a alma daquele entusiasmo.

– Daqui até as muralhas de Jerusalém – disse José de Arimathéia – é uma cidade de tendas, o que nos dá a impressão de estar em plena Bagdad.

– Todas as hospedarias e ainda os khans extramuros são insuficientes para os peregrinos, que chegam dos quatro pontos cardeais – acrescentou Faqui com grande satisfação.

– Nosso Simônides, que não se deixa surpreender pelos acontecimentos, colocou uma centena de trabalhadores para levantar tendas em todo terreno baldio existente, sem desperdiçar nem sequer o Monte do Mau Conselho, que até há pouco era o terror das pessoas por causa dos leprosos – explicou Marcos que, como sabemos, era um dos ajudantes do ancião.

Jhasua continuava falando em intimidade com uns e outros, enquanto pensava:

"Um comparecimento tão grande de pessoas, vindas unicamente para me ver morrer!

"Se a todo este povo entusiasmado, esperançado, eu dissesse apenas uma palavra do que planeja contra mim o alto clero de Jerusalém, nem um único deles ficaria com vida!

"Porém, não é uma coroa de pedras preciosas o que quero para a minha cabeça, mas uma coroa de almas postas no caminho da salvação através do meu amor e do meu sacrifício!

"É a minha entrada triunfal no Reino feliz de meu Pai o que busco, e não os triunfos sujeitos à volúvel vontade dos homens!"

Numa sala contígua ao grande cenáculo, achavam-se as anciãs e as mulheres de idade madura, entregues à tarefa de preparar uma infinidade de cestinhas de junco com bolos dourados, recém-tirados do forno, com frutas e pasteizinhos, queijo e manteiga para a refeição à noite, a ser distribuída entre a numerosa multidão. Enquanto Martha, na cozinha, com uma vintena de criadas, estava absorvida na preparação de cabritos, aves e pescados para o último banquete que haviam de celebrar como em família antes do grandioso e feliz acontecimento que era o sonho de todos.

A juventude feminina, acompanhada pelos filhos de Nicodemos, de José de Arimathéia e sob a direção de Lázaro, reunia-se no grande pavilhão dos teares, convertido num verdadeiro armazém de mercadorias. Todos estavam entregues ao trabalho de desdobrar e dobrar túnicas, mantos, véus e ordená-los cuidadosamente dobrados nas estantes que cobriam as paredes.

A multidão que acompanharia o Mestre na sua entrada em Jerusalém devia ir vestida de gala, de acordo com os costumes simples dos filiados à Fraternidade Essênia, na qual não era permitido luxo algum.

O Mestre percorreu todas aquelas dependências, comprovando, dessa forma, até que ponto estava gravado profundamente em todos eles a idéia de que havia chegado a hora de vê-lo proclamado rei de Israel.

Várias vezes esteve a ponto de contar-lhes toda a verdade, mas se conteve, sempre com supremo esforço, para não entorpecer a marcha dos acontecimentos.

Quando chegaram os três anciãos de Jerusalém que faltavam, deu-se início à ceia, que, em razão do grande número de participantes, foi servida no grande cenáculo e em mais duas salas contíguas.

Entre aquele transbordamento de entusiasmo e alegria, três mulheres, as três de nome Maria, se esforçavam no sentido de manter-se em sintonia com todos os que rodeavam o Mestre; no entanto, no seu íntimo, estavam alarmadas, como se pressentissem a tremenda borrasca que os ameaçava. Eram a mãe de Jhasua, Maria de Mágdalo e a pequena Maria da Bethânia que, com apenas 13 anos de idade, tinha o senso e o raciocínio de mulher madura.

As três procuravam estar sempre juntas, como se um laço invisível as atasse umas às outras, e como nada passava despercebido à fina observação do Mestre, ele logo se deu conta da secreta afinidade dessas três almas, passando então a chamá-las de *minhas três Marias* com tão delicada ternura que as demais companheiras pareciam achar-se um tanto ciumentas.

A fim de que o leitor conheça a fundo o estado psíquico em que se encontravam os amigos mais próximos do Mestre, vejamos o que dizem e comentam nos inolvidáveis dias na Bethânia que precederam o holocausto do grande Mártir.

De alguns deles conservam-se relatos e crônicas que nos servem de ilustração neste caso.

Um diálogo entre José de Arimathéia e Nicodemos, escrito por este último, faz viver de novo aqueles momentos: "Quando ele chegou a Bethânia, em sua última viagem a Jerusalém, José me chamou em particular e tivemos este diálogo:

" – Não observaste que há algo em Jhasua que não concorda com o entusiasmo de toda esta multidão de amigos a rodeá-lo?

" – Na verdade, não se vê nada nele que se pareça a uma aceitação daquilo que todos cremos ser um fato próximo a realizar-se. Se alguém faz alusões a esse assunto, Jhasua desvia habilmente a conversa, fazendo-a recair na gloriosa felicidade que existem nas moradas do Pai para os valorosos e denodados filhos que tenham cumprido com o seu dever, ainda que à custa dos maiores sacrifícios.

" – Isso mesmo eu observei e quando, pouco depois de chegar, tratei de sondar se ele pensava que a nação israelita tivesse sua completa independência ou que continuasse sob o protetorado de Roma, respondeu-me desiludido: '– Também tu, José, sonhas como os demais? Sois todos crianças nos caminhos de Deus! Julgava-te bem desperto para a Verdade Divina e ainda dormes! ...'

" – Não, Jhasua, meu filho, não durmo; apenas quero de ti a verdade completa. Serás na verdade o rei de Israel?

" '– *Meu Reino não é deste mundo* – respondeu-me – e, embora o tenha repetido muitas vezes, vejo, com pesar, que não chegam a compreender-me. Esqueceram o espírito das profecias para ater-se tão-somente à letra morta e por isto permanecem enganados.

" 'Deus, que é bondade e amor supremo, o quer assim, para evitar a perda de vidas humanas, cuja responsabilidade pudesse cair sobre o Ungido da Paz e do Amor.

" 'Quando já não possam evitá-la, compreenderão a realidade, que está nos desígnios do Pai.'

"– Pensas – acrescentei – que tudo isto terminará numa ruptura definitiva com a autoridade civil e religiosa que governa o país; porém, se contas com a submissão incondicional de todas as forças vivas da nação e as disposições do Sinédrio, talvez te equivoques, Jhasua. O povo quer o seu Libertador, o seu Rei, e não sei se poderá satisfazer-se com essa formosa frase de duplo significado:

" '*Meu Reino não é deste mundo.*' Que queres dizer com isto? Que tens plena certeza de que vais morrer para voltar desta forma ao Absoluto de onde vieste? É esse o Reino a que aludes?

" 'Se tal fato chegar a produzir-se, que deixas à tua retaguarda, para assegurar a colheita daquilo que semeaste?

" 'A miserável condição humana nos diz que a 'rei morto, rei posto'. Quando deixarem de ver em ti a realidade de suas aspirações e esperanças, se esquecerão de ti, Jhasua, e eu me nego a crer que tal seja o triste fim do Messias enviado a Israel para salvá-lo da miséria e do opróbrio. O Ungido do Eterno deve mudar a face deste mundo, e essa mudança não se produziu ainda.

" 'Que me respondes a tudo isto?'

" 'Com sua habitual complacência, Jhasua me respondeu: 'Quando plantaste em teu horto as tuas oliveiras e palmeiras, colheste de imediato os frutos que esperavas da tua plantação?'

"– Não, porque colhi os frutos daqueles que meu pai semeou; e meus filhos colherão dos que eu semeei.

" '– Respondeste muito bem, José – disse-me. – Se, para as coisas materiais e perecíveis – acrescentou – aguarda-se pacientemente a hora, que não deverá para o espiritual e eterno? Semeei e continuo semeando. O Pai tornará fecunda a minha semeadura, que mudará a face deste mundo; no entanto, isto não ocorrerá hoje nem amanhã, mas quando o tempo tiver amadurecido os frutos.

"– Tal foi a resposta do Mestre a José de Arimathéia, que ma transmitiu naquela primeira noite em Bethânia, na última viagem que fez a Jerusalém.

" 'A partir desse momento, José e eu compreendemos que o Reino de Israel era um sonho, que não se realizaria por enquanto e, provavelmente, nunca. Acrescento isto agora depois que presenciei o desenrolar dos últimos acontecimentos.' "

Esta breve passagem de uma crônica escrita por um doutor de Israel, Nicodemos, nos demonstra como esses dois grandes amigos do Mestre chegaram a compreendê-lo nos últimos dias de sua vida terrena.

Seus Doze íntimos sabiam que voltaria em breve para o Reino de seu Pai, mas não imaginavam, nem remotamente, de que modo seria essa partida.

"Sendo o Ungido de Deus o Seu Verbo Encarnado, Seu Filho, mandará uma legião de anjos para que o transportem aos Céus infinitos, pois não pode suceder de outra forma o que ele chama: 'Sua entrada triunfal no Reino de Deus.' Era esta a certeza que tinham os íntimos de sua Escola da Divina Sabedoria. Quando o Mestre percebia a vibração desse pensamento, repetia aquela frase que chegou a nós, comovendo-nos profundamente:

"Velai e orai para não cairdes em tentação."

Que tentação era essa que o Divino Mestre tanto temia para os seus? Era justamente essa: Sua fé seria suficientemente forte para continuar reconhecendo como Ungido de Deus, como seu Verbo Divino, um homem que morria carregado de opróbrio e de infâmia no alto de um patíbulo?

Confundido com os malfeitores da mais baixa classe, abandonado por Deus e pelos homens, sem que ninguém levantasse a voz para defender e provar a sua inocência, continuariam os seus amigos e discípulos crendo que aquele pobre corpo maltratado e humilhado era a encarnação do maior ser que havia pisado a Terra?

Onde estava relegado o Poder Onipotente, que não o arrancava do ódio de seus inimigos?

Onde se escondia a Justiça Divina, que não caía como um vendaval de fogo sobre os homens injustos e perversos?

Tudo isso sabia o Mestre que passaria como uma onda de trevas pelas mentes atormentadas dos seus, e voltava a repetir de vez em quando: "Velai e orai para não cairdes em tentação, porque o espírito está alerta, mas a matéria é débil e pesada."

Falando uma tarde sob a sombra dos nogueirais e das oliveiras seculares, um dos seus perguntou em que consistia, verdadeiramente, a grandeza e a perfeição de um espírito.

– Em Israel – disse Marcos – temos o costume de discutir qual dos Patriarcas e dos Profetas é o maior dentre todos, e jamais conseguimos ficar de acordo, porque nossa simpatia por um ou por outro nos impede seguramente de sermos imparciais em nosso julgamento.

– Esse é um tema – respondeu o Mestre – sobre o qual jamais se deveria discutir, porque no secreto âmbito da alma apenas Deus pode penetrar.

"Certos aspectos exteriores na vida de um ser podem permitir aos humanos emitir opiniões ou juízos mais ou menos acertados; entretanto, a verdade absoluta sobre sua grandeza espiritual ninguém a pode ter.

"A perfeição suprema da alma humana está relacionada diretamente com a sua perfeita união com Deus, que é a absoluta perfeição.

"Porém a criatura humana não pode medir os graus dessa união de uma alma com a Divindade.

"Nos círculos estreitos em que geralmente vivem os adeptos de todas as religiões, é avaliada a grandeza de uma alma pelo seu maior ou menor cumprimento das práticas ou ritos em uso na teoria religiosa a que pertence. E esta é a causa dos julgamentos equivocados que se fazem.

"Todas as religiões conhecidas foram surgindo através dos séculos e de acordo com o grau de evolução dos povos em que nasceram. Essas religiões que marcaram normas de vida a seus adeptos, são melhores ou piores na medida em que estejam de acordo, em maior ou menor grau, com a Religião Universal, única emanada diretamente do Soberano Criador e que tem uma única base, uma única cláusula abrangendo toda santidade, toda pureza, toda perfeição possível nos planos físicos:

" 'AMA A DEUS SOBRE TODAS AS COISAS E AOS TEUS SEMELHANTES COMO A TI MESMO.'

"Ao redor desta única Lei Divina os homens formaram um enorme amontoado de ritos, instruções, leis, em resumo, uma verdadeira torre de Babel, sem lógica alguma, sem raciocínio, inspirados apenas num mesquinho conceito de Deus e da vida.

"O primeiro grande erro de todas as religiões é crer que Deus, perfeição absoluta, se irrita e se encoleriza da mesma forma como *um amo*, quando suas ordens são desobedecidas.

"Uma vez que o crêem irritado, encolerizado, nasce a necessidade de aplacar a sua ira com oferendas de uma ordem ou de outra, de acordo com o grau de adiantamento e de compreensão dos seres.

"Deus não se irrita nem encoleriza jamais. Só pensar dessa maneira já repugna a alma que O ama de verdade. Se Deus pudesse ser factível de cólera, a teria ao ver que o colocam no mesmo nível de qualquer minguado homenzinho de mau caráter.

"Porém, nem sequer isto altera a sua infinita serenidade. Ele é tão grande em sua plenitude de amor e de felicidade que nada absolutamente pode afetá-lo!

"Conhecido este aspecto do equivocado ponto de vista das religiões em relação ao Supremo Criador, fácil é compreender como se enganam os homens em seus julgamentos sobre a grandeza espiritual dos seres que se destacaram dentre a multidão em face de suas obras.

"Para compreender mais facilmente este assunto, observemos o que ocorre ao nosso redor com as diferentes seitas religiosas em que está dividido o país.

"Os fariseus, escrupulosos observadores de todas as prescrições que foram acrescentadas à única Lei Divina, julgam-se muito superiores em grandeza e perfeição moral aos saduceus, aos samaritanos e, em geral, a todos os homens da Terra.

"Segundo eles, sua perfeição está na prática severa e estrita dos ritos em uso, aos quais dão mais importância que à própria Lei de Deus.

"Sob este conceito, julgam-se com o direito de vomitar anátemas e de desafogar seu ódio contra todos os que não estão de acordo com eles.

"Podemos, em boa lógica, pensar que o Deus-Amor e Justiça Eternos, Poder incomensurável, deva estar sujeito a tão mesquinhos e errôneos conceitos?

"Pode algum homem na Terra, por grande e poderoso que seja, pretender encadear a Vontade Divina a seus modos de ver e a seus mesquinhos conceitos das leis soberanas e imutáveis da Criação Universal?

"Com desdém e desprezo profundos, nossos compatriotas chamam *idólatras pagãos, filhos de Satanás*, aos habitantes das demais nações da Terra que não têm conhecimento do cúmulo de instruções, ordens e ritos em que a maioria dos filhos de Israel vive como entre um molde de ferro, ou seja, bitolados. Podem eles acaso impedir que, entre os chamados idólatras e pagãos filhos de Satanás, haja almas grandes e puras que amam a Deus e a seus semelhantes, sem necessidade de fórmulas e de ritos, que não conheceram jamais?

"Melchor, Gaspar e Baltasar são pagãos para Israel; mas vos asseguro que não existem cem israelitas capazes de realizar as obras feitas por eles, nem de amar a Deus e aos seus semelhantes como eles os amam!

"Sócrates e Platão foram pagãos para Israel; mas eu pergunto: Quantos israelitas existem capazes da grandeza dessas almas sem egoísmos, sem interesses, que deram de si tudo quanto puderam, e até a própria vida, pelo bem de seus semelhantes e sem recompensa alguma?

"Homero, o poeta genial da Grécia antiga, foi um pagão para Israel. Que sabem os homens da íntima adoração das almas ao Supremo Criador, seja qual for o nome que lhe dêem? Que sabem e até que ponto chegaram na perfeição de suas vidas levadas pelas ciências, pelas artes, pelas milhares de formas que o Criador apresenta à compreensão de suas criaturas?

"No que diz respeito aos nossos Patriarcas e Profetas, tampouco podeis discutir sobre a sua grandeza, pois ela depende, como vos disse, de sua maior união com a Divindade. Acaso, para emitir um julgamento, basta conhecer uma personalidade entre as milhares que um ser tem até chegar à perfeição?

"Quando, terminada toda a série de encarnações sucessivas de um *Ego ou Eu pensante*, o vedes recolher todas as personalidades que mandou para a vida física e refundi-las em si mesmo, porque terminou sua carreira e conseguiu a perfeição, então seria chegado o momento de poder dizer, com justiça e verdade: *Este é grande.* Enquanto não tiver chegado esse dia, é absurdo pretender entrar no segredo das almas, reservado apenas para Deus.

"As aparências exteriores não representam muitas vezes a verdade, nem significam o que se pretende demonstrar com elas.

"O homem justo, o homem de bem, esconde o mais que pode suas boas ações, porque foge de toda exibição. De sua maior ou menor união com a Divindade, ninguém pode ser testemunha, porque entre Deus e a alma que O ama não cabe absolutamente nada, nem sequer o reflexo de um pensamento estranho.

"Não vos afadigueis, pois, em procurar saber qual é o maior entre os amantes do Deus-Amor, porque nisso não se estriba o vosso adiantamento nem o deles.

"Pensai sim, e esforçai-vos em imitar a vida dos justos que passam pela Terra fazendo o bem, ainda que não sejam prosélitos da fé de Israel.

"A Verdade Divina é uma única, e brilha mais que um sol para todo o Universo de milhões de mundos. É infantil puerilidade pretender que essa Verdade Divina, patrimônio de todos os mundos, possa ser açambarcada por qualquer das teorias religiosas deste pequeno e insignificante planeta, que é menor que uma cereja na imensidão do Universo infinito."

Essa formosa instrução terminou com a chegada do ancião príncipe Melchor de Horeb, acompanhado de quatro discípulos de sua Escola do Monte Hor.

Ele estava tão extenuado por seus muitos anos e pela fadiga de suas contínuas viagens que parecia uma sombra sob o dossel que o agasalhava sobre o seu imenso camelo branco. Quando o nobre animal se ajoelhou para que o viajante descesse, Jhasua já estava junto dele e o recebeu em seus braços.

O que aquelas duas almas disseram uma para a outra nesse abraço longo e mudo nós apenas podemos supor vendo os olhos de ambos cheios de lágrimas.

– Vens para me ver morrer! – diria Jhasua com toda a certeza.

– Venho para morrer contigo! – dizia a alma do ancião Melchor.

Ambos sabiam do doloroso holocausto no qual o Homem-Deus entregaria sua vida física ao Pai.

Quando, dois dias depois, chegaram em diferentes horas e por diferentes caminhos, Gaspar e Fílon, o Mestre disse na presença de todos:

– Agora a minha coroa real já está engastada com todas as suas pedras preciosas! Quem pode ser mais feliz do que eu?

Seu olhar, mais meigo e terno do que nunca, estendeu-se como eflúvio de milhares de beijos por todos aqueles rostos, como se quisesse gravá-los profundamente em sua recordação.

Jhasua teve longas conferências com Melchor, Gaspar e Fílon, esboçando o programa futuro.

Ali o mundo ficou repartido em frações das quais deviam encarregar-se os discípulos de cada qual, em união com os Doze do Mestre, para derramar, como divina essência, a sublime doutrina da fraternidade universal.

Na última dessas conferências, o Mestre fez comparecer todos os seus amigos presentes em Bethânia com o fim de estabelecer um forte laço de união entre todos.

– Todos os vossos corações palpitam em uníssono com o meu – disse com a voz trêmula de emoção. – Se o Pai vos congrega nesta hora em torno de mim, é para agir e pensar em comum acordo, tal como penso, ajo e quero. Que o conselho dos anciãos seja ouvido como a voz da sabedoria que fala por eles.

Comparando os velhos manuscritos encontrados no Sinai, em Horeb e no Monte Hor, com os de Bombaim, Persépolis e Alexandria, podemos ter uma idéia das combinações feitas nesses últimos dias pelo Mestre com os três sábios anciãos que não o perderam de vista desde o seu nascimento até a sua morte.

Gaspar, Melchor e Fílon de Alexandria, e Baltasar, já desencarnado, existiam no espírito da sua Escola.

Essa imensa rede de missionários do Cristo que se estendeu como um bando de pombas sobre todos os países conhecidos naquela época foi o resultado dessas conferências posteriores na Bethânia, nas quais o Mestre tratou de deixar esboçados os caminhos a seguir no futuro.

Geralmente, julga-se que ele derramou a divina semente e deixou o porvir à mercê dos acontecimentos, e esse modo de agir não está de acordo com a sua genial concepção da obra renovadora da Humanidade que deixava fundada.

Uma mente tão lúcida e preclara como a sua não poderia agir jamais com uma imprevisão própria de espíritos novos nos eternos caminhos das almas em seu andar ascendente para a Suprema Perfeição.

Perante o Sinédrio

Neste meio-tempo, o príncipe Judá, Faqui e Simônides, eram a alma tríplice da aliança libertadora de Israel, multiplicavam-se por intermédio de fiéis agentes e servidores para oferecer hospedagem à multidão de peregrinos chegados de todas as partes. O povo de Israel, disperso por todas as nações civilizadas da época, era quase mais numeroso que os residentes na Palestina.

Toda a costa da Ásia Menor e da Europa, sobre o Mediterrâneo, estava inundada de israelitas que comerciavam ativamente fora do seu país natal.

Atraídos pela senha "O Messias está em Israel para libertar seu povo", que havia corrido a meia-voz entre todos os filhos de Abraham, tão numerosos como as areias do mar, as Páscoas dos últimos anos foram enormemente concorridas com a esperança de que numa delas se veria a glorificação da pátria oprimida.

O Sinédrio, por sua parte, havia estendido uma rede de espionagem para seguir de perto os passos do jovem Mestre; e, dia a dia, esse alto tribunal acumulava despeito e cólera diante das obras estupendas que o Profeta-Taumaturgo realizava em todos os povoados, cidades e campos do país.

Mas não era somente isso o que irritava os magnatas do Templo de Jerusalém. Era principalmente o ensinamento que aquele audaz Mestre se permitia dar ao povo *baixo e soez* (segundo o seu sentir), em razão do qual começavam a julgar-se iguais, perante Deus, a eles, os doutores, os sábios e os sacerdotes de Israel.

Os sacrifícios haviam diminuído enormemente e, portanto, a entrada do ouro e da prata nas arcas sacerdotais.

O Mestre Nazareno havia convencido quase toda Israel e regiões vizinhas que a Deus se agradava com obras de piedade e de misericórdia, que Deus era Amor acima de todas as coisas e se comprazia mais com a adoração e reconhecimento de um coração simples e bom que com a degolação de touros, de bezerros e de carneiros sobre os altares do Templo.

Dessa forma, como os grandes abastados do país eram as mais ilustres e antigas famílias sacerdotais, cuja enorme riqueza era fruto da venda de animais para os sacrifícios, o leitor poderá compreender claramente que um Messias como Jhasua de Nazareth não podia ser jamais do agrado do Sinédrio, mas, muito pelo contrário, considerado como um inimigo altamente perigoso para suas finanças, que haviam progredido de vento em popa até que sua palavra começou a ser ouvida, afiançada e fortalecida pelas maravilhosas obras que realizava em todos os lugares onde punha os pés.

Mediante a fúria de Herodíades, livraram-se em tempo oportuno da voz ameaçadora de Johanan, o Profeta do Jordão.

Agora tinham de encontrar um meio de livrar-se deste outro Profeta, mais perigoso ainda, visto como grande parte do povo começava a apontá-lo como o Messias anunciado pelos Profetas.

Que fariam com ele? Como o fariam cair em suas redes sem sublevar o povo?

Uma hábil combinação de espiões podia dar-lhes a chave da forma como deveriam agir para obter algo parecido a um motivo legal para dar-lhe morte ou, pelo menos, sepultá-lo em algum torreão dos muitos que havia desde os mais remotos tempos.

Primeiramente, passaram a espionar as pessoas mais chegadas ao jovem Profeta.

Quando tiveram amplo conhecimento sobre esse particular, os espiões estudaram as condições das pessoas cuja lealdade ao Mestre pudesse ser vencida mediante promessas adequadas a esse fim.

As mulheres seriam tentadas através da vaidade e do luxo: trajes suntuosos, jóias preciosas, bons partidos, etc., etc. Os homens seriam procurados pelo lado fraco: a cobiça do ouro e do poder.

José de Arimathéia e Nicodemos foram chamados perante o Sinédrio para dar informação sobre as pretensões que teria o jovem Mestre que se mantinha afastado da suprema autoridade do país.

Foram interrogados separadamente e ambos disseram o mesmo sem que houvessem dado tempo a pôr-se de acordo: "Que Jhasua de Nazareth não tinha pretensão alguma de ordem material, mas queria tão-somente explicar aos povos a Lei de Moisés e aliviá-los em suas enfermidades, em suas dores e em sua miséria.

"Ninguém é mais desinteressado que ele, que até renunciou à herança paterna em favor de sua mãe viúva e vive da generosidade de seus discípulos que possuem bens materiais."

Quanto à pergunta se era amigo ou inimigo de César, amigo ou inimigo de Herodes, ambos responderam a mesma coisa:

"Para Jhasua de Nazareth, somente existe Deus Pai e Senhor de tudo quanto subsiste, e considera toda criatura humana, desde o mais poderoso monarca até o mais desprezível escravo, como seus irmãos, pois são todos filhos de Deus. Se agem mal, reprova o mal. Se agem bem, aprova o bem e, em seu coração, não cabe o ódio contra ninguém, porque está cheio de amor, de paz e da felicidade infinita de fazer o bem."

— Então — disse o presidente do Conselho — esse homem é invencível ... invulnerável! ...

— Disseste toda a verdade — respondeu José de Arimathéia. — Ele é realmente invencível e invulnerável.

— A Jhasua de Nazareth — acrescentou Nicodemos — jamais se poderá condenar com justiça. Poderá ser assassinado iniqüamente, como se fez com os nossos grandes profetas, com uma punhalada à traição, ou das mil maneiras usadas pelos bandoleiros e piratas, porém uma condenação legal e justa jamais poderá ser dada contra um homem que não fez mais que praticar o bem por onde passou.

– Todo homem, por grande e justo que seja, tem sempre algum lado fraco – disse Hanan sentenciosamente. – Mas vós o amais demasiado para descobri-lo.

– Descobri então vós, que não o amais – respondeu José de Arimathéia.

– Vejo que não se pode contar convosco – disse o presidente do Conselho.

– Para uma injustiça, nunca! – afirmou Nicodemos. – Somente estamos dispostos para a eqüidade e para o bem. Como guardiães que sois da Lei de Moisés, creio que sereis os primeiros a zelar pelo cumprimento de seus princípios básicos: "Não tomar o nome de Deus em vão. Não levantar falso testemunho, nem mentir. Não matar. Amar a Deus sobre todas as coisas e ao próximo como a si mesmo."

Um gesto de ira mal dissimulado passou como um relâmpago por aqueles rostos envelhecidos na mentira e no crime.

Os dois amigos do Mestre se retiraram com intensa amargura no coração, pois viram claramente o desejo daqueles perversos velhos de encontrar a forma de tirar Jhasua do meio da Humanidade com aparências de legalidade.

Os espiões receberam ordem de tentar as mulheres que seguiam o Profeta, quer fosse por adulações e promessas ou por medo à difamação.

Inteirados de que até a pagã idólatra do Castelo de Mágdalo o seguia de perto, tomaram-na como um dos muitos meios que pensavam usar para destruir pouco a pouco o prestígio do jovem Mestre ante as multidões.

Os filhos daqueles graves doutores, juízes de Israel, haviam assistido mais de uma vez às festas de estilo grego que tinham sido dadas anteriormente no Castelo de Mágdalo, cujas riquezas abriam seus apetites de abutres insaciáveis e jamais obtiveram a menor preferência por parte da jovem castelã. Nem a sabedoria de Schammai pôde atraí-la como prosélita ao judaísmo.

Era o cúmulo da humilhação, demasiado duro de suportar em seu orgulho de raça, hierarquia e poder, que esse jovem Rabi desconhecido, sem escola, segundo eles, sem títulos oficiais, sem fortuna, houvesse conseguido interessá-la.

Não podia ser!

As posições estavam pois definidas: Eles ou ele perante o conceito público. Maria de Mágdalo foi visitada por uma irmã de Hanan, na sua nova residência de Jerusalém.

Era uma matrona muito devota e que queria parecer um modelo de distinção, já que fazia parte da nata da aristocracia judaica desse tempo. Pela suntuosidade de sua liteira e da criadagem que a acompanhavam, bem que se poderia supor tratar-se de uma princesa de sangue real.

Maria havia sido avisada por Gamaliel de que as principais damas das grandes famílias sacerdotais queriam iniciar amizade com ela.

José de Arimathéia e Nicodemos instruíram-na sobre a forma que devia responder para não comprometer o Mestre, pois tinham a certeza de que a submeteriam dissimuladamente a um interrogatório.

Conhecendo a veemência de seu temperamento e de seu caráter altivo, contrário à dissimulação, eles temiam que ela não agisse de acordo com a necessidade do momento.

A devota dama judia encarou o assunto com suma cautela, pois percebeu, desde o primeiro momento, que sua interlocutora estava bem preparada para fazer-lhe frente.

Depois de um hábil preâmbulo, cheio de bajulação, disse:

— Minha filha, nossa casa viu com satisfação a tua entrada na santa fé de Israel, ocorrência esta que derruba a barreira que te separava de nós. Pisoteaste os ídolos pagãos, e isso é um triunfo que te engrandece e dignifica.

— Nobre senhora — respondeu Maria —, creio que não estás bem informada a respeito da minha vida, porque não pisoteei ídolos pagãos. Meu culto tem sido a beleza da criação universal em todas as suas manifestações, assim como as artes e as ciências no que elas têm de grandioso e de sublime para toda inteligência que trata de compreendê-las.

"Fui educada na religião de Homero, de Sócrates, de Platão e de Virgílio, ou seja, na religião do bem e da justiça.

"Não conheci a religião de Israel até agora, é verdade e, em face disto, compreendo muito bem que os meus costumes gregos devem ter afligido profundamente os vossos sentimentos, modos de ver e de apreciar as coisas da vida.

"Compreendo perfeitamente como os devotos israelitas julgaram a minha vida com uma severidade que teria aterrado qualquer outra mulher, mas não a mim, que jamais me preocupei em exibir-me em meus atos.

"Fui ensinada a viver sem molestar nem ofender a ninguém, e sem pretender tampouco acomodar-me aos costumes e gostos dos demais.

"Vivi para mim mesma e agora compreendo que neste ponto fui egoísta, pois sou parte de uma Humanidade em benefício da qual todo esforço e boa vontade são necessários.

"A partir de agora, começo a me esquecer de mim mesma para consagrar ao bem de meus semelhantes tudo o que de bom eu possa dar."

— E por que houve em ti essa mudança tão fundamental, minha filha? — perguntou amavelmente a dama judia.

— Desde que tive a sorte de ouvir a palavra do Profeta Nazareno compreendi que havia outro caminho com mais claridade e beleza que aquele que eu seguia e, acima de tudo, com mais amor. Foi isso que me decidiu a tornar-me sua discípula.

— Nada mais que isso? — insinuou com malicioso sorriso a astuta mulher. — Pergunto isso porque ouvi falar muito da beleza física desse jovem Profeta, atrás do qual correm as mulheres e as crianças ...

— E também os homens, senhora — interrompeu Maria. — A mais elevada sabedoria sai de sua boca como uma torrente transbordante, e todos os que aspiram a verdade correm para ele.

— Porém, que mais se pode saber do que está escrito em nossos sagrados livros? — insistiu a dama com um tom um tanto agressivo.

— Todas as religiões têm seus livros sagrados, bastante respeitáveis, por certo; entretanto, seus princípios não satisfazem a todas as inteligências no momento atual. O Profeta Nazareno não traz um novo livro, porque ao explicar os dez mandamentos das Tábuas de Moisés sustenta que cada homem ou mulher deve ser um *livro vivo*, que ensine o bem, a justiça e o amor de uns para com os outros.

"Ele mesmo é um livro vivo de justiça e de eqüidade, de bondade e de amor.

"Por isso as multidões o seguem. Além do mais, ele não deixa nenhuma dor humana sem remediá-la. Ao vosso próprio irmão, o ilustre Hanan, ele curou da úlcera cancerosa que tanto o fazia sofrer."

— Mas, como!? ... — exclamou a devota judia. — Eu não sabia desta circunstância! Não pode ser! ...

— Sim, senhora! ... Houve testemunhas e ocorreu na casa de uma princesa judia,

cujo primogênito surdo-mudo foi curado pelo Profeta Nazareno no mesmo momento em que foi curado o ilustre Hanan.
— Deve realmente ser assim, visto como asseguras ser verdade.

"Embora a minha visita — acrescentou — não seja, propriamente dito, um pedido da tua mão, permito-me insinuar, minha filha, que um de meus sobrinhos, o filho mais moço de Hanan, deseja relacionar-se contigo com fins matrimoniais. Ele completou na lua passada sua maioridade e o pai o colocou na posse de sua vultosa herança, que consiste no mais formoso dos nossos palácios de família, em Accarão, com as terras que lhe pertencem até a margem do Mar Grande, terras riquíssimas em olivais, castanheiros e vinhedos. Tem, além do mais, pradaria de pastoreio para o abundante gado, que é uma mina de ouro, pois é do melhor que existe no país para os sacrifícios no Templo.

"O palácio está decorado com todo o luxo, pois ali se hospedou durante uma temporada a imperatriz Lívia, esposa de Augusto, e sua filha Júlia. A riqueza em trajes e em jóias é incalculável.

"Em vez de seguir inutilmente e em vão a esse Profeta galileu, pobre e de origem desconhecida, creio que a minha proposta te é mais vantajosa ..."
— Não continues por esse caminho, nobre senhora — interrompeu, nervosa, Maria de Mágdalo. — Minha educação grega ou pagã, como queirais chamar, não me ensinou a vender-me como se vende uma escrava ou um animal, por elevado que seja o preço que me ofereçam.

"Sou livre e quero continuar livre e senhora de meus atos. A insinuação que me fazeis, senhora, honra-me grandemente e agradeço a deferência ..."
— Queríamos arrancar-te da sedução desse homem, e tu mesma te afundas ... — disse a judia com ira bem manifestada.
— E que importância tenho para que queirais fazer-me esse bem? Há tantas princesas judias que seriam dignas companheiras do filho do ilustre Hanan!
— Dize-me: que encontraste nesse mago, fazedor de milagres, curandeiro de leprosos e de pesteados?
— Encontrei nele, senhora, o único homem capaz de fazer o bem sem o interesse da recompensa. Na terra, isso é uma coisa tão rara e exótica como encontrar, de repente, uma estrela no meio da relva do meu jardim.
— É um sedutor de donzelas! — exclamou irada a judia levantando-se para sair.
— Somente isto bastaria para desterrá-lo do país.
— Correríeis o risco de que o país fique deserto!... — respondeu Maria de Mágdalo, tremendo de indignação.
— Veremos, e te lembrarás do quanto mais te valeria haver-me escutado, jovem imprudente!

A devota irmã de Hanan saiu seguida do seu cortejo de luxuosos criados.

Maria de Mágdalo correu para a sua alcova e, atirando-se sobre o leito, chorou desesperadamente.

Martha, que havia vindo da Bethânia para Jerusalém com ela e outras companheiras, aproximou-se sobressaltada por essa aflição.

A jovem apenas respondia entre soluços:
— Querem prender o Mestre e mandaram essa víbora para estrangular-me!

Perceberam vozes de homens no pórtico da entrada e logo a voz de Lázaro dizendo:
— Não recebes o Rei que chega? — Martha desceu correndo a escadaria e encontrou-se com seu marido que trazia consigo o Mestre e os três Anciãos, Gaspar, Melchor e Simônides.

Martha mencionou brevemente a visita que acabava de se retirar deixando Maria num estado de terrível desespero.

– Faze-a vir aqui, Martha – disse o Mestre, entrando no pórtico anterior. – Dize-lhe que eu a chamo.

Martha subiu novamente às alcovas e, aproximando-se de Maria que ainda chorava angustiosamente, disse:

– O Mestre está aqui e te chama.

Quem seria capaz de resistir a esse chamado terníssimo do amor do Cristo?

Tal força de sugestão teve sempre essa frase que, entre os grandes místicos, foi tomada como um símbolo do Amor Divino chamando ansiosamente a todas as almas.

A desconsolada Maria envolveu-se em seu véu e atendeu ao chamado do Mestre. Apenas o viu, correu para ele e, caindo a seus pés, abraçou-se aos seus joelhos.

– Senhor! – disse. – Os homens do Templo querem prender-te!... Foge, Senhor, foge!... que todos nós iremos contigo para onde queiras ir. Nesta cidade cheia de víboras pereceremos todos.

– Acalma-te, Maria – disse docemente o Mestre pondo sua mão direita sobre a tristonha cabeça agitada em soluços.

– Acreditas – acrescentou – que eles poderão tocar em algum cabelo da minha cabeça se meu Pai não o permitir?

"Não chores por mim, mulher, mas por aqueles que não querem ver a Luz Divina acesa diante deles. Choremos pelas suas trevas, para as quais não haverá claridade possível por séculos e séculos!"

Simônides quis averiguar todo o ocorrido e Maria contou-lhe tudo.

– Deixa isto por minha conta, menina, e não te aflijas mais.

"Jehová ainda não lançou terra em meus olhos e, se nem o César romano nem os Herodes puderam vencer-me, que hão de fazer esses infelizes corvos, abrilhantados de ouro e pedrarias contra o nosso Senhor que tem milhares de peitos serenos e fortes para defendê-lo?

"Anda, filha, anda e traz a estes velhinhos algo para tomar forças, porque viemos a pé para não chamar a atenção."

O Mestre sorriu da boa lógica de Simônides, frente à qual tudo voltou à calma.

Pouco depois, começaram as pesquisas entre os Doze. A Tomás fizeram chegar uma proposta para torná-lo agente comprador de tecidos de púrpura e de pedras preciosas para os ornamentos sacerdotais; a Bartolomeu, Matheus e Nataniel, buscaram o lado débil, oferecendo-lhes postos bem remunerados, tanto no Grande Colégio como na administração dos vultosos bens das famílias mais poderosas da Judéia.

A João, pela sua juventude e beleza física, procuraram interessá-lo em ser adotado como filho por um rabino de grande fortuna, já ancião e sem herdeiros, em troca de que seguisse estudos superiores no Grande Colégio. O bom Pedro, com sua acrisolada honradez, foi procurado insistentemente para ocupar o cargo de administrador, que se achava vago, no palácio de uma rica princesa viúva, grande amiga da esposa do pontífice Caifás.

O último a ser pesquisado foi Judas de Iskarioth, cujo caráter retraído e taciturno não lhes prometia muito.

Foi o único que não deu uma negativa, porém pediu uma espera para decidir se aceitava ou não.

Todas estas propostas foram feitas com tão rebuscadas maneiras e hábeis combinações que não pareciam como saídas diretamente do Sinédrio, que nelas não era mencionado nem sequer de leve.

Se não tivesse sido por causa do interrogatório feito a José de Arimathéia e a Nicodemos, ninguém teria percebido, de forma alguma, a origem dessas generosas solicitações.

– Quão estranho resulta tudo isto – disse Santiago. – Até agora nós, galileus, fomos tidos por ineptos e de minguada inteligência, e hoje os sábios e poderosos judeus nos solicitam obstinadamente! Que significa isto?

– Naturalmente! – disse Simônides. – A fama do Mestre dá esplendor e glória aos discípulos, e se ele é um homem genial, os que o seguem de perto terão, conseqüentemente, uma boa dose de inteligência.

Vércia, a Druidesa

À plácida serenidade de Bethânia chegou, num anoitecer, uma estranha caravana de homens ruivos com olhos da cor do céu. Perguntavam pelo Profeta Nazareno do manto branco, pois em Nazareth haviam dado a notícia de que ele estava às portas de Jerusalém, na aldeia da Bethânia.

Os discípulos do Mestre reconheceram dois dos viajantes. Eram do grupo dos quatorze escravos gauleses que haviam sido salvos de morrer enforcados nos calabouços do palácio de Herodes, em Tiberias. Com eles vinham três homens de idade madura e uma jovem mulher extremamente branca e ruiva, que ocultava sua grande beleza com um espesso véu que caía sobre o seu rosto.

Tinham vindo de Marselha num barco comandado por um dos capitães dependentes de Simônides. Procedentes das montanhas de Gergóvia, na Gália, haviam cruzado o mar e feito tão longa viagem porque aquela jovem mulher – sacerdotisa dos druidas – havia recebido o encargo, por parte de seus deuses, de chegar à Palestina onde residia o "*Salvador deste Mundo, o vencedor da morte*".

O Mestre recebeu-os afavelmente, conforme era o seu costume com todos os que o procuravam. Um dos ex-escravos gauleses, que conhecia bem a língua siro-caldaica, explicou a situação e o objetivo dessa viagem.

A jovem ali presente era neta do famoso herói gaulês Vercingétorix, que mediu forças com as poderosas legiões de Júlio César. Vercingétorix foi feito prisioneiro e logo depois foi morto por ordem do César, que queria coroar seu triunfo com a cabeça do herói que havia lutado heroicamente pela liberdade da Gália.

Os valorosos druidas, moradores das selvas, haviam salvado a pequena filha do herói gaulês, que também, como esta sua neta, se chamava Vércia. Por veneração ao herói inolvidável, haviam-na eleito *druidesa*, e era a grande sacerdotisa do seu culto à magnificência da natureza, templo vivo do Grande Hessus, seu Deus Supremo. A jovem contava somente 17 anos.

Um de seus acompanhantes era seu tio paterno. Sua mãe, a filha do herói, havia morrido de pesar há dez anos, quando o marido foi denunciado perante o procônsul romano de recrutar fugitivos nas montanhas onde nasce o Rio Loira. Sepultado num calabouço de Gergóvia, tratara de evadir-se e foi atravessado por uma lança romana cravada em seu coração. Vércia era, pois, órfã e apenas tinha como família seu tio paterno, que era o bremen (o chefe supremo) dos druidas das selvas, que ainda não se haviam submetido a Roma.

Os quatorze escravos salvos da forca pelo Profeta e pelos seus levaram para as montanhas do Loira a notícia de um *Salvador do Mundo* que andava pelas margens do Mar da Galiléia; e o bremen gaulês quis unir-se a ele para oferecer-lhe tudo quanto era e tudo quanto tinha com o fim de exterminar essa *raça maldita* que havia destroçado a liberdade da sua pátria, dado morte aos chefes da sua raça e perseguido seus familiares.

O Mestre ouviu em silêncio os dolorosos relatos que chegavam a ele da distante Gália e viu, através do véu que cobria o rosto da jovem, deslizarem lágrimas silenciosas que ela deixava correr sem disfarçá-las.

– Sempre a dor! – exclamou quando o relator se calou.

O bremen gaulês fez dizer, por intermédio do intérprete, que, embora não falando a língua síria, a compreendia bem, motivo pelo qual o Profeta Nazareno podia falar livremente que eles o compreenderiam.

– Um dos Mestres da minha primeira juventude – começou Jhasua – passou parte de sua vida na Gália transalpina, na Aqüitânia, às margens do Garona. Em razão disto, conheço alguma coisa de vosso povo, de vosso país, de vossa religião e costumes.

"Mais da metade da minha vida vivi entre homens de meditação e de estudo, e compreendi a magnitude do erro cometido por quase todos os que pretenderam ser civilizadores de humanidades. Esse erro consistiu sempre nas barreiras postas entre as raças, os povos e as religiões. A vida e a liberdade são os mais preciosos dons de Deus às suas criaturas; e aqueles que foram considerados os maiores homens da Terra não fizeram outra coisa senão atentar contra esses dons divinos em proveito próprio, com um egoísmo tão refinado e perverso, que assombra ver que ele seja fruto de um coração humano.

"Cruzastes o mar para trazer ao Profeta Nazareno a oferenda da vossa adesão, com a esperança de que vos sejam devolvidas essas dádivas de Deus que os homens vos retiraram: a vida e a liberdade que conservais refugiados em vossas selvas e montanhas impenetráveis, e quereis a liberdade de viver com os vossos costumes, religião e língua, que o egoísmo humano vos impede. Se não renunciardes a vossa fé e aos vossos direitos, sereis considerados uma raça selvagem, indômita e rebelde à civilização.

"Vossa religião vos ensinou que a alma humana teve princípio, pois nasceu do seio do *Grande Hessus*; porém, ela é eterna e está destinada a voltar em estado perfeito à sua divina origem. Para obter, pois, este aperfeiçoamento através dos séculos, deverá passar, necessariamente, por uma infinidade de provas que são como o crisol para o ouro. Os gauleses independentes em suas selvas, sem querer renunciar às suas convicções e às suas leis, estão passando por essas provas.

"Vós me chamais de Profeta, que quer dizer *explorador do mundo invisível*. Sabei que, com explorações e na mesma noite em que os vossos catorze companheiros foram libertados do calabouço e da forca, tive a visão do futuro do vosso país: Sereis a vanguarda dos buscadores da dádiva divina da liberdade, da qual vos privaram as legiões romanas e também daquelas que vos privarão ainda os homens do futuro, até que vossa raça gaulesa tenha a necessária força para dar a esta Humanidade terrestre o mais terrível exemplo de justiça popular que hajam dado os povos oprimidos pela injusta prepotência das minorias que se apossaram do ouro e do poder."

Um relâmpago de júbilo brilhou nos claros olhos dos gauleses, e a druidesa deixou de lado a etiqueta e audazmente levantou seu espesso véu para ver mais nitidamente o homem que havia pronunciado tais palavras. Na primitiva linguagem do seu dialeto montanhês, gritaram três vezes a palavra *Liberdade*.

Inteirado Simônides dos novos aliados que buscavam a sombra benéfica *do Senhor*, segundo ele dizia, tomou parte na reunião, sendo secundado pelo príncipe Judá que, em sua longa estada em Roma e entre as milícias romanas, tivera muitos contatos com legionários gauleses. Também dentre a criadagem de Árrius, seu pai adotivo, havia conhecido alguns muito de perto.

Ali foi estabelecida uma forte aliança com o bremen e a druidesa, para se ajudarem mutuamente na conquista da liberdade.

Os visitantes foram convidados a alojar-se num modesto pavilhão sob a sombra dos castanheiros, onde puderam sentir-se mais livres e independentes em relação às numerosas visitas que se hospedavam na velha granja de Lázaro.

O príncipe Judá, que teve uma longa conferência com eles, fez com que eles compreendessem a esperança que todos abrigavam de que naquela Páscoa ocorreria o triunfo definitivo do Messias de Israel, que fora anunciado seis séculos antes por todos os Profetas e augures de diversos países.

A druidesa ouvia em completo silêncio.

Quando chegou a meia-noite, levantou-se do leito e procurou o mais velho castanheiro, em cujo pé colocou a *pedra do fogo sagrado*.

Acendeu a pequena fogueira com rebentos secos de carvalho, ervas aromáticas e resinas perfumadas e, sentada num tronco a poucos passos dali, levantou ao infinito azul seus brancos braços desnudos e orou ao Grande Hessus pela liberdade de todos os oprimidos da Terra e por seus irmãos de raça que haviam ficado do outro lado do mar.

Depois, permaneceu imóvel com o olhar fixo nas inquietas chamas que o vento suave da noite levava de um lado para o outro.

Quando as chamas se apagaram, ficando apenas as brasas semicobertas de cinzas, os claros olhos da druidesa se abriram demasiadamente, cheios de luz, como se quisessem beber do pálido resplendor o que o seu anelo buscava.

Uma branca visão perceptível somente para ela, que havia desenvolvido em alto grau a faculdade clarividente, apareceu como flutuando na penumbra sobre a fogueira. Era o Profeta Nazareno do manto branco que a olhava com infinita doçura.

Ela entendeu que ele lhe dizia:

"Vieste para ver-me desfolhar a última rosa vermelha do nosso pacto de há séculos."

Como se uma enorme sombra houvesse encoberto a formosa visão, apareceu um pequeno e árido monte, no qual ia subindo penosamente o Profeta, carregando um enorme madeiro em cruz.

A jovem compreendeu tudo e, exalando um doloroso gemido, caiu por terra desfalecida.

Calculando que ela havia terminado a parte culminante do culto, o bremen aproximou-se dela e levantou-a do solo.

Sentindo gelados os seus membros e percebendo que apenas respirava, conduziu-a ao leito, onde a abrigou cuidadosamente e, fazendo-a aspirar uma essência, esperou que despertasse.

Mas a jovem não despertava. Quando o sol penetrou na alcova, o bremen enviou um mensageiro à casa de Lázaro, para avisar ao Profeta que a druidesa havia caído num estado de letargia e que não tinha sido possível despertá-la.

O Mestre dirigiu-se para lá, acompanhado dos Anciãos Gaspar e Melchor, únicos que conheciam a fundo o segredo tremendo do próximo holocausto.

Ele suspeitava o que havia ocorrido e temia que houvessem testemunhas profanas no segredo de Deus...

Extremamente branca e inerte, a jovem parecia uma estátua jacente de marfim, representando a Ísis adormecida de um serapeum egípcio.

O Mestre tomou-a pela mão e a chamou pelo nome:

– Vércia! Eu te ordeno, desperta!

A jovem druidesa abriu os olhos e, ao ver Jhasua a seu lado, cobriu o rosto com ambas as mãos e começou a chorar com grandes soluços.

Os dois anciãos oravam em silêncio e o bremen, com seus braços para o alto, na porta do pavilhão, olhava para o céu azul com os olhos inundados de pranto.

Quando a tempestade de soluços se acalmou, a jovem disse:

– Profeta!... No fogo sagrado vi, ontem à noite, a visão da tua próxima morte! Os oprimidos continuarão sendo oprimidos, porque o teu Reino é o Reino do Grande Hessus e receberás a tua herança eterna e nós ficaremos na Terra sem pátria e sem liberdade.

– Do meu Reino estarei convosco até o final dos tempos, mulher valorosa que me vens seguindo de perto há oito mil anos! Por duas vezes te encontro nesta minha última jornada e, desta vez, será para que vejas a minha entrada triunfal no Reino de Deus.

"O amor é mais forte que a morte. Vércia!... Meu espírito livre visitar-te-á muitas vezes no teu fogo sagrado para que, nesta etapa da tua vida, possas levar minha doutrina de amor fraterno, desde as montanhas da Gália até as margens do Ponto, onde depositarás definitivamente o teu ninho, pelas vinte centúrias finais que começarão com a minha vida atual.

"A morte é a liberdade e amas a liberdade!

"Tu, que compreendes isto melhor que os outros, vieste para animar a minha hora final."

A jovem já se havia acalmado completamente e, tomando a mão direita do Profeta, beijou-a com profundo respeito.

– Feliz de ti que vais morrer, mensageiro do Grande Hessus! – exclamou repentinamente a druidesa. – Infelizes de nós que ficamos com vida e sem liberdade!

"Os druidas não temem a morte porque ela é a liberdade e a felicidade; é a renovação e o renascimento numa vida nova. Não é formoso para o sol morrer no ocaso para renascer na aurora?

"Não é belo para a floresta secar no inverno para ressurgir com vida nova na primavera?

"Não é para morrer que o homem necessita de valor, mas para viver!... para viver esta vida miserável de ódio e escravidão, quando a alma humana foi criada para os grandes, nobres e santos amores!...

"Dize uma única palavra, divino filho do grande Hessus, e todos os homens da Terra serão livres e felizes!..."

Os grandes olhos azuis da druidesa brilhavam com estranha luz, fixos em Jhasua, que a olhava com piedosa ternura.

– Contigo morrerá a nossa última esperança de liberdade – continuou dizendo Vércia, com exaltação crescente. – Neste mesmo instante farei a Hessus um voto de vida ou de morte. Morrerei se morreres! De que serve a vida sem liberdade?

– Não, mulher! – exclamou o Mestre detendo sua mão direita que se levantava aos Céus para pronunciar o solene juramento.

"Não morrerás comigo, porque eu terminei a mensagem do Pai e tu sequer a começaste!

"A Gália e os países do Danúbio e do Ponto esperam-te para abrir o seu coração para a luz e seus lábios sedentos para as águas da vida eterna. Ou vais vacilar antes de haver iniciado?..."

A jovem druidesa dobrou a cabeça sobre o peito e dois fios de lágrimas correram de seus olhos semicerrados.

– Minha mensagem – continuou dizendo o Mestre – é semente de liberdade, de fraternidade, de igualdade e de amor! Quem colabora na minha mensagem é semeador, junto comigo, de fraternidade, da liberdade e do amor.

"Druidesa!... Somos aliados?"

Vércia levantou os olhos inundados de pranto e respondeu:

– Aliados até que o fogo sagrado do Grande Hessus tenha consumido todas as tiranias e todas as escravidões!

O Mestre estreitou a mão que Vércia lhe estendia de uma forma leal e firme, murmurando a meia-voz:

– Então, até que o amor tenha florescido sobre a Terra!...

Os Amigos do Profeta

No primeiro sábado da sua chegada na Bethânia, o Mestre encaminhou-se a Jerusalém pela madrugada, quando as sombras da noite ainda não se haviam dissipado por completo.

Acompanhavam-no Pedro, Matheus e Nathaniel. Todos os outros iriam em seguida, mas em horas diferentes para não chamar a atenção.

Melchor e Gaspar seriam levados em liteiras, em atenção a sua avançada idade. Ao despedir-se deles, o Mestre disse a meia-voz estas palavras:

– Ainda é preciso usar de cautela, pois quero resguardar por enquanto a vida que me é necessária para dizer no Templo verdades que devem ser ouvidas e que ainda não tive a oportunidade de dizer lá.

– Até logo, filho, até logo. Seguiremos para lá a fim de escutar as tuas verdades – haviam respondido seus amigos Anciãos. Fílon de Alexandria já estava em Jerusalém desde dois dias antes, na casa de Nicodemos, com quem tinha ligações de família através de seu irmão Andrés, cuja esposa era sobrinha do grande filósofo.

Em ambos os lados do caminho de Bethânia a Jerusalém estavam como pintadas nas colinas e montes uma enormidade de tendas grandes e pequenas e todas mergulhadas na silenciosa penumbra própria daquela hora.

O Mestre e seus acompanhantes foram dos primeiros a entrar na adormecida cidade por uma porta chamada do Pescado, que era a primeira a ser aberta.

Para um dos lados e atrás dos pilares que formavam a arcada, viram um vulto escuro e imóvel.

– Aquilo parece um homem morto – disse Nathaniel, que o viu primeiro.

– Ou um homem vivo que carece de lar e de leito – respondeu o Mestre aproximando-se do vulto.

Era, com efeito, um infeliz paralítico que ficara ali deitado sobre uma pele de cabra, parcialmente envolto em seu cobertor felpudo cor de terra.

O Mestre descobriu-lhe a cabeça e o homem despertou.

– Que fazes aqui? Não tens casa? – perguntou.

– Minha casa é uma caverna fora da cidade – disse. – No entanto, quando, ontem à noite, pude chegar até aqui me arrastando, a porta já estava fechada, senhor, e por isso passei aqui a noite. O guardião deu-me a sobra de sua comida e não passei tão mal assim.

– Sofres de reumatismo, não é verdade? – continuou o Mestre. – Ainda não és velho e não te faria mal algum voltar a correr como em teus bons tempos.

– Oh, amiguinho!... Há onze anos que estou assim. Como não posso ganhar o meu pão, peço esmolas no mercado.

– És israelita? – perguntou Pedro.

– Sou e creio no poder de Jehová e em Moisés, seu Profeta – respondeu –, mas eles parecem ter-se esquecido de mim.

– Deus não esquece jamais uma criatura sua, meu amigo – disse o Mestre. – Como prova disto, ordeno neste instante:

"Levanta-te e vem comigo para ouvir o que direi no Templo do Senhor."

O paralítico abriu enormemente os olhos e quis gritar quando, tomando-o por ambas as mãos, o Mestre obrigou-o a pôr-se de pé.

– Vem comigo – insistiu –, e deixa aí esse mísero leito para que seja lançado ao monturo.

O homem seguiu-os como um autômato sem saber se estava sonhando ou se era realidade o seu novo estado. Quando chegaram ao mercado compraram-lhe um manto novo e sandálias.

Enquanto subiam a imensa escadaria, a Porta Bela foi aberta e o resplendor dos círios e o perfume do incenso alcançou o pórtico exterior.

O pobre paralítico caiu de joelhos e beijou o umbral de mármore por onde não entrava há onze anos.

– Senhor – disse soluçando – este Profeta abre novamente para mim a porta do teu Templo. Bendito seja, para sempre, o único homem que realmente teve piedade de mim!

O Mestre acariciou-lhe a cabeça e disse:

– Não te separes destes que me seguem, porque hoje terás um lar e família. – Aos seus designou que esperassem ali mesmo, onde ele os deixava.

Viram-no entrar num dos compartimentos laterais, onde eram guardados os turíbulos e as bandejas em que eram feitas as oferendas de pão e frutas.

Era esse o lugar de encontro com os sacerdotes essênios que nessa época, como quando era adolescente e jovenzinho, para lá se retiravam à espera do seu turno para desempenhar as funções que lhes eram próprias. Ali havia-se encontrado sempre com eles e ali encontrou Sadoc, que estava de plantão e que era tio paterno do mártir Johanan.

O leitor recordará que nessa câmara estava a entrada ao velho *Caminho de Esdras*, pelo qual salvaram a vida dos três viajantes do Oriente, Gaspar, Melchor e Baltasar. Esse caminho subterrâneo tinha saída para o túmulo de Absalão, que ficava próximo ao Monte das Oliveiras.

O Mestre abraçou-o efusivamente, pois desde muito antes da morte de Johanan não se viam.

– Sadoc – disse –, hoje é um grande dia para a Verdade. Hoje vou pôr-me frente a frente ao Sinédrio, que seguramente mandará me prender. Mas isso é necessário evitar porque ainda não é chegada a hora.

"A mensagem do Pai não está completa e a Verdade deve sair da minha boca sob as próprias abóbadas do Templo de Salomão."

– Tuas palavras significam algo que não compreendo bem, meu filho – respondeu o Essênio.

– Quero dizer que deves estar preparado e alerta para o caso de, se o Sinédrio mandar me prender, poder livrar-me de suas mãos pelo *Caminho de Esdras*.

"Forças espirituais poderosas tornaram-nos impotentes contra mim em outras oportunidades, porém tu e eu sabemos que, dado o meio ambiente em que atuamos, nem sempre essas forças encontram passo livre, e é necessário que fiquemos precavidos."

– Vem à minha mente o estratagema de que se valeram nossos irmãos Simeão e Eleázar para salvar os três viajantes do Oriente – disse Sadoc – e agora agiremos da mesma forma.

– Como foi executada a fuga? – perguntou o Mestre.

– Vestiram três dos nossos Terapeutas que possuíam igual estatura com vestimentas iguais às suas, para produzir confusão no caso de ser descoberta a fuga.

– E recomendas que se faça a mesma coisa agora?

– Justamente – respondeu Sadoc. – Vários dos nossos levitas que te igualam em estatura e cor de cabelo, podem levar manto branco como esse que usas e ficar no meio da multidão para gerar confusão. Como a maioria do Sinédrio te conhece apenas de longe, será fácil usar com êxito o estratagema dos nossos irmãos que te protegeram nos teus primeiros dias. Infelizmente, eles não estão mais nesta vida para zelar pelos derradeiros. Eis que chega Imar, meu companheiro de turno – acrescentou Sadoc aludindo ao personagem que chegava. Era um sacerdote jovem, de uns 36 anos e da austera Escola que a Fraternidade Essênia mantinha para aqueles filiados que, por serem de famílias sacerdotais, não podiam eximir-se de prestar serviço no Templo quando eram chamados.

Imar era alto, de galharda presença; seus cabelos e sua barba ruiva podiam bem dar alguém parecido com Jhasua.

Informado do que estavam tratando, passou para a câmara imediata onde ficava um guarda-roupa, e um instante depois voltou, alegre e risonho, perguntando a seus companheiros:

– Assemelho-me bem a um *Jhasua de Nazareth*?

– Admirável! – respondeu Sadoc.

– Até eu mesmo creio estar vendo o meu duplo! – acrescentou o Mestre rindo.

Para tornar-se bem parecido Imar havia repartido a cabeleira pelo meio e, tendo tirado o turbante e as cintas, havia-se envolvido num manto de lã branca, como Jhasua o usava.

– E que farás agora? – perguntou o Mestre.

– Quando atraíres a atenção das pessoas que te escutarão com ansiedade, infiltrar-me-ei por entre a multidão até poder colocar-me atrás da cátedra onde está o cortinado de púrpura.

"Existem dois dos nossos levitas que podem fazer esse mesmo papel e, como a cátedra tem duas escadas de acesso, seremos muito tolos se não conseguirmos anular a astúcia desses lebréus raivosos."

Os dois levitas foram chamados e, pouco depois, já eram três os vestidos e penteados segundo o modo de usar de Jhasua de Nazareth.

Nesse meio tempo os Doze do Mestre, mais o tio Jaime, estavam num grupo próximo da cátedra, com os olhos fixos na câmara onde viram o Mestre penetrar.

O Templo foi enchendo-se de gente e os candelabros de sete braços foram acesos em todo o comprimento da nave encortinada.

Era o antepenúltimo sábado antes da Páscoa, e a aglomeração de crentes começava então formando verdadeiras ondas humanas que afluíam por todas as portas.

Myriam, a mãe do Profeta Nazareno, chegou nesse instante junto com as mulheres que a haviam seguido desde a Galiléia, e foram instalar-se num lugar especial que Simônides havia adquirido mediante uma sacolinha de ouro, no recinto destinado às mulheres. Ali, a poucos passos da cátedra, era em verdade um lugar privilegiado e digno de ser ocupado pelas grandes admiradoras do Salvador de Israel.

Myriam, sua mãe, Noemi, Helena de Adiabenes, Nebai, Thirza, Ana de Nazareth, Maria de Mágdalo, Salomé, Susana, Verônica, Ana de Jerusalém, Martha, Maria de Bethânia, e finalmente a mulher gaulesa de olhos azuis, a druidesa Vércia, que penetrava pela primeira vez num Templo feito pela mão dos homens.

Entre nuvens de incenso e as derradeiras vibrações dos instrumentos musicais, um majestoso doutor da Lei subiu à cátedra sagrada e desenvolveu eloqüentemente o tema preferido naquela época:

"O temor a Jehová é o princípio da ciência: Os nécios desprezam a sabedoria."

"O temor a Jehová é fonte de vida que afasta o homem dos laços da morte."

Estes versículos dos Provérbios, Cap. 1. V. 7-14-27 foram interpretados empoladamente pelo orador, deixando como sempre, no auditório, um sentimento de pavor para com o terrível *Jehová dos exércitos*, senhor dos raios e das tempestades, que podia, no dia da sua ira, fulminar todas as criaturas que existem sobre a face da Terra.

Terminada a instrução *oficial*, como se poderia chamar, podiam fazer uso da palavra outros oradores, segundo o costume. Depois de uma discreta espera, apareceu na cátedra o Profeta Nazareno, cuja suave serenidade impunha respeito e despertava de imediato forte simpatia.

Jhasua abriu o livro de Isaías e leu estes dois versículos do Cap. 55: "Meus pensamentos não são os vossos pensamentos, nem meus caminhos são os vossos caminhos – disse Jehová. – Porque, como os Céus são mais altos que a Terra, assim os meus caminhos são mais altos que os vossos caminhos e os meus pensamentos que os vossos pensamentos."

Fechou o livro e seu tranqüilo olhar estendeu-se por toda aquela multidão que aguardava a sua palavra. Uma vintena de doutores, escribas e magnatas do Templo, acomodados também em seus grandes sediais, iam também escutá-lo.

Tinham, pois, ante eles, o tão celebrado Profeta Nazareno, que desde há três anos andava enchendo o país com a fama de suas portentosas obras.

Fizeram-se todos ouvidos para não perder uma única palavra.

O jovem Mestre começou assim:

– A mais alta sabedoria que o homem pode encontrar na Terra é aquela que lhe permite descobrir os pensamentos e os caminhos de Deus.

"Bem-aventurado aquele que consegue encontrá-los e que tem a força e a vontade de segui-los!

"Infelizes mil vezes aqueles que, havendo recebido a iluminação necessária para ler no pensamento divino, cerram sua alma à verdade anunciada como fecha sua porta aquele que rechaça a luz do sol.

"A este mesmo amado povo do Senhor, o nosso grande Profeta Isaías dirigiu aquelas palavras para impulsioná-lo a seguir os caminhos de Deus antes daqueles outros caminhos marcados pelos homens.

"O pensamento divino, qual um astro radiante, levantou-se para Israel no amanhecer do deserto; e a palavra de Moisés deu-lhe forma e os dez mandamentos divinos surgiram como estrelas no céu escuro da Humanidade.

"Eis aí os caminhos assinalados por Deus a todo homem vindo a esta Terra. E quão poucos são os que pautam por eles os passos da sua vida!

"Porque é mais fácil levar uma oferenda ao altar dos holocaustos que silenciar um desejo nascido no coração como uma áspide venenosa.

"Porque é mais fácil jejuar um dia que renunciar aos bens que o próximo adquiriu com o suor de seu rosto.

"Porque é mais fácil acender círios e queimar incenso que apagar um ódio gerador de vinganças.

"Porque é mais fácil arrojar a um faminto um pedaço duro de pão que dizer-lhe: Vem à minha mesa e repartirei contigo o meu pão e o meu vinho.

"É mais fácil cumprir escrupulosamente com as abluções do ritual que limpar a alma da avareza e da soberba.

"É mais fácil dobrar os joelhos e gritar a todos os ventos: Santo, Santo, Santo é o Deus dos exércitos que amá-lo acima de todas as coisas e ao próximo como a si mesmo.

"Povo de Israel que me ouvis sob as naves do Templo de Salomão. Retrocedei em vossa memória aos caminhos percorridos e aproximai-vos novamente de Moisés que trouxe a mensagem da Lei Divina mais perfeita já vista pelos séculos, única que pode dar a verdadeira felicidade ao coração do homem.

"No seu bom ou mau cumprimento estribar-se-á o vosso futuro feliz ou desventurado, e estai certos de que, no dia da eterna justiça que chega iniludivelmente para toda inteligência criada, não vos será pedido contas de quantos bezerros mandastes imolar sobre o altar, nem de quantas medidas de azeite e vinho depositastes nas adegas do Templo e, muito menos, de quanto ouro trouxestes para as suas arcas; porém, tomar-se-á uma rigorosa conta de todo o mal que tiverdes feito aos vossos semelhantes, mesmo que este seja o mais infeliz dos vossos escravos! Apontar-vos-ão, como marcadas a fogo, todas as injustiças que houverdes cometido, todas as dores causadas aos vossos irmãos, todo o pranto derramado por vossa causa, porque tudo isso atenta contra aquelas palavras da Lei: 'Ama a teu próximo como a ti mesmo.'

"Se olhardes por outra faceta do prisma maravilhoso dos pensamentos de Deus, a que aludiu o Profeta Isaías, vereis como, nos anais da Luz Incriada, resplandecem como estrelas vossas obras de misericórdia, sem ficar esquecida uma única taça de água que tiverdes dado com amor a qualquer dos vossos semelhantes.

"Desfilarão diante de vós, como num panorama vivo, todos os desnudos que houverdes vestido, todos os famintos que tiverdes levado às vossas mesas, todos os enfermos que tiverdes assistido, os presidiários que tiverdes iluminado com luz de esperança, os órfãos, as viúvas, os desamparados a quem tiverdes aberto os vossos corações como um ninho tépido para a sua gelada desolação...

"E então, uma voz poderosa e eterna, baixada como uma torrente de harmonias indizíveis, ressoará por todos os mundos que povoam o Universo, e sentireis que penetra em todas as fibras do vosso ser quando vos dirá:

"Vinde a Mim vós que fizestes obras em conformidade com os meus pensamentos e andastes pelos meus caminhos de justiça, de paz, de fraternidade e de amor. Nascestes do meu Amor Eterno e ao meu Amor Eterno voltais envoltos na túnica branca de meus encolhidos, todos vós que gravastes em vossas vidas o meu supremo mandamento: 'Ama ao teu Deus acima de todas as coisas e ao teu próximo como a ti mesmo.'

"Sublime Lei de Jehová, mensagem divina de Moisés unindo todos os homens da Terra em amorosa irmandade, destruindo todos os ódios e anulando o crime e a vingança.

"Somente ela terá o soberano poder de destruir para sempre os antagonismos de raças, os privilégios de castas, dinastias e famílias! Ela terá o invencível poder de arrasar, como o simum no deserto, as fronteiras que dividem os povos, as barreiras religiosas que afastam uns dos outros, a hostilidade das diferenças sociais, que são mares de ouro para uns e monturo de misérias para os outros!

"Tão-somente por ela cumprir-se-ão as palavras do Profeta Isaías em seu Cap. 11: 'Morarão juntos o lobo e o cordeiro, e o tigre se deitará com o cabrito; o bezerro e o leão andarão juntos e um menino os pastoreiará.

" 'A vaca e a ursa pastarão unidas e o leopardo e o boi comerão a mesma palha.

" 'O menino de peito brincará sobre o covil da áspide e estenderá sua mão sobre a caverna do basilisco.

" 'Não praticarão o mal nem causarão dano em nenhuma parte do meu santo monte, porque a Terra estará cheia do conhecimento de Deus, da mesma forma como as águas cobrem a imensidão do mar.'

"Povo de Israel, amado de Jehová, aguardai o dia da justiça e do amor, que é promessa divina e não pode faltar.

"Os Céus e a Terra passarão, mas a palavra de Deus permanece eternamente!..."

Uma pequena agitação foi percebida ao redor da sagrada cátedra, de onde havia descido o orador, entre o murmúrio de aprovação e entusiasmo do numeroso auditório.

Os amigos do Mestre foram se aproximando discretamente e, quando o comissário do Templo, com três agentes uniformizados, se aproximou para convidar Jhasua para acompanhá-los até a sala de audiência do Sinédrio, encontraram saindo detrás do cortinado da cátedra o jovem sacerdote Imar que o leitor conheceu na câmara dos turíbulos.

– Segue-me.

– Aonde? – perguntou Imar.

– À sala de audiências para dar contas da forma audaz e agressiva como falaste.

– Como falei? Eu? Ainda tenho o turíbulo nas mãos e esperava o final dessa dissertação para oferecer o incenso no altar, pois agora é o meu turno.

– Mas, não és o orador que acabou de falar?

– Como posso ser eu? Pobre de mim! Sou Imar, filho de Gedalias, da antiga família sacerdotal de Simeão de Bethel.

O comissário não quis ouvir nada mais e correu para o meio da multidão, procurando examinar todos os homens jovens que usavam um manto branco. Nenhum deles era o Profeta Nazareno cujas palavras vibrantes haviam queimado as entranhas dos magnatas, mercadores do Templo.

Aproximou-se do aflito grupo de mulheres, discípulas do Mestre, um jovem levita e se dirigiu a Myriam para dizer que seu filho se encontrava no vale das antigas tumbas, de onde poderiam voltar com ele a Bethânia.

O próprio Sadoc o havia acompanhado pelo *Caminho de Esdras* que, como o leitor sabe, tinha saída para o túmulo de Absalão.

Desse modo terminou a primeira *batalha pública* apresentada pelo valente Rabi Nazareno aos doutores e potentados do Templo, em cuja presença proclamou a verdadeira Lei de Deus, em contraposição ao monumental cartapácio de leis arbitrárias e interesseiras dos homens.

Enquanto o Sinédrio soltava como uma matilha de lebréus sua polícia secreta para encontrar o jovem Profeta do manto branco, o povo saía do Templo aclamando-o com um entusiasmo poucas vezes visto em Jerusalém desde que se encontrava sob o domínio romano.

O próprio Pilatos e sua esposa Cláudia haviam subido ao terraço dianteiro do palácio do Monte Sião, onde residiam, para averiguar qual era a causa daquele delírio popular. Chamando os guardas do grande portão do gradil que rodeava o parque, indagou sobre o que estava acontecendo.

— Bem sabes, senhor — respondeu um deles —, que estamos num país de profetas que fazem maravilhas, e hoje falou no Templo um deles, que parece possuir todos os poderes de Júpiter.

— E que maravilhas fez?

— Quase nada, senhor!... dizem que não existe casa, palácio ou choça onde não tenha curado enfermos declarados incuráveis. Cegos de nascimento, paralíticos, leprosos, tísicos, cancerosos, aleijados e surdos-mudos... aliviou todas as dores sem sequer tocá-los... Os que entraram enfermos no Templo, saíram sãos, somente por escutá-lo...

— Exagero, fantasia!... — disse o procurador romano. — A não ser que seja um mago poderoso ou um Deus encarnado. Creio que os judeus aguardam um Messias... algo assim como outro Salomão, que seja ao mesmo tempo sacerdote e rei. Eu não acredito em nada.

— Não acreditas em nada! — exclamou sua esposa Cláudia. — No teu entender, apenas existem o César e suas legiões... É indubitável que deve haver algo superior a isso.

— Superior ao César?... Não delires, mulher!... Dentro de pouco tempo ele será o único senhor do mundo.

— Sim, sim, senhor do mundo, entretanto não o é nem sequer em sua própria casa. Seu filho Drusso, seu brilhante herdeiro, foi assassinado diante do seu nariz, e ele nem sequer sabe quem é o assassino. Magnífico senhor do mundo! Está meio louco em Caprea.

— Mas posso saber que inseto te picou para que estejas tão agressiva contra Roma? És agora judia, amiga dos profetas?

— Lembras-te de Harvoth, o escultor rodésio? — perguntou Cláudia.

— Sim, aquele que restaurou as estátuas do palácio de Herodes, na Cesaréia.

— Esse mesmo! Tinha uma filha formosa como uma estrela de ouro, que está casada com o filho de Quintus Árrius, o grande duúnviro de celebrada memória.

— Alegro-me por isso!... Aonde queres chegar?

— Tornei-me sua amiga. Seu talento é tão grande e ela sabe tanto quanto os homens ilustres do foro romano. Emprestou-me preciosos livros antigos e, graças a isso, sei que a grandeza do César e de seu império passará como passaram os impérios maiores que o seu, hoje lembrados apenas como lendas do passado.

"Inteirei-me também desse jovem profeta, causa destas aclamações populares..."

— E que mais?... Estás transformada num portento.

— O Profeta curou minhas duas lindas escravas gaulesas, que haviam ficado mudas de terror quando foram capturadas para o mercado.

— Por Júpiter Capitolino!... Isso ultrapassa o limite das notícias de rua. Pode-se saber quais são as pretensões desse maravilhoso Profeta?

— Pretensões?... Nenhuma! Ele vive num mundo que nem tu nem eu conhecemos. Sua única aspiração é tornar felizes todos os homens.

"A nação israelita, reunida agora em Jerusalém, aguarda suas declarações definitivas..."

— Eu o abençoarei por toda a minha vida se ele levar para o seu mundo toda esta praga de judeus, samaritanos e galileus que estão me tornando cada dia mais louco com suas eternas contendas por questões religiosas e legais.

"Bem sabes, Cláudia, que nem sequer sou um homem religioso e tampouco quero sê-lo, porque são os religiosos mais intransigentes e falsos de todos os homens. Ao amparo de seus profetas inventores de histórias, trazem cada enredo ao tribunal que qualquer homem cordato se torna louco...

"Faze como seja do teu agrado... Entretanto, quanto a mim, deixa-me em paz com o que posso ver e apalpar.

"O César e suas legiões que estendem o seu poder por toda a Terra é para mim a única realidade. E, com isso, minha querida Cláudia, até logo mais."

O procurador desceu a escadaria do terraço, deixando sozinha Cláudia que procurava com o olhar o jovem Profeta do manto branco entre a multidão de pessoas que se dispersava pelas tortuosas e desiguais ruas de Jerusalém aclamando-o:

"É a glória de Israel! É o Salvador de Israel!... É o refúgio dos desamparados!... É o pai dos pobres e o médico de todos os enfermos!"

Uma delegação do Sinédrio apresentou-se a Pilatos pedindo a imediata prisão de Jhasua de Nazareth que, da cátedra sagrada, havia induzido o povo a rebelar-se contra as leis religiosas dos sacrifícios e das oferendas.

Uma das escravas gaulesas curadas pelo Mestre subiu correndo para dar aviso à sua senhora que as autoridades judaicas pediam a prisão do Santo Profeta que lhes havia devolvido o uso da palavra.

Pilatos ainda não os havia recebido, mas tão-somente o centurião da guarda.

Cláudia dirigiu-se em particular ao centurião:

— Se realmente queres que te conceda a minha escrava Delhi como esposa e livre, despacha esses homens e não avises ao meu marido.

— Senhora!... Não sei se posso fazer isso sem me comprometer.

— Dá-lhes uma desculpa qualquer: que o procurador está indisposto e que o pedido ser-lhe-á levado quando ele se sentir melhor. Falarei ao meu marido por ti.

— Está bem, senhora; pela promessa relativa a Delhi, faço qualquer sacrifício.

A delegação do Sinédrio retirou-se protestando pela forma indigna como eram tratados por aqueles *pagãos idólatras, filhos de Satanás.*

No dia seguinte, foi solicitada a presença do procurador na cidade de Antípatris, para uns jogos olímpicos, nos quais o haviam designado presidente do júri. Entre os competidores estavam os filhos de ilustres cavaleiros romanos, cuja amizade lhe interessava conservar. A delegação do Sinédrio teve que agüentar a febre que os devorava para ter quanto antes em suas mãos o Profeta Nazareno.

Quando estavam todos reunidos na Bethânia, produziu-se uma cena altamente dolorosa para o jovem Mestre, em face do grande desconsolo de Myriam, sua mãe, e de todas as mulheres que o amavam.

A fim de tranqüilizá-las, os homens de mais idade o aconselharam a retirar-se por uns dias das proximidades de Jerusalém.

— Está bem — disse o Mestre, sempre complacente dentro do que era possível.

"Irei por alguns poucos dias ao Santuário do Monte Quarantana."

Os amigos de Bethlehem, práticos naquele caminho, ofereceram-se para acompanhá-lo. Novamente Elcana, Josias, Alfeu e Efraim, filho de Eleázar, que viram Jhasua recém-nascido, faziam a mesma viagem que tinham feito anteriormente para levar ao Santuário a boa nova do seu nascimento. Porém, desta vez, não percorriam o caminho a pé, mas em bons jumentos amestrados, em atenção à ancianidade já octogenária dos três amigos bethlehemitas e do pouco tempo de que dispunham. Efraim, que ao nascimento do Messias, contava apenas dois anos, era então um homem de 35 anos que havia adquirido uma regular posição ao lado de um arquiteto de fama, construtor do mais belo palácio e torreão de pedra na cidade de Herodium, a meia jornada ao sul de Bethlehem.

— De modo que és um homem todo feito a golpes de pedra — disse o Mestre quando, ao passar por Herodium, Efraim assinalava, com orgulho, os dois imponentes edifícios nos quais havia trabalhado há quinze anos.

Ao atravessar costeando desfiladeiros nas montanhas, mostrava satisfeito os penhascos abertos, quebrados e em parte demolidos de onde duzentos operários, cortadores de pedra, cujo trabalho vigiava, haviam extraído os enormes blocos de pedra para as obras.

Mostrou a gruta onde vivera Johanan, o mártir, antes de iniciar as pregações às margens do Jordão.

Enquanto isto ocorria, os três anciãos se esforçavam em arrancar do mestre o segredo do que ia suceder em Jerusalém.

Elcana, na sua qualidade de parente, era quem mais insistia nesse sentido.

— Falemos com franqueza, Jhasua, meu filho, pois creio que estes três velhos que te viram nascer merecem um pouco da tua confiança!

"Não há cidade nem povoação neste país que não conte com bons elementos da Santa Aliança para colocar-se às tuas ordens, se hás de ser um Messias-Rei.

— E... se não fosse por isso, eu não poderia contar com ninguém? — perguntou tristemente o Mestre.

— Da mesma forma poderias contar com todos, mas é necessário que saibamos qual é o teu pensamento e a tua resolução.

"O Sinédrio, como viste, não é teu amigo, porque o desmascaraste publicamente e, pelas ruas de Jerusalém, cantam-se em coro certos estribilhos que modificariam as cores de seus rostos, se tivessem dignidade e vergonha.

"Sabes o que cantavam ontem à noite, depois da queda?

— Eu gostaria de saber!... — respondeu o Mestre rindo.

— Cantavam assim:

>   O Profeta Nazareno,
>   Sem fortuna e com honra
>   Deixou a descoberto
>   Que é hoje um sujo mercado
>   O Templo de Salomão

— É verdade! Também eu ouvi essa cançoneta — afirmou Josías.

— E eu, de tanto ouvir, a aprendi de memória — disse Efraim — e seguia cantando-a a meia-voz quando cruzei com um devoto fariseu que me encheu de insultos, chamando-me de ímpio filho de Satanás.

O Mestre sorriu, mas calou-se.

— Como podes ver — continuou Elcana —, esta situação não pode prolongar-se muito. Aquele que der o primeiro toque de clarim é o que ganhará a partida. Eu bem sei que o príncipe Judá e aqueles que o secundam esperam uma palavra tua. Afigura-se que essa palavra será pronunciada por ti ao começar as festas da Páscoa.

"Se aceitares ser proclamado o Messias-Rei e libertador que Israel espera, será uma atitude que se deve adotar. Se não o aceitares, a atitude será outra, porque não podemos permitir que esses esbirros do inferno te apanhem como a um cordeirinho indefeso que se leva ao matadouro.

"Creio que não poderás negar, meu filho, que tenho razão. Se o justo Joseph, teu pai, estivesse vivendo nesta hora, não te falaria de maneira diferente daquela que falo."

– É verdade, tio Elcana, é verdade – respondeu por fim o Mestre.

"Entristece-me profundamente comprovar que aqueles que me amam não conseguem reconhecer-me naquilo que unicamente sou: o Messias anunciado pelos Profetas para remover os escombros com que os dirigentes de israel sepultaram a Divina Lei trazida por Moisés. Para dar à Humanidade esta mensagem do Pai, não necessito da púrpura real nem de exércitos armados que percorram o país, como o percorreram os guerreiros de David semeando a morte e a desolação.

"A Lei de Deus é a Lei do Amor, da fraternidade e da igualdade humana, porque todo ser humano é seu filho e seria uma espantosa aberração pensar que seu Messias devesse abrir caminho no mundo com gritos de guerra e ordens de matança.

"Se hei de ser coroado rei, serei um rei de paz, de amor e de misericórdia; e isso estou sendo há mais de dez anos. O país não está todo cheio do amor e da piedade de Jhasua de Nazareth? Quereis outro reinado maior e mais glorioso que esse?"

– É verdade, filho. É verdade tudo quanto dizes; no entanto, o Sinédrio não deterá sua fúria enquanto não o tiver em suas garras...

– O Sinédrio, tio Elcana, tremerá de medo e fugirá para refugiar-se nos fossos e adegas no dia do meu triunfo; porque as montanhas, o Templo, os céus e até os mortos em seus sepulcros darão testemunho de que sou o Messias Filho de Deus, a quem o Sinédrio se empenha em desconhecer para sua desgraça.

– Falas com tal segurança, meu filho, que acabaste por transmiti-la também a mim.

– E quando ele diz – acrescentou Alfeu – é porque assim o será.

– Não só deve sê-lo, como o será com toda a certeza – afirmou Josias por sua vez, acabando, com estas palavras, por deixar todos tranqüilos.

Quase ao anoitecer chegaram à granja de Andrés, cujos moradores se preparavam para sair para a Cidade dos Reis, a fim de celebrar a Páscoa.

Jacobo, Bartolomeu e a anciã mãe Bethsabé ficaram mudos de espanto ao ver o jovem Mestre de pé no umbral da porta.

– Como!... Tu aqui, meu Senhor, que vais ser proclamado Rei de Israel – perguntou a boa anciã inclinando-se para beijar a borda do manto de Jhasua.

Seus dois filhos, igualmente assombrados, repetiram as palavras da mãe sem poder crer no que seus olhos viam.

– Pois bem – disse Jhasua abraçando os bons montanheses que o amavam com tanta sinceridade. Antes da proclamação que me anuncias, venho abraçar os velhos amigos. Não é justo que proceda desta maneira?

– Oh, meu Senhor!... Que palavras as tuas!... Somente podiam sair de tua santa boca.

Chamando suas noras e os netinhos, que havia de todas as idades, pouco depois se viu o Mestre rodeado de carinhas sorridentes que o olhavam espantados.

– Vinde beijar as mãos do nosso Rei!... Vinde!... – A velhinha chorava e ria ao mesmo tempo, empurrando seus netos para o Mestre, que os recebia com indizível ternura.

"Todos estes, Senhor, são soldados teus para defender tua vida com as suas próprias – continuou a boa mulher, enquanto as noras interrogavam com o olhar a Jacobo e a Bartolomeu, não menos assombrados que elas."

– Que está ocorrendo em Jerusalém, Senhor, que vens às nossas montanhas? – perguntou finalmente Jacobo, vendo que nenhum dos viajantes dava explicações sobre a inesperada visita.

– Que há de ocorrer? O Sinédrio está raivoso por causa da glória do Messias aclamado pelo povo, e quis prendê-lo – respondeu Elcana.

– Que o fogo caia dos Céus... – gritou Jacobo – e consuma todos esses perversos...
– Não, Jacobo... Deixa que vivam – disse suavemente o Mestre – para que vejam a grandeza e o poder de Deus e se horrorizem da perversidade de seus pensamentos e de suas obras.
– Vem, Senhor, vem – disse por sua vez Bartolomeu –, que descobrimos uma nova entrada para as antigas minas de betume e há lugar de sobra para esconder exércitos armados. Quem poderá encontrar-te onde te ocultaremos?
– Não vos alarmeis, que não é para tanto. Daqui a cinco ou seis dias retornaremos a Bethânia, onde permanecem todos os meus.

Enquanto o Mestre e seus acompanhantes passavam dias formosos de paz e amor entre a boa família montanhesa e os solitários do Santuário, estudemos, leitor amigo, outros aspectos das atividades desenvolvidas pelos amigos e pelos inimigos do Profeta Nazareno.

As mulheres, suas discípulas, foram hospedadas na velha casa de Lázaro, na Bethânia, assim como no palácio de Ithamar ou na residência de Maria de Mágdalo. Vércia, a druidesa da Gália, havia-se tornado íntima amiga de Nebai, esposa do príncipe Judá, pois seus temperamentos decididos e veementes as ajudavam a compreender-se e a amar-se.

– É formoso, é justo, é bom... É o Mensageiro do grande Hessus – disse a druidesa –, mas morrerá logo, porque o fogo sagrado escreveu isso no mundo do mistério, onde estão representadas todas as vidas humanas.

E as lágrimas correram através do seu belo rosto, fazendo também chorar Nebai, que não sabia em quem haveria de manter sua fé vacilante. Seu esposo e seu avô asseguravam que logo ele seria proclamado Rei de Israel. Toda a nação reunida o aclamava como seu Salvador.

Melchor, Gaspar e Fílon de Alexandria, retirados em suas alcovas ou reunidos no cenáculo do palácio de Ithamar, meditavam e escreviam... sempre em silêncio.

Nebai não pôde mais resistir à inquietação interior que a sacudia como a uma palmeira pelo vendaval do deserto e, acompanhada por Vércia, sua nova amiga, dirigiu-se à residência da castelã de Mágdalo, onde julgava encontrar Myriam, a mãe do Profeta.

Talvez ali teriam a certeza plena do que ia ocorrer e que a enchia de incertezas e, às vezes, de medo e terror.

Fez-se levar em liteira coberta, conforme era do hábito da viúva do príncipe Ithamar, sua sogra, desde a trágica morte do esposo. Dessa forma, evitava que a estranha indumentária de Vércia chamasse a atenção das pessoas.

No melancólico palácio Henadad, Myriam, que não havia retornado da Bethânia desde o dia dos tumultos pela dissertação de seu filho no Templo, não estava, porém encontrou Maria de Mágdalo com a família de Hanani, algumas de suas companheiras, além de João, Zebeu e Boanerges, os quais estavam especialmente encarregados de vigiar as astutas manobras do Sinédrio com relação ao Mestre.

Eles haviam substituído suas singelas vestimentas galiléias pelas habitualmente usadas pelos mercadores das grandes cidades comerciais: túnicas com listras de vistosas cores, manto com larga franja e frocos ao redor, turbante e sacolinha vermelha bordada, pendente do cinturão.

Sua vigilância consistia em ouvir os rumores da cidade, convertida então numa colméia humana. As praças, as tendas, o mercado e as portas da cidade eram lugares livres de reunião onde eram comentados todos os acontecimentos do dia. João, Zebeu e Boanerges multiplicavam-se para se inteirar de tudo.

Os quatro doutores amigos de Jhasua, José de Arimathéia, Nicodemos, Gamaliel e Nicolás, faziam outro tipo de vigilância, de acordo com a sua posição: nas salas e dependências do Grande Colégio, onde se reunia a nata do doutorado e a sabedoria judaica, nas sinagogas mais notáveis e nos cenáculos dos escribas mais ligados ao alto clero de Jerusalém.

À noite, depois da ceia, todos os informes eram reunidos no grande cenáculo do palácio Henadad, aonde compareciam Simônides, Judá, Faqui e Marcos, o escriba de toda confiança no que se referia aos trabalhos que eram realizados para exaltar o Messias ao lugar que, segundo eles, lhe estava reservado.

Explicadas estas atividades, sigamos as duas visitantes que, de imediato, foram recebidas por Maria.

Ao redor do Profeta Nazareno haviam chegado a compreender-se e a amar-se Nebai, Maria e Vércia, que formavam algo como um só coração em três corpos e que tinham, até certo ponto, um amor semelhante, mas não tão intenso e evidente como o que havia entre suas almas.

As três eram ruivas, de estatura regular, mas apenas a mulher gaulesa tinha os olhos de um profundo azul-escuro como o fundo do mar.

Nebai, esposa e mãe de dois preciosos meninos, tinha já em sua alma essa meiga e serena plenitude da mulher austera que encontrou seu ideal humano num nobre príncipe judeu, a quem a dor havia tornado justo e forte. Embora seu pai fosse rodésio de origem, havia-a educado na filosofia dos clássicos gregos por influência materna. A influência do esposo e do avô haviam-na levado a esse amplo ecletismo próprio das pessoas de talento que cultivaram sua inteligência em diferentes escolas. Justa por natureza, encontrava tanta beleza nos poemas sibilinos hebraicos como nos cantos homéricos e virgilianos. Esta sua modalidade permitiu-lhe entrada franca na alma de Maria de Mágdalo, duramente censurada pela limitação dos hebreus puritanos, que encontravam graves delitos legais nas estátuas de seus jardins, em suas vestimentas, diversões e todos os seus costumes, contrários à ortodoxia judaica.

Coisa igual aconteceu com Vércia, a druidesa da Gália, cuja fé simples e pura não compreendia como os hebreus pretendiam encerrar, na limitação mesquinha de um templo de pedra, por mais que o adornassem com ouro, prata e pedras preciosas, o Supremo Criador, Luz e Vida dos Mundos. Não estava, porventura, a infinita imensidão azul decorada por milhões de sóis e estrelas, incomparavelmente mais formosos que todas as riquezas que os homens pudessem encerrar entre os muros de uma construção?

Não estava a terra povoada de bosques de carvalho e de palmeiras brilhantes, como pavilhões de esmeraldas?... E nelas, não existiam milhares de pássaros de vivas cores como pedras preciosas vivas que cantavam harmonicamente?

Quais as cúpulas ou torres que podiam ser comparadas aos altos cumes das montanhas gaulesas cobertas de neve, e que resplandeciam como ouro e púrpura ao nascer e ao pôr-do-sol?

A meiga Nebai, companheira de adolescência de Jhasua nas montanhas do Tabor, compreendia também aquela mulher gaulesa na simplicidade de sua fé sem templo e sem altar, adorando o Supremo Criador na estupenda magnificência da Natureza.

Foi, pois, Nebai a ânfora de ouro em que misturaram seus perfumes aquelas duas flores exóticas em Israel: Maria e Vércia.

Nebai, Maria e Vércia, cujos corações formando um único, qual uma lâmpada votiva perante o Cristo do Amor, foram o berço místico do cristianismo nascente naquele primeiro século, quando ainda flutuava na Palestina o rumor das palavras sublimes do Homem-Deus arrulando para a Humanidade: "Amai-vos uns aos outros, porque todos sois irmãos e filhos de meu Pai que está nos Céus. No amor que tiverdes uns aos outros, saberão que sois meus discípulos."

— Maria — disse Nebai depois das saudações usuais —, venho em busca de ti, para que me alivies da incerteza que me atormenta. Que há com relação ao nosso Profeta, pelo qual todos padecemos?

— Como! Vens a mim quando sou eu quem devia perguntar a ti, esposa do príncipe Judá, que há com o nosso amado Mestre?

— Tens toda a razão, minha querida; mas o caso é que não vejo Judá senão por alguns momentos e jamais a sós pois, desde que o Profeta está em Jerusalém, ele vive em toda parte, menos em casa. Isto naturalmente me faz supor que momentos culminantes estão chegando para a pátria, para a fé, para todos os povos oprimidos que alimentam uma esperança de liberdade.

— Dois de seus discípulos íntimos estão morando aqui no momento e, por intermédio deles, sei que levaram o Mestre até o Monte Quarantana, às margens do Mar Morto, para afastá-lo de Jerusalém por alguns dias — disse Maria. — Ignoro completamente se neste meio-tempo serão tomadas resoluções que possam trazer-nos o êxito que todos esperamos.

Vércia parecia uma estátua de alabastro em face de sua imobilidade e mutismo. Seus olhos azuis, cheios de lágrimas, revelavam claramente que aquela estátua de alabastro tinha um coração que sentia profundamente a mesma angústia das amigas!

A língua grega era conhecida para as três e, mediante ela, podiam entender-se.

— Choras em silêncio — disse Nebai — e tua dor aumenta a nossa inquietação.

— Não choro pelo Profeta, mas por vós, pela sua mãe, por todos aqueles que o amam, querendo retê-lo ao seu lado, quando a glória do Reino do Grande Hessus o espera para coroá-lo. Ele é um Rei!... Um grande Rei!... Mas não deste mundo. O fogo sagrado não engana jamais, e eu o vi, entre legiões imensas e resplandecentes, que o aclamavam como a um triunfador:

" 'Bendito!... Bendito seja para sempre o amado do Altíssimo!...' "

— Então isto significa que, seguramente, sua morte será o fim de tudo isto? — perguntou, alarmada, Nebai.

— Os druidas — continuou Vércia — não vêem na morte a dor angustiosa que encontrais. A morte não é o aniquilamento, mas a renovação. Nos grandes seres, como o Profeta, a morte é a gloriosa entrada num Reino que os habitantes terrestres não conhecem, porém que existe tão verdadeiro e real como este melancólico edifício plantado sobre esta rua.

Maria de Mágdalo mencionou então sua visão da cruz de estrelas que apareceu por detrás do Mestre no dia da sua entrada na Fraternidade Essênia no Santuário do Tabor. E assegurou-lhes que, desde esse dia, teve a certeza de que ele deixaria todos muito em breve.

— O Grande Hessus — continuou dizendo Vércia — pode cortar, quando lhe aprouver, uma vida humana. É tão tênue o fio pelo qual está suspensa a vida humana! Um simples hálito de Hessus basta para cortá-lo!

"Eu espero que desta forma será cortada a vida terrestre deste Homem-Deus, filho do Grande Hessus que caminha por entre os homens.

"Sua vida, com toda a certeza, será cortada quando já não faltar nada por fazer, quando todas suas obras estiverem completas; quando estiverem acesas todas as labaredas que continuarão ardendo pelos séculos dos séculos no futuro da Humanidade.

"Soube, através de sua boca divina, o que diz respeito à minha terra gaulesa escravizada pelo invasor. A Gália será a primeira que ouvirá dos homens o grito de '*liberdade, igualdade e fraternidade*'. Dali ele se estenderá, como uma grande maré, sobre toda a face da Terra."

— E ele, filho do povo de Israel, anunciou a liberdade da tua nação e nada disse do seu país de origem! — exclamou com pena Nebai. — Será que este país deve continuar escravizado?

— Nós, os pequenos seres, mantemo-nos encerrados no círculo também pequeno de um país ou de uma nação — disse Vércia —, mas as almas grandes e fortes, como a do Profeta, abarcam com um olhar todos os países da Terra, porque todos entram nos domínios do Grande Hessus que o enviou para todos.

"Desta forma compreendi a grandeza extraordinária deste homem genial."

Maria de Mágdalo e Nebai não podiam por enquanto manter-se em sintonia com o modo de pensar e de sentir da mulher gaulesa.

Nebai amava demasiado o país de seu nascimento, que também era o de sua mãe, de seu avô, de seu esposo, amante apaixonado de tudo quanto dissesse respeito ao povo de Israel. Via-o lutar pelo seu povo e pelo seu país desde antes do seu casamento, com uma abnegação e desinteresse que chegava ao ponto de esquecer-se de si mesmo.

Maria de Mágdalo amava o Profeta Nazareno com extremado amor e, desde que chegou a compreendê-lo em sua grandeza espiritual e em sua perfeição moral, não pensou em outra coisa senão em continuar amando-o, em vê-lo glorificado, elevado a uma felicidade que somente ele merecia, muito mais elevada que toda grandeza e soberania que houvesse conhecido na Terra.

— Eu o vejo de forma diferente daquela que vedes — disse repentinamente Vércia. — Vejo-o como um astro radiante, flutuando entre o Céu e a Terra. Ele não é propriedade de nenhum país, de nenhuma raça, porque é como uma luz iluminando a todos. É como um rio caudaloso abrangendo toda a Terra e do qual todos podem beber livremente.

"Desde o mais poderoso monarca ao mais desprezível escravo, todos podem dizer: 'A luz deste sol é minha!... A água deste rio é minha!...' "

— Vércia — disse Maria —, deve ser assim como dizes; contudo eu... pobre de mim... não posso ainda conceber a idéia de continuar vivendo nesta vida sem vê-lo nem ouvi-lo mais!... Procurando-o por todas as partes e não encontrando-o em nenhuma!... Chamando-o sem obter resposta alguma!

"Para mim a Terra ficará desolada e vazia sem a luz dos seus olhos, sem a vibração da sua palavra... sem o encanto divino que se desprende de todo ele... De todo ele, minha Vércia... porque ele não é um homem de carne, mas um fogo santo de amor, de piedade... e de indizível ternura!"

Maria rompeu em soluços abraçada a Vércia, que acariciava suavemente os dourados cachos de sua cabeleira.

Nebai chorava também em silêncio diante dessa cena que a intensidade de um amor, demasiado humano ainda, tornava extremamente emotiva e dolorosa.

De repente, a penumbra daquele delicioso gabinete encortinado de malva iluminou-se por uma luz opalina, como se, descerradas as cortinas, houvessem entrado de cheio os resplendores do sol poente. A imagem sutil e resplandecente do Profeta Nazareno esboçou-se nessa penumbra e Vércia, que foi a primeira a vê-lo, levantou a cabeça dolorida de Maria recostada em seu peito e a obrigou a olhar.

Nebai percebeu-o ao mesmo tempo e, com as mãos cruzadas sobre o peito, como para acalmar as fortes batidas do coração, permaneceu, junto com as demais, imóvel e sem palavra.

A imagem transparente e luminosa aproximou-se como se deslizasse suavemente através de um plano inclinado de cristal.

— Não choreis por mim! — disse, sem ruído, a voz da aparição.

"Senti vossa angústia quando orava entre as rochas do Santuário vizinho ao Mar Morto e vim para consolar-vos.

"Maria!... Como sabes pouco da força do espírito e do poder do amor quando mencionas que não podes resignar-te em viver a vida terrestre sem me ver, sem me ouvir e buscando sem me encontrar jamais! Julgas acaso que eu possa esquecer aqueles que me amam?

"Na vida física ou na espiritual, estarei eternamente convosco, dentro de vós, palpitando em vossos corações!"

A formosa visão abriu os braços transparentes e luminosos enquanto seu pensamento dizia:

"Vinde selar o pacto com o qual vos deixo unidas por todos os séculos que hão de vir depois deste dia. Prometei que, onde quer que vos coloque a Vontade Divina, lutareis até morrer por estabelecer a minha doutrina de fraternidade e de amor entre todos os homens da Terra."

As três se lançaram como se fossem uma só nos braços da visão amada que se fecharam como amorosas asas ao seu redor e, quando o êxtase de felicidade e glória havia passado, as três se viram abraçadas, confundindo numa só madeixa suas ruivas cabeleiras, confundindo também suas lágrimas, seus sentimentos, todos os seus amores, como vivos reflexos daquele grande amor feito homem, cujo espírito radiante as havia visitado em sua hora de incerteza e de dor.

Fortalecidas pela consoladora visão do tão amado Mestre, prometeram mutuamente trabalhar pela sua glória, juntas ou separadamente, conforme se apresentassem os acontecimentos.

Nebai e Vércia voltaram ao palácio de Ithamar deixando Maria mergulhada num mar de reflexões, embora não soubesse qual fosse a mais acertada e a mais prudente.

No grande salão do subsolo ocupado pela Santa Aliança, segundo recordará o leitor, encontramos reunidos numa noite o príncipe Judá, Hach-ben Faqui, o scheiff Ilderin e o ancião Simônides.

Os quatro formavam a alma da organização secreta que, desde alguns anos, vinham formando com o fim de que, quando da proclamação do verdadeiro e genuíno Rei de Israel, não lhe faltassem galhardas legiões para manter sua autoridade.

Por intermédio de Chucza, administrador do palácio de Herodes, estavam sabendo que seu efêmero reinado se desequilibrava sozinho e que seus soldados e guardas, cansados de injustiças, da má remuneração e da péssima administração, cederiam facilmente à mais ligeira pressão de uma mão pródiga e firme num momento dado.

Seria fácil, portanto, conseguir que cruzassem os braços quando as legiões libertadoras se apresentassem para tomar as fortalezas que defendiam o poder de Herodes, fato este que evitaria o sacrifício de vidas humanas.

Disto encarregar-se-ia Simônides que, como judeu de pura estirpe, sabia fazer bons negócios, encontrando o lado fraco dos homens de armas de seu país.

O scheiff Ilderin respondia por três mil ginetes árabes espalhados, como já dissemos, pelas montanhas da Samaria e da Judéia, mais próximas de Jerusalém. As duas províncias dependiam então diretamente do governo romano, com o qual aparentemente, estavam, em boa amizade.

Hach-ben Faqui tinha sob suas ordens dois mil tuaregues, disseminados ao sul de Jerusalém por entre os labirintos da região montanhosa da Judéia, e seis mil nos penhascosos desertos da Iduméia.

Isso além do que existia nos portos da Cirenaica, domínio da nação tuaregue, formando uma poderosa guarnição de trinta mil lanceiros que, em três dias, podiam cair como um aluvião sobre a Judéia.

Finalmente, o príncipe Judá, ou seja, o filho de Quintus Árrius, havia negociado com dois ministros do César que conseguiriam sua aquiescência para o derrocamento dos Herodes de toda a Palestina e que, com um rei de sua raça, ficaria constituída uma nação unida, com governo próprio, não obstante sob o protetorado do César.

Era certo que esse negócio custaria cinqüenta talentos em barras do mais puro ouro de Havilhá. Para a fabulosa fortuna do príncipe Ithamar, seu pai, isso não era nem a centésima parte.

De que melhor forma poder-se-ia empregar uma fortuna que em tornar feliz a amada pátria em que nasceram e viviam todos os seus entes queridos?

Quão felizes se sentiam aqueles quatro homens vendo já próxima a realização de seus ideais nobres e justos, ainda que por demais humanos, se os comparamos com o ideal sublime e divino do Homem-Deus, ao redor do qual seus amigos teciam essa formosa rede de seda e ouro para aprisioná-lo!?

Cearam em agradável camaradagem e depois cada qual retirou do enorme roupeiro a indumentária com que se vestiria nessa noite.

Não passava uma só noite sem que os quatro, separadamente, investigassem pessoalmente as múltiplas linhas da imensa rede que teciam. Formavam eles mesmos sua própria polícia secreta.

– Nesta noite serei Quintus Árrius (Filho) e tenho uma entrevista com o filho mais velho do Legado Imperial da Síria, que veio de Antioquia há dois dias.

Ao dizer isto, o príncipe Judá exibiu para seus amigos o luxuoso traje romano da mais fina casimira branca com franjas de ouro com o qual acabava de se vestir.

– Não fosse pelo amor que dedico ao meu Senhor, o Rei de Israel, eu faria em pedaços esta roupagem!... – disse, rangendo os dentes, o bom velho Simônides, que não podia esquecer todos os danos recebidos dos romanos nos anos aziagos de Valério Graco.

– Oh, não, por favor, meu pai!... Não me estragues a festa!...

"Todos sabemos o que diz o poeta: 'Que todo o mundo é engano – Que nada no mundo é real – Até que chega a morte – Como única realidade.' "

– Estás fatalista, Judá, meu amigo! Teu verso e o teu poeta são piores que o teu traje romano. Quem pensa na morte, tendo à vista a libertação de Israel?

O scheiff Ilderin, simulando ser um comerciante de cavalos vindo das margens do Mar Vermelho, andava de negócios com o administrador das cavalariças de Herodes com o fim de inteirar-se completamente do estado do equipamento em que se encontravam os ginetes do rei.

Hach-ben Faqui simulava ser um empreiteiro de obras e, com isso, obtinha permissões para estudar as diversas classes de rochas, granitos, basaltos, etc., que havia nos torreões antigos e nas pedreiras da Judéia. Devia entrevistar-se nessa noite (mediante um preço combinado, bem entendido) com o administrador do palácio dos Asmoneus, que era a residência de Herodes quando este passava temporadas na cidade santa.

Por fim, o velho Simônides simulava ser um negociante de armas de toda espécie, o que lhe dava oportunidade de se inteirar do armamento existente em todas as guarnições e dependências, dentro e fora da cidade.

Desta forma, devidamente transformados no que representavam, saíram para a rua apenas iluminada pela claridade das estrelas e pelas fogueiras das tendas levantadas nos montes e vales dentro e fora dos muros de Jerusalém.

Os inimigos do Justo soltaram também sua matilha para dar-lhe caça, não importava o modo como esta seria feita.

Sabendo que as finanças de Herodes estavam em péssimo estado, Hanan fez-lhe uma visita de cortesia, na qual o rei viu brilhar uma esperança de reforço às suas arcas, se lhes cedesse uma centena de condenados que mantinha reclusos nos torreões da Galiléia e da Peréia. Achando-se já há alguns anos nos calabouços, não ofereciam maior perigo sabendo-se manejá-los com habilidade. Explicou-lhe que se tratava de fazer silenciar o povo que estava enlouquecido com um falso Messias, ao qual queriam proclamar rei. Temeroso de que isso redundasse em prejuízo para si, Herodes acedeu imediatamente, reforçado com a promessa de vinte talentos de ouro para as suas arcas. Ofereceu-lhe também seus mais aguerridos soldados, mas com a condição de não levarem os uniformes que usavam, para não comprometer-se.

Isto fez com que Hanan aumentasse o preço estipulado para trinta talentos em barras de ouro do tesouro do Templo.

O rei e o sogro do pontífice Caifás separaram-se muito satisfeitos. Haviam realizado um esplêndido negócio.

Os homens cedidos por Herodes, mais as centenas de escravos com os quais contavam as grandes famílias sacerdotais, já era um bom número de perversos ou inconscientes e servis para produzir alvoroço e pânico no povo agradecido e fiel para com o Santo Profeta do qual tanto bem haviam recebido.

O Templo de Jerusalém estava construído sobre uma grande plataforma em que, mediante inúmeras arcadas de uma solidez a toda prova, haviam igualado os desníveis do Monte Moriá, ao qual servia como coroa. Esses arcos formavam um amplo subsolo rodeado de fossos, de pedaços de rocha, de restos de antigos muros, entre os quais haviam crescido arbustos e sarçais como um espesso matagal.

Até então servira de guarida a cães famintos e sem dono e aos mendigos sujos e esfarrapados que, durante o dia, buscavam restos pelos mercados e à noite se refugiavam ali. Cães sem dono e homens sem teto juntavam a miséria de suas vidas nas escuras cavernas sob a plataforma do templo, onde tanto ouro e tanta púrpura resplandecia à luz de milhares de círios.

Pois bem, naqueles escabrosos subsolos, de onde foram escorraçados cães e mendigos, Hanan fazia o adestramento dos ex-condenados cedidos por Herodes e dos escravos que formariam o exército de malfeitores que pensava opor ao povo que aclamava o Profeta.

A imaginação do leitor irá esboçando, no seu campo mental, a forma pela qual um escasso grupo de inconscientes e perversos, no momento preciso, surpreendeu a boa fé das pessoas honradas para dar lugar ao espantoso crime que cobriu de infâmia para sempre o povo judeu.

O Dia das Palmas

Chegou finalmente o dia em que se iniciavam as grandes solenidades da Páscoa, celebradas pelo povo de Israel com tão inusitada pompa e solenidade que se havia tornado célebre, não só entre os povos vizinhos, mas também no distante Oriente.

Das distantes regiões, alheias às leis de Israel, comparecia gente; uns levados pela curiosidade, outros com o fim de fazer compras, pois Jerusalém se tornava, nessa época, um populoso mercado onde podiam ser encontradas mercadorias e produtos de todas as partes do mundo onde existia civilização.

Os israelitas, dispersos por todo o mundo, compareciam em tumulto à Cidade Santa, procurando encontrar nela a remissão de seus pecados, como também para estreitar novamente os laços com seus irmãos de raça e realizar, de passagem, alguns bons negócios.

O certo é que Jerusalém estava transbordando de gente atraída pelo rumor levado pelos mercadores a todos os lugares onde havia israelitas, de que o Messias fora finalmente encontrado e que, naquela Páscoa, seria proclamado Rei de Israel.

A tranqüila e plácida Bethânia resplandecia de luz e glória naquela manhã, na qual todos os seus moradores acompanhariam o Profeta Nazareno à dourada cidade dos Reis, onde logo o veriam exercendo as supremas funções de Pontífice e Rei. Ele seria outro Salomão pela sua sabedoria e um novo Moisés por seu maravilhoso poder.

As três mulheres que vimos unir-se num pacto solene – Nebai, Maria e Vércia – haviam desenvolvido uma assombrosa atividade, principalmente entre o elemento feminino e também entre os discípulos íntimos do Mestre.

As mulheres, vestidas todas de acordo com a moda essênia, ou seja, com toucas brancas e grandes mantos de um azul-escuro, levariam cestas com flores para derramar pelo caminho até Jerusalém. Os homens com túnicas e mantos cor de avelã, usado pelos Terapeutas Essênios, levariam folhas de palmeiras e ramos de mirtos e de oliveiras, para refrescar o ardoroso sol da Judéia e espantar os insetos.

Umas poucas liteiras descobertas para os mais idosos cerravam a marcha daquela espécie de cortejo nupcial jamais visto na silenciosa aldeia das palmeiras e das oliveiras.

– Mãe feliz!... – diziam todas as mulheres a Myriam. – Este é um grande dia no qual podes ver a glória de teu filho.

Este era o momento preciso em que Jhasua, forçado pela insistência de Simônides, de Judá e de Faqui, montava um pequeno cavalo que os árabes chamavam de *tordilho*, em razão da cor branco-acinzentada de seu pêlo.

Da cavalariça do scheiff Ilderin, que amava seus cavalos quase tanto quanto seus servos, havia sido escolhido aquele animal para essa ocasião, em face da sua mansidão.

Myriam viu ao longe a silhueta branca de seu filho destacando-se da multidão que o seguia, e seus meigos olhos inundaram-se de lágrimas porque, em seu coração, agitava-se um triste pressentimento.

– Haveria sido melhor – disse a meia-voz – que ele fosse a Jerusalém sem que ninguém percebesse a sua presença.

– Mas, por que há de esconder-se sempre? – perguntavam as outras mulheres.

– Todos nós sabemos quem é Ele – acrescentavam outras –, e já é chegada a hora de que toda Israel o compreenda.

Numerosos grupos chegavam de diferentes direções para engrossar a já enorme coluna de acompanhantes, de forma que, ao aproximar-se das muralhas da cidade, o pequeno grupo se havia transformado num mar humano que se movia em grandes ondas.

Como o terreno era muito irregular, o espetáculo oferecia um grande atrativo, pois quando parte da grossa coluna estava no plano, outra parte se movia sobre uma lombada ou no alto de uma colina. Ninguém perdia de vista a branca silhueta do Profeta Nazareno, destacando-se dentre a multidão.

Porém, antes de chegar à muralha, Judá e Faqui se afastaram, um para a direita e outro para a esquerda e, dando longos assobios de uma forma muito particular, fizeram brotar, como por encanto, uma multidão de homens jovens e fortes, vestidos como os montanheses galileus, que saíram de Bethphagé, de Gethsêmani, de Siloé e das ribanceiras da Torrente do Cedron.

Como se fossem camponeses, apoiavam-se todos em varas de carvalho e, entre as pregas das túnicas ou sob os mantos enrolados via-se que carregavam uma espada curta enfiada numa escura bainha de couro.

O leitor compreenderá que eram as milícias do príncipe Judá, *seus amigos da montanha*, como ele dizia, que, nas varas de carvalho, levavam escondida uma lança, caso fosse necessário defender-se de uma agressão.

Um sorriso astuto resplandeceu no rugoso semblante de Simônides ao ver aparecer as *legiões do Senhor*, conforme ele dizia.

– Quem são esses homens? – perguntou o Mestre.

– São os teus bons galileus, meu Senhor, que, como sabem que são pouco amados por seus irmãos judeus, não querem abandonar a vara de carvalho – respondeu o ancião.

– Creio que nestas festas, comuns a toda Israel, esses receios deviam desaparecer – insistiu o Mestre.

– Pensas realmente assim, Senhor?...

– Isto se parece muito a uma escolta armada – acrescentou o Mestre. – Temeis que sejamos atacados? Porventura transgredimos a lei ou os costumes, comparecendo em conjunto ao início das festas?

– Não, meu Senhor!... Mas o Sinédrio preparou lebréus de caça e não queremos ver-nos caçados como coelhinhos indefesos.

O Mestre silenciou, mas seu pensamento recordou-lhe que a hora da imolação já estava próxima e que os seus amigos pressentiam o perigo iminente.

– Paz aos homens de boa vontade! – disse à meia-voz. – Eles não sabem o que fazem quando os homens se colocam uns defronte aos outros.

"Simônides!... – chamou o Mestre em voz alta enquanto continuavam a marcha. – Que dirias se oferecesses um grandioso banquete e os convidados chegassem armados?"

– Diria, Senhor, que no meu palácio se escondem traidores e que meus convidados não querem entregar-se como cordeiros – respondeu o ancião.

"Não compreendes, meu Senhor, que, com o coração na mão, não podemos ir a um covil de feras famintas?"

O Mestre silenciou novamente, e esse breve diálogo se perdeu por entre o surdo murmúrio da multidão que começava a se entusiasmar diante da cidade e do Templo que já se achavam à vista.

O Mestre apeou-se à porta que, amplamente aberta, parecia aguardá-lo.

Uma grossa coluna que vinha pela rua deu um grande clamor que encheu de ecos todos os rincões da cidade.

– Bendito seja aquele que vem em nome do Senhor! Hosana ao filho de David, ao Rei de Israel, ao Messias anunciado pelos Profetas!

O coração de Myriam estremeceu dolorosamente ao ouvir esse grande clamor como se fosse uma sentença de morte para o seu bem-amado.
– Que se calem, por favor, que se calem! – pediu em tom suplicante.
Seguida de algumas mulheres, quis abrir passagem até onde caminhava o seu filho.
Mas não lhe foi possível chegar, porque a multidão se apertava junto à porta, todos querendo ser os primeiros a entrar.
Alguns soldados romanos montavam guarda nas proximidades de todas as portas da cidade e, ao verem o Profeta do manto branco como um ponto luminoso no meio da escura multidão, compreenderam que teriam que reforçar a guarda nesse dia pois estavam a par das pretensões do Sinédrio.
O filho de Quintus Árrius, o duúnviro, havia presenteado a guarnição da Torre Antônia com moedas de ouro com o busto do César, para que, no que fosse possível, não tomassem conhecimento das reclamações que partissem do Sinédrio. Cláudia, esposa de Pilatos, e suas duas escravas gaulesas ajudavam também os amigos do Profeta.
– Se conseguires que o procurador permaneça neutro neste assunto, estarás ajudando a causa do Profeta – havia dito Nebai a Cláudia na última entrevista tida com ela; e lhe havia sido prometido cooperação.
Os doutores e magnatas do alto clero espiavam dos terraços do Templo aquela manifestação do povo delirante de entusiasmo pelo jovem Mestre que, sem palavras, mas somente com fatos, havia demonstrado seu amor e o grande poder divino que tinha para aliviá-los de suas misérias e enfermidades. Quem podia ser igualado a ele? Quem não reconheceria nele o Messias Libertador anunciado pelos Profetas?
– Vale mais – disseram alguns dos doutores judeus – que o reconheçamos também para não provocar a ira do povo que depois arrastará todos nós.
– É jovem e afável – disse outro. – Tomemo-lo por nossa conta e, dessa forma, poderemos amoldá-lo ao nosso gosto, antes que ele arraste toda a nação atrás de si.
– Se na verdade é o Messias, compreenderá perfeitamente que deve unir-se à suprema autoridade da nação – acrescentou outro.
Schammai, o sábio, que até então havia observado em silêncio a manifestação, disse com voz reconcentrada pela ira:
– Sois todos uns néscios vulgares! Esquecestes o que foram e são os Profetas de Deus em Israel? Esse que entra em triunfo na cidade é um deles... Talvez seja Moisés reencarnado... Se o Faraó não pôde dobrá-lo, como podereis conseguir? Preferirá mil vezes morrer!...
– Pois que morra, se assim o quer – disseram várias vozes surdas que eram abafadas pelas aclamações da rua.
"Hosana ao filho de David!...
"Bendito seja aquele que vem em nome do Senhor.
"Engalana-te Sião, para receber o teu Rei que vem com as mãos cheias de dádivas para desposar-te como sua eleita!"
De todos os terraços arrojavam flores, palmas, laços, e milhares de vozes gritavam: "Bem-vindo!"
Cláudia e Pilatos, no terraço do palácio do Monte Sião, trocaram olhares e ela disse:
– Dize agora se esse homem não é um ungido dos deuses para tornar feliz este mundo.
– "A voz do povo é a voz de Deus", diz um axioma de filosofia antiga – observou Pilatos como falando consigo mesmo, enquanto continuava examinando a onda humana que se aproximava do Templo, levando no meio o Profeta do manto branco que, a distância, assemelhava-se a um cisne com as asas abertas.

Com seus amorosos braços estendidos de vez em quando sobre a multidão, ele dizia:

– Que a paz de Deus desça sobre todos vós e vos encha de tranqüilidade, tolerância e amor para todos os seres.

Quando chegaram à grande escadaria que dava acesso aos pórticos do Templo, o Mestre adiantou-se e subiu correndo os degraus. Ele compreendia perfeitamente que nem uma terça parte daquela enorme multidão poderia entrar no recinto sagrado e deu a entender que falaria a todos dali. O povo dócil à indicação, fez grande silêncio, como se a ânsia suprema da qual todos se achavam possuídos os obrigasse a conter até o mais leve murmúrio.

Com o pontífice à testa, todo o alto clero, doutores, escribas e príncipes dos sacerdotes estavam sobre o terraço do Templo, meio ocultos por entre as cornijas e pequenas torres da balaustrada dianteira.

A Jhasua não escapou este detalhe, mas ele procedeu como se, sobre as cúpulas do Templo, apenas houvesse pombas e andorinhas para escutá-lo.

Jhasua começou desta forma sua doutrina daquele dia:

– Povo de Israel, amado do Senhor. Vindes da Bethânia seguindo o Profeta de Deus que nada de novo vos podeis dizer, a não ser o que outro Profeta de Deus já havia dito há seis centúrias. Disse Isaías no capítulo primeiro, versículo 11: 'Para que vindes a mim – disse Jehová – com a enormidade de vossos sacrifícios? Estou farto de holocaustos, de carneiros e da gordura de animais corpulentos; não quero sangue de bois, nem de ovelhas nem de bodes.

'' 'Quem pediu isto de vossas mãos, quando viestes apresentar-vos diante de mim, ao pisar os meus átrios?

'' 'Basta de trazer-me os vossos presentes; o perfume é abominação; não posso suportar mais as luas novas, os sábados e a convocação das assembléias; são iniqüidades as vossas solenidades; aborrecem minha alma, são intoleráveis para mim e estou cansado de escutá-las.

'' 'Quando estenderdes vossas mãos para Mim, eu esconderei de vós os meus olhos, porque vossas mãos estão cheias de sangue.

'' 'Lavai, limpai-as, retirai a iniqüidade de vossas obras.

'' 'Aprendei a fazer o bem, buscai a justiça, restituí a justiça àquele que foi injustiçado; fazei justiça ao órfão, amparai a viúva.

'' 'Vinde então a Mim – disse Jehová –, e estaremos de acordo, e vossos pecados tornar-se-ão brancos como a neve.

'' 'Se procederdes desta maneira, recebereis em vós mesmos todo o bem da Terra.'

"Povo de Israel, amado de Jehová! Faz poucos anos que estou seguindo de perto vossos desventurados caminhos, cheios de sombras de dor e com escassas alegrias.

"Com vossas almas estremecidas de angústias e vossos corpos feridos por muitas enfermidades, eu vos encontrei um dia ao passar por esta terra de promissão para a vossa felicidade, e que a inconsciência de vossos Juízes, de vossos Reis e de vossos governantes empapou de sangue e empesteou seus campos férteis de cadáveres insepultos.

"Vossos antepassados pisotearam a Lei de Moisés e, esquecendo que ela dizia: *Não matarás*, responderam ao mandamento divino desatando, como um vendaval, a matança e a desolação.

"Vossos antepassados esqueceram a lei que mandava amar ao próximo como a si mesmos, amparar o estranho e repartir com ele os bens desta terra, e submeteram os vencidos em dura escravidão, carne de chicote para enriquecer-se à sua custa.

"A vossos antepassados o Profeta Isaías dirigiu as palavras que ouvistes, e eu refresco vossa memória para que apagueis, com uma nova vida, a iniqüidade de vossos ancestrais.

"A palavra de Isaías escrita nos Livros Sagrados, mas ausente nos corações, é um astro de esperança se abrirdes a ela o vosso espírito e a gravardes a fogo em vossas obras de cada dia.

"Se fiz voltar a saúde a vossos corpos e a paz a vossas almas, é porque meu Pai que está nos Céus me deu todo o poder ao enviar-me a esta Terra para remover os escombros sob os quais a inconsciência humana sepultou a Lei Divina até o ponto dela ser esquecida pelos homens.

"A palavra de Deus, que todos os Profetas vos trouxeram e que também ouvis da minha boca, vale mais do que todos os holocaustos e do que todas as oferendas; mais do que o Templo e o Altar que serão destruídos pelas hecatombes humanas, enquanto que a palavra Divina permanecerá eternamente.

"Santo é o Templo e o Altar, se a ele chegais com o coração limpo de todo pecado contra a Lei Divina; mas eles se tornam em vossa condenação se a oração de vossos lábios não vai unida à consciência reta e à vontade firme de ajustar vossas vidas aos mandamentos de Deus.

"Se nos corações permanecem aninhados como víboras os maus pensamentos e os cobiçosos desejos contra os vossos irmãos, de que adiantará clamardes ao nosso Pai que está nos Céus?

"Enganam-vos miseravelmente todos aqueles que dizem que, para serdes purificados de vossas misérias e debilidades, basta fazer oferendas nos altares do Templo.

"Ouviste perfeitamente as palavras que o Senhor disse ao Profeta Isaías:

"Estou farto de holocaustos; não me presenteeis mais vãs oferendas. Lavai e purificai vossas almas, limpai de iniqüidade vossas obras, procurai o bem e a justiça e, então, estaremos de acordo.

"Quando houverdes pecado contra o amor de Deus e do próximo, que é o mandamento supremo que está sobre todos os demais mandamentos, arrependei-vos de coração e desfazei o mal que houverdes feito ao vosso irmão mediante um bem que o compense pelo dano causado. Então vosso pecado ficará perdoado.

"A piedade e a misericórdia são as flores preciosas do amor fraterno; são o divino manancial que lava todas as manchas da alma. Correi para lavar-vos nessas águas purificadoras, muito mais que as do Jordão abençoadas pela palavra e pela santidade de Johanan, o Profeta-Mártir que vivia de mel e de frutas silvestres, para não receber donativos de ninguém.

"Comparai o desinteresse desse homem de Deus com as fortunas colossais que os magnatas do Templo armazenaram com o suor do vosso rosto e com os sofrimentos de todo um povo asfixiado por tributos de toda espécie.

"A verdadeira palavra de Deus é a que vos diz: 'Ama a teu próximo como a ti mesmo e não faças a outrem o que não queres que seja feito contigo!' Porém, não é a verdadeira palavra de Deus a que vos manda trazer cada vez mais ouro para as arcas do Templo, cada vez mais azeite, vinho e trigo para os seus armazéns, para enriquecer seus príncipes que vivem no meio do luxo e da faustosidade. Moisés viveu numa mísera cabana pastoreando os rebanhos de Jetro, seu protetor, e mereceu que o Senhor lhe permitisse ver sua grandeza e desse sua Lei Divina para todos os homens.

"Jacob empregou quatorze anos de trabalho e honradez para adquirir um rebanho para dar de comer à sua numerosa família e, depois de provada sua virtude com os grandes sofrimentos suportados pacientemente, Deus o tornou pai das Doze Tribos que formam a numerosa nação de Israel. '*Pelos frutos se conhece a árvore*. Não busqueis rosas nos abrolhais nem cerejas entre os espinhos.'

"Quando virdes um homem que nada vos pede e que vos dá tudo por amor ao bem e à justiça, correi atrás dele, porque esse é um homem de Deus. Pedi a Verdade a ele, porque esse homem mereceu recebê-la, não somente para ele, mas para dá-la a todos os seres humanos. E a Verdade vos tornará grandes, fortes e invencíveis! A Verdade de Deus vos libertará!

"A liberdade é uma dádiva de Deus aos homens. A escravidão é um açoite do egoísmo e da iniqüidade humana.

"Inclinai vossas cabeças em adoração a esse Deus Supremo, que é o Deus da liberdade, da justiça e do amor, e acatai reverentes sua Lei soberana ditada a Moisés para tornar-vos felizes sobre a Terra; no entanto, não vos inclineis servilmente às arbitrárias leis dos homens, nem aceiteis o que a razão rechaça como uma afronta à dignidade humana.

"A inteligência que resplandece em todo homem que vem a este mundo é uma centelha da Suprema Inteligência Criadora, e aqueles que tratam de encadeá-la com leis absurdas, tendentes a favorecer mesquinhos interesses, cometem um delito contra a Majestade Divina, a única que pode determinar rumos à consciência humana mediante essa Lei sublime na sua simplicidade clara e precisa, que diz tudo, que abrange tudo e que leva a Humanidade pela mão como a mãe a seu filhinho pelo jardim encantado da felicidade e do amor.

"Os poderosos da Terra, que sentem prazer ditando leis que são verdadeiras cadeias para a inteligência, para a vontade e para a razão, julgam-se grandes, livres e fortes, porque atam ao seu jogo os povos inconscientes e indefesos. A embriaguez do ouro e do poder os cega, até o ponto de não ver que tecem sua própria cadeia e cavam seu próprio calabouço para o dia em que a morte diga *basta!* a essa desenfreada cadeia de injustiças e delitos. Buscai a Deus-Sabedoria e Amor, na grandiosidade infinita de suas obras que resplandecem à vossa vista, e não o busqueis entre a fumaça nauseabunda dos animais degolados que são queimados como oferenda ao Senhor e Criador de toda a vida que palpita na Terra.

"Acercai-vos do altar de Deus com o coração limpo de ódios, perfídias e vilezas; aproximai-vos com as mãos cheias de flores santas da piedade e do amor que houverdes derramado sobre os vossos familiares, amigos e conhecidos, sobre todos os seres que cruzarem o vosso caminho; avizinhai-vos com a alma transbordante de perdões, de nobres propósitos e de elevadas aspirações, e só então o nosso Deus-Amor vos reconhecerá por seus filhos, vos agasalhará no seu seio e vos dirá, contemplando-vos amorosamente: 'Porque vejo em vós refletida a minha própria imagem, que é Bondade, Amor e Justiça; porque fizestes da minha Lei o vosso caminho eterno, entrai no meu Reino de Luz e de glória para possuí-lo em felicidade perdurável, de acordo com a capacidade que pode caber em vós próprios.'

"Tal é, meus amigos, a Justiça do Supremo Criador de tudo quanto existe, perante o qual nada são os holocaustos de bois ou de carneiros, mas a pureza do coração e a santidade das obras; nada significam os jejuns e penitência, o vestir de cilício e cobrir-se de cinzas, mas a justiça em todos os atos da vida, como também dar aos semelhantes o que quiséramos que nos fosse dado em igualdade de circunstâncias.

"Filhos de Abraham, de Isaac e de Jacob!... Povo numeroso de Moisés e de todos os profetas!... Tomai novamente a velha senda marcada por eles, iluminada pela radiante claridade da Divina Sabedoria, e rechaçai valorosamente a prevaricação a que vos arrastaram os falsos profetas, substituindo como única divisa em vossas vidas, as frases sublimes, síntese de toda a Lei:

"Ama a Deus sobre todas as coisas e ao próximo como a ti mesmo.

"Que a Paz do Senhor seja convosco!"

Um clamoroso hosana ressoou como uma tempestade e, ao mesmo tempo, uma chuva de pedras caiu sobre parte da multidão. Alguns gritos hostis brotaram abafados dentre os entusiásticos aplausos que o povo tributava ao Profeta da paz e do amor.

Judá e Faqui, que haviam permanecido na entrada da galeria coberta que unia o Templo à Torre Antônia, saíram imediatamente e, atrás deles, parte da guarnição que defendia a fortaleza. O Mestre foi introduzido por essa galeria, cuja primeira saída dava para o Pretório, espécie de balcão de grandes dimensões que sobressaía para o largo onde se achava a Torre.

– Aqui será a tua proclamação, Jhasua, quando chegar o beneplácito do César – disse Judá com um entusiasmo que já parecia uma realidade.

O Mestre olhou tristemente para ele e, voltando os olhos para Faqui, perguntou aos dois:

– Existem feridos por causa das pedras que foram arrojadas?...

– Parece que não, pois não são ouvidos gemidos – respondeu Faqui.

– Vamos até a vossa casa – acrescentou o Mestre –, que lá sou esperado pela minha mãe junto com a vossa família.

– Acompanhai-o, Faqui, pois ainda tenho muito serviço aqui – disse Judá afastando-se em direção à multidão onde se havia produzido o tumulto.

O centurião da guarda informou-o que, da porta secreta dos estábulos do palácio dos Asmoneus, havia saído um grupo de homens com sacolas de pedras para arrojar sobre a multidão e dispersá-la na metade da dissertação e que, da mesma forma, dos fossos sob a plataforma do Templo, haviam saído também homens com sacos de pedras.

– São os presidiários vendidos por Herodes ao Sinédrio para aterrorizar o povo – respondeu Judá – e devemos conseguir ordem de prisão para eles.

– Eu a tenho para todo aquele que causar desordem – disse o centurião.

– Pois então cumpre-a, amigo, e seja duro com eles.

Judá perdeu-se no meio da multidão e foi visto tocando no ombro de determinadas pessoas. Eram os capitães de seus *amigos da montanha*, que apenas aguardavam essa indicação para fazer funcionar suas varas de carvalho sobre os que arrojaram pedras e provocaram o tumulto.

Os anciãos, as mulheres e as crianças haviam se refugiado nos portais das casas ou dispersavam-se apressadamente.

Pouco depois voltou a reinar a calma entre o povo, o qual se deu perfeita conta de que eram os inimigos do Profeta os promotores da desordem.

Algumas detenções de indivíduos encontrados ainda com os saquinhos de pedra meio vazios resultaram em declarações nada favoráveis às autoridades do Templo e ao rei Herodes que, do palácio dos Asmoneus, havia presenciado o desfile da multidão, enquanto que, pela porta secreta de seus estábulos e cavalariças, saíam grupos de homens com os já mencionados sacos.

Alguns exaltados queriam apedrejar os palácios de Hanan, de Caifás e das grandes famílias sacerdotais, mas os dirigentes da Santa Aliança os impediram a tempo, convencendo-os de que tal ação estava em desacordo com a ordem estabelecida.

Com a maior das intenções em favor de sua causa, o príncipe Judá apresentou-se vestido à romana acompanhando o filho do delegado imperial ao palácio do Monte Sião, residência do procurador Pilatos, onde o aguardavam para a refeição do meio-dia.

O scheiff Ilderin havia mandado entrar em Jerusalém grande parte de seus ginetes árabes, em grupos de dez ou doze, dos quais alguns se alojaram nas grandes cavalariças do palácio de Ithamar, outros nas residências dos príncipes Jesuá e Sallum de Lohes, e os demais nos armazéns de Simônides, próximos à cidadela da Porta de Jaffa.

O Vale de Rephaim, para o qual havia uma saída no imenso subsolo da sede da Santa Aliança, estava povoado de tendas, onde Faqui tinha os seus tuaregues de mantos como o azul-escuro do mar e rostos bronzeados pelo ardente sol do Saara.

Os *amigos da montanha*, os fortes e nobres galileus, que eram os mais fervorosos devotos do Profeta, dos quais muitos o conheciam desde menino e que haviam sido cumulados com os seus benefícios, estavam em todas as partes, como as pedras nas ruas, como as andorinhas nos telhados, nos átrios do Templo, nas praças e nos mercados.

Tuaregues, árabes e montanheses galileus aguardavam ansiosamente o sinal através de três toques de clarim para lançar-se, como um aluvião, às encostas do Monte Moriá, em cujo topo se levantava o Templo e a Torre Antônia, as duas maiores forças que governavam Israel.

Nesse meio-tempo, o Profeta de Deus entregava-se, quem sabe se pela última vez, às ternas emoções do amor dos seus, dos familiares e dos amigos.

Sua mãe, desconsolada em extremo pelas tormentas que a palavra de seu filho haviam levantado, implorava suplicante que se detivesse no perigoso caminho que havia iniciado e que não podia levá-lo, a não ser para um calabouço perpétuo ou talvez para a morte.

– Meu filho! – disse, entre soluços, a doce mãe. – Quais são as forças que te impulsionam deste jeito a enfrentar as altas autoridades do Sinédrio?

– Mãe!... A mesma força que impulsionou Moisés a enfrentar-se com o Faraó na hora da escravidão de Israel. A mesma força que impulsionou Elias a descer das grutas do Carmelo para colocar-se frente à frente com Achab, rei iníquo, e de Jezabel, a perversa mulher que o dominava. A mesma força que conduziu Johanan, nosso parente, a apostrofar Herodes e Herodíades por suas vidas de crimes e de escândalos.

– Filho!... Filho!... Esqueceste que Johanan morreu decapitado no fundo de um calabouço?... Desejas para mim um tormento semelhante?

O Mestre aproximou-se ternamente dela e, sentando-se num tamborete a seus pés, tomou-a por ambas as mãos, ao mesmo tempo que, com sua voz suave como um arrulo, disse:

– Ensaiemos, mãe, em voar juntos para mais além da vida e da morte, por essas regiões de luz eterna onde não existe a dor nem a ruindade, e muito menos a miséria. É no Reino de Deus, minha mãe, onde tu e eu entraremos triunfantes, havendo terminado gloriosamente esta vida. A morte, que os homens tanto temem, é a única porta de entrada para esse Reino glorioso do nosso Pai-Amor, Bondade, Justiça e Claridade Infinita... Suprema felicidade! Morrer hoje, morrer amanhã, de uma forma ou de outra, não importa. Para o Justo, a morte é a libertação, o triunfo, a posse eterna do bem e da felicidade que sonhou e buscou durante toda a sua vida.

– Mas há uma grande diferença, para o coração que ama, ver morrer o amado tranquilamente em seu leito, a vê-lo morrer justiçado como um malfeitor!... Filho!... Não vês que a tua linguagem não pode ser compreendida pelo coração de uma mãe?...

O coração do Mestre soluçava no fundo de seu peito diante da impossibilidade de conformar sua mãe e, como se fossem trazidos pelos anjos de Deus, entraram, como revoluteio de pombas, os filhinhos de Thirza e de Nebai, que eram quatro, junto com mais dois netinhos de Helena de Adiabenes, hóspedes também do palácio de Ithamar.

Levavam ramos de rosas vermelhas de Jericó, que acabavam de trazer das grandes plantações que a família possuía naquela região.

– Para o Rei de Israel!... Para o Rei de Israel!... – gritavam os pequeninos, inquietos como um furacão, deixando cair sua carga floral sobre a saia de Myriam e sobre o Mestre sentado a seus pés.

Essa torrente de alegria infantil revigorou o desolado coração de Jhasua, que começava a sentir-se esgotado perante a angústia de sua mãe.

Atrás das crianças entraram as duas avós, Noemi e Helena, com o fim de levá-los ao grande cenáculo, onde já ia ser servida a refeição.

Manifestou-se claramente nos olhos de Myriam a tristeza pela conversa mantida com o filho.

– Tudo está tranqüilo na cidade – disse Noemi –, não obstante o povo estar se movendo como uma onda por todas as partes.

– Jerusalém jamais esteve como hoje – acrescentou Helena. – Não se pode negar que o povo aguarda um grande acontecimento. Recorda-me Ashur na coroação de nossos reis.

– Acaba de chegar meu filho Judá com Faqui e alguns amigos – acrescentou Noemi, procurando animar Myriam, cujo desalento era notório.

O Mestre ajudou sua mãe a levantar-se da poltrona em que descansava e, atravessando várias salas, entraram no cenáculo, cujas janelas abertas sobre o jardim deixavam ver o respeitável grupo dos anciãos que falava animadamente entre si: Melchor, Gaspar, Simônides, Fílon, Sallum de Lohes e Jesuá.

Os dois primeiros procuravam fazer compreender que o jovem Profeta devia ser proclamado como o Messias-Salvador anunciado pelos Profetas para transformar o mundo. Todos os demais queriam que fosse proclamado como Messias-Rei, Libertador de Israel.

O Mestre aproximou-se deles sorridente.

– Para que usar este tempo destinado às confidências da amizade em discutir assuntos que já foram determinados pela Vontade Divina e que nada poderá mudar?

– Ó meu soberano Rei de Israel!... – exclamou Simônides com devoto acento. – Sempre estás com a razão! Se já sabemos o que foi escrito pelos Profetas, que mais teremos que acrescentar? Será como deve ser.

O sino do grande pátio de honra chamou com sua voz de bronze, e Othoniel, o mordomo da casa, apareceu na porta do cenáculo para acomodar devidamente os hóspedes.

– É a última refeição que fazemos juntos antes da Páscoa – disse Noemi, ocupando seu lugar entre Myriam e Helena de Adiabenes, sua irmã. À sua frente estava o Mestre, entre os Anciãos. José e Arimathéia, Nicodemos, Nicolás e Gamaliel entraram nesse instante excusando-se pela demora, em virtude de ocupações de última hora.

Nebai, Thirza e Ana, ao lado de seus esposos, pareciam participar de suas inquietações.

Os Anciãos, felizes por se acharem próximos do Mestre, conversavam animadamente com ele.

– Pode-se saber, Jhasua, qual a impressão que tens do povo que te acompanhou em triunfo esta manhã? – perguntou inesperadamente o príncipe Judá.

— Muito boa! — respondeu o Mestre. — Os povos de todas as partes são sempre agradecidos e bons quando uma grande esperança lhes sorri cheia de promessas. Importaria saber o que fará esse mesmo povo defraudado em suas esperanças!...

— E quem o defraudará?... — perguntaram várias vozes ao mesmo tempo.

Um rumor de inquieto alarme pareceu estender-se quase imperceptivelmente.

— Vamos supor que os acontecimentos não saiam do agrado do povo! — respondeu o Mestre. — A história do nosso país está cheia dessas surpresas. Por isto nos diz a voz da sabedoria: "Basta ao dia o seu próprio afã." Esperemos.

— Quem teria podido dizer ao pastorzinho David que a Vontade Divina o tiraria do meio de seus rebanhos para torná-lo Rei de Israel? — objetou Nicodemos, intervindo na conversação. — E que José, vendido como escravo por seus irmãos aos mercadores egípcios, chegaria a ser vice-rei dos países do Nilo?

— Somente Deus, Inteligência Suprema, é Senhor absoluto do amanhã — acrescentou Fílon, o filósofo de Alexandria.

— Quando os mais Anciãos se calam!... — insinuou José de Arimathéia, aludindo a Gaspar e a Melchor, que se conservavam no mais completo silêncio.

— É sinal — interrompeu o Mestre — de que eles estão mais próximos da Divina Sabedoria, à qual deixam confiados todos os acontecimentos importantes da vida.

— Certo! — disseram os dois Anciãos ao mesmo tempo.

— Os acontecimentos desta hora suprema estão escritos nos Céus — acrescentou Gaspar —, e por muito que as criaturas se esforcem, somente será feito aquilo que já está determinado.

Ao finalizar a refeição, foi lembrado que deviam brindar pela liberdade de Israel... pela glória de Israel e pela grandeza de Israel sobre todos os povos do mundo.

— Delego meus direitos de chefe da casa — disse Judá — a Jhasua de Nazareth, Ungido de Jehová, para salvar o seu povo.

Um grande aplauso ressoou no vasto cenáculo.

O Mestre levantou sua taça e disse com estranha emoção na voz:

— Foi Israel o primeiro convidado ao amor fraterno que deve unir todos os homens da Terra num abraço eterno, e vos convido a brindar porque Israel ocupa o lugar que lhe corresponde no concerto divino, sintetizado nestas palavras de bronze: Liberdade, Igualdade, Fraternidade!

O aplauso que se seguiu a essas palavras foi delirante, porém Faqui disse ao ouvido de Judá:

— Nem uma única palavra conseguimos arrancar de Jhasua que nos prometa a realização do nosso sonho.

— É verdade! Começo a duvidar dos acontecimentos que hão de vir — respondeu Judá, levantando-se como todos estavam fazendo.

Os Últimos Dias

Enquanto isto ocorria no austero palácio de Ithamar, os membros mais destacados do Sinédrio se reuniam no suntuoso palácio de Caifás, o pontífice reinante.

Achava-se este muito próximo do palácio do Monte Sião, monumento de arte e riqueza, cuja construção fora feita por Herodes, o Grande, para ostentação do seu poderio. Ali residia Pilatos, conforme já explicamos. Essa proximidade dava lugar a uma estreita amizade entre a criadagem dos dois palácios, de forma que o que ocorria num podia ser sabido no outro, se houvesse alguém que quisesse utilizar as notícias.

Esse alguém era Cláudia, a esposa do procurador, que havia tomado grande afeto por Nebai e, por intermédio dela, ao Profeta Nazareno, que curou suas duas escravas mudas. Cláudia estava, além do mais, a par das negociações do príncipe Judá para obter a aceitação do César, comprando antes a vontade de seus ministros. Seyano e Vitélio estavam ainda no favoritismo do imperador e ambos estavam de acordo em que se apagasse para sempre a dinastia usurpada pelos Herodes, para que toda a Palestina unida reconhecesse um rei saído de Israel e da casa de David, que aceitasse uma dependência honrosa de Roma como poder supremo. A nação israelita teria todos os direitos de povo livre e ao governo de Roma apenas seria reservado o direito de guerra com os povos vizinhos, se assim fosse julgado conveniente.

Este importantíssimo segredo só era do conhecimento dos moradores do palácio de Ithamar, e foi revelado a Cláudia para contar com a sua vigilância próxima do procurador e depois que estiveram certos de que ela era uma aliada sincera.

Entre a criadagem de Caifás havia um jovem escravo egípcio que amava uma das escravas gaulesas de Cláudia. Estes eram os fios que a esposa do procurador utilizava para saber tudo quanto ali se tramava contra o bom Profeta que passava pela Terra como uma bênção de Deus e cuja palavra era odiosa aos perversos.

Cláudia aconselhou sua escrava a prometer ao egípcio a liberdade para ambos se conseguisse inteirar-se do que ficasse resolvido entre os rabinos e doutores reunidos ali nesse dia.

O escravo enamorado desempenhou tão satisfatoriamente seu papel que, na mesma tarde da pregação do Mestre no Templo, Cláudia soube que haviam resolvido prendê-lo e matá-lo de qualquer forma.

Alguns aconselhavam um assassinato escondido, à traição, mas aqueles perversos juízes, sacerdotes, doutores e o próprio pontífice queriam que a morte tivesse a aparência de uma condenação legal, a fim de que a mais negra nota de infâmia caísse sobre o impostor que se deixava aclamar como Messias, Salvador de Israel.

— Se o assassinamos à traição — disse o astuto Hanan — ele ficará como um mártir, vítima de um vulgar malfeitor, e sua memória continuará honrada pelo povo. Em troca, se o submetemos a julgamento por apropriar-se do nome sagrado de *Filho de Deus*, e o condenamos a morrer apedrejado ou crucificado, de acordo com a lei, ele passa para a categoria de um impostor público e sacrílego, e isso o tornará desprezado pelo povo, que lamentará ter sido enganado tão vilmente.

Como sempre, a opinião de Hanan se sobressaiu acima das demais, e ele mesmo se encarregou de encontrar a forma como haveriam de prender o Profeta no maior sigilo possível, para que o povo, que tanto o amava, não se inteirasse do sucedido, a não ser quando já estivesse tudo consumado. E o sagaz ancião acrescentou:

— O povo é em todas as partes o mesmo: uma criança inocente e caprichosa que delira pelo seu brinquedo; porém, se o mesmo se quebra ou se é retirado de suas mãos, logo se consola e procura outro que o substitua.

O Profeta de Deus estava, pois, condenado à morte desde o dia da entrada triunfal em Jerusalém, que terminou com a pregação na escadaria do Templo. Aquelas suas palavras, ardentes como o fogo da verdade que não podiam desmentir, haviam tocado nas chagas cancerosas daquelas consciências pervertidas por longos anos de um viver no crime, na mentira e na hipocrisia. Como que eles, que haviam envelhecido manipulando o povo como a um rebanho, enganando-o, roubando-o, embrutecendo-o, haviam de descer de seus pedestais para acatar a palavra de um jovem Mestre desconhecido e que apenas passava dos 30 anos?

Sua lei dizia que um homem para ensinar a ser ouvido devia passar dos 50 anos; e como aquele jovem sem escola poderia permitir a si mesmo arrastar o povo com a sua palavra?

E que palavra a sua! Candente como uma brasa, queimava os véus de púrpura com os quais eles ocultavam sua ruindade e vileza: a farsa hipócrita com que enganavam o povo incauto, fazendo-se venerar como santos.

Se deixassem o Profeta Nazareno em liberdade, logo ver-se-iam todos apedrejados pelo povo, que começava a descobrir a defraudação de seus ideais religiosos, sepultados pela desmedida ambição dos mercadores do Templo.

Chegou essa notícia a Cláudia, e dela foi passada a Nebai, a Judá, Faqui e Simônides, que eram a alma de toda a organização defensiva da causa do Profeta.

O príncipe Judá não se alarmou de nenhum modo, pois o Sinédrio nada podia fazer sem o consentimento do procurador romano.

Ele não contava com a audácia dos velhos rabinos envenenados de inveja, em virtude do triunfo do Messias entre o povo.

— Eles poderão enfurecer-se quanto quiserem — disse a Nebai quando ela lhe deu a notícia —, mas ninguém pode atar aqui uma cadeia se o Procurador não o fizer. Não te preocupas com isto. O barco-correio de Roma deve chegar dentro de breves dias trazendo-nos o beneplácito do César. Então os rabinos do Sinédrio terão que fugir de Jerusalém, porque não haverá pedras bastantes para arrojar neles.

Nebai mantinha-se calada e, na sua mente, esboçava-se a visão de Vércia e o pressentimento de Maria, suas duas íntimas confidentes no poema santo de amor que as unia ao Filho de Deus. Ela tinha a certeza que o Profeta estava vivendo os últimos dias de sua vida na terra, e não podia resignar-se a não tê-lo mais neste mundo.

Com indizível ternura, ela lembrava o Jhasua adolescente de seus dias felizes na cabana de pedra junto ao Monte Tabor. Comparava aqueles dias de serena paz, sem inquietude de espécie alguma, e parecia desejar o impossível para retroceder nos anos andados, para voltar àqueles nos quais não havia uma única sombra de pesar nem de aflição!...

— Oh! Por que passaram aqueles dias e estão já tão longe do meu coração? — perguntava Nebai a si mesma com profunda tristeza, rompendo a chorar silenciosamente quando Judá não podia vê-la.

Ao mesmo tempo, Maria de Mágdalo, reclusa em sua alcova no velho palácio Henadad, entregava-se às recordações e, nos acessos de veemência de seu temperamento meio grego e meio romano, pedia pela vida do Profeta Santo a todos os deuses do Olimpo, ao Deus Supremo dos hebreus, aos gênios tutelares de todos os países nos quais havia caído, como orvalho divino, a piedade do Profeta sobre todos os que padeciam...

— Ele não pode morrer!... Não deve morrer, porque é a encarnação do bem, do amor e da justiça! — dizia entre soluços nos momentâneos delírios de amor e de angústia que a invadiam.

Vércia, a druidesa da Gália, escondida num quiosque coberto de trepadeiras num dos grandes pátios do palácio de Ithamar onde se hospedava, sentia a angústia de suas amigas; porém, habituada desde a meninice a ver a morte de perto e a considerá-la como um sucesso necessário na vida, não se atormentava com idéias dolorosas, mas pensava: Meu avô, herói da resistência gaulesa, morreu assassinado pelo romano, renascerá outras vezes até conseguir a liberdade da Gália. O Profeta Nazareno morrerá para entrar na glória do seu Pai, Criador e Senhor de todos os mundos, mas ai daqueles que derramarem o seu sangue de Filho de Deus!

As mulheres estavam como temerosas e entristecidas; e, entre os amigos íntimos e discípulos do Mestre, começava a circular uma vaga inquietação muito semelhante a sobressalto.

Os da Galiléia queriam voltar rapidamente, sem esperar a celebração das festas religiosas da Páscoa. Os anciãos Gaspar e Melchor tiveram longos colóquios com o jovem Mestre, que era visto sair dessas confidências com o rosto iluminado por uma felicidade sobre-humana.

Que haviam falado? Que haviam prometido mutuamente?

— Quando eu tiver partido para junto de meu Pai, cuidareis da minha herança até o último alento de vossas vidas... Não desta, que já está quase terminada, mas das que virão após esta, quando a semente derramada hoje comece a verdejar nos sulcos semeados.

"Sois os irmãos mais idosos, e cuidareis dos débeis e dos pequenos sem deixar que se perca um único... Ouvistes? *Nem um único...*"

Quando assim falou o Mestre ao ouvido dos dois Anciãos, sua voz tomou tonalidades de canção materna, que embalava o sono dos filhinhos que dormitavam...

O amor do Ungido de Deus derramou-se de seu espírito radiante nesses últimos dias, como se quisesse deixar saturado de suas vibrações o ar que respirava, a luz que iluminava e até os diminutos grãos de areia que seus pés faziam estralejar ao caminhar.

Ele teve para todos palavras de doçura infinita, recomendações, encargos até de pequenas coisas, a fim de que nenhum dos que o amavam se julgasse esquecido naquela última hora.

Até isso contribuiu para tornar maior a confusão a respeito dos acontecimentos que eram esperados.

— Claro está — disseram os mais iludidos com o triunfo material. — Se há de ser proclamado Rei de Israel, terá de esquecer as pequeninas coisas para dedicar-se completamente à organização do país, que está transformado num espojadouro de abutres.

— Quem sabe! — disseram os menos otimistas. — Talvez o Profeta esteja vislumbrando o perigo próximo e quer resguardar-nos a todos das patadas e das garras das feras...

O Mestre havia-se deixado ver entre o povo, na Sinagoga de Zorobabel e na de Nehemias, onde havia respondido em público às perguntas que lhe foram dirigidas pelos fariseus e doutores enviados pelo Sinédrio, procurando armar laços para comprometê-lo com o governo romano.

Se conseguissem isto, a prisão e a morte viriam por si mesmas, sem que o Sinédrio tivesse que intervir diretamente neste assunto.

Trataram de exasperá-lo com perguntas insidiosas, baixas e ruins, carregadas de más intenções. Com admirável domínio de si mesmo e uma serenidade a toda prova, Jhasua demonstrou, em todos os momentos, a superioridade moral e espiritual que o colocava a grande altura sobre seus adversários.

A Despedida

Chegou por fim a tarde em que, segundo os rituais de lei, deviam comer o cordeiro pascoal, e o Mestre quis celebrar essa ceia unicamente com seus Doze discípulos íntimos. Eram eles os fundamentos de sua escola de amor fraterno, de sua escola de vida em comum, sem egoísmos, sem interesses, uma perfeita irmandade, onde nenhum era maior nem menor, mas todos tinham iguais deveres e idênticos direitos.

Foi escolhido para isto o cenáculo da mansão adquirida por Maria de Mágdalo para a hospedagem dos peregrinos vindos da Galiléia.

Myriam mudou-se para ali, onde se encontrava o filho, com a finalidade de celebrar aqueles ritos de lei em companhia de seus familiares e amigos vindos com ela de Nazareth.

Assim que tudo esteve preparado, o Mestre entrou no cenáculo com os seus Doze e ocupou a cabeceira da mesa. Quando se viu rodeado por eles, mandou fechar as portas e, retirando seu manto, dirigiu-se à piscina das abluções que se achava num dos ângulos do pavimento. Encheu um alguidar grande com água, colocou a toalha no braço e aproximando-se de Pedro, ajoelhou-se diante dele.

O bom homem pôs-se de pé de um salto e, com uma conturbação infantil, disse:

— Mestre!... Meu Senhor!... Que fazes?

— Este é o meu último ensinamento — respondeu o Mestre. — Senta-se Pedro e deixa que eu lave os teus pés, para que saibais e recordeis por toda a vossa vida que o maior há de ser o servidor dos mais débeis e pequenos.

"Assim devereis proceder em minha memória."

Pedro obedeceu; contudo seus olhos claros se inundaram de pranto e, ao rodar pelo seu rosto, as lágrimas caíam silenciosas sobre as mãos do Mestre que lavava e secava-lhe os pés.

Jhasua procedeu da mesma forma com todos os demais discípulos que, extremamente comovidos, começavam a compreender que algo assim como o Juízo de Deus espargia fluidos sobre eles.

Zebeu e João choravam como dois meninos que temessem algo que eles mesmos não sabiam precisar. Que significava aquilo? Em razão de sua pouca idade, João foi o último e, inclinando-se ao ouvido do Mestre, perguntou com sua voz soluçante:

— Por que nos afliges assim, Mestre? Queres dizer com isto que estamos manchados de culpa?

— Quero dizer que o maior há de tornar-se pequeno, porque o Reino dos Céus pertence aos que se tornam pequenos por amor a mim — respondeu e, deixando a toalha e o alguidar, cobriu-se novamente com o manto e sentou-se à mesa.

Todos os olhares estavam fixos n'Ele, que falou desta forma:

— Digo-vos em verdade que, se o grão de trigo não cai na terra e nela morre, apenas subsiste. Mas, quando morreu enterrado, então é que brota, floresce e se cobre de espigas que são transformadas em branco pão.

"Aquele que mais ama a sua vida mais alegremente a perde, porque sabe que a recobrará na luz e na glória do Pai.

"Minha alma está perturbada por causa da vossa angústia e digo: Pai, salva-me desta hora que me faz ver a dor daqueles que são meus!

"Mas... se vim para ver chegar esta hora, glorifica em mim o Teu Santo Nome acima de tudo que foi criado!..."

Uma corrente sonora e suavíssima invadiu como uma onda de harmonia as salas e pátios da imensa mansão, chamada palácio Henadad, e todos os que estavam refugiados nela correram para o grande cenáculo, pois dali partiam as maravilhosas vibrações que envolviam a todos com uma estranha emoção.

Eram vozes musicais, como se milhares de harpas cantassem em linguagem ininteligível aos ouvidos humanos, porém, de uma doçura indizível e terníssima.

As donzelas galiléias ouviam através das portas fechadas do cenáculo sem conseguir compreender quais as maravilhas que se operavam lá dentro.

A corrente sonora foi apagando-se lentamente e tudo voltou ao seu estado normal.

Num estado de semi-êxtase, os discípulos tampouco podiam precisar o que era aquela harmonia.

Quando desapareceu a sonoridade, perceberam que Judas de Iskarioth estava adormecido, deitado sobre o divã.

Tomás sacudiu-o fortemente para despertá-lo.

O Mestre mandou abrir as portas e deixou que entrassem todos os que quisessem dos moradores daquela casa.

Tomou a cesta dos pães sem levedura e o repartiu entre todos; tomou a ânfora com vinho e aproximando-a, ele mesmo, de todos os lábios, deu-lhes de beber.

— É o meu último pacto de amor com todos vós — disse. — Cada vez que procederdes desta maneira, lembrai-vos desta derradeira aliança, por intermédio da qual ficarei no vosso meio até o final dos tempos. Onde estiverdes reunidos em meu nome, eu estarei no vosso meio.

— Senhor! — disse Pedro —, falas como se estivesse nas vésperas de uma longa viagem.

"Para onde vais, Senhor, bom Mestre, para onde vais?"

O Mestre olhou para ele com infinita doçura.

— Para onde vou, nenhum de vós pode ir por enquanto; no entanto me seguireis mais tarde, quando houverdes levado a todos os povos da Terra a mensagem de amor que deixo a vosso cargo.

Maria de Mágdalo, na sua qualidade de dona da casa, entrou coberta por um amplo véu cor de violeta.

Levava nas mãos um vaso de alabastro cheio de uma finíssima essência de nardos para ungir seu visitante de honra, conforme era o costume oriental. Colocou-se às costas do Mestre e começou a derramá-la sobre sua cabeleira; logo depois fez o mesmo sobre suas mãos e, finalmente, ajoelhando-se diante dele, verteu todo o vaso sobre seus pés e, mergulhando o rosto sobre eles, começou a chorar em grandes soluços.

Todas as mulheres se precipitaram para o Mestre e, ajoelhadas, rodearam-no por todos os lados.

De pé, no meio do cenáculo, Myriam olhava para ele com seus grandes olhos cheios de pranto, imóvel como uma estátua por causa da dor serena que paralisava todos os seus movimentos, deixando-lhe tão-só as dolorosas palpitações do coração.

Em todos os rostos havia lágrimas; de todos os lábios escapavam soluços, porque ali ficou desvanecida toda ilusão e toda esperança.

A crua realidade passou como uma nevasca, gelando o sangue nas veias de todos.

Suave palidez de lírio havia caído sobre a face do Mestre, cujo sofrimento interior se percebia à primeira vista.

Jhasua estendeu seu olhar sobre todos os que o rodeavam e percebeu que Judas de Iskarioth havia desaparecido dali e, como respondendo ao seu próprio pensamento cheio de Luz Divina, disse:

— Agora será glorificado o Filho de Deus, e Deus será glorificado nele.

"Meus amigos... meus filhos desde longas épocas!... Ainda estou no vosso meio e já perdestes o vigor. Que será, pois, quando, havendo procurado, não me encontrardes?

"Porque torno a repetir que, para onde eu vou, não podeis me seguir."

— Mas, meu Senhor!... — disse Pedro aproximando-se para junto do Mestre. — Por que não posso seguir-te agora? Entregarei o meu corpo e a minha alma por ti!

O Mestre olhou sorrindo para ele e respondeu:

— Um de vós entregar-me-á aos meus inimigos, e esse já não está aqui. Dizes que entregarás tua alma por mim?... Oh, amigo!... A fraqueza humana é grande! Antes que o galo cante três vezes nesta noite, três vezes já me terás negado!

O bom homem abriu desmesuradamente os olhos e ia gritar, chorando, sua fidelidade ao Mestre, porém ele continuou dizendo:

— Convém que assim suceda para que eu beba até o fundo da taça que meu Pai me deu!

"Não se perturbe com isto o vosso coração, visto como acreditais em Deus e também em mim, que fui enviado por Ele.

"Como um pai escreve seu testamento no final de seus dias, também vos dou o meu, que é como um mandamento novo: Amai-vos uns aos outros na medida em que eu vos amei, para que nisso todos comprovem que sois meus discípulos.

"Na casa de meu Pai existem muitas moradas, e eu vou adiante para preparar para amanhã o lugar do vosso descanso.

"E se vou preparar o lugar mais feliz do vosso repouso, virei buscar-vos na hora devida, tal como o bom hortelão recolhe as flores e os frutos de seu horto quando estão amadurecidos, para adornar com eles a sua morada.

"Porque onde estarei, estareis também todos comigo. Sabeis que vou ao Pai e sabeis qual é o caminho.

"As obras que realizei diante de vós, em nome do Pai, serão realizadas por vós, e as realizareis em meu nome, se verdadeiramente permanecerdes unidos a mim.

"Não se perturbe nem tema o vosso coração, que aquele que está comigo através da fé, do amor e das boas obras está com Deus e nenhuma força poderá derrubá-lo.

"Não vos desconsoleis pensando que vos deixo órfãos e sós neste mundo, porque vireis a vós quando o vosso amor me chamar.

"Os que são do mundo e não me compreendem nem me amam, não me verão mais; mas vós que sois meus, havereis de ter-me sempre no vosso meio porque permanecerei eternamente vivo, da mesma forma como também vivereis.

"Provareis o vosso amor por mim guardando meus ensinamentos e meus mandamentos; e em todos aqueles que me amarem, o Pai e eu faremos nossa morada e eu me manifestarei a Ele.

"Eis que vos dou o meu último mandamento: Amai-vos uns aos outros tal como eu vos amei. Em cada um de vós deixo parte do meu próprio coração, e ele vos dirá o que é o amor verdadeiro, sem interesses e sem egoísmos, capaz de dar a vida pelo ente amado. Deste modo vos amei e desta forma também amareis uns aos outros."

Em seguida, Jhasua pôs-se de pé e, elevando os olhos e as mãos para o alto, orou ao Pai com infinita ternura:

"Meu Pai!... É chegada a hora! Glorifica o Teu Filho para que ele possa glorificar-Te!

"Como deste a mim poder sobre toda carne e sobre tudo quanto existe sob o sol, eu Te glorificarei na Terra e terminarei a obra encomendada por Ti.

"Manifestei o Teu Nome, a Tua Divina Presença, o Teu Poder, a Tua Bondade o Teu Amor às almas que me deste neste mundo, porque estavam dispostas a receber a Tua Palavra de Vida Eterna.

"Meu Pai... Amor inefável!... Aos que me deste nesta hora, guardai-os através do Teu Santo Nome para que, unidos a mim, formem um só coração comigo, da mesma forma como sou uma mesma essência Contigo!

"Enquanto estive com eles, guardei-os em Teu Nome, e nenhum daqueles que verdadeiramente me amaram se perdeu.

"Que a Tua Verdade os torne livres e fortes!... Que o Teu Poder se manifeste por intermédio deles!... Que a Tua Sabedoria infinita seja como uma tocha diante deles!... Que o Amor seja como uma chama viva em seus corações, para que acendam o Teu Fogo em toda a Terra e não fique uma única alma tremendo de frio nas trevas onde não estás, meu Pai.

"Que a Tua inefável piedade os envolva com ternura de mãe até o dia não distante em que eu possa dizer-lhes como dizes a mim mesmo:

"Vem!... Vem aos meus braços, porque terminaste a tua obra e conquistaste a minha dádiva: Eu mesmo, pela eternidade das eternidades!..."

A palavra pareceu desvanecer-se no ambiente sobrecarregado de amor e de suprema angústia e, depois de um breve silêncio, o Mestre abriu os braços e disse com a voz trêmula pela emoção:

— Vinde agora dar-me o abraço de despedida!...

Um rumor de contidos soluços respondeu às suas palavras e todos os presentes se precipitaram para ele.

Sua mãe exalou um débil gemido e desmaiou nos braços de Ana e de Maria, que estavam ao seu lado e a ampararam oportunamente.

O Mestre viu o seu desmaio e seu gemido atravessou-lhe o coração como um dardo ardente. Com dois passos rápidos, aproximou-se dela e, beijando-a na testa gelada, nos olhos cerrados e nas mãos que pareciam de neve, disse-lhe suavemente ao ouvido:

— Mãe!... Sê forte para poder beber até o fundo da taça que o Pai dá a ti e a mim nesta hora da derradeira aliança.

Ela abriu os olhos e, vendo o rosto do filho junto ao seu, abraçou-se ao seu pescoço com ânsia febril para dizer-lhe:

— Deixa-me morrer contigo, se é que Deus te manda morrer!... Tua vida é uma única com a minha!... Por que há de ser dividida em duas?...

Um novo desfalecimento a acometeu e o Mestre mandou que a levassem ao leito.

Em seguida, abraçou a todos, um a um, dizendo a cada qual a palavra necessária para manter vivo e desperto, em cada um deles, a recordação de todos seus ensinamentos.

Maria de Mágdalo que, com Ana, havia conduzido Myriam à sua alcova, voltou como um turbilhão, temendo já não alcançar o Mestre.

Já não tinha o véu nem o manto, mas tão-somente sua cabeleira solta que flutuava como uma chama dourada.

Maria abriu passagem entre os últimos que se despediam do Mestre e, deixando-se cair no pavimento como um trapo atirado ao solo, abraçou-se aos pés do Mestre soluçando enlouquecida.

Jhasua fechou os olhos e estremeceu ligeiramente como se a tormenta interior fosse vencê-lo naquela terrível luta final.

— Mulher! — disse, pondo as mãos sobre aquela cabeça agitada pelos soluços. —

Ungiste-me com perfumes para a sepultura e queres impedir que a morte abra para mim as portas do meu Reino glorioso?

Mas como ela não o atendesse, chamou-a pelo nome:

— Maria! Jamais desobedeceste a minha voz, e agora não queres ouvir-me?

Ela acalmou-se imediatamente e, levantando-se, olhou para o Mestre com os olhos vermelhos de pranto.

— Perdão, Senhor!... — disse. — Foi a minha hora de loucura!... Não quis fazer-te padecer!... Mas fui vencida pela suprema dor deste adeus para sempre!...

O Mestre colocou a mão sobre seus lábios...

— Não ofendas ao Eterno Amor, Maria. Jamais tornes a dizer essa dura frase que não é digna de um filho de Deus: *Adeus para sempre*. Isso é uma mentira, e a mentira não deve manchar jamais os lábios de um discípulo meu!

"Torno a repetir: Vou para junto de meu Pai e virei a vós cada vez que o vosso pensamento me chamar. Dou-vos o abraço da despedida. Entretanto, digo apenas: Até sempre!... Até sempre!"

Desligando-se valorosamente de todos aqueles braços que, estendidos para ele, queriam retê-lo, Jhasua lançou-se como um raio pela grande porta de entrada e saiu para a rua.

Era já a segunda hora da noite que surgia carregada de silêncio e de sombras. A lua, entre escuros cendais de nuvens, entrava e saía como uma donzela assustada que vacilasse entre permanecer ou fugir. Jhasua continuou caminhando sozinho pela sombria vereda e, em poucos instantes, alcançou Pedro, Santiago, João, Zebeu, Bartolomeu e Felipe, Matheus e Nathaniel, Andrés, Tomás, Tadeu e o tio Jaime.

Chegavam uns após os outros, como se nem todos houvessem decidido segui-lo ao mesmo tempo.

— Aonde vamos, Mestre? — perguntou Pedro rompendo finalmente o silêncio que envolvia a todos como um manto cor de cinza.

— Ao nosso costumeiro sítio para a oração: o horto de Gethsêmani. São para mim tão familiares e amigas aquelas velhas oliveiras entre penhascos mudos, que quero também despedir-me delas como de vós.

"São também criações do Pai e o nosso amor recíproco vitalizou-as com o Seu alento de mago.

"O pensamento humano unido à Divindade, através da oração, prende suas vibrações como véus invisíveis até nas coisas inanimadas. Durante muito tempo encontrareis nessas oliveiras e nesses penhascos algo meu flutuando no vento da noite, e até vos parecerá sentir o rumor da minha voz chamando pelos vossos próprios nomes...

"Visitai, depois da minha partida, todos os lugares onde juntos oramos e amamos a Deus, porque a oração é amor!... e algo de mim mesmo falará ao fundo da vossa alma, como a voz silenciosa da recordação, dando nova vida a tudo quanto formou o encanto inefável da nossa vida em comum..."

As sombras da noite impediam ver que lágrimas silenciosas corriam por aqueles rostos curtidos pelo sol e pelo ar do Mar da Galiléia.

— Senhor! — disse João aproximando-se do Mestre até tocá-lo no ombro com sua cabeça. — Por que motivo Judas saiu precipitadamente apenas terminou a ceia? Foi enviado por ti para realizar compras, segundo o costume?

— Nosso amigo saiu do cenáculo não para *comprar*, mas para *vender*. Jamais pude tirar dele a idéia de que era um estorvo e que era o último na minha pequena Escola. Tinha medo de todos e até de mim. Foi o único vencido pelo espírito do mal, que lhe fez ver a conveniência de conquistar o favor do Sinédrio delatando o lugar preciso onde seu Mestre se retira todas as noites para orar.

"Isso é tudo. Não temais, pois aquilo que o Pai dispôs para seu filho é o que sucederá. Nosso pobre amigo não vê ainda as conseqüências do que faz. Que Deus tenha piedade dele."

— Se tivéssemos sabido disto — disse Tomás —, haveríamos atado seus pés e mãos para que não pudesse mover-se de lá.

Alguns começaram a protestar a meia-voz contra o discípulo infiel, trazendo à memória episódios passados da conduta de Judas que desagradaram a todos, desagrado esse que o Mestre acalmou com aquelas suas suaves palavras:

— Não julgueis e não sereis julgados.

O piedoso manto de tolerância havia coberto a oculta soberba na alma de Judas, que vivia como envenenado por não ser o mais querido e honrado na Escola do Mestre.

— Devemos, apesar de tudo, ser justos com os criminosos e perversos, e é necessário reconhecer ser verdade que Judas caiu na armadilha estendida pelo Sinédrio que o enganou miseravelmente. Ele jamais imaginou que o Mestre, cuja grandeza reconhecia, pudesse ser justiçado, pois sabia perfeitamente que o Sinédrio não tinha autoridade para isso.

— Queremos trazê-lo até aqui — havia dito Hanan em nome do pontífice — para que ele faça, ante a autoridade competente, as declarações que necessitamos para julgar se realmente é o Messias anunciado pelos Profetas.

"Andar como anda, deixando-se aclamar pelo povo como Messias Libertador de Israel, como futuro Rei da nação, não conduz a nada nem leva a parte alguma. O que poderá suceder de um momento para outro é que Herodes, de acordo com o César, venha para cima de nós porque um de nossa raça e nossa fé deixa que essas idéias sejam propagadas, idéias que, se forem pura ilusão, nos colocará a todos no nível dos impostores vulgares que amotinam os povos.

"Se ele é o Messias-Rei que se espera, fazes um bem e não um mal unindo-se a nós para proclamar a verdade; e também farás um bem ao povo de Israel, que o reconhecerá no futuro."

— E se vos parecer que não é o Messias esperado? — havia perguntado Judas, procurando assegurar sua posição.

— Nesse caso — havia respondido Hanan — mandaremos que silencie e saia do país para não agitar o povo com ilusões sem fundamento.

— As obras que o vi realizar são maiores, a meu ver, que as feitas pelos maiores profetas de Israel — afirmou Judas. — Apenas pode-se admitir comparação com Moisés. Eu o trarei a vós, porém com a condição de que não lhe fareis mal algum e me reconhecereis no futuro pelo serviço prestado à causa.

— Está bem, amigo. Espero o cumprimento da tua palavra. Aqui tens trinta moedas de prata caso precises fazer alguma despesa.

E Judas recebeu a sacolinha com as trinta moedas de prata.

— O Mestre — disse — deve ir agora ao horto de Gethsêmani, no Monte das Oliveiras, onde todas as noites, enquanto está em Jerusalém, faz suas orações.

— E por que nesse lugar tão solitário e afastado? — voltou a perguntar Hanan, desconfiado de uma emboscada planejada por Judas.

— Esse horto pertence à antiga família da viúva Lia, parente do Profeta Nazareno e, em razão disto, ele vai ali como se fosse propriedade sua.

— Está bem, está bem. Terminamos o negócio — disse Hanan.

— Ainda não, pois é necessário que me dês uma escolta para trazê-lo até aqui.

Como acreditará que vou da vossa parte se me vir chegar só?

Um sorriso diabólico apareceu no rosto rugoso de Hanan que via muito bem engolido o anzol por Judas, cego pelo ciúme e pela soberba que, indubitavelmente, lhe faziam pensar:

"Agora sim que não me verei postergado na Escola do Mestre, futuro Rei de Israel, porque nenhum dentre os seus foi capaz de fazer o que eu fiz."

– Vejo que és inteligente – disse o ancião. – Vai ao palácio do pontífice Caifás que lá te será dada a escolta. Vou tomar uma liteira e irei em seguida. Espera-me defronte à fachada do palácio de Caifás.

Judas saiu para a rua tomando a direção indicada. Pouco depois, uma liteira coberta, levada por quatro escravos negros, tomava o mesmo caminho conduzindo Hanan.

Gethsêmani

No palácio de Ithamar tudo era silêncio e sombras. Só havia luz em dois lugares: na alcova de Nebai, no piso principal e, no andar térreo, no último pátio, que era o de maiores dimensões, pois davam para ele as cavalariças, os estábulos e as cocheiras.

No centro estava o reservatório de água e, nos ângulos, grupos de sicômoros e terebintos.

No mais afastado desses ângulos sombreados de árvores, Vércia, a druidesa da Gália, acendia o fogo da meia-noite, segundo o ritual do seu culto. Estava completamente sozinha, como sozinha velava Nebai em sua perfumada alcova atapetada de azul celeste. Nebai esperava por Judá que, terminada a ceia do anoitecer, havia saído em busca das notícias que deviam ser trazidas de Joppe, se, como julgavam, já se encontrava naquele porto desde o dia anterior o barco-correio de Roma.

Agitada por muitos pensamentos contrários, queria ler e parecia que seus olhos não conseguiam acertar com o que buscava no livro.

Tomava a cestinha de trabalhos manuais e a deixava logo, porque não podia tampouco prestar a devida atenção.

Ia até as caminhas brancas de seus dois filhos situadas de ambos os lados de seu grande divã de repouso e, vendo-os adormecidos, tornava a ocupar seu lugar junto ao candelabro velado por um quebra-luz azul.

Isto ocorria ao mesmo tempo que a druidesa, sentada numa esteira de juncos defronte ao seu fogo sagrado, observava fixamente as pequeninas chamas que, como diminutas línguas de ouro e púrpura, se agitavam, movidas pelo vento.

De repente, Vércia lançou um débil gemido e estendeu suas mãos com ânsia suprema para a pequena fogueira. Na penumbra amarelenta que irradiava o fogo, acabava de ver, rompendo a negrura das sombras, a branca imagem do Profeta Nazareno na frente de um pelotão de homens armados de lanças, num lugar sombrio, cheio de árvores e de penhascos, onde não havia outra luz que a de fumegantes archotes e a claridade da lua que se filtrava por entre os ramos das árvores.

– O fogo sagrado não mente jamais – murmurou a druidesa com voz soluçante.
– O Profeta de Deus foi preso.

Dobrou-se por terra como um lírio cortado e tocou o pó com a testa, adorando a vontade invencível do Grande Hessus.

Quando o fogo se extinguiu, cobriu-se com o seu manto e, mui silenciosamente, começou a subir as escadas em completa escuridão para retornar à sua alcova no segundo piso. Viu ao longe a alcova de Nebai, da qual saía um débil raio de luz e se aproximou, andando na ponta dos pés. Chamou-a suavemente.

Nebai estremeceu e, em dois passos ligeiros, chegou até a porta e a abriu:

– Vércia!... Que há?

– O Profeta de Deus foi preso – respondeu com uma fria serenidade que espantava.

– Não pode ser!... Como vieste a saber?

– Vi no fogo sagrado e ele não mente jamais!...

Nebai caiu de joelhos sobre o pavimento, porque seus pés pareciam negar-se a sustentá-la.

Vércia levantou-a em seus braços e levou-a para o divã. Nebai abraçou-se a ela, chorando desconsoladamente.

– Não chores, Nebai, minha amiga! – disse como arrulando. – Ele é grande, forte... é o Filho de Deus e os tiranos tremerão ante ele.

A pobre Nebai associava este fato à prolongada ausência de Judá, e toda esperançosa nele se consolava e disse com grande firmeza:

– Judá o porá em liberdade... Estou certa disto!

Essa foi uma noite terrível de confusão para os amigos do Profeta Nazareno! Judá ignorava a prisão do Mestre, que só era conhecida daqueles que o acompanharam ao horto de Gethsêmani.

Para que o leitor conheça todos os detalhes ocorridos nessa noite terrível e relacionada com o Homem-Deus, sigamo-lo entrando naquele sombreado horto que, durante a noite era tenebroso, pois os ramos das oliveiras, enlaçados uns aos outros, formavam uma espessa cortina salpicada de gotas de luz de muito escassa claridade nas noites de lua.

– A hora da prova chegou – disse o Mestre aos seus. – Velai e orai para não cairdes em tentação, porque hoje sereis postos à prova por minha causa. Prestai atenção que estais avisados.

"Velai e orai para que a vossa fé não vacile porque, não obstante o espírito permanecer alerta, a matéria é treva e constantemente o obscurece e cega."

Afastou-se em seguida alguns passos para junto de um grande penhasco no qual costumava apoiar as mãos cruzadas para a oração.

– Meu Pai!... – clamou do íntimo de seu espírito resplandecente de amor e fé. – A natureza humana sente medo de beber este cálice, porém não se faça a minha vontade, mas somente a Tua! – Seu espírito elevou-se ao Infinito como uma estrela solitária em cujas órbitas distantes, muito mais além dos domínios da mente humana, nenhum ser da Terra podia segui-lo.

Alma excelsa do Cristo, solitária por causa da sua grandeza; e, na hora da imolação, mais solitária ainda, para que o holocausto fosse completo sem consolo da Terra e com os céus emudecidos!

Nós, as pequenas criaturas terrestres, dobramos nossas testas ao pó e nossa alma se abisma sem compreender a suprema angústia do Cristo que o mergulhava em profunda agonia, bem como o heróico amor a seus irmãos que o transportava aos cumes serenos do Ideal!...

A visão que tivera no Santuário de Moab na véspera de ser consagrado Mestre da Sabedoria Divina voltou a apresentar-se-lhe como brotando de um abismo de trevas. A mesma voz musical que naquela ocasião lhe falara fez-se ouvir também agora:

— Queres?... Ainda há tempo para rechaçá-la.

"És livre para aceitar ou não essa afrontosa morte. Emancipado como estás da matéria, podes cortar o fio fluídico que te une à vida física e evitar a morte infamante e dolorosa da cruz! Escolhe!"

— A cruz!... — clamou muito alto, num gemido derradeiro de agonia, caindo exânime coberto de gelado suor, como se, em verdade, a morte o tivesse envolvido com seus véus de neve...

Seus discípulos, cansados e tristes, haviam-se deitado sobre a relva sem vontade para nada, a não ser para gemer, asfixiados pelo desespero que parecia enregelá-los até a medula dos ossos.

Nisto viam terminar suas brilhantes ilusões alimentadas com louco afã durante mais de três anos consecutivos?

Os que haviam abandonado parentes, amigos e posses por esta obra sublime que devia marcar novas rotas para a Humanidade, que diriam ao retornar vencidos, fracassados, sem fé nem esperança, como passarinhos aturdidos pelos açoites da tempestade?

Esses sombrios pensamentos foram logo interrompidos pela voz do Mestre que parecia havê-los percebido.

— Velai e orai para não serdes vencidos pela tentação. Já vos disse que hoje a vossa fé em mim seria posta à prova. Não obstante o espírito manter-se sempre alerta, a matéria desfalece com freqüência. Orai junto comigo.

E tornou a retirar-se para o mesmo lugar onde sempre orava, ao pé daquele penhasco, testemunha silenciosa da agonia do Homem-Deus.

Pouco depois, o silêncio da noite foi bruscamente quebrado pelos passos precipitados e pelo surdo rumor de vozes de muitos homens, que vinham pelo caminho da cidade.

Não eram soldados romanos, pois não vestiam uniformes nem levavam os emblemas e brasões que traziam sempre com eles.

Vestiam o uniforme dos guardiães e servidores do palácio de Caifás, o pontífice reinante. Vinha um dos três comissários do Templo com dois auxiliares. E, de cada lado de Judas, principal personagem desta embaixada, caminhavam majestosamente um filho de Hanan e um juiz do Sinédrio. As alabardas e as lanças brilhavam sinistramente à chamejante luz das tochas com que iluminavam o caminho. Ao todo eram cinqüenta homens.

"Deus dá sua luz aos humildes e a esconde aos soberbos", havia dito o Divino Mestre, e sua palavra cumpria-se em Judas nesse instante que, envaidecido por aquilo que ele julgava ser um triunfo, ia pensando que aquela era uma digna escolha para conduzir o Messias, futuro Rei de Israel, para enfrentar privadamente com a mais alta autoridade da nação que, convencida da verdade, o proclamaria no último dia da Páscoa.

O Mestre aproximou-se dos seus e disse com grande serenidade:

— Levantai-vos e saiamos do horto, porque aqueles que devem vir já estão aqui.

A chama dos archotes deu de cheio sobre o grupo formado pelo Mestre com os seus. Estes viram também os que chegavam e, entre eles, reconheceram Judas, que vinha na frente. Este avançou uns passos e disse em voz alta:

— Deus te salve, Mestre! — e deu-lhe um beijo no rosto.

— Amigo!... Com um beijo entregas o teu Mestre?

Judas ia explicar-se, mas Jhasua adiantou-se para o grupo de homens armados para perguntar:

— A quem buscais?
— A Jhasua de Nazareth, chamado o Cristo — respondeu o comissário.
— Sou eu!

Esta frase ressoou como um estampido de algo formidável que explode num instante, e os da escolta deram um salto para trás, como se houvessem visto rebentar a cratera de um vulcão. Isto deu lugar a que alguns caíssem ao solo e fossem apagadas as tochas. Produziu-se grande confusão, e os discípulos, o tio Jaime e Pedro, que levavam espadas, puseram-se em guarda, sendo que os demais, que apenas possuíam seus bastões de viagem, apertaram-se junto ao Mestre que voltou a perguntar.

— A quem buscais?
— A Jhasua de Nazareth, chamado o Cristo — respondeu o comissário do Templo não tão valentemente como da primeira vez, pois os homens da sua escolta se retiravam apressados e em confusão, temerosos de outro estampido como aquele que os sacudiu um momento antes.
— Sou eu — respondeu o Mestre. — E se buscais a mim, deixai em paz estes amigos que me rodeiam.

A um sinal do juiz, adiantaram-se dois homens com grossos cordéis e ataram as mãos do Mestre.

— Faltais com a vossa palavra! Não foi isto que ficou combinado! — gritou Judas. Porém, como isso havia sido previsto, alguns da escolta voltaram suas alabardas contra ele, que rodou por um barranco, aturdido pelos golpes e com o rosto sangrando ao chocar contra as pedras do despenhadeiro.

Enfurecido, Pedro assestou golpes com a sua espada para a direita e para a esquerda, da mesma forma como o tio Jaime, enquanto seus companheiros, fazendo girar seus bastões por cima da cabeça, golpearam aqueles que se achavam ao seu alcance.

A voz serena do Mestre chamou-os à ordem.

— Que fazeis? Sois como os mundanos que respondem ao golpe com o golpe...
"Guardai, amigos, vossas espadas e bastões, porque o cálice que o Pai me apresenta deve ser bebido até a última gota."

O desolado grupo reuniu-se sob a sombra das árvores, ao mesmo tempo que acompanhavam com o olhar a branca figura do Mestre que, à débil claridade das estrelas, assemelhava-se a uma tênue gaze de seda que se afastava levada pelo vento.

Conduziam-no em profundo silêncio, a fim de que, no caminho para Jerusalém, povoado de tendas de peregrinos, ninguém percebesse o que estava ocorrendo.

Passado o primeiro estupor, os discípulos reagiram e, com a força que proporciona o desespero, começaram a correr para a cidade por diferentes caminhos daquele que a escolta seguia. Queriam chegar antes para dar aviso ao príncipe Judá, a Hachben Faqui, ao scheiff Ilderin que tinham forças armadas em previsão, sem dúvida, deste caso inesperado.

Não obstante o Mestre ter sido mantido afastado de todos aqueles preparativos bélicos, sabia que os mesmos estavam sendo feitos desde há bastante tempo.

Em grupos de dois ou três discípulos se dispersaram, saltando por entre barrancos e passando por matagais, como se fossem cervos perseguidos pela matilha dos caçadores.

O tio Jaime com João chegou já passada a meia-noite ao palácio Henadad, mergulhado na escuridão e no silêncio.

No pórtico da entrada velava Boanerges, que abriu a porta silenciosamente. Não necessitou perguntar o que ocorria, porque no rosto de ambos estava refletido o triste acontecimento.

— O Mestre acaba de ser preso — disseram ambos ao mesmo tempo, deixando-se cair como extenuados sobre um dos estrados.

— Eu já supunha isto — respondeu o jovenzinho com os olhos cheios de pranto. "Eu dormia no cenáculo para acompanhar de perto a Senhora e, em sonhos, vi o Mestre que me disse: *Já chegou a minha hora.* Levantei-me e vim para junto desta porta, porque esperava que viésseis em seguida."

As mulheres galiléias, na alcova de Myriam, rodeavam-na com indizível amor, e a doce mãe, cujas lágrimas se haviam esgotado, sentada em seu divã, observava com tenacidade o círio aceso que ia consumindo-se lentamente.

Em seu pensamento, comparava a vida do círio com a sua própria e dizia para si mesma no fundo da sua alma: "Sua vida e a minha são como a luz deste círio: uma só chama!... uma só vida que logo se extinguirá, para acenderem-se juntas, novamente, no seio de Deus."

A chegada de João e do tio Jaime sobressaltou-as enormemente.

João abraçou-se a sua mãe Salomé e começou a chorar como uma criança.

O tio Jaime aproximou-se de Myriam, que estava entre Maria e Ana, e disse apenas estas palavras:

— Jhasua foi preso e o levam ao palácio do pontífice Caifás. Não sabemos nada mais.

— Sei o restante — disse Myriam sem deixar de contemplar o círio que ia consumindo-se.

"A luz que nos ilumina a todos logo será apagada — acrescentou. — Que será então das nossas trevas?"

Ana e Maria abraçaram-se a ela, chorando desconsoladamente.

A heróica mãe, que uma força sobre-humana parecia sustentar, teve o valor de dizer:

— Fazei comigo, ao Senhor, a oferenda de sua vida amada acima de todas as coisas da Terra, e o Senhor secará o vosso pranto e não choraremos mais!... Nunca mais!...

Mediante repetidas doses de xarope de flores de laranjeira, a angustiada mãe do Mártir caiu num sono profundo, do qual não despertou, a não ser pouco antes do amanhecer.

Ana, a caçula dos filhos de Joseph, casada, como se sabe, com Marcos, recostou-se no mesmo divã em que repousava Myriam e disse que cuidaria dela durante toda a noite.

Maria de Mágdalo foi para a sua alcova, depois de averiguar que o tio Jaime e João haviam saído para a rua para avisar o príncipe Judá do que ocorria.

Naqueles momentos de suprema angústia ainda esperavam poder salvar o Mestre. Mas o tio Jaime dizia tristemente a João, enquanto andavam na escuridão das ruas tortuosas:

— Mais que ao Sinédrio, temo pela própria vontade de Jhasua que não quer ser salvo. Por que se despediu de todos nós? Por que está decidido a morrer?

— É verdade — confirmou João. — Ele disse isso claramente esta noite:

'Para onde vou, não podeis vir. Vou para junto de meu Pai... Já é chegada a hora.'

— Sim, sim... falou realmente assim!... Não obstante isto, deveremos fazer algo para evitar que sejam cometidas violências contra ele.

Com isto dirigiram-se ao palácio de Ithamar em busca de Judá, de Hach-ben Faqui e do scheiff Ilderin, os três chefes das forças armadas que haviam sido organizadas.

Neste meio tempo, Maria de Mágdalo esperou que todas as suas companheiras se houvessem recolhido às suas alcovas, já que passava da meia-noite.

Chamou em segredo Boanerges, o pastorzinho músico, e o mandou preparar-se para acompanhá-la numa excursão pela cidade adormecida.

– Espera-me no pórtico – disse – que irei em seguida.

Sozinha em sua alcova, embelezou-se esmeradamente como se fosse comparecer a um suntuoso banquete.

Vestiu-se segundo o uso das cortesãs egípcias para encobrir um pouco a sua personalidade. Convertida inteiramente numa nuvem de gazes, sua cabeça, pescoço e braços resplandeciam de diademas, colares e braceletes.

A agitação febril que a dominava, emprestava colorido e animação ao seu rosto que parecia um buquê de rosas vermelhas na primavera.

– Vamos – disse secamente a Boanerges que a esperava.

– Aonde? – perguntou ele.

– Segue-me – respondeu.

Cruzaram ruas e ruelas, dobraram esquinas e se ocultaram em pórticos e colunatas quando percebiam passos ou vozes das patrulhas romanas que mantinham a ordem.

Nossos dois personagens se encaminhavam ao palácio de Caifás, para onde sabiam que o Mestre havia sido levado.

Aquela jovem mulher, com apenas um quarto de século de vida, conhecia, através de seus estudos, a história de todos os desatinos, desregramentos e vacilações dos homens por causa dos encantos de uma mulher.

Clélia, a heroína romana dos primeiros tempos de Roma, tomada prisioneira como refém pelo general etrusco Porsena, não havia quebrado em pedaços sua vontade, dura como o ferro, e o havia feito dar-lhe liberdade, juntamente com todas as crianças que deviam ser passadas pela espada?

Não havia encadeado a vontade de Alexandre Magno uma princesinha persa que o levou até a adotar os costumes, língua e usos do país do gado e das rosas vermelhas?

Não havia Cleópatra, a egípcia, dobrado a Júlio César, que lhe deu um trono em troca de seus sorrisos; e a Antônio, o invencível guerreiro, não fez deixar a espada pelo encanto de seus banquetes em barcas sobre as águas do Nilo?

Não poderia, portanto, haver nada de mais se ela, jovem e formosa, conseguisse dobrar a vontade dos doutores e juízes do Sinédrio para libertar o Profeta Nazareno, cuja excelsa grandeza a fazia compreender um amor superior a todos os amores da Terra!

Tal era o sonho insensato a que o amor e a dor levavam, como pela mão, aquela mulher coberta de manto azul, caminhando seguida de Boanerges pelas tortuosas e obscuras ruas de Jerusalém, pouco depois de o Mestre ter sido preso.

Quando estavam a cem passos do palácio, viram abrir-se o portão do pátio da criadagem e que homens cobertos de mantos saíam cautelosamente, acompanhados de vários escravos e de duas colunas de guardas do palácio. No meio deles, o Homem de Deus, com as mãos atadas às costas, despojado já de seu manto e sendo conduzido como um réu vulgar. Junto com ele levavam outro prisioneiro, de sinistro aspecto, cujas roupas escuras se confundiam com as sombras da rua.

Chegado nosso relato a este ponto, vejamos o que havia ocorrido no palácio de Caifás e por que tiravam dali o prisioneiro.

Astutos e receosos até o extremo, os inimigos do Profeta temeram que seus discípulos levantassem o povo em massa para defendê-lo, e o palácio de Caifás, ainda que grande e suntuoso, não era uma fortaleza em condições de conter uma multidão enfurecida. Julgaram prudente transferi-lo para a Torre Antônia, junto com o bandido que anos atrás havia roubado no próprio Templo e ao qual somente a astúcia dos agentes do Sinédrio tornou possível a sua captura. Ele havia sido levado a Caifás enganado por uma escrava adestrada para isso.

A polícia do Sinédrio apreciava muito competir com a polícia romana, da qual era rival e, sempre que se apresentava uma situação, procurava deixá-la numa mediocridade bem evidente. Esta situação vinha sendo mantida desde os tempos do pontífice Ismael-ben-Pabhi, nos começos da criminosa administração de Valério Graco.

O réu companheiro de Jhasua de Nazareth era um tal Barr-Abbás, ladrão, assassino e assaltante da pior espécie.

Dois juízes do Sinédrio, Rabi Shanania e Samuel Apkaton, iam à frente daquele heterogêneo grupo de homens que conduzia os dois presos.

Ao chegar ao grande portão da Torre Antônia, foram recebidos pelo centurião que estava de guarda o qual não estranhou nada, pois eram freqüentes os envios deste gênero por parte do Sinédrio.

A guarnição da Torre estava já cansada desses dissimulados e encobertos manejos, muitos dos quais apenas diziam respeito a vinganças por assuntos religiosos ou por questão de interesses criados.

Ao centurião somente foi dito, ao lhe serem entregues os presos, que os guardasse cuidadosamente, pois se tratava de réus muito perigosos, motivo pelo qual entender-se-iam no dia seguinte com o procurador.

O aspecto de ambos era tão diferente um do outro que o militar ficou olhando estupefato para o Mestre durante um breve instante.

Mandou que levassem o outro para um dos calabouços do subsolo porque, na verdade, toda a sua pessoa delatava ser um delinqüente. Seu rosto cheio de cicatrizes e seu olhar terrível e receoso, bem como sua descuidada vestimenta, seus cabelos e a barba emaranhados falavam claramente.

Mas o jovem preso, da túnica branca?!...

– Oh!... Pelos raios de Marte!... – disse o militar romano. – Este parece ser um Apolo que deixou crescer a barba para que as Musas o respeitem. Com toda a certeza há um grande mistério nisto!

"Que me cortem as duas orelhas se este bom homem não é uma vítima do ódio dos judeus."

O centurião conduziu o Mestre para a câmara dos detidos, situada na planta baixa da torre principal. Desatou os cordéis que atirou a um canto e acendeu a lamparina de azeite que pendia do teto.

Observou novamente o prisioneiro à escassa claridade da lâmpada, e cada vez lhe parecia mais absurda aquela prisão.

– Por que te trouxeram para cá? – perguntou.

– Ainda não estou inteirado do que me acusam. Saberei disto amanhã – respondeu o Mestre.

O militar indicou o estrado coberto por uma esteira e umas mantas caso ele quisesse descansar.

Fechou com chave a porta de grossas barras de ferro e se afastou.

Sendo tantos os personagens que direta ou indiretamente intervieram junto do Profeta Nazareno no episódio final da sua vida, vemo-nos obrigados a retroceder alguns momentos para encontrar alguns de seus amigos mais íntimos.

Quando o Mestre foi introduzido no palácio de Caifás, Pedro, Santiago, Tadeu e Bartolomeu entraram no pátio da criadagem, que era como uma pequena praça.

No centro, havia uma grande fogueira rodeada de bancos de pedra. Um reservatório de água num ângulo, uma mesa de enormes proporções no outro, onde eram vistas cestas de pão e restos de comida, o que demonstrava que ali os guardas e os servos passaram a noite comendo e bebendo. As cavalariças davam para aquele pátio, bem como as cocheiras e as habitações da criadagem, que era muito numerosa.

Os discípulos mantiveram-se no portal da entrada, quase despercebidos pela escuridão da noite que a luz da fogueira não conseguia dissipar. Pedro não podia suportar a ansiedade de saber o que fariam com o Mestre e, pouco a pouco, foi se misturando por entre a algaravia dos guardas, escravos e escravas que entravam e saíam do pátio para a cozinha, para os depósitos de mantimentos e subiam a escada do piso principal, onde estava reunido parte do Sinédrio.

Pelas grandes janelas eram vistos circular os criados com bandejas e travessas, servindo os magnatas recostados em poltronas no salão do pontífice.

A venerável cabeça branca de Pedro não tardou em chamar a atenção de alguns daqueles homens. Um deles disse ao outro.

— Esse é também galileu e estava no horto quando prendemos o Rabi milagroso. Que quererá ele aqui?

Dirigindo-se a Pedro, perguntou:

— Não és um dos companheiros do preso que temos ali dentro? Parece-me haver-te visto com ele.

Pedro dissimulou como pôde sua surpresa ao ver-se descoberto e, sem se deter nem um só segundo a pensar, respondeu:

— Que posso saber do vosso preso! Sou um pescador de Tiberíades e vim à festa como todo filho de Israel. Vendo aqui boa gente reunida em paz e em alegria, cheguei para me distrair porque não tenho família na cidade.

Quando outros criados ou guardas julgaram reconhecê-lo também, negou-o, assegurando que não sabia de que pessoa se falava.

Um galo cantou num dos cantos do estábulo e seu canto ressoou para Pedro como se um punhal lhe houvesse atravessado o coração. Recordou as palavras do Mestre; percebeu seu meigo olhar como um resplendor de lua na sinistra escuridão de sua angústia e saiu espavorido como se um horrível fantasma o estivesse perseguindo. Na semi-obscuridade do portão, tropeçou com seu irmão Andrés, que havia chegado também em busca de notícias e, abraçando-se a ele, desatou numa tempestade de soluços que não podia conter.

— Que ocorre? Condenaram o Mestre?... Que tens?...

Inúteis perguntas! Pedro havia-se deixado cair sobre um estrado do portão e, totalmente envolto em seu manto, chorava convulsivamente.

Finalmente levantou-se e saiu a correr em direção à rua do comércio. Seu irmão Andrés seguiu-o até o palácio Henadad, onde entrou sem haver pronunciado uma única palavra.

Ali deviam estar o tio Jaime, Hanani e Zebedeu. Ali estava Myriam, a doce mãe do Mestre, e todos os seus amigos da Galiléia... E diante de todos eles Pedro confessaria seu horrível, seu espantoso pecado.

Havia tido medo de confessar que era um dos discípulos do Justo que nessa noite haviam prendido como a um malfeitor!

Ele! E logo ele, em quem o Mestre depositava mais confiança!... Ele que sempre era encarregado de cuidar dos seus companheiros durante a sua ausência!... Jehová justiceiro!...

Por que a terra não se havia aberto para tragá-lo? Por que não se havia desmoronado o teto para esmagá-lo como a miserável réptil? Por que não caía um raio dos céus e o consumia como a uma vil escória?

Arquejante, Pedro chegou ao pórtico onde ainda tremeluzia a lâmpada que Boanerges esquecera de apagar quando saiu seguindo Maria.

Até lhe foi negado o consolo de seus amigos galileus: Myriam dormia; Hanani e Zebedeu não estavam. O tio Jaime e João também não estavam. Maria de Mágdalo e Boanerges não se encontravam em seus aposentos.

Pedro, como enlouquecido, lançou-se novamente na escuridão da rua.

Apenas havia dado quatro passos, quando tropeçou com dois vultos que vinham em direção contrária. Eram Nebai e Vércia que, não vendo chegar Judá nem Faqui, iam à casa de Maria acreditando poder obter ali as notícias que procuravam. Seguia-as, a dois passos, Shipro, o jovem servo egípcio, companheiro de infância do príncipe Judá.

Por fim, Pedro acabava de encontrar com quem desafogar seu pesar.

Conhecia Nebai desde muito menina, lá das montanhas do Tabor, e sabia muito bem quão grande era o seu amor e a sua adesão ao Mestre.

– Aonde ides? – perguntou Pedro ao reconhecê-las.

– Ao palácio Henadad para obter notícias.

– Não há ninguém lá que possa dar-lhes maiores ou piores que as que eu posso dar.

Contendo os soluços no fundo do peito, mencionou tudo quanto havia ocorrido no horto de Gethsêmani e no pátio do palácio de Caifás.

A hora da imolação suprema tinha chegado, conforme o Divino Ungido havia repetido em seus últimos dias e, em face disso, tudo parecia combinar-se para fazer fracassar os esforços dos seus para salvá-lo da morte.

O astuto Hanan, alma da vida política e religiosa da Judéia, não permitiu que fossem convocados todos os membros do Sinédrio, que somavam a sessenta e um. Valendo-se de subterfúgios intencionais, deixaram sem aviso seis membros que eram grandes amigos do Mestre: Eleazar e Sadoc, sacerdotes pertencentes à Fraternidade Essênia; José de Arimathéia, Gamaliel, Nicodemos e Calva-Schevona, nome judeu de Nicolás de Damasco. Esses seis homens, incorporados novamente ao Conselho por eleição recente, eram efetivamente temíveis no Sinédrio, pois, possuindo uma palavra de admirável lógica e uma vida toda consagrada à verdade e à justiça, arrastavam com as suas opiniões os poucos homens de alma sã e de coração sincero que havia no seio do Grande Conselho, como o eram Chanania ben Chisva, que desempenhava a arbitragem nas votações, o Rabi Shanania, juiz eclesiástico da câmara de sacerdotes, Jonathas Ben Usiel, filósofo e poeta, e Simeão de Anathol, doutor em leis.

O velho Hanan, que durante dez anos havia exercido o pontificado, que também fora exercido por seus cinco filhos sob a sua tutela, conhecia toda essa rede estendida no Sinédrio, ao qual não era conveniente de forma alguma que fossem levantadas fortes oposições no seio do Grande Conselho, precisamente quando conscientemente ia ser cometido o mais horrendo crime deturpado com a denominação de julgamento legal.

Foi em razão disto que os quatro doutores amigos do Mestre desde a sua meninice ignoraram completamente a sua prisão até pouco antes do meio-dia seguinte.

Na reunião privada que vimos e que estava se realizando no salão do pontífice entre travessas de deliciosos manjares e delicados vinhos de Corinto e de Chipre, só era dada a palavra aos membros *incondicionais* de Hanan: Caifás, seu genro e pontífice; seus cinco filhos Eleázar, Jonathas, Matias, Teófilo e Unano; além dos três filhos do velho Simão Boetho, cunhado de Hanan; Elkias, tesoureiro do Templo, Samuel Akatão, Doras e Ananias de Nebedal. Eram apenas catorze, porém os mais indicados para tecer na sombra a mais hábil urdidura que pudesse logo convencer os imparciais, até que se chegasse pelo menos à metade dos votantes em favor da condenação à morte para o Profeta de Deus.

Entre os criados de Caifás, que serviam nesse banquete do crime, estava aquele escravo egípcio enamorado de uma das escravas de Cláudia, esposa do procurador Pilatos.

Os dois palácios eram vizinhos, como já dissemos. O portão das cavalariças de um ficava a poucos passos das grandes grades dos jardins do palácio de Herodes, atual habitação do procurador. O escravo egípcio passou para a escrava gaulesa todas as notícias que pôde conseguir relacionadas à prisão do Profeta Nazareno e a decisão do Sinédrio de condená-lo no dia seguinte.

A triste notícia chegou a Cláudia quando já era passada a meia-noite. A escrava gaulesa atreveu-se a entrar na alcova da sua senhora sem ser chamada, esperando que a gravidade da notícia a salvaria de alguma repriminda.

O procurador, em seu escritório na planta baixa do palácio, atendia aos últimos assuntos do dia. Firmava correspondência urgente, recibos de tributos, ordens de confiscos, de compras de víveres para as diferentes guarnições que nas fortalezas e torreões da Samaria e da Judéia garantiam ao governo de Roma a submissão dos povos tributários.

Cláudia não teve a paciência de esperar que seu marido subisse à sua alcova e desceu para procurá-lo no escritório.

Pilatos estava só.

— Grande novidade deve estar ocorrendo — disse ao vê-la deixar o leito a tal hora.

— Os perversos velhos do Sinédrio prenderam nesta noite o Profeta Nazareno — esclareceu Cláudia trêmula de medo.

— E isso te assusta? Nestes anos todos que já passamos aqui ainda não te acostumaste a ver que os devotos servos de Jehová não são felizes a não ser quando têm alguma vítima entre as mãos? Agora tocou a vez do teu Profeta Nazareno. Eu não sabia de nada.

— Não deixarás condená-lo!... — gritou Cláudia com uma grande excitação nervosa. — É um justo, enviado dos deuses!

— Acalma-te, mulher! Acreditas que se vai deixar condenar assim sem mais nem menos um homem idolatrado pelo povo e que faz estupendas maravilhas, apenas movendo as mãos?

"De qualquer modo, agradeço imensamente o aviso, pois desta forma estarei preparado para enfrentar o temporal que se desencadeará amanhã.

"Acabo de assinar uma ordem de saída de metade da guarnição da Fortaleza da Porta de Jaffa com destino a Sebaste, onde estão ocorrendo distúrbios; mas essa tua notícia faz mudar a minha resolução. Quem poderá conter o povo amanhã se a esses perversos velhos, a quem os deuses confundam, apetecer açoitar o prisioneiro, como é do costume?

"Esse é o único castigo cuja aplicação Augusto autorizou e afianço com toda razão que, desde que vivo neste país de profetas e de milagres, já vi centenas de homens inutilizados pela flagelação."

Enquanto falava desta forma, Pilatos tomou o documento a que havia aludido e o fez em mil pedaços, com visíveis demonstrações de mau humor.

— Porém não permitirás que ele seja açoitado por esses malvados!... — insistiu Cláudia quase em pranto.

— Não me canses, mulher!... Não posso imiscuir-me nos assuntos religiosos dos judeus. Se o César lhes deixou autoridade para açoitar os transgressores de suas leis, que queres que eu faça?

Cláudia deixou-se cair sobre um divã e desatou a chorar amargamente.

Pilatos levantou-se comovido e aproximou-se dela.

— Está bem! Basta... já basta! Prometo que farei tudo quanto estiver a meu alcance para evitar que esse bom homem seja molestado de alguma forma. Farei alguma outra concessão aos velhos, das muitas que pedem a cada dia, em troca da liberdade do Profeta.

"Terminei tudo aqui. Vamos! — disse e, rodeando com seu forte braço a cintura de Cláudia, subiu com ela para as suntuosas alcovas no piso principal."

Deixamos dois cabos soltos nas últimas páginas do nosso relato: Maria e Boanerges ocultos num portal seguindo com o olhar o Mestre sendo conduzido por um grupo de homens que saía do palácio de Caifás para a Torre Antônia. E Pedro, desconsolado até o desespero, desafogando sua angústia com Nebai e Vércia, a pouca distância do palácio Henådad.

Quando ambas ouviram o triste relato, ficaram mudas de espanto, sem saber qual resolução tomar.

— Mas Judá!... Não sei como é que ele não está em casa a estas horas! — disse Nebai pensando sempre que ele haveria de salvar o Mestre.

— Minha senhora — disse Shipro. — O príncipe Judá virá somente ao amanhecer, pois quando caía a noite saiu para Joppe, a todo o correr de um bom cavalo. Agora deve estar chegando lá.

— A Joppe!... Meu Deus! Que foi fazer nessa cidade, se aqui sua presença é tão necessária?

— Quando ele ia montar, eu segurava o cavalo pelo bridão e ouvi que dizia a Hach-ben Faqui *que não havia chegado um correio urgente aguardado desde ontem e que iria pessoalmente buscar não sei que documento importante que espera de Roma* — respondeu o fiel criado.

Nebai, que conhecia o assunto, murmurou a meia-voz:

— Contanto que não chegue tarde demais.

A druidesa não havia aberto os lábios, mas era notório seu estado de preocupação.

As duas mulheres resolveram voltar para casa, pois Nebai havia deixado seus dois filhos adormecidos. Talvez também seu avô Simônides ou Hach-ben Faqui tivessem algum indício que as orientasse naquele desconcertante labirinto.

Pedro e Andrés regressaram às suas hospedagens, esperando, da mesma forma, encontrar algum recurso de última hora que os orientasse sobre o que deviam fazer.

Enquanto sucedia esta cena no escuro ângulo de uma muralha, Maria de Mágdalo, seguida por Boanerges, havia chegado à Torre Antônia, juntos a cujos muros se apertavam cautelosamente, buscando proteção em sua sombra dos olhares indiscretos de algum transeunte noturno.

Não havia outra claridade além da estreita faixa de luz que saía da porta de entrada da Fortaleza, na qual viram reaparecer os homens embuçados, junto com os criados e guardas que haviam conduzido o prisioneiro.

Viram que se afastavam no mais profundo silêncio e sem luz alguma, o que indicava que não desejavam ser percebidos por ninguém.

— Senhora!... Que vais fazer? — perguntou Boanerges a Maria quando a viu avançar até o portão de entrada.

— Pedirei que me deixem falar ao Profeta. Porventura tens medo? Fica escondido atrás de uma das colunas do pórtico, que entrarei sozinha.

— Não temo por mim, mas... — e o pastorzinho não se atreveu a terminar a frase.

— Já te compreendo! — respondeu Maria. — Temes que algum dos soldados venha a ultrajar-me. Não temas. O Deus do Profeta Nazareno está comigo.

"Espera-me aqui."

Sem vacilar, subiu rapidamente os poucos degraus do pórtico.

Deteve-se no centro de uma grande porta e toda a luz deu de cheio sobre aquele vulto azul que, inesperadamente, surgia das trevas.

O guardião que estava ali como uma estátua de bronze e ferro, atravessou a lança ante ela, impedindo-lhe a entrada.

— Que buscas aqui? — perguntou em língua latina.

— Quero falar com o prisioneiro — respondeu Maria secamente.

— Os presos não recebem visitas a esta hora. Vai embora.

O centurião da guarnição, que dormitava deitado sobre um divã no fundo da sala, levantou-se parcialmente para ver com quem o sentinela estava falando.

Ao ver uma mulher com a cabeça coberta por um véu, ergueu-se e foi até ela.

Era um nobre soldado que havia servido às ordens do duúnviro Quintus Árrius, pai adotivo do príncipe Judá, a cuja generosidade estava agradecido.

— Descobre-te, nobre dama — disse amavelmente — e dize-me o que buscas a estas horas.

Maria deixou cair sobre os ombros o manto que lhe cobria a cabeça, a qual apareceu como uma flor de ouro ante os assombrados olhos do centurião.

— Pelos deuses!... — exclamou — És uma musa que fugiu do Olimpo! Que desejas?

— Centurião — disse. — Minha mãe era romana e tinha orgulho da nobreza dos romanos. Peço que me deixes falar com o prisioneiro que acabaram de trazer.

— É que são dois; mas parece que já sei qual é o que procuras: o Apolo ruivo e formoso como um sol. És mulher dele?

— Não, não! — respondeu nervosa. — Não sou sua mulher, porém sou íntima amiga de sua mãe, que perderá a vida com a prisão de seu filho! Deixa-me falar-lhe, por piedade, e os deuses nos quais crês compensarão tua nobre ação.

— Está bem! Não creio que possa existir algum mal em lhe falares; no entanto, se és tão nobre como formosa, dirás lealmente se trazes alguma arma para o prisioneiro.

— Arma?... Para quê? Ele não é homem de armas, mas de paz e de amor. Porventura não o viste no dia em que entrou triunfante na cidade, aclamado pelo povo.

O centurião deu palmada na testa.

— Por mil raios de Júpiter!... Então este é o Profeta Nazareno protegido de Quintus Árrius!

— Justamente! — confirmou Maria que começava a ter novas esperanças.

"Deixas-me vê-lo? — perguntou. E estendeu as mãos para que o centurião visse que não portava arma alguma."

— Sim, sim, mulher! Segue-me, e na primeira oportunidade dirás ao príncipe Árrius o que fiz ao ouvir o seu nome.

Maria seguiu o centurião por uma longa galeria que uma lâmpada pendurada no teto iluminava debilmente.

No final, via-se uma grade, por detrás da qual também havia luz.

— Aí o tens — disse o centurião indicando a grade. — Fala quanto queiras.

— Mestre!... — exclamou Maria quando o viu sentado sobre o estrado olhando-a com seus meigos olhos cheios de paz e de serenidade.

— Maria!...

A estas duas únicas palavras que se encontraram no éter iluminado de amor, a grade abriu-se sozinha diante os estupefatos olhos do centurião, que tinha absoluta certeza de havê-la fechado com chave dupla.

— Raios e trovões do Olimpo! Se aqui não anda magia, não sou Longhinos, o centurião!

Maria precipitou-se para a sala e caiu de joelhos perante o augusto Mártir.

— Mestre!... Mestre! Se visses a desolação de tua mãe e de todos aqueles que te amam, não te empenharias em abandonar-nos, deixando-nos sozinhos neste mundo — disse entre soluços e com as mãos unidas em atitude de desesperada súplica.

O centurião continuava olhando assombrado, não a cena em si, mas a porta da grade aberta pela qual havia passado aquela mulher como um fantasma etéreo.

— Tem paz e sossego em teu coração, Maria, e não te esqueças de que é a Vontade Soberana do Pai quem me levará para o Seu Reino e não a vontade dos meus inimigos.

"Débil e fraca é a vossa fé quando temeis os homens que são uma fibra de palha nas mãos de Deus."

— Acreditamos, Mestre, acreditamos que Ele pode salvar-te de teus inimigos! — exclamou Maria num ardente protesto de fé. — Por acaso não vimos junto de ti tantas maravilhas?

— E ainda vos falta ver a maior — respondeu o Mestre com uma firmeza que encheu Maria de entusiasmo, pois ela interpretou que ocorreria um estupendo acontecimento, através do qual seu Mestre manifestaria publicamente o divino poder do qual estava investido.

— Volta para casa, Maria, e dize a minha mãe e a todos aqueles que amo, que hoje mesmo, na segunda hora da tarde, estarei livre de meus inimigos e terei vencido a morte.

"Que a paz seja contigo!"

Ébria de felicidade, Maria beijou as mãos do Mestre e, cobrindo-se novamente, saiu com passos ligeiros, deixando absorto o centurião que mais uma vez fechou com chave dupla a grade da prisão.

— Que aconteceu senhora? — perguntou Boanerges quando a viu descer novamente para a rua.

— Glória! Triunfei, Boanerges! Vi o Mestre, que mostra uma paz e uma serenidade admirável, e falei com ele.

"Ele disse que ainda veremos uma maravilha maior que todas quantas foram vistas e pediu para avisar a todos os que o amam que *hoje, na segunda hora da tarde, estará livre de seus inimigos e terá vencido a morte*. São estas as suas próprias palavras.

— Graças a Deus! — exclamou Boanerges. — Corramos para casa a fim de que esta boa nova leve o consolo ao coração da pobre mãe.

Quando chegaram, já estavam ali reunidos os amigos galileus. Mas Maria viu que sua grande notícia foi recebida com dúvidas e receios.

— O Mestre despediu-se de todos nós. Logo ele estava sabendo que vai afastar-se do nosso lado — disse um deles.

— Existem muitos modos de ir — respondeu outro. — Henoch e Elias não foram levados em carros de fogo pelos anjos de Deus?

— Moisés não subiu ao Monte Nebo e ninguém o viu descer, como também ninguém encontrou o seu cadáver? — acrescentou um terceiro.

– Ele se consumirá como este círio – disse Myriam secando duas lágrimas que corriam pelo seu rosto – e sua alma radiante e formosa virá a nós, pelas noites, como um raio de lua para iluminar o nosso caminho.

"Deus meu! Recebe o meu holocausto supremo e que ele seja uma semeadura de paz e de amor sobre toda a Terra."

Amanheceu por fim o tremendo dia que o Divino Ungido esperava com ânsia suprema chamando-o *seu dia de glória, seu dia de triunfo, seu dia de amor* e de divinas compensações no seio de seu Pai.

Narradores fiéis do que aconteceu nessas últimas horas da vida física do Cristo sobre a Terra, devemos esboçar um a um os dolorosos quadros nos quais os personagens se agitavam febrilmente movidos por uma mesma vontade: salvar o Mestre das garras de seus inimigos e proclamá-lo Rei de Israel, abatendo todas as forças que se interpusessem no caminho.

Tal como Shipro havia dito a Nebai, o príncipe Judá chegou ao amanhecer tão cansado da viagem que sequer pôde responder à saudação carinhosa da esposa, com a qual se encontrou na metade da escadaria principal. Nebai, ao perceber que o portão das cavalariças havia sido aberto, desceu apressadamente com uma lamparina na mão.

A luz deu de cheio sobre o formoso rosto de Judá que subia.

Sua intensa palidez contrastava com seus escuros cabelos em desordem e com a angústia que transbordava de seus grandes olhos negros e expressivos ao extremo.

– Que tens, Judá?... – perguntou Nebai espantada.

– Já sei de tudo!... – respondeu subindo aos saltos os degraus que faltavam até o primeiro piso.

– Quem te contou? – perguntou Nebai.

– Pedro e Andrés, que aguardavam minha chegada na Porta de Jaffa – respondeu Judá.

"Rios de sangue correrão hoje pelas ruas de Jerusalém!...

"Mandarei passar pela espada, dentro do próprio Templo, toda essa praga de feras famintas que se atreveram a pôr as mãos sobre o Ungido de Deus.

"Antes que o sol se levante detrás das colinas, desatarei, como uma tempestade, trinta mil homens armados que não esperam a não ser um sinal para lançar-se sobre Jerusalém."

E Judá tirava aos puxões sua roupa de viagem, tropeçando em tamboretes, cadeiras e divãs que encontrava em sua passagem.

Espantada, Nebai chorava ajoelhada junto às camas de seus filhos, pois jamais havia visto seu esposo dominado por tão tremenda cólera. Viu que ele tirava de um cofre, onde ela jamais soube o que ele lá guardava, um luxuoso uniforme de primeiro oficial da Legião Itálica, integrada pela mais nobre juventude romana, e começou a vestir-se apressadamente.

Quando o viu brandir a espada resplandecente, para a qual dizia: "Vingarás o ultraje sofrido pelo Messias Rei de Israel"... Nebai deu um grito saído do fundo de sua alma e, ainda de joelhos, estendeu seus braços para ele.

Um nimbo de luz dourada encheu a alcova ainda mergulhada na penumbra do amanhecer. Ambos ficaram paralisados em todos os seus movimentos.

Tinham diante de si a meiga imagem de Jhasua que sorria com inefável ternura.

– Que fazes Judá, meu amigo, para afligires desta forma tua companheira e esqueceres os teus filhinhos?

— Jhasua!... — murmurou Judá, caindo também de joelhos perante a luminosa aparição que se aproximava deles.

— Meu corpo dorme na prisão, mas o meu espírito vem até aqui porque chegou até mim o clamor de Nebai — disse com voz sem som aquela flutuante visão que os envolvia com sua claridade e ternura.

"Guarda novamente a tua espada, meu amigo, porque o Ungido de Deus não triunfará pelas armas, mas pelo Amor e pela Verdade.

"A Vontade do Pai que ordenou até o menor acontecimento da minha vida, preparou também a minha entrada triunfal em Seu Reino, e não serás tu, meu amigo, que irás interpor-te em meu caminho no final da jornada."

A radiante aparição já estava tocando os dois jovens esposos, e suas brancas mãos transparentes, como se tivessem sido tecidas de gaze, uniu as duas cabeças com a sua, intangível e etérea, como num abraço eterno, cuja recordação não poderia ser esquecida jamais.

— Minha paz esteja convosco!... — ouviu-se como uma melodia, ao mesmo tempo que a visão se diluía em matizes dourados que iam dissipando-se na penumbra da alcova silenciosa.

Judá abraçou-se como enlouquecido a Nebai e começou a chorar com tão fortes soluços que Noemi, sua mãe, que se encontrava na alcova ao lado, despertou sobressaltada e, envolta numa capa, entrou precipitadamente.

O brilhante uniforme militar que seu filho vestia e o angustioso pranto de ambos sobressaltou-a de espanto.

— Que há, meu filho! Que está acontecendo?

— Jhasua foi preso ontem à noite e é preciso salvá-lo da morte! — respondeu Judá contendo seus soluços.

— Vais intentar uma rebelião? — perguntou alarmada a mãe.

— É que ele recusa toda ação armada e me deixa de mãos amarradas sem poder mover-me!... — gritou Judá, como se quisesse que o seu protesto fosse ouvido em todas as partes.

Hach-ben Faqui entrou na alcova como um vendaval.

— Já sei de tudo, Judá. Acalma-te, que todas as forças que comando entraram ontem à noite pelo subterrâneo dos armazéns de Simônides e estão prontas para atacar. O valente velho passou toda a noite dirigindo a entrada... um a um, e de dez mil lanceiros tuaregues!...

Judá ouviu-o como se estivesse estonteado.

— Que tens?... Não me ouves? — perguntou o valente africano, decepcionado.

— Jhasua recusa toda ação armada! — respondeu Judá. — Ele ordena que deixemos tudo entregue à vontade de seu Pai, que somente Ele é suficiente para esta hora final.

— É impossível ficar de braços cruzados! — gritou Faqui, sem quase compreender o que dizia o amigo.

"O scheiff Ilderin — acrescentou Faqui — saiu ontem à noite na última hora para conduzir hoje seus ginetes árabes que estão acampados nos bosques de Jericó, e antes do meio-dia estarão aqui."

— Tudo inútil!... — murmurou Judá com supremo desalento. — Jhasua não aceita nada!... Não quer nada! Disse que o Ungido de Deus não triunfará pelas armas, mas através da Verdade e do Amor!

"Faqui! — gritou desesperado. — Jhasua é mais forte que nós e, com uma única palavra, nos mantém acorrentados!... Antes de começar a luta já fomos vencidos por ele!"

— E que há acerca do apoio de Roma e do César? — perguntou Hach-ben Faqui com fastio.

— Fracasso! Outro fracasso! — respondeu Judá. — O ministro Seyano, em quem confiávamos, caiu em desgraça e a estas horas foge, porque o imperador mandou matá-lo.

— Como?... É possível?

— Parece que ele está envolvido no assassinato de seu filho Drusso — disse simplesmente Judá.

— Pelas areias do Saara! — exclamou Faqui. — Tudo se une contra nós!

— Calma!... Calma!... — disse na porta o ancião Melchor que havia previsto a chegada desse terrível momento e acudia para acalmar a tempestade.

" *Os caminhos de Deus não são os caminhos dos homens*' — disse Jehová ao Profeta Isaías. Se o nosso Jhasua recusa toda ação armada!... Ele é o Pensamento Divino encarnado, o Verbo de Deus feito homem. Porventura não estará sabendo perfeitamente o que diz?''

— O príncipe Melchor tem razão, Judá. Esperemos com as nossas legiões alertas, para ver como se encaminham os acontecimentos — disse Faqui.

Judá, que se havia tranqüilizado um pouco, mencionou a visão de Jhasua que havia presenciado junto com Nebai naquela mesma alcova e tudo quanto ele lhes havia dito.

— Vedes? — observou o ancião Melchor. — Somos ainda muito pequenos para poder compreender os caminhos do Senhor, meus filhos. Julgais, talvez, que ao Eterno Onipotente faltam meios para elevar seu Enviado a um trono, se esta fosse a Sua Vontade?

Jhasua Perante seus Juízes

Às primeiras horas da manhã estavam reunidos no Templo, no recinto destinado a deliberações judiciais, trinta e dois membros do Sinédrio para julgar os supostos delitos do maior espírito que havia descido à Terra, da encarnação do Verbo Divino, do Pensamento Divino, do Filho de Deus, enviado pelo Eterno Amor para encaminhar novamente a marcha da Humanidade a seus gloriosos destinos.

Quando a alma se absorve na meditação dessa tremenda aberração humana não sabe que admirar mais: se a inaudita audácia de um punhado de soberbos ignorantes ou a divina mansidão do Cristo encarnado que se submetia, sem protestar, a ser julgado como um malfeitor por aqueles homens carregados de miséria, de iniqüidade, de baixas vilezas, que, se fossem todas escritas, resultaria num repugnante catálogo dos vícios e perversões mais baixas a que pode descer o homem.

Tais eram os juízes de Israel ante os quais comparecia Jhasua de Nazareth, o Ungido de Deus!

Abafando os gritos de protesto de nossos corações, abafando também os justos raciocínios da lógica e do mais elementar sentido comum, diante dessa estupenda manifestação da soberba e da malícia humana, quando a ambição do ouro e do poder os cega, ouçamos as acusações dos perversos contra o Profeta Nazareno.

Depois das perguntas regulamentares sobre *quem era, quem eram seus pais, onde foi o seu nascimento, etc., etc.*, o pontífice Caifás fez sinal a um dos presentes, chamado o *doutrinário*, que era o primeiro juiz para os delitos contra as leis religiosas estabelecidas *como originárias de Moisés*.

E começou a acusação.

– Este homem curou enfermos em dia de sábado, consagrado pela lei a Jehová e ao descanso corporal. Que responde o acusado?

– Que as obras de misericórdia ordenadas por Jehová a seus mais amados profetas não podem jamais significar profanação do dia do Senhor, mas uma glorificação de Seu Santo Nome e de Seu Poder Supremo – respondeu o Mestre com serenidade. – Dentre vós está presente o honorável Rabi Hanan, a quem curei em dia de sábado da úlcera cancerosa que corroía o seu ventre, e ele não protestou por isso. Houve testemunhas desse fato que podem ser citadas ante este Tribunal. Foi na casa da princesa Aholibama.

Esta declaração caiu como uma bomba no seio do Grande Conselho, e todos os olhos inquisidores se voltaram para o aludido, cujo estado de confusão foi tal que afirmou aos gritos ser verdade o que o acusado referia.

Como os rumores e comentários subiam de tom, o pontífice tocou a campainha e o silêncio fez-se de novo.

– Este homem disse – continuou o acusador – que se o Templo for destruído, em três dias o reedificará.

– Defende-te se podes – gritou o pontífice.

– O homem de bem cuja consciência está de acordo com os Dez Mandamentos da Lei Divina pode falar do seu corpo físico como de um santuário ou templo que encerra o Ego ou Alma, emanação direta do Supremo Criador. Foi esse o sentido do que eu disse.

– Logo queres dizer – argüiu o juiz doutrinário –, que, destruído o teu corpo pela morte, em três dias o ressuscitas?

– Eu o tiro do sepulcro, porque está na Lei que esta vestimenta de carne não deve ser pasto da corrupção – respondeu o Mestre.

Aqui armou-se outra confusão mais ardente que a primeira. Os fariseus diziam que o acusado era um *saduceu* que sustentava a ressurreição dos mortos.

Outros, que era um hebreu paganizado, que sustentava as teorias idólatras de Platão, de Aristóteles e de outros filósofos gregos. Outros diziam que ele era da Escola egípcia de Alexandria e que ia arrastar o povo por caminhos diferentes do traçado por Moisés.

Hanan, que era o mais sagaz de todos, compreendeu que, se continuasse seguindo por esse caminho, não chegariam a uma rápida conclusão e pediu a palavra ao pontífice, que era o seu genro Caifás, e esta lhe foi concedida imediatamente.

– É lamentável – disse Hanan – que não cheguemos a nos entender a respeito deste homem, ante o qual se rebaixa a nossa dignidade de juízes que não sabem de que delito o acusam.

"Sejamos mais precisos e categóricos no nosso interrogatório, de forma que ele se veja obrigado a dizer a verdade a respeito da sua atuação no meio do nosso povo.

"Vimos que este mesmo povo o aclama como o Rei de Israel, como o Messias Libertador anunciado pelos Profetas. Que diga ele mesmo *quem é*, de quem recebeu o poder de fazer as maravilhas que faz, quem o autorizou a interpretar a Lei e a ensinar ao povo doutrinas novas, como, por exemplo, a igualdade de direitos para todos os homens, ao ponto de proclamar que o escravo é igual ao seu senhor."

O Mestre, sereno e impassível, olhava fixamente para Hanan que não pôde sustentar o seu olhar... esse mesmo olhar que o envolveu numa aura de piedosa ternura quando o livrou do seu mal incurável.

Quando o alterado vozerio se acalmou, o acusado falou:

— Na vossa assembléia desta noite resolvestes condenar-me, passando por cima de todo raciocínio e de toda justiça. Por que perdeis agora o vosso tempo em procurar aparências de legalidade para um julgamento que está contra toda a justiça?

"Porventura me escondi para dizer tudo quanto disse até agora?

"Acaso me afastei da Lei do Sinai, gravada por Moisés em duas Tábuas de Pedra?

"Ensinei alguma vez em desacordo com os nossos maiores Profetas?

"Em nome de quem Moisés e os demais Profetas fizeram as obras de bem que realizaram em benefício de seus semelhantes, a não ser em nome de Deus Todo-Poderoso que, cheio de amor e de piedade pelas suas criaturas, o faz transbordar de, Si Mesmo quando há entre elas um ser de boa vontade que possa servir de intermediário?'"

— Está bem — disse o pontífice. — Tuas respostas são agudas e não pesaste na conseqüência do que disseste. Mas isso se torna demasiado longo e não nos leva a nenhum caminho final.

"Dize-nos de uma vez por todas: És o Filho de Deus, o Messias prometido a Israel pelos nossos Profetas?

"Em nome de Deus eu te conjuro a que nos diga a verdade."

O Mestre compreendeu que a acusação chegava ao ponto final procurado para condená-lo, e com uma suave tranqüilidade que somente ele podia sentir frente ao cinismo de seus juízes, respondeu:

— *Tu o disseste! Eu o sou!*

A estas palavras, expressão da mais pura verdade, aqueles velhos raivosos, como energúmenos enfurecidos, começaram a arrancar os cabelos com as mãos, a gritar, a rasgar as vestimentas e a arrojar os turbantes e as mitras, de acordo com o costume, quando alguém se permitia uma horrível blasfêmia na sua presença.

— Blasfemou!... Blasfemou contra Deus e mentiu como um vil impostor, erigindo-se em Messias Ungido do Altíssimo, quando não é senão um amigo de Satanás, realizando por seu intermédio obras de magia para iludir as multidões.

— É réu de morte segundo a nossa lei! — gritaram vários ao mesmo tempo.

— Não podemos matá-lo sem o consentimento do procurador — disse um dos juízes. — Até esse direito nos foi usurpado pelo invasor.

— Segundo o costume estabelecido desde a invasão romana, o Sinédrio pode submeter seus réus à pena de flagelação.

— Que se cumpra a lei neste audaz blasfemo, Jhasua de Nazareth — rugiu o pontífice.

Dois hercúleos verdugos entraram no recinto e, tomando o Mestre pelos braços, levaram-no para uma galeria interior, onde havia uma dúzia de postes de pedra com grossas argolas de ferro, a um dos quais o ataram fortemente.

Um dos verdugos começou a assestar golpes sobre aquelas brancas costas, que apareceu listrada de azul-violeta.

Longhinos, que ao entregar o prisioneiro continuou espiando da Torre Antônia, quando chegou este momento, avisou o procurador Pilatos, que escrevia em seus aposentos no pretório. Unido como estava o Templo à Fortaleza pela *galeria de Herodes*, Pilatos logo chegou ao recinto do Sinédrio com Longhinos e outros soldados.

— Alto lá!... — gritou ao verdugo que açoitava o Mestre —, pois se continuardes atormentando este homem justo, mando-vos todos para o calabouço, acorrentados pelos pés e mãos. Estou farto de todos vós e de vossos crimes na sombra!

Pilatos mandou que Longhinos desatasse o preso e o conduzisse novamente à sua prisão anterior na Torre Antônia.

Com dois golpes de espada, o centurião cortou as cordas que atavam o Mestre à coluna e vestiu-o apressadamente com as roupas que haviam sido arrojadas ao pavimento.

Longhinos percebeu que o corpo do prisioneiro estremecia como num convulsivo tremor e que uma palidez de morte cobria sua formosa face.

Temendo que pudesse desfalecer, mandou que dois de seus soldados formassem uma cadeira de mãos com seus fortes braços e, desta forma, o levaram novamente para a prisão da Torre.

O Mestre parecia haver perdido o uso da palavra, pois se encerrou num tal mutismo do qual nada nem ninguém conseguia tirá-lo.

Dir-se-ia que seu corpo físico estava ainda na Terra, mas sua radiante alma de Filho de Deus pairava já nas alturas do seu Reino Imortal.

Seu olhar não se fixava em nenhum ponto determinado, mas parecia vagar incerto além do horizonte que o rodeava.

Pilatos havia regressado ao seu escritório na Torre quando lhe foi entregue um pergaminho de Cláudia, sua esposa, que dizia:

"Procure não intervir na morte do Profeta Nazareno porque, em sonhos, vi a tua desgraça e a minha por causa deste crime que os sacerdotes querem descarregar sobre ti. Os deuses nos são propícios dando-nos este aviso. Não transgridas este aviso dos Céus, porque seremos duramente castigados" – Cláudia.

O procurador estava terminando a leitura desta mensagem de sua mulher quando começou uma gritaria defronte ao pretório que mais parecia uivos de lobos ou rugidos de uma matilha raivosa.

O Sinédrio havia lançado à rua seu último recurso: os duzentos malfeitores condenados, comprados a Herodes para esta ocasião, além dos escravos e da criadagem das grandes famílias sacerdotais os quais, em sua totalidade, somavam uns seiscentos homens.

Com os punhos levantados para o alto e com fúria inaudita, vociferavam com toda a força permitida pelos seus pulmões, pedindo a morte do impostor que havia ousado proclamar-se Messias, Rei de Israel.

O procurador mandou fechar todas as portas da Fortaleza e uma fila dupla de guardas foi colocada na balaustrada do pretório. Em seguida, mandou trazer o prisioneiro à sua presença.

Pilatos jamais o havia visto de perto, mas a certa distância no dia de sua entrada triunfal em Jerusalém. Agora o via em seu escritório e apenas a dois passos, à sua frente.

– Isto não é um julgamento – disse – mas uma conversa entre dois homens que podem entender-se.

"Que têm os homens do Templo contra ti, profeta de teu Deus? Senta-te e falemos."

Como o Mestre continuasse em silêncio, o procurador acrescentou:

– Não queres falar-me? Olha que eu posso salvar a tua vida!

– Não podes prolongar a minha vida nem um dia mais – disse o Mestre.

– Por quê? Recebi do César o direito de vida ou de morte para toda a Palestina. E dizes que não posso prolongar nem mais um dia a tua vida?

– Porque já é chegada a minha hora e hoje morrerei – respondeu novamente o Mestre.

– Então és fatalista? Dizes que vais morrer hoje e estás certo de que assim o será?

– Tu o disseste: hoje morrerei antes do pôr-do-sol.

– Não respondestes à minha primeira pergunta: Por que os homens do Templo te odeiam?

– Porque sou uma acusação permanente para a doutrina e para as obras deles.

– E por que te empenhas em servir de acusador contra eles? Não te valeria mais deixá-los fazer como lhes apetecesse melhor?

– Não posso!... Vim para trazer a Verdade para a Humanidade da Terra e devo dizer a verdade, ainda que seja a custo da minha vida e até o último alento desta existência.

–E que coisa é essa Verdade que te custa a vida? Pergunto isto porque houve muitos homens que ensinaram a Verdade e nem por isso foram justiçados.

O Mestre moveu a cabeça negativamente.

– Enganas-te, ilustre cidadão romano! Dificilmente encontrar-se-á um homem que se atreva a desmascarar os poderosos da Terra e que morra tranqüilo sobre o seu leito.

– Em parte tens razão, Profeta! Porém, dize-me, que Verdade é essa que tanto enoja o Sinédrio judeu?

– Eles vivem do roubo e do engano, do despojo do povo que ignora a Lei Divina, ao amparo da qual cometem as maiores iniqüidades e se fazem venerar como justos, fazendo crer que são um exemplo e uma luz para os servidores de Deus.

"Eles não podem perdoar-me!... Não me perdoarão nunca, porque paralisei sua carreira de latrocínio, de mentira e de hipocrisia, e também porque destruí sua grandeza *para sempre!*"

– Como *para sempre*, bom Profeta? Vais morrer hoje, segundo me asseguras, e eles continuarão carregados de ouro em sua vida de magnatas de uma corte oriental.

– Acreditas que seja assim, mas não o é! Eles tirarão a minha vida, mas a Justiça de meu Pai os afastará do meio dos vivos por imensas idades e os anulará do convívio dos povos solidários e irmãos pelos séculos que faltam até o final dos tempos. Nenhuma Terra será a sua pátria!

"Perseguidos e errantes, o ódio os seguirá a toda parte, até que chegue a hora das divinas compensações para os justos e a separação dos perversos.

"Aquele que teve a Luz em sua mão e não quis vê-la, é justo que permaneça nas trevas. Essa é a Verdade e a Justiça de Deus."

– Profeta! – disse Pilatos. – Confesso que não entendo essa tua linguagem, porém vejo claramente que não existe delito algum em ti.

"Dou-vos a minha certeza como não morrerás hoje. – E o procurador deu um golpe com a mão sobre a mesa."

– Ouve lá fora!... Acusam-te de inimigo do César, e ameaçam fazer-te cair da mesma forma como caiu Seyano, o ministro favorito que hoje é um condenado à morte – disse o Mestre.

Pilatos, enfurecido ao ouvir os desaforados gritos contra ele, abriu uma janela e deu ordens para que se atacasse a multidão.

A turba de malfeitores, acovardada, ia debandar, mas às suas costas estavam os agentes do Sinédrio que ameaçavam fazê-los voltar novamente para os calabouços de onde haviam sido tirados, e ainda por cima sem receber um único denário do dinheiro prometido.

Convinha, portanto, para eles, continuar pedindo aos gritos a morte do justo que não conheciam e de quem não haviam recebido dano algum.

Era tão dura e terrível a vida no calabouço onde estiveram sepultados vivos, condenados por toda a vida que, ao fazer a comparação, não tinham outra escolha.

Continuaram vociferando ao mesmo tempo que se esquivavam dos golpes dos guardas montados que arremetiam sobre eles com os seus cavalos.

O Sinédrio punha em ação a técnica usada em todos os tempos pelos homens que são dominados pela ambição do ouro e do poder: levantar a escória do populacho inconsciente e embrutecido pelos vícios contra as causas nobres e os homens justos, cuja retidão de caráter resulta para eles como um espelho no qual vêem retratada inteiramente sua monstruosa fealdade moral.

O procedimento desses poderosos magnatas do Templo não era, pois, novo, mas simplesmente uma cópia da forma usada pela teocracia dominante de todos os tempos e de todos os países regidos pela arbitrariedade, pelo egoísmo mais refinado e também pela mais completa má fé.

Quintus Árrius (Filho)

Nesse momento, apareceu no primeiro ângulo de uma rua transversal o príncipe Judá que, com seu luxuoso traje de primeiro oficial da gloriosa "Itálica", e a toda velocidade do seu cavalo negro avançou por entre o populacho como um turbilhão, atropelando uns e outros e deixando estendidos os que foram alcançados pelo esbarrão irresistível do seu corcel.

Sem desmontar, entrou na vasta praça e deu um grito que ressoou por todas as abóbadas da Torre Antônia e do Templo.

– Pela Roma e pelo César! Às ordens do procurador romano para fazer em pedaços esta canalha! Às armas!...

Os quatro primeiros oficiais de uma Legião romana eram tribunos militares, ou seja, uma patente muito superior a dos centuriões, motivo pelo qual toda a guarnição devia obedecê-lo.

Pilatos ouviu o formidável grito e saiu para um balcão.

Judá viu-o e o saudou com a espada, ao mesmo tempo que dizia:

– Quintus Árrius (Filho)! Viva o César! – Um poderoso viva de toda a guarnição da Torre ressoou como o eco de uma tempestade.

A turba de malfeitores havia corrido ao longo da rua e os agentes do Sinédrio não sabiam que partido tomar.

Os terraços do Templo estavam desertos e as portas hermeticamente fechadas. Os anciãos juízes do Sinédrio não julgaram prudente assomar o nariz naqueles momentos críticos.

Eles agiam na sombra, resguardados pela força do ouro e daquela horda de piratas que haviam solto nas ruas de Jerusalém como matilha raivosa para apresar um cordeiro...

O formidável grito de Judá chegou também à silenciosa cela onde o augusto Mártir estava preso, que o reconheceu no mesmo instante. Seu coração encolheu-se violentamente como uma flor murcha ante a nobre fidelidade e amor do seu amigo, que não se resignava em vê-lo morrer.

Conhecendo-o como bem o conhecia, o Mestre compreendeu que Judá não retrocederia no seu empenho e que podia levar as coisas a uma tal violência que, forçosamente, haveria de lamentar depois conseqüências fatais.

Livre das ligaduras, o Mestre aproximou-se da porta e chamou.
O velho carcereiro acudiu.

– Ainda que te pareça estranho – disse –, somente eu posso impedir que a revolta chegue a um maior grau. Faze o favor de chamar o procurador ou leva-me ante ele.

O carcereiro, que tremia de medo em face do furor do populacho e porque dois de seus filhos estavam entre a guarnição, correu ao escritório do procurador e o avisou do que ocorria.

Pilatos, que tampouco estava tranqüilo, atendeu ao chamado.

– Profeta – disse –, és um grande personagem quando desta forma consegues pôr tão contrárias forças em movimento.

O Mestre teve ânimo para sorrir ao mesmo tempo que lhe dizia:

– Se me permites falar com Quintus Árrius (Filho), toda esta tormenta se acalmará.

– Mas, tu o conhece? – perguntou Pilatos.

– Desde há muitos anos – respondeu o Mestre.

Uns momentos depois, o príncipe Judá se abraçava ao pescoço de Jhasua, e toda a sua bravura de soldado se transformou num soluço contido e em duas lágrimas assomadas aos seus olhos e que ele não deixava correr.

– Judá, meu amigo!... – disse o Mestre com uma voz tão meiga que mais parecia um arrulho. – Amas-me, não é verdade?

Judá já não podia conter-se e, dobrando um joelho por terra, beijou uma e talvez mil vezes a mão direita do Ungido, e lhe disse com voz entrecortada pela emoção:

– E me perguntas isto, Jhasua, meu Rei de Israel, o Messias Ungido do Altíssimo... meu sonho de liberdade e de glória para a Terra que me viu nascer... Não compreendes, Jhasua, que destróis os meus ideais, que matas todas as minhas ilusões, que reduzes a nada todos os meus esforços e os meus trabalhos de dez anos? Não compreendes que me deixas convertido num farrapo, num ente sem vontade, reduzido a pouco mais que um animal que come, bebe e dorme, sem um pensamento de homem que mereça a vida?...

Enternecido até o mais profundo de seu ser, o Mestre inclinou-se sobre a cabeça de Judá para deixar sobre aquela testa pálida e suarenta o último beijo de seus lábios que também tremiam ao falar:

– Sei que me amaste muito e que continuarás me amando ainda quando os teus olhos não me vejam mais como homem. Não queiras opor-te à Vontade de meu Pai, porque perderás na luta. Minha hora está assinalada para antes do pôr-do-sol.

"Deixa-me morrer feliz, meu Judá!... Feliz em sentir-me amado por almas como a tua; feliz em saber que continuarei vivendo num punhado de corações que compreenderam os meus ideais divinos de amor, de paz e de fraternidade entre todos os homens da Terra! E que nesses corações frutificou aos mil por um a divina semente que semeei neste mundo e que vós, que me amastes, levareis por todos os continentes e por todos os países. Eis aí, Judá, meu amigo, a grande prova de amor que espero de ti!

"Pertences à tua mulher e aos teus filhos. Lembras-te?...

"Se eu tivesse vindo para ser um homem como todos os demais, Nebai houvera sido para mim a companheira ideal. Eu mesmo a aproximei de ti, um dia, há doze anos, lá sob uma roseira branca num jardim de Antioquia... E agora a esquece para envolver-te numa luta armada da qual não sairás com vida e sem conseguir prolongar a minha! Não vês que é uma insensatez da tua parte agir desta forma?

"Deixa-me entrar no Reino glorioso de meu Pai, que aguarda apenas o momento de me coroar! Fazer-me vacilar no meu supremo dever, Judá, não é certamente a prova de amor que eu esperava de ti! Por uns anos mais de vida terrestre, por uma glória efêmera e passageira, queres que seja mudada a glória imarcescível do Mensageiro de Deus, do Filho de Deus, do príncipe herdeiro no seu Reino Imortal?..."

Judá, que ainda permanecia com um joelho em terra, inclinou sua testa vencida sobre a mão de Jhasua, que recebeu as últimas lágrimas do filho de Ithamar.

– Finalmente consegui compreender-te, Jhasua, Filho de Deus!... – disse Judá levantando-se. – Que o Altíssimo seja a tua compensação e a tua coroa!

"Adeus para sempre!..."

O Mestre abriu os braços.

– Adeus para sempre, *não! Jamais, nunca!*, porque o Filho de Deus viverá como Ele, no ar que respiras, na água que bebes, no pão que te sustenta!

"*Até logo* Judá, meu amigo!... Até sempre!... Unidos na vida, na morte e mais além da morte!

"Que a paz esteja contigo e com os teus!"

O Mestre desprendeu-se daqueles braços de ferro que o estreitavam e o príncipe Judá saiu como um fantasma que o furacão arrastasse!...

– Empenha-se em morrer hoje, antes do pôr-do-sol – disse a Pilatos quando o viu novamente.

– Pois eu também sou duro de cerviz e não o condenarei – disse – porque um cidadão romano não é um vulgar assassino que manda matar um homem sem delito algum.

– Que os teus deuses te sejam propícios – disse Judá. – Se permitires, ficarei entre a guarnição, mas não como primeiro oficial da Itálica, mas como um simples soldado, visto como não estou em serviço ativo. Quero ver de perto como se desenrolam os acontecimentos.

– Está bem. Mandarei dar-te um uniforme de centurião e comandarás a centúria que daqui a pouco chega da Cidadela. Estes perversos judeus dar-nos-ão guerra até o final.

No Palácio dos Asmoneus

Alguns curiosos do povo pacífico e devoto que não pensavam senão na celebração das festas religiosas começaram a alarmar-se com as desordens ocorridas ao redor da Torre Antônia e foram se aproximando cautelosamente para averiguar de que se tratava.

Como o povo estava longe de imaginar que o réu, cuja morte era pedida aos gritos por aqueles malfeitores, ex-presidiários, era o Profeta de Deus, a quem haviam acompanhado em triunfo quatro dias antes até a cidade dos reis, onde esperavam vê-lo coroado Rei de Israel e Messias Libertador!

Justamente na instrução do astuto Hanan aos malfeitores e escravos comprados para este fim entrava a ordem de esconder tanto quanto pudessem a personalidade do justiçado, para evitar um tumulto popular que podia ser de fatais conseqüências.

Às perguntas curiosas das pessoas que se aproximavam, davam esta resposta:

É um feiticeiro impostor, aliado de Satanás, que pretende ser o Rei de Israel e quer destruir a cidade e o Templo.

– Não queremos outro rei além daquele que Jehová nos enviou e que foi anunciado pelos Profetas! – disseram os do povo fiel, crendo tratar-se de um rival do Profeta Nazareno, que procurava eclipsá-lo e substituí-lo no coração do povo.

Haviam ocorrido já vários casos nos últimos cinqüenta anos de pretensos ou supostos messias que procuravam conquistar o favor do povo e cuja falsidade ficou a descoberto por si mesma.

Caídos nesse novo engano, os mais revoltados dentre o povo foram aderindo à ralé paga para vociferar e maldizer da maneira mais baixa e grosseira.

Como ocorre sempre nos tumultos de rua, a confusão acaba por dominar os ânimos em forma tal que, no fim, ninguém se entende e cada qual compreende e explica a situação como melhor lhe parece.

Enquanto isto ocorria na rua, os trinta membros do Sinédrio cruzaram a Galeria de Herodes e invadiram o escritório do procurador.

Iam decididos a triunfar na luta, pondo em jogo a vileza e a astúcia da qual estavam animados.

Ensaiaram primeiro com a lisonja e a adulação, depois apresentando perante ele o atrativo do ouro ao qual, segundo eles, nenhum homem resistiria.

Mas Pilatos era algo supersticioso e tinha ante seus olhos o pergaminho escrito pela mulher... "Vi em sonhos a tua desgraça e a minha por causa desse delito que os sacerdotes querem descarregar sobre ti."

E negou-se energicamente em consentir na morte do Justo.

Então começaram as ameaças, veladas a princípio e bem declaradas depois.

– O César te colocou como um vigia sobre a Judéia, para manter a ordem e a tranqüilidade no povo.

– Esse homem que te empenhas em defender mantém convulsionado o povo com seus pretensos milagres, que não são mais que artes más do diabo para sugestionar os ignorantes e fazer-se proclamar rei de Israel.

– Ele sublevou os escravos, ensinando-lhes que são iguais a seus amos, e teremos aqui outra revolução igual à de Espártaco, que custará muitas vidas ao nosso país e às Legiões do César.

– Se não atenderes às nossas razões, hoje mesmo nos poremos em viagem a Antioquia, com o fim de apresentar-nos ante o legado imperial. Entre a morte de um homem que não é mais que um audaz impostor e uma sublevação popular que custará muitas vidas às legiões romanas, o legado imperial optará pela razão e pela justiça.

Pilatos começou a vacilar.

– O prisioneiro é galileu – disse de repente –, portanto, não está sob a minha jurisdição, mas sob a ordem de Herodes, rei da Galiléia e da Peréia.

"Em rigor é ele quem deve julgá-lo."

– É a melhor decisão!... Herodes é nosso amigo e quase nosso correligionário, pois, de vez em quando, comparece ao Templo para oferecer sacrifícios – respondeu um dos juízes.

– Mandá-lo-ei a Herodes e farei o que ele decidir – disse por fim Pilatos e, levantando-se, deu por terminada a entrevista.

Os juízes retornaram ao Templo pela Galeria chamada de Herodes, como sempre o faziam, para não serem vistos pelo povo.

O Mestre foi colocado numa liteira coberta, das que na Torre eram usadas para a transferência de prisioneiros que desejavam ocultar das fúrias do populacho, e foi enviado a Herodes com uma escolta. Judá, com uniforme de centurião, ofereceu-se para comandá-la.

Antes de empreender a marcha ao Palácio dos Asmoneus, abriu a janelinha traseira para olhar novamente o amado cativo que, com os olhos fechados e a cabeça deitada para trás, mais parecia uma estátua de marfim cuja palidez assustava.

– Jhasua! – disse em voz baixa, pois ocultava-se dos soldados da escolta. – Jhasua!... Por piedade!... Uma única palavra tua e ainda posso salvar-te da ignominiosa morte que esses bárbaros querem te dar... Uma única palavra, Jhasua!... Uma só!...

Mas Judá esperou em vão essa palavra que não saiu da boca do Mestre.

Ele sequer demonstrou tê-lo escutado. Seus olhos tampouco se abriram, não esboçou nenhum movimento, e até parecia que a respiração se havia paralisado. Sua quietude era absoluta.

Com a morte no coração, o príncipe Judá fechou a janelinha, e a liteira e a escolta empreenderam a marcha.

Que série de terríveis tentações passaram como sinistros relâmpagos pela mente febril de Quintus Árrius (Filho)!

Ele podia dar uma ordem e, em vez de ir ao Palácio dos Asmoneus, a escolta seguiria até a porta mais próxima da cidade para sair em direção a Bethphagé, onde estava parte das forças do scheiff Ilderin, ou para os armazéns de Simônides, que tinham saída subterrânea para o Vale do Hinon, de onde os lanceiros tuaregues, comandados por Faqui, podiam levá-lo para o seu distante país.

Mas... apenas uma única força continha todos os seus ímpetos, apagava todo o fogo da sua coragem, todas as suas ânsias de esmagar os perversos e de libertar o Justo: a impassível firmeza do Mártir em assegurar que antes do pôr-do-sol devia morrer!

O horrendo tormento de Judá nesse instante dificilmente pode ser apreciado e avaliado.

O grandioso santuário de sua fé comovia-se até os alicerces!

Em que poderia acreditar, se via cair por terra a luminosa estrela esboçada pelas profecias no céu luminoso de Israel, povo escolhido de Jehová?

Para isso Moisés havia tirado o povo judeu da escravidão no Egito?

Para isso Jehová havia enviado toda uma constelação de Profetas para anunciar a chegada do Seu Verbo, do Seu Messias Libertador?

Para esse desastroso fim havia descido o Espírito de Luz do seu Sétimo Céu de felicidade e de amor, para essa dolorosa prisão na terra deixada, na sua partida, na mesma angústia em que a encontrou?

O infeliz Judá sentia que ia enlouquecer!... Parecia que a terra estremecia e tremia sob os cascos do seu cavalo, mais fogoso que seu amo! Parecia que tudo dançava ao seu redor – os palácios, as casas, os mercados e tendas por onde iam passando... Parecia que mil fantasmas de horríveis e grotescos rostos rondavam ao seu redor, fazendo-lhe caretas e burla pelo tremendo fracasso de seus ideais... Uma pesada atmosfera o asfixiava! Julgou que ia cair do cavalo e apeou-se na metade da rua.

A escolta voltou-se com grande assombro dos soldados que, ignorando a ligação do seu chefe com o prisioneiro, não puderam, na realidade, interpretar corretamente este incidente.

Suarento e pálido, Judá descansou sua fatigada cabeça sobre a montaria e segurou-se fortemente na sela para não cair por terra como um corpo inerte a quem a vida abandonava.

Judá logo sentiu uma forte reação em todo o seu ser. Pensou em Jhasua Mártir, a quem queria acompanhar até vê-lo entrar no Reino de seu Pai. Pensou em Nebai, que sem Jhasua e sem ele ficaria duplamente órfã e sozinha no mundo. Pensou em seus dois filhinhos, que o chamariam em vão todos os dias ao despertar em suas caminhas de plumas e gazes... Uma onda de angústia oprimiu-lhe a garganta e duas grossas lágrimas deslizaram por suas faces que voltavam a tomar a cor da vida!...

Montou novamente em seu cavalo árabe de um negro retinto e disse, já sereno:
– Vamos!...

A escolta continuou a marcha e não tardou em estar ante a construção de mármore cinza do Palácio dos Asmoneus.

Aos soldados que se mantinham de guarda na entrada o príncipe Judá mencionou a incumbência que traziam do governador.

Para Herodes, era uma dupla satisfação o envio que lhe fazia Pilatos, no qual via uma prova de que Roma reconhecia a sua soberania sobre a Galiléia e a Peréia, não obstante a decadência do seu reinado e, além de tudo o mais, o desejo que o acicatava de ver alguma das estupendas maravilhas que eram contadas do Profeta, seu súdito, ao qual não conhecia.

Quando tiveram ordem de passar, Judá ia dirigir-se para a liteira com a chave na mão para abri-la.

A porta abriu-se sozinha e Jhasua desceu sereno e firme, começando a subir a escadaria do suntuoso pórtico.

De um passo, Judá ficou a seu lado. Ia falar-lhe, porém o Mestre com a integridade de um rei que ordena, colocou o dedo indicador sobre os lábios, determinando silêncio.

Judá ficou estupefato! Viu em Jhasua uma majestade tal, uma grandeza tão soberana, que um novo raio de esperança iluminou-lhe o espírito tão abatido alguns momentos antes.

Quem sabe que maravilhoso acontecimento ia presenciar naquele momento e naquele lugar, onde cada bloco de pedra era um cofre de recordações, de glórias pretéritas e de heróicos martírios!

Herodes Antipas, como um grosso fardo de carne de cor arroxeada pela contínua embriaguez em que vivia, estava perdido em seu enorme assento encortinado de púrpura e ouro forrado com ricos tapetes da Pérsia.

Meia dúzia de criados luxuosamente vestidos preparavam diante de sua vista um sem-número de beberagens, xaropes e licores que não conseguiam jamais satisfazer sua insaciável sede, como se um fogo interno lhe queimasse as entranhas.

– Finalmente, deito os meus olhos em cima de ti, Profeta! – disse o rei ao Mestre quando esteve ante ele.

Judá desenrolou o rolo de pergaminho que Pilatos lhe enviava, no qual deixava documentado que não havia encontrado delito algum no prisioneiro que o Sinédrio judeu se empenhava em condenar à morte, porque, em seu modo de entender, era um rebelde perante as leis judaicas e arrastava o povo à rebelião contra a autoridade religiosa da qual eles estavam investidos...

– Ah! os rabinos!... – grunhiu Herodes –, sempre zelosos da sua autoridade, não querem que voe uma mosca sem a sua permissão.

"Anda, vamos! Faze um dos teus milagres, Profeta, e seremos muito bons amigos. Tomaremos juntos uma ânfora de vinho de Chipre à saúde dos rabinos do Templo.

"Ainda és jovem e belo! Farias um brilhante papel como áugure ou sátrapa na minha corte oriental. Seria excelente para os meus dias de fastio e também para curar o César de seus lúgubres pensamentos.

"Com um mago como dizem que és, ainda me sinto com forças para esmigalhar o rei Hareth e conquistar novamente o favor do César."

O sangue de Judá fervia-lhe nas veias ouvindo este vocabulário, muito digno, certamente, daquele eterno borracho. A imponente majestade de Jhasua e seus olhos cheios de divina claridade pareciam ordenar-lhe quietude e silêncio.

— Mas o governador manda-me uma criatura muda, da qual não se arranca uma única palavra!... — grunhiu novamente o rei, já impaciente.

"E tu quem és? — perguntou a Judá."

— Como podes ver, ó rei!... Sou um centurião romano, encarregado de trazer-lhe o prisioneiro.

— Vamos, pela última vez!... — gritou Herodes. — Se me agradares fazendo-me ver o teu poder, ilustre mago galileu, dou-te a minha palavra de rei que não permitirei que os rabinos judeus toquem num só cabelo da tua cabeça!

A mesma imobilidade e silêncio de estátua foi a resposta que o prisioneiro deu ao rei que o interrogava.

— Quem pensas que sou?... Não vês, acaso, que tenho em minhas mãos a tua vida ou a tua morte?

"Não sabes que sou o rei Herodes Antipas, filho de Herodes, o Grande, que onde dava um pontapé caíam cinqüenta cabeças como romãs maduras?

"És tu o grande Profeta que enlouquece as multidões que te aclamam como ao futuro Rei de Israel?

"És um louco varrido!... Não sei se isto é um pouco-caso do governador que devo levar ou não em conta."

Um corcunda abissínio, que o rei tinha para se divertir, deu um salto cômico do degrau mais alto do lugar onde estava o Mestre, e Judá compreendeu que aquele repugnante bufão intentava saltar como um macaco sobre o prisioneiro para divertir o seu amo. Bem a tempo, Judá tomou-o pelos braços e o deixou estirado sobre o piso.

— Perante um representante de Roma — disse Judá com reconcentrada ira — ninguém faz pouco de um prisioneiro trazido aqui para um julgamento.

— Olá!... Ficaste aborrecido, centurião? — perguntou o rei entre sério e divertido.
— Levai o preso de volta ao governador pois não vou perder o meu tempo em interrogar um louco. Outras coisas me interessam muito mais!... — disse olhando para o cortinado do fundo do salão que se abria e dava passagem a sua enteada Salomé, com uma corte de dançarinas e escravas, com piveteiros ardentes onde estavam sendo queimados penetrantes perfumes e com alaúdes que exalavam músicas ainda mais enervantes que os perfumes.

Salomé, que julgava encontrar o rei sozinho, ficou um instante surpresa.

Os olhos cheios de luz do Profeta cravaram-se nos dela, que deu um grito agudo de horror e retrocedeu até a porta.

— O Profeta do Jordão!... — disse, presa de terror. — São os seus olhos!... Ressuscitou!... É ele!...

— Não sejas tonta, menina!... — gritou o rei com voz mimosa. — Esse foi degolado em Maqueronte e este é um infeliz louco que não causa dano a ninguém... Vem cá, minha ave do paraíso!... Vem cá!

"Centurião, leva da minha presença o teu louco e diz ao governador que não honra ao César o procedimento de seu representante na Judéia."

O príncipe Judá, num violento arranque, levou a mão ao punho da espada e de bom grado teria dado uma cutilada no grosso abdômen daquela fera coroada, porém um olhar do Mestre o obrigou a baixar os olhos. Dando meia volta, Judá tomou-o pela mão direita e ambos se dirigiram ao pórtico onde os aguardava a liteira e a escolta.

— Jhasua!... — murmurou Judá em voz apenas perceptível. — Aonde vais por este caminho?... Aonde vais?...

Sem pronunciar uma única palavra, o Mestre olhou com indizível amor para o espaço infinito, dourado pelo sol do meio-dia e apontou com o indicador para o zênite resplandecente de luz.

— Sempre o mesmo!... — exclamou Judá vendo-o entrar na liteira cuja porta foi fechada atrás dele.

Neste preciso momento, e como por efeito de uma súbita iluminação, Judá sentiu-se transformado no seu mundo interior. Grande tranqüilidade o invadiu porque acabava de compreender o sentido das palavras do Mestre:

"A morte por um ideal de libertação humana é a suprema consagração do Amor." E o príncipe Judá raciocinou assim:

"Era essa a entrada triunfal no Reino de Deus a que havia aludido nos últimos tempos. Era essa a gloriosa coroação que ele esperava, mediante a qual adquiria direitos de Pai, de Condutor e de Mestre sobre toda a Humanidade deste planeta.

"A religião judaica representada pelo pontífice, pelos príncipes e doutores, condenava-o por suas obras de amor heróico a seus semelhantes e por seu ensinamento que condenava a escravidão, a exploração do homem pelo homem, o abuso do poder e da força contra o débil, e do infame comércio que se fazia com a Idéia de Deus, posta no mesmo nível das figuras mitológicas do paganismo mais grosseiro e primitivo que, com oferendas de carnes vivas e palpitantes, e ondas de sangue quente aplacavam sua cólera e seus furores.

"Jhasua de Nazareth, Profeta de Deus, havia mantido ardente oposição, durante toda a sua vida, a tamanhos desvarios de mentes obscurecidas pela soberba e pela ambição. Como, pois, podia vacilar na sua idade viril naquilo que foi o seu luminoso programa de ensinamentos e de vida, desde seus primeiros passos pelos vales terrestres?"

O príncipe Judá despertou desses profundos pensamentos para a realidade ao passar pelos primeiros grupos de amotinados que percorriam as ruas vizinhas do pretório, pedindo aos gritos *a morte do impostor, do sedutor, do embusteiro, do trapaceiro do povo, do bruxo amigo de Satanás.*

"Jhasua acaba de fazer uma de suas maiores maravilhas! — pensou Judá ao convencer-se da mudança que havia ocorrido nele mesmo.

"Um homem, Ungido de Deus, que veio à Terra para ensinar aos homens a Verdade, a Justiça e o Amor, não pode agir de outra forma.

"Jhasua é realmente o Cristo Filho de Deus, e os homens não o compreendem!"

O príncipe Judá, transformado em outro homem através da magia divina do amor do Cristo, quando abriu a liteira defronte à praça da Torre, dobrou um joelho por terra e beijando a mão direita de Jhasua, como se beija um objeto sagrado, disse à meia-voz:

— Pelo fato de seres o Messias anunciado pelos Profetas é que procuras na morte, Jhasua, a suprema consagração do Amor!

— Subiste ao cume comigo — disse. — Judá: o Filho de Deus te abençoa! — Foram as últimas palavras que o Mestre dirigiu ao grande amigo cuja compreensão da suprema verdade só havia despertado quando ele ia morrer.

O procurador Pilatos desconcertou-se todo ao ver que o prisioneiro lhe era devolvido. Nem sequer Herodes, criminoso e assassino como seu pai, se atrevia a condenar um homem inocente!

E *eles*, os homens do Templo, que viviam pendentes das palavras de Jehová, que não levantavam uma palha do solo nem deixavam preparar alimentos ao fogo em suas casas em dia de sábado para não transgredir a lei do descanso, empenhavam-se em matar um homem inocente, sem levar em consideração a Lei Divina que dizia: *Não matarás!*

Aberrações humanas de todos os tempos e de todas as religiões, quando esquecem sua missão puramente espiritual, assenhoreiam-se do poder e se prostram ante o bezerro de ouro!

Enquanto não florescer em todas as almas a única religião emanada dos Dez Mandamentos da Lei Divina, a religião do Bem, da Verdade, da Justiça e do Amor, haverá sempre justos condenados como criminosos e verdugos disfarçados de santos!...

Os quatro doutores da lei amigos de Jhasua, José de Arimathéia, Nicodemos, Gamaliel e Nicolás, membros do Sinédrio, tiveram notícia extra-oficial do que ocorria e, como a cratera de um vulcão em erupção, deixaram explodir sua indignação no meio do Grande Conselho que representava a sabedoria e as virtudes gloriosas de Moisés, convertida então numa horda de vulgares assassinos, assanhados como feras contra um Profeta de Deus, cuja vida era um salmo divino de amor a seus semelhantes.

A discussão ardia como uma chama!... mas eles eram apenas quatro contra trinta e dois.

As minorias seletas e escolhidas são sempre as que perdem nesta classe de luta; e os quatro amigos do Mártir foram excomungados, amaldiçoados e expulsos do Sinédrio por desacato à suprema autoridade do pontífice. Nunca mais poderiam ter entrada no Conselho dos santos de Israel, e muito menos nos pórticos do Templo, de cujo sagrado recinto haviam sido arrojados aos empurrões pelo comissário ajudado pelos seus guardas.

Os quatro se apresentaram a Pilatos para pedir audiência justamente no momento em que o príncipe Judá voltava com o prisioneiro.

A cena que ali teve lugar, entre José de Arimathéia e Nicodemos que haviam tido nos braços a Jhasua menino de quarenta dias, quando o viram pálido e extenuado, de pé ante Pilatos, não pode ser descrita com palavras, pois estas jamais podem ter a intensa vibração da realidade daquele momento.

Os quatro estranharam grandemente ver Judá desempenhando o triste papel de guardião do augusto prisioneiro.

O príncipe Judá, que parecia ter vivido dez anos de dor numa única hora, respondeu às suas perguntas com uma serenidade que espantava:

– Vendo que Jhasua se empenhava em morrer antes do pôr-do-sol, pedi ao Deus de nossos pais a força necessária para acompanhá-lo até o último momento.

José de Arimathéia, já ancião, abraçou-se ao Mártir silencioso para dizer entre soluços.

– Tu, que és a Luz, sabes o que fazes! Também eu quero acompanhar-te para ver-te entrar no Reino de Deus!

No abraço supremo aos quatro amigos, o Mestre repetiu a mesma frase divina que havia dito a Judá: *"O Filho de Deus te abençoa."*

A negra massa da plebe enfurecida ia aumentando rapidamente com os revoltosos desocupados que abundam em todas as partes e que, ignorantes dos motivos verdadeiros daquele tumulto, se deixavam arrastar a ele pelos malfeitores comprados com o ouro sacerdotal.

Pilatos, enlouquecido, não sabia o que haveria de fazer que pudesse acarretar-lhe menores males.

O Sinédrio havia despachado mensageiros urgentes para Antioquia com graves acusações ao delegado imperial.

Finalmente, Pilatos teve uma idéia.

Tinha nos calabouços da Torre Antônia um feroz assaltante dos caminhos percorridos pelas caravanas, autor de incontáveis assassinatos e roubos até no próprio Templo. Seu nome era sinônimo de *demônio*, e as mães e avós o usavam como arma para conter as crianças rebeldes e más, que eram o pesadelo do lar: *Barr-Abbás*.

Pilatos mandou trazê-lo de seu profundo calabouço perpétuo. Somente a sua figura causava terror, pois mais parecia um urso negro que um homem.

Saiu com ele e com Jhasua de Nazareth para a frente do pretório.

— Aqui tendes estes dois homens — disse à turba feroz que gritava e amaldiçoava. "Este tem mais assassinatos e crimes que cabelos em sua cabeça. Este outro não causou dano a ninguém, nem sequer às moscas, e vós pedis a sua morte! A qual deles quereis que seja posto em liberdade, a Jhasua ou a Barr-Abbás?

— Solta Barr-Abbás e condena à morte o impostor, o feiticeiro, aquele que se denominou *Messias de Israel*!

— Crucificai-o! Queremos vê-lo pendurado num madeiro em cruz como aos escravos rebeldes!

— É um escravo infame, e se intitula Messias e Rei!...

— É um blasfemo, e merece a morte!

Os gritos subiam de intensidade como o ruído surdo de uma tempestade.

Os velhos do Sinédrio estavam ali diante da massa de malfeitores enfurecidos, animando-os com seus olhos de feras raivosas que tinham a presa ao alcance de suas garras e de seus dentes.

Pilatos ficou vencido.

Mandou trazer uma bacia com água e, seguindo o costume nesses casos, lavou as mãos na presença de todos, dizendo:

— Que o sangue deste justo, que vos empenhais em matar, não caia sobre a minha cabeça. Ficai, pois, com este crime!

Um grito feroz ressoou unânime:

— Que seu sangue caia sobre nós e sobre nossos filhos!

— Seja como quereis, malditos judeus! — gritou Pilatos, ao mesmo tempo que, com um empurrão terrível, jogou Barr-Abbás em cima deles, dizendo:

— Anda, lobo, vai para o meio deles e devora-os todos juntos!

Quando Pilatos retornava ao seu escritório, encontrou-se frente a frente com Cláudia, sua mulher, inteiramente coberta por um manto violeta.

— Covarde! — gritou enfurecida, aplicando-lhe um feroz bofetão, ao mesmo tempo que arrojava ao seu rosto a cédula matrimonial e as jóias que ele lhe havia presenteado no dia de suas bodas.

Sem dar tempo para que ele se repusesse da impressão, Cláudia penetrou rapidamente por uma rampa secreta que se abria na muralha e desapareceu.

Suas duas escravas gaulesas, com seus noivos já libertos, a aguardavam com cavalos na porta traseira da Torre denominada dos justiçados.

Por ela haviam sido libertadas do calabouço, por influência do Mestre, Noemi e Thirza, mãe e irmã do príncipe Judá. Por essa mesma porta escapava Cláudia da infâmia na qual acabava de afundar-se seu marido, condenando à morte o homem mais puro e melhor que já havia pisado na Terra.

Dois prisioneiros da Torre Antônia estavam condenados à morte desde o dia anterior. Um deles era um bandido samaritano de nome Gestas, que acabava de coroar sua carreira de roubos e assassinatos com a morte de um soldado romano que descobriu seu esconderijo e quis prendê-lo. Ele havia sido preso no momento em que arrastava o cadáver para uma gruta numa rocha com o fim de encobrir seu crime.

O outro era um homem de idade madura, cuja juventude foi muito acidentada, porque acontecimentos alheios à sua vontade o haviam levado a uma vida à margem da lei. Em defesa própria e ajudado pelos aldeões da sua povoação, haviam ferido mortalmente dois correios do procurador Valério Graco, que ao entrar na casa de postas para trocar as cavalgaduras, haviam atropelado indefesas mocinhas que levavam seus cântaros à fonte.

Este chamava-se Dimas. Embora estando já quase esquecida a vida delituosa da sua juventude, um último incidente o colocou novamente diante da justiça humana.

Retirado nos arredores de Beersheba, na região montanhosa da Judéia, vivia do produto de um pequeno rebanho de cabras e de um horto que ele mesmo cultivava.

O chefe de uma das caravanas que fazia a viagem do Mar Vermelho a Jerusalém, perdeu alguns jumentos que se despenharam num precipício. Vendo que pastavam soltos os jumentos da cabana de Dimas, tomou-os tranqüilamente e continuou a viagem sem dizer ao seu dono uma única palavra. Quando este se inteirou do acontecido, correu atrás da caravana para recuperar os animais de sua propriedade.

Na forte contenda que se armou por esse motivo, o caravaneiro foi ferido por Dimas, morrendo antes de chegar a Jerusalém.

Dimas foi capturado e condenado à morte, pois seu acidentado passado foi relembrado e a lei tinha várias contas a cobrar-lhe.

Pilatos deu ordem de que os dois fossem justiçados junto com o Profeta Nazareno.

– Quis salvar-te – disse Pilatos, quando viu o Mestre pela última vez – e tu não o quiseste.

"Negra desventura caiu sobre mim por tua causa, Rei dos Judeus!"

O Mestre não lhe deu resposta.

Ao ouvir esta frase, um dos executores da sentença julgou que seria de grande efeito, na horrorosa tragédia, pôr sobre a pessoa do chamado *Rei dos judeus* um desbotado manto vermelho, dos usados pelos verdugos para cobrir suas roupas quando açoitavam ou torturavam algum réu, para resguardá-las dos salpicos de sangue. Com um feixe de varinhas de freixo, fez um simulacro de coroa que, entre zombeteiras gargalhadas, foi colocada sobre a formosa cabeça de Jhasua.

O príncipe Judá que, com seu coração destroçado, queria a todo o custo comandar as forças militares que manteriam a ordem, apresentou-se na prisão nesse momento.

Com um tremendo soco atirou por terra o infame verdugo que nem sequer ante a dor e a morte tinha um sentimento de nobreza para a sua vítima. Agarrou-o pelo cinturão de couro ajustado à túnica e com um único empurrão o arremessou para fora do aposento.

Sobre o infeliz machucado jogou, com uma rapidez de relâmpago, o manto e a coroa.

Outros verdugos entraram levando os outros dois condenados e os madeiros em cruz sobre os quais deviam morrer.

Um tremor convulsivo agitava os lábios de Judá como ocorre às crianças quando se lhes contém o pranto. Um olhar dos olhos divinos do Mártir, nos quais parecia resplandecer já toda a luz dos Céus, lhe devolveu novamente a calma.

Os quatro doutores amigos de Jhasua haviam dado aviso do ocorrido ao palácio de Ithamar, à austera mansão de Henadad, hospedagem de todos os discípulos galileus, à casa de Lia, onde se hospedavam os amigos de Bethlehem, ao local da Santa Aliança, à granja da Bethânia e aos príncipes Jesuá e Sallum de Lohes que, com Judá e Simônides, tanto haviam trabalhado pela glória de Israel tendo à frente um Rei da raça de David.

Faqui entrou como um furacão em busca de Judá.

— Mas permitiste isto! — mencionou agitando fortemente os braços.

Judá, pálido, porém sereno, apontou para o Mestre sentado sobre o estrado que lhe havia servido de leito.

Faqui precipitou-se para junto dele e caiu de joelhos a seus pés, chorando como um menino.

— Jhasua!... És o filho de Deus e consentiste isto!... Céus!... Não vês que a Terra vai ser destruída por causa deste crime espantoso? Salvaste tantos da morte e não queres salvar a ti mesmo?

O Mestre pôs uma das mãos sobre a cabeça que se agitava em seu regaço como um pássaro ferido e disse:

— Faqui!... Porque me amaste muito, meu Pai permite que compartilhes comigo da imensa felicidade de minha entrada em seu Reino.

"Morrer para conquistar para sempre a coroa de Filho de Deus não é morrer, meu amigo, mas começar a viver a gloriosa vida de vencedor depois da vitória!"

Faqui levantou a cabeça para olhar para Jhasua, cuja forma de expressão lhe ressoava de um modo estranho. Graças à sua faculdade clarividente, ele o viu entre um dourado resplendor no qual se agitavam cem mãos com palmas, coroas e alaúdes, de onde parecia sair, como o eco de uma canção distante, estas sublimes palavras:

"Morrer por um ideal de libertação humana é a suprema consagração do Amor!"

Tudo se passou num instante, como o fugaz resplendor de um relâmpago.

— A grandeza de Amanaí está contigo! Seja como queiras, Filho do Altíssimo! — murmurou, levantando-se com a mesma serena calma que vimos em Judá.

Quando Faqui se inclinou para beijar pela última vez aquela branca testa que ele comparava a um lírio do vale, ouviu que Jhasua lhe dizia:

— Agora acabas de penetrar no segredo do meu Pai. O Filho de Deus te abençoa!

Judá aproximou-se para dizer:

— Como sou um centurião romano, deixas, neste instante, de ser um príncipe tuaregue. Corre e veste-te como lavrador ou lenhador e aguarda na fonte da rua de Joppe, que passaremos por ali.

— Que pensas fazer? — perguntou Faqui.

— Eu, nada, mas devemos estar alertas até o último momento. Minha esperança vive, Faqui, e sinto que é imortal como Deus!

Faqui saiu como um relâmpago. Havia-se consolado sobre o coração de Jhasua e, da mesma forma como seu amigo, *esperava indefinidamente*. Que esperavam? Eles mesmos não sabiam precisar.

Convencidos de que o Mártir era o Cristo, Filho de Deus Vivo, não podiam associar tal idéia com a morte, e estavam certos de que Jhasua terminaria sua vida terrestre com a mesma majestade que o sol do ocaso desaparece da nossa vista para aparecer, igualmente luminoso, entre os resplendores da aurora em outro hemisfério, talvez em outro mundo mais digno que a Terra, para receber um homem que era Deus.

Os três patíbulos não eram iguais. Dois deles eram de madeira verde, recentemente cortada, e o outro de madeira seca que, talvez, desde há bastante tempo aguardava o réu que nele deveria morrer.

Não sei se por uma piedade pobre e tardia, mas sobre este aparecia uma pequena tabuleta com esta inscrição:

Rei dos judeus, o que indicava estar destinado ao Profeta.

Era o menos pesado dos três, mas, mesmo assim, Judá não deixou que ele fosse colocado sobre os ombros de Jhasua, até que houvessem descido a escadaria do tribunal e estivessem na rua. Judá mandara levá-lo por intermédio dos verdugos, mas o Mestre adivinhou-lhe o pensamento e levantou os braços para que ele mesmo o colocasse sobre seus ombros.

A Cruz da Humanidade pecadora caía por fim sobre os ombros do seu Salvador.

A Humanidade podia dizer com o Profeta nesse solene momento:

"Sem abrir a boca, carregou sobre si com todas as minhas iniqüidades."

Apenas haviam dado uns duzentos passos quando começou, em verdade, para o augusto Mártir, a rua da *amargura.*

Foi Verônica, esposa de Ruben de En-Gedi, a primeira a chegar, seguida de seus filhos e filhas, que tratavam em vão de contê-la. Exalando ao vento um choro que dilacerava a alma, essa mulher abriu passagem por entre a turba maldizente que rodeava o Justo como uma alcatéia de lobos.

Judá viu-a do alto de seu cavalo e deu ordem para que a deixassem passar.

Verônica chegou bem perto do Mártir que começava a dobrar-se sob o peso do madeiro e, arrancando o branco véu de linho com que cobria a cabeça, enxugou o abundante suor que o calor do sol e a fadiga fazia brotar naquela pálida face, onde brilhavam com estranho fulgor os olhos divinos do Cristo como estrelas distantes ao amanhecer.

Sua face de nácar ficou gravada no véu! Judá viu-a e seu coração estremeceu de fervoroso entusiasmo, pois pensou para si mesmo:

"Agora começam as maravilhas da hora final."

Nesse preciso instante, chegavam também Susana e Ana, esposas de José de Arimathéia e Nicodemos, respectivamente, junto com Noemi, Thirza, Nebai, Helena de Adiabenes, a anciã Lia, levada em cadeira de mãos pelos amigos de Bethlehem, da mesma forma como Bethsabé, conduzida por seus filhos Jacobo e Bartolomeu, que acreditavam estar vivendo um horrível pesadelo.

Como a turba tratasse de impedi-las de se aproximar do Mestre, Judá, encolerizado diante de tão inaudita maldade, ordenou aos guardas montados uma forte carga, que fez retroceder um tanto aquela massa de malfeitores, que aguardava ansiosamente ver consumada a morte para receber o ouro e a liberdade prometida.

O Mártir enterneceu-se vivamente ao ver o doloroso grupo de mulheres que o haviam conhecido criança e que o haviam seguido com fé e amor durante toda a sua vida.

– Por que viestes para esgotar minhas forças antes da hora? – perguntou com sua voz mais terna. – Não choreis por mim – acrescentou – mas por vós, por vossos filhos e pelo povo fiel que recebeu a palavra divina, e pelo que sofrereis pelos horrores que virão por causa deste dia.

"Não choreis!... pois antes do sol se esconder atrás das colinas, eu estarei no meu Reino, para repetir, não uma, mas milhares de vezes: *"O Filho de Deus vos abençoa."*

Formando um muro ao redor essas mulheres, chorando desconsoladamente, não permitiam que o Mártir continuasse seu caminho.

Dez juízes do Sinédrio, com Caifás à frente, se apresentaram imediatamente conduzidos em liteiras abertas para amedrontar o povo com as insígnias da suprema autoridade religiosa de que estavam investidos.

Tendo sabido de que comandava a guarda montada Quintus Árrius, o amigo do justiçado, temeram que fora dos muros da cidade ele tratasse de libertá-lo. Ao ver a cena dolorosa das mulheres, os juízes começaram a gritar:

– As mulheres para suas casas!... Afastem-nas a chicotadas! Carpideiras pagas para guinchar!... Rameiras das ruas!

Cego de indignação, o príncipe Judá arremeteu com seu cavalo contra o cortejo de liteiras brilhantes de ouro e púrpura. Alguns escravos que as carregavam perderam o equilíbrio e caíram, causando, por conseguinte, a queda de alguns daqueles perversos velhos que, com seus gritos insultuosos queriam dar a entender a baixa classe a que pertenciam o justiçado e seus amigos.

– Quem manda aqui sou eu, em nome do governador! – havia gritado Judá com voz de trovão.

"Mandem toda essa canalha silenciar, pois, do contrário, aqui mesmo permitirei que a guarda vos deixe com as entranhas expostas ao vento!..."

Helena de Adiabenes e Noemi, cuja fé religiosa fazia com que vissem grandeza e santidade nos altos dignitários do Templo, ficaram estupefatas ao ouvir ser chamadas por eles de "*carpideiras pagas para guinchar e rameiras das ruas*".

Apertando-se mais para junto do Ungido de Deus que caminhava para a morte, disseram entre gemidos:

– Senhor!... Vais deste mundo levando contigo o amor, a piedade e a justiça... e nos deixas sob o chicote dos verdugos de Israel!

Os olhos de lince de Hanan haviam reconhecido Helena, cuja arca estava sempre aberta para os valiosos donativos que lhe eram solicitados, e avisando Caifás e os demais juízes, guardaram silêncio por dupla conveniência: Quintus Árrius não estava para brincadeiras e a viúva de Adiabenes observava-os escandalizada. O príncipe Judá falou em voz baixa à sua mãe, e todo o grupo de mulheres seguiu atrás do Mestre em profundo silêncio.

Um observador houvera notado que as palavras do príncipe Judá haviam feito nascer uma esperança no dolente grupo de mulheres judias.

Nebai perdia-se em suposições e conjeturas. Como e por que Judá comandava a guarda nesse dia? Seria para salvar Jhasua na última hora?... Oh, sim, não havia dúvida!... Judá não o deixaria morrer! Com a mais viva ansiedade pintada no rosto, continuou andando!...

Ao darem uma volta numa curva da rua, quando já estavam perto da porta de Joppe, apareceu na frente da comitiva um musculoso lavrador, alto, esbelto, quase um gigante. Trazia o enxadão ao ombro e apoiava-se num bastão de carvalho.

Era Faqui, disfarçado, tal como Judá havia solicitado.

Thirza, que o viu, ia chamá-lo pelo nome para se certificar de que era ele, pois sua estranha indumentária deixava qualquer um em dúvida.

Judá apressou-se em dizer-lhe:

– Bom homem, se queres ganhar alguns sestércios, deixa o enxadão e vem carregar o madeiro deste condenado, que já não pode andar com o seu peso.

– Simão de Cirene para servir-te, centurião – respondeu o lavrador.

Alguns dos juízes levantaram a voz em protesto.

– Já disse que aqui sou eu quem manda! – voltou a gritar com voz de trovão o filho de Quintus Árrius, que parecia sentir-se senhor do mundo para proteger o Cristo-Mártir até o último momento da sua vida.

Que teria passado pela alma nobilíssima e terna do Ungido quando Hach-ben Faqui, seu amigo, tomou a cruz e a carregou sobre seus ombros?

Os olhos do Mártir encheram-se de lágrimas e de seu coração de Filho de Deus subiu aos Céus este divino pensamento:

"Eu te adoro e te bendigo, meu Pai, porque floresceram as minhas rosas de amor semeadas na Terra."

Livre já daquele peso excessivo para sua débil e delicada natureza, o Mestre ergueu novamente o corpo e continuou caminhando ao lado de Faqui.

O Gólgota

Os últimos a tomarem conhecimento da triste notícia foram os discípulos vindos da distante Galiléia.

A promessa de Jhasua feita na noite anterior a Maria de Mágdalo, de que antes do pôr-do-sol *estaria livre*, manteve-os embalados pela esperança, até que chegou Nicodemos desolado, pálido como um morto, para trazer-lhes a dolorosa verdade.

A dolorida mãe do Mártir, como a estátua viva da angústia, não se moveu nem para exalar um grito nesse terrível momento. A suprema dor da sua alma parecia paralisar todos os seus movimentos. Sentia-se morrer junto com ele e esperava a morte numa quietude que espantava.

Os discípulos voltaram-se contra a castelã de Mágdalo, para repreendê-la severa e duramente pelo engano em que havia ocorrido.

– Sempre tendo visões! – disse João com a voz entrecortada pelos soluços.

– Algum mau gênio apresentou-se diante de ti, mulher, para enganar-te, e o tomaste pelo Mestre – disse Tomás asperamente. Uma tempestade de censuras se levantou contra ela que, aturdida e sem compreender o sucedido, se apoiou contra o marco da porta para não cair. Ela sentia que tudo ao seu redor rodava e um tremor convulsivo estremecia o seu corpo.

A mansidão de Pedro veio em sua ajuda.

– Não deveis falar assim sem saber o que estais dizendo. Não é justo perder totalmente a esperança. Se, como diz Nicodemos, o príncipe Judá comanda a guarda, parece-me que não será para levar o Mestre à morte.

"Que poderemos saber acerca da forma como ele subirá ao seu Reino?"

Estas palavras de Pedro acalmaram, ainda que levemente, a agitação de todos aqueles amigos do Mestre que, em número superior a uma centena, se achava naquele recinto.

Ali estava também *Felipe, o grego*, como o chamavam e, em razão de seu temperamento vivo e ardente, foi um dos primeiros a reagir, e disse resolutamente:

– Em vez de estar aqui discutindo o que será ou não será, corramos todos ao tribunal da Torre e veremos com nossos próprios olhos o que ocorre.

Mais tardaram em ouvir estas palavras que em sair correndo em confuso amontoado, homens, mulheres e crianças...

Tinham andado poucos passos pela rua quando se encontraram com Boanerges que vinha ofegante, correndo a toda a velocidade que suas pernas permitiam:

– Levam-no já pela rua de Joppe para o Monte das Caveiras!...

– Bendito Deus!... Ali morrem os criminosos justiçados!... – gritou a anciã Salomé que, apoiada em seu marido, andava lentamente.

Myriam, que se empenhou em manter-se perto do filho ainda que fosse para vê-lo morrer, estava sendo conduzida pelo tio Jaime e por Pedro, que iam atrás de todos.

João, Boanerges, Maria de Mágdalo e suas companheiras, Felipe com o órfão Policarpo, os filhos de Ana e Gabes, Marcos e Ana de Nazareth, todos jovens, tomaram a dianteira e corriam agrupados como bandos de pássaros assustados pela proximidade da tormenta.

Os mais velhos, atrás, esquivando-se de tropeçar para não cair... lamentando sem dúvida a pesadez de seus membros que os impedia de correr, seguiam os demais com a agitação e a ansiedade pintada no rosto.

Se pudesse ver estes quadros vivos, o Divino Mestre houvera repetido seu genial pensamento: "Meu Pai!... Adoro-te e te bendigo porque floresceram minhas rosas de amor semeadas na Terra."

João, Maria e Boanerges adiantaram-se por fim do grupo e passaram como um furacão pela porta de Joppe, por entre a nuvem de pó que era levantada pelos seus pés.

Uma atmosfera asfixiante e pesada caía como chumbo sobre sua fadiga e densas nuvens negras iam cobrindo a opalina claridade dos céus. Uma multidão de pessoas para as quais chegava tarde demais a notícia de *quem era* um dos justiçados daquela tarde, surgia de todas as encruzilhadas das ruas e chegava por todos os caminhos.

"Se ele devolveu a vida aos mortos e curou leprosos e cegos de nascimento... é o Messias anunciado pelos Profetas!... Ele não pode morrer e não morrerá jamais, porque Jehová mandará seus anjos para que o arranquem de seus verdugos." Todos esses comentários eram feitos aos gritos pela multidão, enquanto corriam para o Monte das Caveiras, onde esperavam presenciar o mais estupendo de todos os prodígios do Cristo.

Quando o primeiro grupo de nossos amigos galileus deu a volta ao redor de um árido barranco coberto de ramos secos, apresentou-se-lhes, como pintado sobre o negrume do céu tormentoso, o mais terrível quadro que seus olhos puderam presenciar: Jhasua, o meigo Mestre a quem estavam buscando, suspenso num madeiro em cruz no topo do monte, entre dois justiçados que deviam morrer com Ele.

João e Boanerges apoiaram-se um no outro para não caírem de bruços sobre a poeira do caminho.

Maria de Mágdalo estremeceu inteiramente, numa crise tão violenta que quase a atirou por terra.

– Senhor!... – gritou com supremo desespero, e deitou a correr novamente como se uma vertigem de loucura se houvesse apoderado dela.

Subiu arquejante a montanha da tragédia e foi cair como um fardo ao pé do madeiro, onde iam caindo lentamente fios de sangue dos pés e das mãos do Mártir.

Judá e Longhinos, como duas estátuas eqüestres, com a face contraída pela dor, presenciavam aquele quadro impossível de ser descrito.

As mulheres choravam e rezavam.

O povo amontoava-se ao pé do monte como gigantesca vaga humana que tinha rumores de ondas embravecidas.

Como traços formidáveis de luz, os relâmpagos iluminavam em intervalos a escuridão da tormenta que troava com louca fúria em cima das milhares de cabeças humanas atormentadas por milhares dos mais diversos pensamentos.

Pouco depois, com espanto, viram as colinas adjacentes ardendo em avermelhadas labaredas. Cada cume parecia a cratera de um vulcão. Uma espécie de fantasma vestido com flutuantes véus vermelhos corria de um fogo a outro, arrojando combustível em quantidades cada vez maiores nas fogueiras ardentes.

Era Vércia, a druidesa da Gália, que acompanhava a entrada do Homem-Deus em seu Reino com o resplendor de cem fogos sagrados com os quais evocava o Grande Hessus para receber o seu filho.

A terra era abalada por violentos tremores; as montanhas ardentes abriam-se em grandes fendas, expulsando com fúria, das antigas grutas sepulcrais ali existentes, os brancos esqueletos humanos que passaram ali longos anos de quietude e que um extraordinário cataclisma arrojava ante os olhos daquela multidão sobressaltada de terror e de espanto.

Os juízes do Sinédrio – cujas consciências gritavam *assassinos!* –, quiseram fugir temendo acima de tudo o furor dos elementos, mas o príncipe Judá, como um arcanjo da Divina Justiça, ordenou a seus guardas que os subjugassem, sem permitir que se movessem daquele lugar.

– Covardes assassinos! – gritou com força com o fim de fazer-se ouvir entre o fragor da tormenta e o chocar das rochas que desmoronavam pelos flancos das montanhas. – Covardes assassinos!... Quietos aí, para que caia, como uma eterna maldição sobre vós, o último alento do Filho de Deus que assassinastes!

Um pavoroso silêncio foi se fazendo pouco a pouco, apenas interrompido pelos soluços das mulheres e das orações da multidão que, ao pé do trágico monte, via sem poder acreditar, como uma escultura de marfim suspensa entre o céu e a terra, o Profeta de Deus que, uns dias antes, havia entrado em Jerusalém entre hosanas de glória e aclamações de triunfo e de amor!

Na agitação e na suprema ansiedade em que todos estavam mergulhados como infelizes náufragos num mar tempestuoso, haviam esquecido completamente os fiéis anciãos que acompanharam o Verbo de Deus desde o seu berço.

Efraim e Shipro pensaram neles e, em modestas liteiras cobertas levadas por uma vintena de criados, conduziram-nos ao monte do sacrifício, onde o Filho de Deus... o meigo Jhasua que, quando menino tiveram em seus braços, entregava sua vida no santo altar do amor fraterno, alicerce e coroação de sua grandiosa obra pela libertação humana.

Iam ali para vê-lo morrer, Melchor de Horeb, Simônides, Gaspar o hindu, Fílon de Alexandria, Elcana e Sara, Josias, Eleázar e Alfeu, cuja ancianidade avançada impossibilitava de fazer a pé o penoso caminho entre barrancos e matagais que conduzia ao Monte das Caveiras.

Os quatro amigos doutores haviam corrido como enlouquecidos procurando os membros do Sinédrio que ficaram também sem ser avisados do julgamento que estava sendo realizado, com a esperança de formar uma maioria e anular a sentença de morte dada contra o Justo, ainda que fosse na última hora.

Sofreram, porém, a decepção da covardia em quase todos eles que, consultando mais a própria conveniência que a vida do próximo, não tiveram o valor de colocar-se diante do pontífice Caifás, nem dos juízes, doutores e sacerdotes que haviam condenado o Profeta de Deus.

– Nós não o condenamos – responderam covardemente. – Responsabilizai-os por essa morte!

– Mas a vossa covardia torna-vos cúmplices do delito - disse José de Arimathéia.

– Negando-vos a intervir – acrescentou Nicodemos – deixais o campo livre para que o crime seja consumado.

– Levantareis contra vós – gritou Gamaliel fora de si – toda a juventude do Grande Colégio, que arrojarão nas aulas as tabuinhas sobre as vossas cabeças, gritando: *Não queremos verdugos nem assassinos para mestres!...*

Esses quatro amigos chegaram à montanha da tragédia quando o Mártir se achava já há uma hora suspenso na cruz.

Tanto eles como a triste procissão dos anciãos viram-se em grandes dificuldades para chegar ao pé da montanha por causa dos enormes blocos de rochas e montes de terra que o terremoto havia arrojado sobre todos os caminhos que conduziam a ela.

Era a mãe do Mártir o ímã que atraía todos os seus amigos e discípulos. A doce mãe, sentada sobre uma rocha, com o olhar fixo em seu filho, parecia não dar-se conta de que era o centro de toda a piedade e de todo o amor dos que amaram o Cristo acima de todas as coisas.

A humana personalidade do Mártir esgotava-se visivelmente com a perda de sangue e a pressão da atmosfera, ardente como uma chama.

Os olhos dos discípulos, dos amigos e familiares abraçavam-no com seus olhares cheios de ansiedade e desespero, esperando em vão que, a uma única palavra sua, os Céus se abrissem e legiões de arcanjos justiceiros descessem como uma revoada de pássaros luminosos para arrancar o Ungido do seu infame patíbulo.

Entretanto, a alma do Cristo flutuava sem dúvida por horizontes distantes, ou a sua clarividência apresentou-lhe, com vivas cores, as consequências do crime que os dirigentes de Israel cometiam, porque sua dolente voz exalou um gemido, como um soluço, para dizer:

"Perdoai-os, Pai, porque não sabem o que fazem!"

Algumas vozes amigas clamaram entre soluços:

– Filho de Deus!... Messias de Israel!... Lembra-te de mim quando estiveres no teu Reino!

– Leva-nos, Senhor, contigo!... Não queremos a vida sem ti!...

– Até os elementos estouram de furor contra os verdugos do Filho de Deus!...

Porém estas e outras frases, da mesma forma como as orações e os prantos, se perdiam entre o estampido dos trovões, o chocar das pedras que saltavam a grande distância e o crepitar dos ramos que os *fogos sagrados* de Vércia iam reduzindo a cinzas.

Um ginete de turbante e manto branco, que o vento agitava como asas que voassem desesperadamente, apeou-se ao pé da montanha e foi cair de joelhos no alto da esplanada onde haviam levantado os cadafalsos.

Levantou seu olhar para os céus e em seguida seus olhos negros e profundos pousaram-se com infinita angústia naquele rosto amado, no qual já apareciam os vestígios da morte.

Era o scheiff Ilderin que acabava de chegar de Jericó, aonde foi levada a terrível notícia, quando se dispunha a entrar com seus valentes ginetes árabes para proclamar o Ungido do Senhor como Rei de Israel.

O terror apoderou-se de toda aquela enorme multidão quando um espantoso trovão fez estremecer a montanha e, no negrume dos céus, apareceu o sinistro resplendor do raio como uma serpente de fogo abrindo caminho na imensidão.

Os que estavam mais próximos do divino Mártir, ouviram-no dizer:

– Meu Pai!... Recebe o meu espírito! Tudo está consumado.

A formosa cabeça sem vida inclinou-se como um lírio arrancado pelo vendaval.
Somente então Judá, Faqui, Ilderin, Simônides, seus discípulos e amigos compreenderam que já não tinham nada a esperar.

Então se desatou, como um furacão, o furor de Judá, de Faqui, de Ilderin e de Vércia, que havia subido com os seus archotes ardentes para iluminar as trevas.

Com alabardas, lanças, azagaias e chicotes fizeram rodar, montanha abaixo, as liteiras de púrpura e de ouro dos magnatas do templo.

— Fora daqui, lobos famintos!... Para trás, vampiros, mercadores do Templo, antes que se faça aqui uma carniceria com todos vós! — gritava Judá enfurecido.

As mitras, as tiaras, os tricórnios brilhantes de pedrarias saíam voando, enquanto seus donos, aos saltos, desciam a montanha como lebréus acovardados à vista de leopardos. Seus escravos fugiam espavoridos ante o ginete de turbante branco e o centurião de cavalo negro que não dava trégua aos que, pouco antes, vociferavam com zombarias de baixo calão e gritos selvagens.

— Ele já não está aqui para me ver!... — gritava Judá, como enlouquecido. — Seus olhos estão fechados e não impõem mais silêncio a mim!... Fora daqui, malvados!... Agora sou eu a justiça de Deus para acabar com todos vós!...

Vércia, a druidesa da Gália, havia feito um imponente *fogo sagrado* ao pé da montanha trágica, com as liteiras e púrpuras sacerdotais e as sarças secas dos barrancos. Não era aquele árido penhasco um altar no qual havia sido imolado o Homem-Luz, o Filho do Grande Hessus?

O povo debandou em completa confusão, preso de horrível pânico, e a polícia montada também começou a retirar-se.

Quando só restavam no recinto da tragédia os familiares, discípulos e amigos, Judá retirou o capacete, a armadura e a cota de malhas e, entregando tudo a Longhinos, pediu:

— Dirás ao governador que terminei o meu papel de militar.

Longhinos saudou-o militarmente e, à frente de seus soldados, desceu a colina enegrecida pelas sombras, enquanto meditava: "O governador romano e o Sinédrio judeu arrojaram-se no mesmo abismo, porque unidos justiçaram um Deus Encarnado, superior a todos os deuses do Olimpo!"

O príncipe Judá aproximou então seu cavalo do cadafalso do Cristo e, pondo-se de pé sobre a montaria, uniu sua cabeça transtornada, com aquela outra cabeça já sem vida e começou a chorar em grandes soluços que despertaram ecos nas grutas da montanha e nos corações que os escutavam...

— Jhasua!... Meu amigo... meu Rei de Israel!... Meu sonho de toda a vida!... Hoje morrerei também contigo porque não quero... não... nem um dia mais de vida nesta terra de crimes e de infâmia!...

Faqui viu brilhar em sua mão direita um pequeno punhal e, de um salto, subiu ao cavalo e o segurou fortemente pelo pulso, ao mesmo tempo que lhe dizia:

— Judá, meu amigo!... Ignoras que o Filho de Deus está vivo, pois não pode morrer jamais?

"Agora, mais do que nunca, devemos viver por Ele e para Ele; para que seu nome se espalhe como um rastro de estrelas sobre toda a Terra."

Um tremor nervoso se apoderou de Judá que, sentindo que todas as suas forças o abandonavam, deixou-se cair nos braços de Faqui e, alguns momentos depois, o nobre e valente príncipe Judá achava-se estendido sobre uma manta ao pé do patíbulo no qual havia morrido o seu Rei de Israel. A violenta crise produziu-lhe um pesado sono.

Pequenos vultos sombrios viam-se aqui e além, por entre aquelas trevas, e nem sequer os amigos se reconheciam.

A dolorida mãe, apoiada em seu irmão Jaime, havia-se aproximado da cruz na qual havia morrido o seu amor, e suas mãos geladas procuraram às cegas os pés feridos e úmidos de sangue daquele Santo Filho pelo qual tanto havia sofrido durante toda a sua vida.

Ao aproximar-se, a infeliz mãe percebeu algo que não se movia junto ao pé do madeiro. Em seus pés, sentiu o calor de um outro corpo que jazia inerte no chão. Era Maria de Mágdalo que, abraçada à cruz desde que chegou, estava com a sua cabeleira empapada em sangue e mergulhada num estado de atordoamento muito semelhante à demência.

Nebai era outro vulto nas trevas, abraçada com seus dois filhinhos, um de oito e outro de cinco anos.

Chorando amargamente, fazia-os repetir as palavras do Salmista:

"Deus, tem misericórdia de nós e nos abençoa; faz resplandecer tua glória sobre as trevas.

"Salva-nos, Deus nosso Senhor, porque águas amargas penetraram até no mais íntimo de nossa alma!

"Ó Jehová!... A ti clamamos! Ouve esta voz que te invoca!

"Elevada seja a minha oração diante de Ti como um perfume, e a dádiva de minhas mãos como a oferenda da tarde!"

Os moradores da aprazível Bethânia, Martha, Lázaro e a pequena Maria, haviam sido os últimos a chegar, como para recolher, em seus corações cheios de angústia, as últimas palavras do Mártir:

"Pai, recebe o meu espírito!... Tudo está consumado!"

Martha caiu de joelhos e afundou a cabeça no pó, murmurando entre soluços:

"Que Deus tenha misericórdia de nós!... Senhor!... Senhor!...

"Repara na grandeza de Teu Filho e não na maldade dos homens!...

"Repara em seu amor e não na nossa iniqüidade!...

"Misericórdia e piedade, Senhor!..."

O rumor de suas palavras perdia-se entre o pranto desconsolado daquela centena de pessoas que se moviam como fantasmas em torno do Homem-Deus suspenso na cruz.

Lázaro permaneceu quieto e mudo como uma estátua a poucos passos do cadafalso do grande amigo que havia curado suas dores morais e físicas, e cuja aproximação foi para ele como o começo de uma vida nova.

A pequena Maria, tímida e medrosa, foi se aproximando lentamente do grupo central que chorava ao pé da cruz. Quando, à luz trêmula do fogo sagrado de Vércia, reconheceu naquela face lívida o meigo rosto do Mestre, exalou um gemido de agonia e caiu sem sentidos sobre o regaço de Verônica que, sentada no duro solo, rezava e chorava.

A pobre menina só voltou a si depois de algumas horas.

José de Arimathéia e Nicodemos haviam retomado à cidade para pedir ao governador a necessária permissão para descer o corpo do Messias do madeiro e darlhe sepultura nessa mesma noite, visto que, no dia seguinte, a Lei não permitia que se executasse esse trabalho.

Obtida a permissão, os homens mais jovens e fortes começaram a descravar da cruz aquele amado corpo que tantas fadigas havia sofrido para consolar os seus semelhantes.

Melchor e Gaspar, prevendo esse momento, haviam trazido em suas liteiras as vendas e os panos de linho exigidos para a inumação.

Com os assentos das liteiras em que os anciãos foram conduzidos, formou-se um estrado coberto com um pano branco e ali depositaram Jhasua morto.

Myriam, sua mãe, ajoelhada, pôde por fim abraçar-se à amada cabeça do Filho e beijar-lhe os olhos fechados, a testa, a boca, as faces, como se, com o calor de seus beijos, quisesse injetar-lhe novamente a vida!...

Os homens e as mulheres, anciãos e crianças, desfilaram comovidos em torno daquele humilde féretro, no qual jazia o corpo inanimado do Mártir que, na noite anterior, repartia o pão e o vinho e os abraçava numa derradeira despedida.

Suas últimas palavras ressoavam nas almas doloridas como as lamentações daquele que parte para não voltar:

"Para onde eu vou, não podeis seguir-me agora.

"Deixo-vos o meu último mandamento:

"Que vos ameis uns aos outros como eu vos amo.

"Buscar-me-eis e não me achareis. Mas não vos deixo órfãos, porque meu Pai e eu estaremos presentes se vos amardes como Ele e eu vos amamos."

Pedro recordava que na noite anterior havia negado seu Mestre e, ajoelhado a seus pés, beijava-os milhares de vezes e banhava-os com as suas lágrimas, que pareciam não esgotar-se jamais!...

João recostou por um momento seu rosto sobre aquele peito desnudo onde, mais de uma vez, havia apoiado a cabeça e escutado o pulsar daquele grande coração, que então estava mudo!...

Helena e Noemi tiveram a idéia de cortar alguns cachos da cabeleira do Profeta e repartir depois em estojos de ouro, como triste recordação daquele ser tão querido, que não havia sido apenas o resplendor de um sol entre eles, mas também havia tido vida de homem...

Havia-os amado como homem, havia-os consolado como amigo e ensinado como Mestre.

Ao lembrar que já não o tinham mais sentiam-se enlouquecer de angústia e novos coros de soluços contidos despertavam ecos na montanha sombria, onde o fogo sagrado da druidesa da Gália dava reflexos de ouro e sangue à dolorosa cena final.

Os dez homens mais idosos dessa reunião fúnebre encarregar-se-iam de ungir o cadáver com os óleos aromáticos do costume e envolvê-lo no sudário polvilhado de inceso, mirra e aloés: Gaspar, Melchor, Fílon, Elcana, Josías, Alfeu, José de Arimathéia, Pedro, Simônides e o tio Jaime.

A doce mãe ungiu a cabeça do Filho com os caudais de seu incontível e inconsolável pranto e cobriu-a com o véu branco que retirou da própria cabeça.

Os discípulos jovens exploraram as imediações da montanha à luz das tochas em busca de uma gruta nova que um familiar de José de Arimathéia havia adquirido e preparado para a sepultura dos seus.

Sobre um leito formado com vinte braços unidos pelas mãos, os homens jovens conduziram o cadáver a essa sepultura provisória, já que a noite os impedia de levá-lo para o panteão sepulcral de David, sobre o qual o príncipe Sallum de Lohes possuía direitos hereditários.

Conduzindo à gruta sepulcral o cadáver de Jhasua, que havia sonhado com a igualdade humana, vemos as mãos unidas de príncipes, pastores, operários, doutores e até um escravo: Hach-ben Faqui, o scheiff Ilderin, Gamaliel, Nicodemos, Nicolás, Felipe, João, Marcos, Jacobo, Bartolomeu, Othoniel, Isaías, Efraim, Gabes, Nathaniel, Shipro, Boanerges, Zebeu e dois jovens discípulos de Melchor.

Os homens de idade seguiam o cortejo fúnebre recitando as lamentações de Jeremias e chorando silenciosamente.

Somente o príncipe Judá não pôde seguir atrás do cadáver do seu Rei de Israel porque, estendido ainda sobre uma manta ao pé do cadafalso, rodeado por sua mãe, a esposa e os filhos, parecia lutar entre a vida e a morte.

Sua imobilidade completa, a respiração apenas perceptível e as débeis batidas do seu coração faziam temer aos seus que sua vida não tardaria a extinguir-se.

Esse doloroso incidente deu motivo a que todos se dirigissem ao palácio de Ithamar. Os anciãos em liteiras e os jovens a pé formavam como uma triste procissão de fantasmas sombrios atravessando caminhos e barrancos e, depois, as escuras e tortuosas ruas de Jerusalém, mergulhadas em profundo silêncio.

As trágicas impressões do dia, a noite escura e tormentosa, as patrulhas de soldados percorrendo as ruas para evitar tumultos populares, tudo, enfim, flutuava como um hálito de pavor sobre a cidade dos profetas mártires e dos reis homicidas.

Da Sombra para a Luz

Chegamos, leitor amigo, ao quadro final desta coleção de esboços do que foi o grandioso poema da vida do Homem-Deus, na personalidade humana de Jhasua de Nazareth.

O palácio, que fora idéia e realidade do príncipe Ithamar, da antiga e nobre família de Hur, grande amigo de Moisés, parecia estar destinado a ser testemunha muda de grandes dores humanas.

Ideado e construído para ninho plácido e tépido de um primeiro amor cheio de fé e de esperança, presenciou as desgraças profundas de seus donos quando a tragédia que se abateu sobre a família de Ithamar a manteve desunida durante dez longos e terríveis anos.

Presenciou igualmente a imensa desolação dos familiares, amigos e discípulos do Cristo-Mártir no primeiro anoitecer do dia da sua morte; dia que o mundo chama de *Sexta-feira Santa*, cuja dor serviu, durante vinte séculos, para significar toda a angústia inconsolável e única em nossas vidas humanas.

"Isto parece uma Sexta-feira Santa", costuma-se dizer quando um desconsolo imenso enche nossa morada de silêncio e de sombras.

Ao gravíssimo estado físico do chefe da família foi acrescentada mais outra nota de amargura à taça que já estava transbordante em todos os corações.

Os médicos haviam diagnosticado uma congestão cerebral, da qual não tinham nenhuma esperança de salvá-lo.

O desolado grupo dos amigos do Cristo... do homem genial que acabava de desaparecer, via no príncipe Judá o homem forte, o carvalho gigantesco que podia oferecer amparo a todos na ausência do Mestre para o caso de perseguições que não deviam tardar, dado o ódio satânico dos príncipes e doutores do Templo contra o Justo por eles assassinado.

Sua vinculação hereditária com os grandes homens do governo romano, na sua qualidade de filho adotivo do vitorioso duúnviro Quintus Árrius, que havia livrado o Império da praga dos piratas, senhores dos mares, dava-lhe uma poderosa ascendência nas esferas governamentais dos países civilizados. Quem, a não ser ele, poderia protegê-los das fúrias do Sinédrio judeu?

A noite de sexta-feira e todo o sábado seguinte foram de angustiosa espera para o dolorido conjunto dos amigos de Jhasua.

Hach-ben Faqui animava-os dizendo:

— A pátria tuaregue é imensa, como o Saara impenetrável, e meu pai é ali um dos conselheiros da rainha Selene. Levar-vos-ei, pois, para o meu país se, no vosso, fordes perseguidos.

Gaspar, príncipe de Srinaghar e senhor de domínios em Bombay, oferecia abrigo a todos os que quisessem fugir da nação desventurada que se mostrava ingrata às dádivas de Deus.

Melchor, com suas grandes Escolas na península do Sinai, no Monte Horeb, no Monte Hor e em Cades Barnea, fazia iguais oferecimentos.

O scheiff Ilderin, um dos mais poderosos caudilhos com que o rei Hareth da Arábia contava para sua defesa, disse aos seguidores de seu amigo morto:

— Tenho um horto de palmeiras por onde corre o rio Orontes, com um lago como o vosso Mar da Galiléia, onde navegam mil barcos sem fazer sombra uns aos outros e cujas margens são pradarias onde pastam rebanhos de camelos, de cavalos árabes, de cabras e de ovelhas que não se pode contar.

"Atrás dos Montes Jebel e nas matas cerradas dos Montes Bazzan tenho vivendas de rochas defendidas por milhares de lanceiros, onde podem viver comodamente várias centenas de famílias.

"Não ensinou o Messias nosso Rei que devemos amar-nos uns aos outros como Ele mesmo nos amou?

"Se devemos perpetuar o seu pensamento fazendo-o viver na nossa própria vida, entre nós não deve existir o egoísmo do *teu e do meu*. Bozra, Raphana e Pella, no caminho real das caravanas, são cidades tão importantes como Jerusalém, Sevthópolis e Cesaréia. E a garra do Sinédrio judeu não chega até lá..."

Todas essas vozes amigas, cheias de afeto e de sinceridade, somente conseguiam abrir mais a profunda ferida que todos sentiam no fundo de suas almas.

— Tinha razão o nosso Mestre — disse Pedro depois de longo silêncio:

" *'Morto o pastor, dispersar-se-ão as ovelhas.'* Derrubada a torre onde se aninhavam as andorinhas, elas voarão para todos os pontos da Terra."

— Ele era o ímã que nos atraía a todos.

— Era a cadeia de ouro que nos atava uns aos outros.

— Era a árvore que nos dava sombra.

— Com Ele tínhamos tudo e sem Ele não temos nada, a não ser a nossa dor e o nosso desespero.

Todas essas frases foram saindo como gritos da alma ferida de morte daquele grupo de seres que, no negrume da sua angústia, não conseguia compreender a vida sem aquela grande Luz que os havia iluminado durante o curto tempo que estiveram ao seu lado.

Todos aguardavam ansiosamente o fim do sábado para prestar ao grande amigo ausente o derradeiro serviço, extremamente doloroso, por certo, mas do qual não podiam eximir-se sem se julgarem culpados: a transladação do cadáver para a sepultura definitiva, no panteão sepulcral de David situado fora das muralhas, no caminho de Bethlehem.

Feito isso, disporiam de suas pessoas e de suas vidas como a cada qual parecesse melhor.

Myriam, a incomparável mãe do Mártir, recostada num divã, mergulhava num profundo silêncio. Todos pensavam em servir-lhe de proteção e amparo em sua imensa solidão, ainda rodeada de tantos seres amigos que a amavam ternamente; porém ninguém se atrevia a fazer-lhe oferecimento algum, porque seria recordar ainda mais que seu grande Filho já não estava ao seu lado.

No sábado à noite, as mulheres jovens reuniram-se para combinar ir, ao amanhecer do domingo, à sepultura do Mestre, levando um féretro de madeira de sândalo com incrustações de prata, dentro do qual colocariam o corpo para transladá-lo para o sepulcro definitivo, que ficava a um estádio mais ou menos de distância do lugar em que se encontrava.

Na última hora da sexta-feira eles haviam contratado o féretro para o domingo ao amanhecer, mas antes de se aproximarem do sepulcro viram que por ali não andava ninguém, certamente porque o mercador que o vendera se havia atrasado. As duas companheiras de Maria, com Boanerges e João, retomaram à cidade para fazer a devida reclamação.

A castelã de Mágdalo, vendo-se sozinha, subiu novamente à colina do Gólgota ou Calvário e contemplou, com infinita amargura, o patíbulo do Mestre, ainda estendido por terra com os vestígios do seu sangue, onde estiveram cravadas suas mãos e seus pés.

Seu pranto correu sobre aquele madeiro ensangüentado, e pareceu-lhe então maior que antes a imensa desgraça que havia caído sobre todos os que amavam o Cristo.

Os dois que tinham sido justiçados junto com Ele ainda pendiam das cruzes, e um deles estremecia nos últimos espasmos da agonia. Sem família e sem amigos, antes do sair do sol deviam ser arrojados à fossa comum no muladar.

– O Mestre – pensou Maria –, ainda haveria tido piedade daqueles míseros despojos dos dois criminosos. E devo tê-la também.

Antes de descer da colina trágica, beijou pela última vez o sangue seco no madeiro e procurou os cravos com os quais o Mestre esteve suspenso, mas não os encontrou.

– Certamente – disse – algum dos íntimos os recolheu. – Dirigiu-se em seguida ao sepulcro, que distava apenas uns duzentos passos, e cuja entrada ficava escondida entre os barrancos e moitas de espinhos, a única coisa que crescia naquele lugar árido.

Grande foi sua surpresa quando viu removida a pedra que cerrava a entrada da gruta e que a própria sepultura estava destapada e a lousa caída para um lado. Aproximou-se para olhar no fundo da gruta e viu o sudário e o véu com que envolveram a cabeça do Mestre.

– Levaram-no para o Panteão de David antes do que pensávamos – disse. – Ainda não nasceu o sol. Como é que madrugaram tanto?

Maria sentou-se sobre uma pedra da entrada da gruta chorando silenciosamente, enquanto olhava para a preciosa ânfora de alabastro, cheia de azeite de nardos que havia levado, para derramá-lo sobre o cadáver do Senhor ao ser colocado no féretro.

Sentiu imediatamente um leve ruído de arbustos e ervas secas pisoteados e voltou a cabeça para o lado.

Através das lágrimas, Maria viu o vulto de um homem.

– Se viste quando foi tirado daqui ou se o levaste, dize onde foi colocado para que eu possa ir ungir o seu cadáver – disse ela.

– Maria!... – disse uma voz, e era a do Mestre que a chamava pelo nome.
– Mestre!... – gritou ela, arrojando-se a seus pés para os beijar.
– Não podes tocar-me – disse a visão –, porque não sou mais de carne. Volta para junto dos meus e avisa-os dizendo-lhes que me viste e ouviste. Irei para o meio de todos, porque nenhuma força da Terra ou do ar pode já impedir-me! A paz esteja contigo!...

A visão havia desaparecido e Maria, com o rosto por terra, chorava e beijava o pedaço de rocha sobre o qual havia sido colocado o corpo de Jhasua.

Louca de alegria, como o havia estado de angústia, saiu correndo para a cidade. Antes de chegar à porta de Joppe, encontrou suas companheiras com os homens que traziam o féretro.

– Ele não está mais no sepulcro – disse –, é inútil ir até lá. – E, baixando a voz, disse às suas companheiras:

– O Mestre vive! Eu o vi e falou comigo! Disse que virá para o meio de todos nós! Depressa!... Depressa!... Corramos para a nossa morada e avisai aos demais para que não aconteça que Ele chegue lá e não nos encontre.

Suas companheiras seguiram-na julgando que ela havia enlouquecido.

Maria chegou arquejante ao palácio Henadad, residência dos galileus, e encontrou Pedro com a maioria dos discípulos mais íntimos.

Ninguém quis acreditar na notícia. Ainda estava fresca na memória de todos aquela outra notícia levada por ela, de que antes do pôr-do-sol da sexta-feira o Mestre estaria livre.

– Cala-te, mulher, cala-te! – disse Pedro com imensa amargura. – És a mesma visionária de sempre! José de Arimathéia e seus amigos deverão tê-lo levado para o sepulcro de David, sem levar em conta que tanto desejávamos dar-lhe esta última prova do nosso afeto.

Cobrindo o rosto com o manto, Pedro começou a chorar desconsoladamente.

Sentada no pavimento, Maria também chorava, acreditando ela mesma estar sendo vítima de uma ilusão do seu amor.

Os discípulos mais jovens estavam levantando-se para correr ao sepulcro a fim de se certificar da realidade, quando o cenáculo, mergulhado ainda no claro-escuro do amanhecer, inundou-se de luz e a clara e meiga voz do Mestre fez-se ouvir por todos eles.

– A paz esteja convosco! ... Por que duvidastes? Não vos disse que entraria na glória do meu Reino e que me tornaria senhor de todos os poderes nos Céus, na Terra e nos abismos?

"O sepulcro não pode reter aqueles que o Amor glorificou.

"Preparai-vos para voltar à Galiléia, que é a região mais propícia para receber as dádivas de Deus."

Sua transparente e sutil personalidade deslizou diante de todos e cada um dos que estavam presentes, mudos de estupor, não sabiam se estavam no mundo dos vivos ou se eram vítimas de uma fantástica quimera.

Mais ou menos na mesma hora, igual visão havia-se apresentado no palácio de Ithamar, submerso na angustiosa ansiedade do que julgavam ser os últimos momentos da vida de Judá.

A própria Myriam, cheia de piedade pela dor da família, havia-se deixado conduzir à alcova do moribundo, onde se achavam os anciãos Melchor, Gaspar, Fílon e Simônides, com Hach-ben Faqui e o scheiff Ilderin.

Nebai, ajoelhada junto ao leito, soluçava sobre a cabeça imóvel de Judá, que respirava com muita dificuldade. A seus pés choravam sua mãe e Thirza, a irmã.

A alcova do moribundo encheu-se de claridade e a frase habitual do Mestre caiu sobre todas as almas como uma música divina:

— A paz esteja convosco!

Todos correram para o leito de Judá, em cima do qual flutuava a visão amada como a luz rósea do amanhecer.

"Mais do que me amastes, eu vos amei desde imensas épocas. Por que enfraquece a vossa fé e murcha a vossa esperança, como se no sepulcro terminasse a eterna carreira do espírito?

"Alçai vossos corações àquele que é o Eterno Criador de toda vida e recordai as minhas palavras: 'Volto para o meu Pai, de onde saí, mas não vos deixo órfãos nem sozinhos no mundo.'

"Mãe, amigos, irmãos... bendizei a Deus todos os momentos de vossa vida, e que nenhuma dor vos faça esquecer minhas promessas eternas e meu amor, mais forte que a morte."

Judá ergueu-se imediatamente sobre o leito e, estendendo os braços para a visão amada, disse:

— Jhasua!... Vens para me levar contigo ao teu Reino, meu Rei de Israel!

— Ainda não é chegada a hora da tua liberdade! Vive, Judá, meu amigo, e serás o braço forte que protegerá meus primeiros semeadores da fraternidade humana!

A visão diluiu-se tão sutilmente como havia aparecido, por mais que todos os olhares houvessem querido retê-la estampada na retina da mesma forma como no fundo da alma.

Os anciãos e as mulheres recitavam chorando o salmo da Aleluia, símbolo belíssimo das mais puras alegrias da alma humana prostrada perante a grandeza Divina.

Iguais aparições do Divino Mestre tiveram no mesmo dia, e somente com diferença de horário, os amigos da Bethânia, na casa da viúva Lia, onde se alojavam os de Bethlehem, e no cenáculo de José de Arimathéia, onde, perto do meio-dia, estavam reunidos os quatro doutores amigos de Jhasua, mais Ruben de En-Gedi, esposo de Verônica, o príncipe Jesuá, Sallum de Lohes e seus familiares.

O Ungido do Amor Eterno não esqueceu nenhum de todos os que o amaram até o fim.

Vércia, a druidesa da Gália, viu-o aparecer em seu *fogo sagrado* da meia-noite do domingo, e a voz sem som da aparição lhe disse:

— Volta para a tua terra, mulher de fogo e bronze, porque conto contigo para semear a fraternidade humana na outra margem do Mar Grande.

— Que poderemos fazer, se logo seremos escravos do poderio romano?... — pensou a druidesa.

E a aparição respondeu:

— Os poderosos da Terra escravizam os corpos, mas não a idéia, emanação do espírito... Pensa!... Pensa com o meu pensamento, mulher, e age com a tua vontade unida à minha.

"A fraternidade, a igualdade e a liberdade germinarão na tua pátria gaulesa, e florescerão antes que em qualquer outra região da Terra.

"A paz esteja contigo!"

Imenso júbilo encheu todos os corações, e a personalidade augusta do Mestre agigantava-se na consciência de todos, que já não podiam duvidar de que haviam tido por breves anos, entre eles, o Verbo de Deus Encarnado, o Messias anunciado pelos Profetas.

Tinham sonhado, é certo, em tê-lo também como um Rei sobre um trono de grandeza e de poderes materiais, e esse sonho havia-se dissolvido sem se realizar jamais. Mas que dúvida poderia caber nas suas mentes de que seu reinado seria eterno sobre todas as almas que se abrissem à Idéia Divina do Amor entre todos os homens?

Como lhes pareceu até pobre e mesquinho a idéia da morte, qual tanto terror e medo tinham antes!

Seu Mestre havia triunfado da morte e da corrupção do sepulcro e flutuava glorioso nos âmbitos ilimitados do infinito!...

Como era sublime a sua grandeza!... Muito mais do que haviam compreendido antes, quando o viam realizar portentos em favor de seus semelhantes carregados de pesadelos e desesperações.

Os discípulos comunicaram uns aos outros aquilo que tinham ouvido do Divino Mestre glorioso e triunfante e dispuseram-se a viajar para a amada Galiléia, onde esperavam que a glória de Deus se transbordaria sobre a Terra, talvez para transformá-la, já purificada, no paraíso de amor, felicidade e luz com que todos sonhavam...

Eram cento e vinte e sete pessoas as que conheciam o divino segredo das aparições radiantes do Cristo, e foi esse reduzido conjunto de seres que o amavam que empreendeu a viagem às margens do Mar da Galiléia, dois dias depois do domingo chamado de *Ressurreição*.

A Idéia Divina parece manter-se como que velada em fanais de sutilíssimas transparências ou, pelo menos, ela se apresenta de tal modo à consciência dos seres humanos que eles não chegam a percebê-la com absoluta clareza.

Desta forma, não deve parecer-nos estranho que aquela pequena brigada de amigos do Cristo empreendesse a viagem à Galiléia em sua busca, com as almas cheias de um sonho divino e de tão imensas esperanças como o infinito.

Iam vê-lo novamente, iam ouvi-lo, talvez viver uma segunda etapa de vida, superior em muito à que haviam vivido ao seu lado.

Como seria essa vida, não podiam precisá-la por enquanto.

Haviam-no visto realizar tão estupendas maravilhas e, no terceiro dia da sua morte, viam-no resplandecente como um sol, entrar e sair nos recintos fechados, aparecer e desaparecer como uma luz! Como, pois, não deviam esperar uma vida nova, diferente da que tinham vivido até então?

Era indubitável! O Reino de Deus ia ser estabelecido na Terra e seu Mestre seria o Rei imortal e eterno com que haviam sonhado!

A poderosa e dominadora Roma desapareceria entre as brumas de ouro do seu sonho divino...

O Sinédrio judeu, com sua intransigência e feroz crueldade, parecia-lhe um negro pesadelo, do qual haviam despertado para uma radiante claridade que nada nem ninguém podia extinguir daí por diante.

Apenas Gaspar, Melchor e Fílon compreendiam o que significava tudo aquilo.

O triunfo do Cristo-Mártir era o início de uma Nova Era.

Era o mesmo que abrir sulcos intermináveis na herdade que o Pai lhe confiara para o qual Ele, com os seus, deviam conduzir ao mais completo triunfo sobre as forças das trevas.

O Cristo triunfante ia tomar posse eterna do seu Reino.

Na Terra ficavam os que haviam amado e seguido; os que haviam bebido do seu coração de Enviado de Deus a doutrina da *Paternidade de Deus e da Irmandade dos homens*.

Eles ficavam com a ordem expressa de levar essa doutrina por toda a face da Terra, ainda que à custa do sacrifício dos bens de fortuna, da honra e da própria vida, tal como haviam visto proceder seu Mestre e Senhor.

"A morte por um ideal de libertação humana é a suprema consagração do Amor" – repetiam como um eco das palavras do Cristo.

Melchor, Gaspar e Fílon sabiam que tudo aquilo era o começo de uma luta gigantesca que duraria vinte séculos, ou seja, até o fim do ciclo da evolução humana, cuja jornada final o Avatar Divino viera iniciar.

A doutrina da *Paternidade de Deus e da Irmandade dos homens* é a síntese de toda a Lei Divina:

"AMA A DEUS ACIMA DE TODAS AS COISAS E AO PRÓXIMO COMO A TI MESMO."

Para fazê-la triunfar no meio da Humanidade da Terra, seria necessário amenizar a prepotência dos poderosos, a indigna humilhação dos escravos, a suprema dignidade dos Imperadores, dos Faraós, dos Brahamanes e Soberanos de todas as religiões.

Seria necessário chegar à única conclusão possível, de que não há senão um só Pai, um só Senhor, um único Criador: Deus, Causa Suprema de tudo quanto existe. Uma única grande família de irmãos: a Humanidade de toda a Terra.

E as fronteiras? ... E os limites? ... E o domínio de umas raças sobre as outras? E o prazer quase infinito de levar uma coroa na cabeça e ver milhares de seres dobrar o joelho em terra em semi-adoração ao coroado?

E os ódios pelas religiões diferentes, pelas dinastias, pela posse de terras, pelos portos, pelas ilhas, pelos direitos sobre a água, o ar e até pelos raios do sol? ...

Ó Céus! Tudo isso estava fora da doutrina da paternidade de Deus e da fraternidade dos homens que o Divino Mestre havia trazido para a Terra e a defendeu até morrer por ela!

Toda essa luta formidável aparecia como entre brumas de pó e sangue diante dos três Anciãos Mestres da Divina Sabedoria!

Como era imensa a carga deixada pelo Ungido de Deus sobre os ombros de seus colaboradores voluntários!

Mas ele também lhes havia dito: "Que não os deixava órfãos nem sozinhos neste mundo." "Que seu Pai e Ele viriam morar naqueles que cumprissem a sua Lei Divina de amor fraterno." "Que se identificaria com eles através do amor e que, onde dois ou três estivessem reunidos em Seu Nome, ali estaria Ele, em seu meio."

O príncipe Judá havia-se erguido em seu leito ante a presença augusta do divino amigo, cuja imagem radiante se dissolveu como uma luz entre seus braços. Faqui abraçou-o ternamente dizendo:

– Viste como o Filho de Deus não pode morrer? ...

– É verdade, meu amigo; no entanto, pressinto que não o teremos conosco por muito tempo – respondeu Judá.

A alegria no austero palácio de Ithamar foi transbordante, como terríveis haviam sido os desesperos e as angústias recentes.

O ancião Simônides levantou novamente a cabeça abatida pela dupla tragédia da morte do Cristo e da morte inevitável, ao que parecia, do príncipe Judá, que era como seu próprio filho.

O rei de Israel havia triunfado sobre a morte, maravilha muito superior aos bons conhecimentos do bom comerciante que, se era inigualável em aumentar uma fortuna entregue aos seus cuidados, era nulo em questões metafísicas, em análises e definições.

O príncipe Judá também havia triunfado da congestão cerebral que o levara à borda do sepulcro. Que mais poderia esperar em sua longa vida de octogenário?

Melchor, Gaspar e Fílon resolveram voltar a seus países de origem, levando na alma as promessas do Messias triunfante, para iluminar com elas os últimos dias que lhes restavam de peregrinação sobre o Planeta.

Eles sabiam que logo estariam com o Mestre no seu Reino e que nenhum afã nem desejo ou ambição terrena podia caber em seus corações ébrios da Luz desse *mais além* próximo, que quase já tocavam com as mãos.

Sob a luz radiante de suas lâmpadas acesas pelo Cristo vencedor da morte, iniciariam a semeadura divina em Alexandria, na época, a segunda cidade do mundo civilizado, em Cades Barnea, no Monte Hor, no Horeb, no Sinai, onde ainda vibrava no ar o pensamento e a voz de Moisés.

Quando os três anciãos viajantes embarcaram em Gaza, os amigos de Jerusalém, de Bethlehem e de En-Gedi uniram-se aos galileus e empreenderam com eles a almejada viagem para encontrar o Senhor, o Mestre, nas margens do Mar da Galiléia, cofre sagrado das mais belas e queridas recordações.

A caravana dos que amavam Jhasua aumentou com vários dos discípulos de Johanan, o profeta do Jordão, com o scheiff Ilderin, seu filho mais velho e alguns de seus chefes, os amigos da Bethânia e pela família do príncipe Harthath de Damasco que, havendo presenciado a tragédia de Jerusalém, voltava para o norte, passando pela Galiléia.

Dadas as diferentes condições físicas dos viajantes, entre os quais havia mulheres de idade e crianças menores de 12 anos, a viagem fez-se em parte em dois grandes carros, cujo aspecto exterior se assemelhava às fortes e cômodas carruagens de viagem da Idade Média. O príncipe Judá foi quem os colocou à disposição dos viajantes impedidos, em virtude da idade, de realizar a viagem a cavalo ou à pé. Os jovens iam montados em cavalos e em jumentos, mas em grupos separados para não chamar demasiado a atenção, visto como seu número havia subido a cento e setenta e oito pessoas.

Vércia, a druidesa da Gália, acostumada à vida difícil das montanhas gaulesas, defendendo-se de inimigos humanos e das feras, quis acompanhar os amigos íntimos do Homem-Deus, para encontrá-lo novamente na formosa terra da Galiléia, em cuja capital, Tolemaida, havia desembarcado ao chegar de seu país natal em busca do Salvador da Humanidade.

Nebai, sua grande amiga dessa hora, proporcionou cavalos para ela e para os seus.

Os hortos silenciosos do justo Joseph, em Nazareth, acolheram os que voltavam da cidade dos Profetas, já sem o grande Profeta, a cujo lado haviam feito o caminho até Jerusalém.

Que terrível emoção devia estar sacudindo a alma de Myriam, do tio Jaime e de todos os familiares do Mestre ao penetrar novamente naquele horto, naquela velha casa onde tantas imagens queridas flutuariam como sombras impalpáveis, invisíveis ao olhar físico e apenas perceptíveis ao coração de uma mãe, relicário eterno dos amores que jamais morrem!... O amor nos seres superiores tem delicadezas infinitas que as almas medíocres e pequenas não conseguem compreender.

Myriam entrou em sua casa e, imediatamente, dirigiu-se a sua alcova para desatar ali, como uma chuva de inverno, a angústia que lhe oprimia a alma desde que entrou em Nazareth. Queria chorar!... Chorar!... Viúva sem esposo e mãe sem o filho!... Quem poderia medir a imensidão da sua dor?...

Mas qual não foi sua surpresa quando, ao abrir com as mãos trêmulas aquela velha porta de gonzos gastos, encontrou a alcova iluminada por uma luz que a deslumbrou a ponto de cegá-la!

Quando suas pupilas puderam resistir àquela radiante claridade, caiu de joelhos sobre o pavimento de velhas lousas, como tantas vezes fizera para orar a Jehová em seus dias de plácida felicidade.

Acabava de perceber clara e nitidamente a presença do seu Filho ... do seu grande Filho, o Messias-Mártir que sorria para ela de pé, junto àquele bercinho de cerejeira que ela havia conservado como uma recordação da infância de Jhasua.

Viu em seguida Joseph, formoso na sua idade viril, tal como no dia em que, desposada com ele, a tirou do Templo e a conduziu a Nazareth.

As duas radiantes visões lhe transmitiram o mesmo pensamento:

— Mulher bem-aventurada! ... Não estás sozinha no mundo, porque o Eterno Amor uniu nossas vidas à tua, e unidos estaremos por toda a eternidade. O que Deus uniu, ninguém pode separar! ...

A intensidade do amor fê-la cair num estado de inconsciência extática, da qual a tirou Ana, Marcos e o tio Jaime que, achando estranho seu encerramento na alcova, haviam ido à sua procura.

Encontraram-na sentada sobre o pavimento, imóvel, com os olhos cerrados e o rosto corado de um vivo carmim.

— Tem febre — disse Ana a apalpar o rosto e as mãos de Myriam inundados de suave calor.

— Não — respondeu ela abrindo os olhos. — Eu os vi! Eles me esperavam nesta alcova, e uma energia nova, uma força maravilhosa invadiu todo o meu ser. Eu vinha para morrer neste lugar querido e encontrei novamente a vida e o amor! ...

O júbilo da mãe bem-aventurada transmitiu-se, como uma corrente elétrica, a todos os que estavam em sua casa, e uma grande esperança conjunta fez palpitar de felicidade todos os corações.

Como era possível chorar a morte do divino amigo que continuava iluminando, com sua gloriosa presença, os escuros caminhos da vida?

Era o Reino de Deus anunciado por Ele que se estabelecia na Terra cheia de degradação e miséria, para que nela florescesse o amor e a fraternidade entre os homens.

Essas radiantes aparições repetiram-se diariamente, ora a uns, ora a outros, para todos aqueles em cujas almas ardia, como uma labareda viva, o amor puro e desinteressado ao Cristo Mártir. Quer nas horas da refeição, ao ser partido o pão, quer nas reuniões do cenáculo para orar em conjunto, quer nas margens do Lago Tiberíades, ou sobre uma barca, ou andando sobre as águas, ou no alto de algum monte onde antes Ele orava junto com eles, ao redor do fogo, na praia do mar, quando se dispunham a assar o pescado e recordavam com imenso amor o divino ausente ... ali, aparecia-lhes Ele, como um arrebol da aurora, como um crepúsculo do ocaso ou como a branca claridade da lua sob a sombra das árvores, onde antes se agasalhavam dos ardores do sol.

— A paz esteja convosco! — repetia sempre ao aparecer.

"Eu disse que não vos deixaria sozinhos; que estaria convosco até o final dos tempos; que meu Pai e Eu estamos onde quer que o amor recíproco floresça em eterna primavera! ..."

Quando se completavam os quarenta dias do domingo de Páscoa em que começaram as aparições, mandou que todos se reunissem na mais solitária margem do mar, ao sul de Tiberíades, na hora em que se confundem as últimas claridades do ocaso com as primeiras sombras da noite.

Compareceram ali também os Solitários do Tabor e do Carmelo e, quando o Mestre apareceu, em poucas palavras fez uma síntese de tudo quanto lhes havia ensinado nos dias de suas pregações.

– Volto para junto de meu Pai – disse – e vós, como aves migratórias, ireis por todos os países da Terra onde vivem seres humanos que são vossos irmãos, para ensinar a minha doutrina do amor fraterno, confirmada por todas as obras de amor que me vistes realizar.

"Do meu Reino de Luz e de Amor, seguirei vossos passos, como o pai que envia seus filhos para a conquista do mundo, e espera vê-los voltar triunfantes para receber a coroa de herdeiros legítimos, de verdadeiros continuadores da minha doutrina mantida ao preço da minha vida!

"Como eu procedi, todos vós podeis proceder, porque todas as minhas obras estão ao alcance da vossa capacidade, se existir em vós amor a Deus acima de todas as coisas e ao próximo como a vós mesmos."

Estendendo as mãos radiantes de luz sobre todos os seus amados ajoelhados sobre a areia da praia, abençoou-os dizendo:

– Vou para o Pai, mas o meu amor unido ao vosso não me deixará separado de ninguém...

"Até sempre!"

A esplendorosa visão final diluiu-se como o sol entre as primeiras sombras da noite, que continuou avançando lentamente como uma fada sigilosa que estendesse seus véus negros salpicados de estrelas...

Ninguém se movia naquela praia silenciosa, e todos os olhos estavam fixos no lugar onde a querida visão havia desaparecido.

Não havia tristeza nem dor neles; porém, não obstante, choravam com essa emoção íntima e profunda só conhecida das almas de oração e recolhimento que conhecem a suavidade infinita do Amor Divino que transborda como um manancial de luz e felicidade sobre os que se lhe entregam sem reservas.

Os Anciãos Solitários do Tabor e do Carmelo foram os primeiros a reagir contra esse estado de semi-estagnação em que todos se encontravam. O mais idoso dentre eles disse:

– Sabeis perfeitamente que escondidos em nossos Santuários de rochas vivemos para Ele e para vós, para tudo quanto possais necessitar de nossa ajuda espiritual e material.

"Longe dos olhares do Mundo que não O compreendeu, abriremos horizontes para nossas vidas, para que sejamos um reflexo do que foi o nosso Excelso Mestre no meio da Humanidade.

"O Cristo martirizado e morto por pregar sua doutrina será sempre a estrela polar que demarcará a nossa rota entre as trevas e a incerteza da vida terrestre.

"Somos todos viajantes da eternidade! Uma única luz ilumina o nosso caminho: o Cristo do Amor, da Fraternidade e da Paz.

"Sigamo-la!..."

As palavras do Ancião perderam-se entre as sombras e o rumor das ondas do Mar da Galiléia, que o vento fresco da noite agitava mansamente.

Impresso por :

Graphium
gráfica e editora
Tel.:11 2769-9056